유료방송 산업의 경제학

이 저서는 2012년 정부(교육부)의 재원으로 한국연구재단의 지원을 받아 수행된 연구임(NRF-2012S1A6A4016784)

유료방송 산업의 경제학

이상우 지음

연세대학교 대학출판문화원

서문

교수가 된 지 올해로 8년째다. 연구소 생활까지 합치면 박사학위를 마치고 14년이 된 셈이다. 그러는 사이에 어느덧 사십이 훌쩍 넘은 나이가 되었고 벌써 9권의 책을 발간하게 되었다. 지난 7권의 책들은 여러 선생님들의 틈에 끼어서 그저 하나의 장을 쓰느라 별 어려움 없이 넘어갔고, 1권은 뛰어난 공저자와의 협업으로 내 능력에 비해 제법 쉽게 마무리했던 운 좋은 경험을 갖고 있다. 그러나 오롯이 혼자 쓴 책은 이번이 처음이다. 이 책을 붙들고서 쓰고 고친 기간이 3년이다. 그러는 동안 유료방송시장은 급격한 변화를 겪었고 새로운 데이터들이 쏟아져 나왔다. 실증적 데이터에 근거해 국내 유료방송시장의 모습을 제대로 살펴보고 분석하는 것을 목표로 했기에 새로운 데이터가 나올 때마다 수정하고 보완해야 했다. 이러한 과정들이 반복되면서 지치고 힘들었음을 고백한다.

급격한 기술의 발달로 스마트미디어 환경이 도래하고 미디어의 글로벌화가 가시화되고 있는 현실에서 국내 유료방송시장은 생존의 귀로에 서 있다. OTT (Over The Top)를 중심으로 한 새로운 미디어 이용패턴이 일반화되고 있고, 몰아보기(Binge-viewing)의 시청행태가 젊은 층을 중심으로 확산되고 있으며,

제로TV(zero TV)라는 새로운 용어도 등장했다.

급변하는 미디어 환경에서 전통적 미디어 기업들은 생존의 위협을 느끼고 있고, 새로운 기업들이 미디어 시장의 주역으로 떠오르고 있다. 구글, 애플, 아마존, 넷플릭스 등은 불과 몇 년 전만 하더라도 미디어 기업과는 거리가 먼 기업들이었다. 그러나 스마트미디어 환경에서 이들은 새로운 미디어 강자로 떠오르고 있다.

인터넷을 통한 동영상 콘텐츠의 전송방식은 미디어의 글로벌화가 멀지 않았음을 실감케 한다. 전 세계 미디어 시장을 휘젓고 있는 넷플릭스는 아시아에서 일본에 이어 두 번째로 한국 시장에 진입하였다. 전 세계에서 가장 낮은 유료방송 요금을 지불하고 있고, 여전히 불법 동영상 시청비율이 높으며, 콘텐츠 제작자들에게 제대로 된 창작대가가 지불되고 있지 않는 등 건전한 미디어 생태계가 조성되어 있지 않은 국내 유료방송시장의 현실을 고려해 본다면, 글로벌 미디어 기업들의 진입은 국내 미디어 기업들에게 결코 반가운 소식이 아닐 것이다.

그러나 국내 유료TV 시장의 역사와 현 단계의 문제점을 짚어 보고, 향후 미디어 기업의 전략방향을 설득력 있게 제시한 책은 찾아보기 어렵다. 또한 다른 국가들에 비해 정책 당국의 규제수준이 높은 국내 유료방송시장의 규제 역사를 평가해 보고, 향후 정책 당국의 대응방향을 객관적 데이터에 기반해서 제시한 책도 여간해서 찾기가 쉽지 않다. 3년 전에 품었던 이러한 불만족스러움이 이 책을 쓰기로 결심한 이유였다.

이 책을 시작할 때, 나는 방대한 목표를 가지고 있었다. 우선 국내 유료방송시장의 변화 과정을 객관적 데이터와 경제학적 분석방법에 기반해서 살펴보는 것이었다. 공익성이라는 추상적 구호와 정서적 주장들이 여전히 국내 미디어 정책을 결정하는데 영향을 미치고 있는 현실에 경종을 울리고, 과학적인 이론과 방법론이 미디어 정책 집행의 근간이 되어야 함을 알리고 싶었다. 둘째,

방송시장을 분석하고 방송정책을 제시하는데 필요한 데이터가 무엇인지, 이렇게 수집된 데이터를 가지고 미디어 기업들은 어떤 경영전략을 세워야 하는지, 정책당국은 방송정책을 집행하는데 어떤 데이터와 방법을 사용해야 하는지 알려주고 싶었다. 셋째, 미디어를 공부하는 학생들이 이 책을 통해 여전히 낯설고 익숙하지 않은 미디어 경제학이라는 학문분야에 좀 더 친숙히 다가설 수 있기를 바랐다. 국내 미디어 관련 학부가 있는 대학들에서조차 미디어 산업이나 정책을 가르치는 프로그램이 크게 부족할 뿐만 아니라, 설령 미디어 산업과 정책을 교육하는 기관에서도 과학적인 이론이나 방법론에 기반하여 미디어 산업을 분석하고 정책을 제안하는 교육프로그램을 운영하는 곳은 아직까지 부족한 것이 현실이다. 이 책이 경제학적 이론과 방법론에 기초하여 미디어 산업과 정책 관련 분야를 공부하고자 하는 학생들에게 단비와 같은 역할을 해줄 수 있기를 바랐다. 마지막으로 미디어 산업의 변화과정을 역사적으로 살펴보고, 미래 미디어 산업 분야의 적절한 정책방안을 제안하고자 했다. 과학적 이론과 방법론에 기초하여 미디어 산업의 큰 틀을 그려보고 이를 통해 미디어 산업의 과거와 현재, 그리고 앞으로 전개될 미디어 산업의 미래를 전망해보고 싶었다.

그러나 욕심이 너무 과했던가? 3년이라는 짧지 않은 저술기간 동안 전 세계 미디어 시장은 급격한 기술변화로 인해 엄청난 지각변동을 겪어 왔고, 이로 인한 소비자들의 미디어 이용패턴에도 큰 변화가 일어나고 있지만, 이 책이 이러한 변화를 제대로 담아내기에는 역부족이었던 듯하다. 미디어 시장의 변화에 대한 전문가들의 섣부른 예측을 비웃기라도 하듯 미디어 산업의 기술과 소비자들의 미디어 이용패턴은 하루가 다르게 변화하고 있다. 한 권의 책으로 유료방송시장의 역사를 보여주고, 향후의 변화과정까지 예측하고 바람직한 정책방안을 제안할 수 있으리라는 나의 욕심은 그저 욕심으로 끝난게 아닐까 우려된다. 급변하는 미디어 시장의 변화를 따라잡기 위해 가능한 최신의 데이터를 담아내려 했지만, 부족한 역량과 게으름으로 급변하는 미디어 환경을 담아내

기엔 역부족이었음을 인정해야 하겠다. 책에 담아낸 많은 표들과 경제학 모형, 수식, 그리고 통계분석 방법들이 오히려 독자들의 흥미를 떨어뜨리지 않을까 걱정된다. 처음부터 끝까지 아무의 방해도 받지 않고 집필할 수 있다는 자유로움이 오히려 주관적이고 편협한 시각의 글을 만들어 내지 않았을까 염려된다.

그러나 미디어 분야에 경제학을 접목시켜 만들어낸 몇 안 되는 책이라는 점에서 독자들의 수요를 만족시켜 줄 수 있으리라는 막연한 기대감을 가져본다. 또한 이 책을 통해 미디어를 공부하는 학생들과 미디어 기업에 종사하는 분들, 그리고 미디어 정책을 담당하는 다양한 분야의 전문가분들이 미디어 시장을 보다 쉽게 이해하고 새로운 관점에서 미디어 시장을 바라볼 수 있는 계기가 되기를 바란다.

이 책이 나올 수 있게 경제적 지원을 해 준 한국연구재단에 감사한다. 연세대학교에 부임한 이후 늘 옆에서 응원해 주셨던 이봉규 교수님, 힘들었던 집필기간 동안 유쾌하고 여유롭게 사는 지혜를 일깨워 주신 김영석 교수님, 탁월한 식견과 통찰력으로 미디어 시장을 새로운 시각에서 바라볼 수 있는 혜안을 주신 김성철 교수님께 감사의 말씀을 전한다. 미디어 시장을 경제학적 관점으로 이해하는데 조언을 아끼지 않으셨던 최선규 교수님, 김원식 교수님, 김창완 박사님, 그리고 박민수 교수님께도 고마운 마음을 전한다. 지칠 때마다 내 얘기를 들어 주는 올해로 28년 된 친구 상기, 후배지만 내가 편하게 기대고 조언을 청하는 정용국 교수, 넘치는 긍정에너지로 지칠 때마다 즐거운 술자리를 만들어 주신 최세정 교수님께도 감사드린다. 연구실 제자들의 도움이 없었다면 방대한 양의 저술 작업을 마무리하기가 쉽지 않았을 것이다. 책을 교정하는 단계에서 우아영, 이지영, 박상진, 안재웅, 이우진, 신재권, 김수완, 나소현, 그리고 양기문 학생의 아낌없는 지원에 고마운 마음을 전한다.

그동안 글 쓰는 작업에 몰두할 수 있도록 도와준 사랑하는 내 가족들... 오늘의 나를 있게 해 주신 존경하는 부모님, 항상 옆에서 믿고 응원해 주는 내아내 호정, 퉁명스럽지만 여전히 내게 농담을 던지고 놀아주는 나를 많이 닮은 딸 지현, 그리고 아직 이 글을 이해하고 재미있어 하기에는 어리지만 언젠가는 재미있게 내 책을 읽어줄 아들 지훈에게 이 책을 바친다.

이제 당분간 혼자서 책을 쓰는 일은 없을 것이다. 그만큼 겁나고 힘든 작업임을 이제야 깨달은 셈이다. 이따금씩 다음 번 책의 아이디어가 떠오르기도 하지만 당분간 접고 놀아야 하겠다. 미국 남부 조용한 시골에서의 남은 안식년 기간은 신나게 노는 것으로 마무리해야겠다.

2016년 봄 미국 조지아 주 보가트에서

목차

1장.

국내 유료TV 시장의 현황: 시장구조, 경쟁상황, 가격, 서비스를 중심으로

1장에서는 국내 유료TV 시장의 출범부터 현재까지 역사적 변화과정을 시장구조, 경쟁상황, 제공되는 서비스의 질과 가격 등을 중심으로 살펴본다. 1995년부터 서비스를 시작한 케이블TV 사업자는 10년이 넘게 유료방송시장에서 독점적 사업자로서의 위치를 공고히 다져 왔으나, 2008년 IPTV가 도입되면서 치열한 경쟁환경에 직면하게 되었다. 특히 최근 들어서는 통신사업자들이 전화, 인터넷, TV를 저렴한 가격에 결합서비스로 제공하기 시작하면서 케이블TV의 가입자 수는 지속적으로 감소 추세에 있다. 2015년 현재 국내 유료TV 시장은 케이블TV, 위성방송, IPTV를 중심으로 치열한 경쟁환경을 구축하고 있고, 최근 들어 모바일 IPTV, 티빙(tving), 푹(pooq)과 같은 OTT 서비스에 대한 이용이 젊은 층을 중심으로 조금씩 확산되고 있는 추세이다. 1장은 국내 유료TV 시장의 구조가 어떻게 변화되어 왔는지 시대적으로 자세히 설명되어 있고, 특히 실증적 데이터에 기반해서 유료TV 시장의 시장구조와 경쟁상황을 분석해 놓았으며, 이로 인한 서비스의 질과 가격이 어떻게 변화되어 왔는지가 생생하게 기술되어 있다는 특징이 있다.

2015년 현재 우리나라의 유료TV 산업은 케이블TV, IPTV, 위성방송, 그리고 네트워크를 소유하고 있지 않으면서 인터넷을 기반으로 서비스를 제공하는 OTT(Over The Top) 서비스[1] 등이 경쟁하는 구도로 되어 있다. 케이블TV 산업은 과거 중계유선방송과 종합유선방송이 소규모 지역 방송시장에서 상호 경쟁하는 구조로 되어 있었으나, 중계유선방송의 쇠퇴로 현재는 대부분의 지역에서 종합유선방송사업자들에 의해 운영되고 있다. IPTV서비스는 2008년 이후 통신사업자들에 의해 전국적으로 서비스가 시작되었는데, 2016년 현재 KT가 IPTV시장에서 우위를 점하고 있는 가운데, SK 브로드밴드, LGU+ 등이 KT의 뒤를 따르고 있다. 위성방송은 2002년 스카이라이프가 독점사업권을 획득하면서 전국을 대상으로 서비스를 제공하고 있고, 최근 KT와 협력하여 위성방송과 IPTV가 결합된 형태의 서비스를 제공하고 있다.

우리나라의 케이블TV 산업은 다른 국가들과 비교해 볼 때, 매우 독특한 구조로 시작되었다. 전국적으로 수백 개의 중계유선방송사업자가 존재하는 상황에서 1995년 종합유선방송사업자가 선정되었으나, 중계유선방송과 종합유선방송의 서비스 차이가 크지 않았고 종합유선방송의 가격은 중계유선방송에 비해 상당히 높았다. 이러한 상황에서 소비자들은 종합유선방송을 외면할 수밖에 없었고, 종합유선방송시장을 활성화하기 위해 정책당국은 중계유선방송사업자들을 종합유선방송으로 전환시켜주는 작업을 진행하였다. 결국, 중계유선방송이 종합유선방송으로 전환된 지역에서는 기존 종합유선방송사업자와 중계유선방송에서 전환된 종합유선방송사업자가 경쟁하는 구조가 형성되었다. 따

---

1 OTT 서비스란 "케이블TV, 위성방송, IPTV와 같은 유료 방송사업자를 우회(bypass), 인터넷망을 통해 소비자에게 직접 콘텐츠를 제공하는 서비스"(조영신, 2011)로 정의된다. 즉, 일반적인 유료 방송 서비스의 경우, 망이나 위성을 소유한 사업자가 자신이 소유한 망을 통해 콘텐츠를 제공하는데 반해, OTT 서비스의 경우 기존의 유료 방송 사업자가 아닌 다른 사업자가 범용망을 통해 콘텐츠를 제공한다. OTT 서비스는 기존에 존재하는 유료 방송 사업자를 거치지 않고, 범용 인터넷망을 이용하여 콘텐츠를 전송하기 때문에 인터넷 기반의 동영상서비스(서기만, 2011)라고도 불린다.

라서 전국 77개 권역으로 세분화되어 서비스를 시작한 종합유선방송은 일부 지역에서는 독점사업자가 서비스를 제공하고 일부지역에서는 두 개의 사업자가 서비스를 제공하는 이원적 구조를 형성하게 되었다. 시간이 흐르면서 경쟁적 구조를 형성하던 지역에서는 사업자간 합병이 일어나게 되었고, 현재는 대부분의 지역에서 독점사업자에 의해 서비스 제공이 이루어지고 있다. 이에 따라 케이블 권역 내에서 케이블TV 사업자들 간 경쟁은 줄어들고 있으나, IPTV 및 위성방송의 성장으로 기술적 특성이 다른 매체 간 경쟁은 증가하는 모습을 보이고 있다. 이러한 매체 간 경쟁(intermodal competition)은 OTT 서비스의 등장으로 더욱 치열해질 것으로 예측된다. 미국 등 다른 국가들에서는 OTT 서비스를 이용하는 가입자 수가 상당히 증가하면서 OTT와 기존 유료TV 서비스와의 경쟁관계가 형성되고 있지만, 우리나라의 경우 OTT를 이용하는 사람들의 수는 제한적이고 OTT 사업자들에 의한 특화된 서비스가 부족하기 때문에 기존 유료방송사업자들에 비해 OTT 서비스의 경쟁력은 현저히 떨어지는 상황이다.

1장에서는 케이블TV 산업의 기술발전, 규제변화 그리고 이에 따른 케이블TV 산업의 시장구조를 살펴보고, 위성방송과 IPTV의 등장으로 인해 국내 유료방송시장의 경쟁이 어떻게 전개되고 있는지, 그 성과는 어떠한지를 실증적 데이터에 기반해 분석해 보도록 하겠다.[2]

2 1장은 이상우 · 이인찬(2005) 내용 중 일부에 기반하여 수정, 발전시켰음을 밝힌다.

제1절. 케이블TV 산업의 시장구조 변화

1. 종합유선방송의 도입과 이원적 경쟁구조

1) 중계유선의 독점구조(~1994)

우리나라에서는 1995년 종합유선방송이 도입되기 이전부터 중계유선방송이 전국적으로 유선방송서비스를 제공하여 왔다. 1960년대부터 난시청을 기반으로 꾸준히 성장해 온 중계유선사업자들이 지역을 분할하여 독점적으로 유선방송을 제공하고 있었던 것이다. 그러나 중계유선방송은 전문적인 프로그램은 전무한 채 지상파방송프로그램의 재전송, 지상파 방송프로그램의 녹화방송, 그리고 외국 위성방송프로그램의(불법) 전송 등이 주된 서비스였다. 이러한 단순 중계녹화서비스를 제공하였음에도 불구하고 중계유선방송가입자는 케이블TV가 도입되기 이전인 1990년대 중반까지 우리나라 전체 가구의 60%에 이르는 약 800만 가구에 이른 것으로 추정된다(이인찬 · 김도연 · 고동희, 1998).

2) 종합유선의 도입으로 인한 케이블TV 시장의 경쟁구도 형성(1995~2000)

1995년 "종합유선방송"이라는 이름으로 케이블TV방송이 도입되면서 유선방송산업의 시장구조는 그동안 독점적으로 서비스를 제공해 오던 중계유선방송과 새롭게 도입된 종합유선방송이 상호 경쟁하는 시장구조로 변모하게 되었다. 1995년 1차로 53개의 종합유선방송사업자(SO; System Operator)가 허가되었고, 1997년 2차로 24개의 종합유선방송사업자가 추가로 허가되어, 총 77개 방송권역에 77개의 종합유선사업자가 생겨났다. 1997년 말 현재, 중계유선방송사업자(RO; Re-transmission Operator)는 종합유선방송 1차 허가지역에 329개, 2차 허가지역에 531개로 총 860개 업체가 영업하고 있었다.[3] 이에 따라 전국 77개 종합유선방송권역에서 기존의 RO와 신규로 시장에 진입한 SO 간의 복잡한 경쟁관계가 형성되었다.

<표 1 – 1>은 1997년 말 현재 지역별 RO의 분포를 보여주고 있는데, 대부분의 지역에서 RO의 수가 SO 수에 비해 수십 배 많았다. 이는 대부분의 소비자들이 RO를 통해(적어도 지상파 방송서비스와 녹화방송) 다채널 방송서비스를 시청하고 있음을 나타내고 있다.

〈표 1 - 1〉 지역별 SO와 RO의 경쟁구도

구분	SO 권역	서울	부산	대구	인천	수원	대전	제주	광주	경남	충남	충북	경북	전남	전북	강원	계
종합유선	1차	21	8	6	5	1	2	1	2	1	1	1	1	1	1	1	53
	2차				8(경기)					4	2	1	3	2	2	2	24
중계유선	1차	40	56	18	14	11	7	13	4	17	12	23	34	38	12	30	329
	2차				102(경기)					102	58	33	89	59	35	53	531

자료: 이인찬 외(1999).

RO의 지역별 분포는 1차 SO 허가 권역 53개에 걸쳐서 최소 4개에서 최대 56개에 이르기까지 방송권역에 따라서 많은 차이를 보이고 있다. 1차 SO 권역 중에서 RO의 수가 비교적 적었던 지역은 서울, 대구, 인천, 광주 등 대도시 지역임을 알 수 있다. 이들 지역의 SO들은 대부분 1~2개의 RO와 경쟁하는 분포를 나타내고 있다. RO의 수가 많은 곳은 전통적으로 중계유선방송이 터전을 닦고 있던 경남, 부산을 중심으로 경기도 남부를 포함하여 서울 이남에 넓게 분포하고 있다. 특히, 1개 SO와 경쟁하는 RO의 수가 30개 정도인 지역은 충남, 충북, 강원, 전남, 경북지역 등이었다.

3 중계유선방송 업체 수는 허가단위가 시 · 군 · 구(읍 · 면 · 동)단위로 되어 있어서 종합유선방송의 업체수보다 약 6.1배가 많았다.

3) 수직적으로 분화된 경쟁구조와 이원화된 규제체계

중계유선방송서비스는 기본적으로 지상파방송의 재전송과 지상파 방송프로그램을 녹화하여 재생 송출하는 프로그램을 주축으로 몇몇 외국 위성방송프로그램을 송출하는 다채널방송서비스였다. 반면, 종합유선방송은 중계유선방송보다 네트워크, 서비스의 질, 자본력 등에서 상대적으로 우수한 다채널 서비스로 출발했다. 그러나 서비스 구성, 네트워크, 자본력이 우수한 종합유선방송의 시장진입에 대비하여 상당한 가입자 기반을 갖고 있던 RO들은 채널용량을 늘리고, 다양한 전문채널을 전송하고, 적극적인 마케팅 전략을 도입하는 등 가입자 이탈을 막기 위해 노력하였다. 이에 따라 SO와 RO 간의 격렬한 경쟁이 전개되었다.

SO는 29개의 방송채널사용사업자(PP; Program Provider)가 제공하는 채널을 포함하여 30여개의 채널을 모든 지역에서 17,000원에 제공하였다. 반면, RO는 각 지역의 시장 특성에 맞게 다양한 상품과 가격을 구성하여 대응하였다. 특히, SO와의 경쟁에 대비하여 허가채널 수인 12개 채널을 초과하여 20여개의 채널을 운영하였다. 즉, 지상파 프로그램의 재전송 이외에 약 10~20여개의 전문방송프로그래밍을 지역의 특성에 따라 차별화하여 제공하였고, 가격은 SO의 20~30%에 불과했다.

이러한 상황에서 종합유선방송서비스의 성장은 미약할 수밖에 없었다. 케이블TV는 규모의 경제가 큰 산업으로서 가입자 수가 늘어날수록 평균비용이 감소한다고 알려져 왔다. 그러나 케이블 TV가 성장할 수 있는 수요기반인 난시청 지역의 잠재 가입자를 이미 중계유선방송에 모두 내준 상태에서 후발주자인 종합유선방송의 가입자 확보는 매우 어려울 수밖에 없었다. 더구나 시장의 특성과 관련 없이(허가 받은) 모든 채널을, 모든 권역에, 그것도 소비자가 지불하고자 하는 가격보다 높은 가격에 제공하도록 강요당하면서 종합유선방송의 가입자 모집은 한계에 직면할 수밖에 없었다.

종합유선방송과 중계유선방송은 소비자들에게 분명 비슷한 유형의 서비스였지만, 상이한 규제체계 하에 운영되었다는 점도 특이했다. 동일한 시장에서 두 서비스가 경쟁함에도 불구하고, 서로 다른 규제체계와 게임의 법칙 하에서 경쟁하면서 상호 갈등구조와 함께 불공정 행위가 만연하였다. 이인찬·윤충한(2000)이 실증적으로 보여주었듯이 중계유선방송과 종합유선방송은 상호 대체적인 방송서비스다. 따라서 동일한 시장에서 경쟁하는 이 두 서비스는 동일한 시장에서 동일한 법과 규제체계에서 상호 공정경쟁을 하도록 제도가 개선되어야 했다.

2. 시장구조의 변화: 독점과 복점의 혼재(2001~현재)

1) 소유규제완화와 RO의 SO 전환(2001~2003)

종합유선방송과 중계유선방송의 이원적 경쟁구조와 종합유선방송에 대한 과도한 규제가 케이블TV 산업 성장의 걸림돌이라는 인식하에 정부는 1999년 종합유선방송법을 개정하여 케이블TV 산업과 관련한 다양한 규제완화를 실시하였다.

우선 2000년 방송법 제정으로 RO가 SO로 전환할 수 있도록 했다. 방송법 제정 전에는 한 지역에서 하나의 SO가 시장을 독점하고 있었는데, RO가 SO로 전환할 수 있게 되면서 한 지역에서 2개 이상의 SO가 경쟁하게 되었다. 2001년 4월에 33개의 1차 SO지역에서 RO가 SO로 전환되었고, 2002년 11월에 9개의 2차 SO지역에서 RO가 SO로 전환함으로써 많은 지역에서 SO 간의 경쟁이 이루어졌다. 또한, 2000년 제정된 방송법 제 8조에 의거하여 SO 간의 합병이 가능해졌고, SO와의 수평결합과 수직결합이 가능하게 되었다. 이러한 소유 제한의 규제 완화로 케이블TV 시장에는 여러 개의 SO가 수평 결합한 복수 케이블TV 사업자(이후부터 MSO; Multiple System Operator), 여러 개의 PP가 하나로 합쳐진 복수 방송채널사용사업자(이후부터 MPP; Multiple Program Provider), SO와 PP가 수직 결합되어 있는 사업자(이후부터 MSP)와 같은 거대 사업자들이 등장하게 되었다.

1999년 1월에 본격적으로 MSO가 등장하기 시작하면서 1999년 말에는 5개의 MSO로 시장이 집중되는 양상을 보였다. 5개 MSO가 전체 유선방송사업 매출액의 47%, 자산 규모의 40% 이상을 차지하면서 거대 MSO들에 의한 시장집중화 현상이 시작된 것이다(이상식, 2003). 2001년에는 15개의 SO를 한 사업자가 소유할 수 있게 됨으로써 대규모의 MSO 형성이 가능해졌고, 이후 지속적으로 MSO에 대한 소유규제가 완화되었다. 결국, 2015년 6월 현재 티브로드는 23개 SO를 소유하면서 전체 유료방송사업 매출액의 25.8%를 차지하게 되었고 티브로드를 포함한 상위 5개의 MSO가 전체 유료방송사업 매출의 88.6%를 차지하고 있다. 상위 5개 MSO의 SO 소유상황을 살펴보면, 티브로드가 23개사, CJ헬로비전이 22개사, 씨앤앰이 17개사, CMB가 10개사, 현대HCN이 9개사의 SO를 소유하고 있다.

정부는 SO에 대한 외국인 및 대기업의 소유규제도 완화하였는데, SO에 대한 외국인 소유규제는 외국인투자비율이 49% 이하인 경우에 외국인 투자를 허용(RO의 경우 외국인투자비율이 20% 이하인 경우에 허용)하고 있다. 또한, SO 영역에 신문사가 33%에서 49%로 지분참여 확대가 가능하게 되었으며, 지상파 방송과 케이블TV 간의 겸영금지 조항이 없어져 실질적으로 지상파 방송과 케이블TV 간의 상호 겸영이 가능해졌다. 종합유선방송에서 대기업의 소유제한 역시 없어지고, 종합편성 및 보도전문편성PP에 대해서도 대기업의 진출이 가능해졌다.

MSP 또한 1999년 종합유선방송법 개정 이후 가능해지면서 법의 한도 내에서 종합유선방송사업자와 PP 간 인수, 합병이 자유로워졌다. 특히 2001년

들어서 SO들이 티어링 제도를 활성화함으로써 PP들은 이에 유리한 티어에 포함되기 위한 전략으로 활용하였다. 2000년에는 통합방송법의 시행으로 중계유선과 종합유선을 케이블TV 산업으로 일원화하는 법적 토대를 마련하면서, 종합유선방송을 중심으로 하는 케이블TV 산업이 형성되기 시작하였다.

SO와 PP에 대한 수평 및 수직결합 허용, 대기업 및 외국인의 SO/PP에 대한 소유규제완화, 그리고 RO의 SO 전환계획에 따라 SO와 RO의 매입이 활발하게 진행되었다. RO의 SO 전환이 예정되면서 SO들은 규모의 경제를 확보하고자 비교적 넓은 가입자 기반을 갖고 있는 RO를 매입하는 등 유선방송시장에서의 기업결합과 산업구조 변화가 빠른 속도로 진행되었다. 뿐만 아니라, 자본력이 있는 다수의 SO들은 해당 방송권역의 중계유선방송의 매입은 물론이고, 인접 및 다른 지역의 SO와 RO를 매입하면서 규모의 경제를 추구하였다.

2015년 현재 유료TV 산업에서의 미디어 소유/겸영 규제는 <표 1-2>와 같다. 대기업은 종합편성채널과 보도채널에 대한 소유를 30% 까지만 가능하고, 기타 다른 유료TV사업에 대해서는 어떠한 제재도 받지 않고 있다. 외국자본의 경우, 종합편성채널과 보도채널에 대해서 각각 20%, 10%씩만 소유할 수 있고 나머지 유료TV사업에 대해서는 49%까지 소유할 수 있도록 되어 있다. 일간신문/뉴스통신사의 경우에는 종합편성채널과 보도채널에 대해 각각 30%까지 소유가 가능하고 일반 PP에 대해서는 아무런 소유제한이 없다. 1인이 소유할 수 있는 지분의 범위는 종합편성채널과 보도채널이 각각 40%까지로 되어 있을 뿐, 나머지 유료방송에 대해서는 1인지분 제한이 없다.

〈표 1-2〉 유료방송시장의 소유규제 현황

소유대상 소유주체	대기업	외국자본	일간신문/뉴스통신	1인 지분
종합편성 PP	30%	20%	30%	40%
보도 PP	30%	10%	30%	40%
일반 PP	제한 없음	49%	제한 없음	제한 없음
위성방송	제한 없음	49%	49%	제한 없음
SO	제한 없음	49%	49%	제한 없음
IPTV	제한 없음	49%	49%	제한 없음

자료: 방송법, 법률 제12743호(2014)

2015년 현재 유료방송시장에서의 미디어겸영 관련한 규제현황은 <표 1-3>과 같다. SO는 위성방송 주식의 33% 이상을 초과로 소유할 수 없고, 위성방송은 SO 및 다른 위성방송 주식의 33% 이상을 초과로 소유할 수 없다. 또한 위성방송 사업자는 다른 위성방송을 2개 이상 겸영하는 것이 금지되어 있다. 반면 IPTV는 위성방송이나 SO에 대한 겸영규제 제한이 없다. 한편, SO, 위성방송, IPTV사업자는 모두 전체 PP 사업자수의 1/5 이상을 초과로 소유할 수 없다.

〈표 1-3〉 유료방송시장의 겸영 규제

<table>
<tr><th>SO</th><th>위성방송</th><th>IPTV</th></tr>
<tr><td rowspan="2">위성방송 주식 33% 초과 소유 금지</td><td>SO 및 다른 위성방송 주식의 33% 초과 소유 금지</td><td rowspan="2">위성이나 SO에 대한 주식 소유 금지조항 없음</td></tr>
<tr><td>다른 위성방송 2개 이상 겸영 금지</td></tr>
<tr><td>전체 PP 사업자수의 1/5 초과 소유 금지</td><td>전체 PP 사업자수의 1/5 초과 소유 금지</td><td>전체 PP 사업자수의 1/5 초과 소유 금지</td></tr>
</table>

자료: 방송법, 법률 제12743호(2014)

마지막으로 2015년 현재 유료방송시장에서의 점유율 및 매출액 규제는 <표 1-4>와 같다.

〈표 1-4〉 유료방송 시장의 점유율 및 매출액 규제

SO	위성방송	IPTV	PP
전체 유료방송 가입가구 수의 1/3 초과 금지	제한 없음	방송구역별 유료방송 가입가구의 1/3 초과 금지	
전체 방송매출액의 33% 초과 금지	전체 방송매출액의 33% 초과 금지	제한 없음	전체 PP 매출액의 33% 초과 금지

자료: 방송법, 법률 제12743호(2014)

SO는 전체 유료방송 가입가구 수의 1/3이상을 소유할 수 없는 반면, IPTV는 77개 케이블 방송권역별로 유료방송 가입가구의 1/3이상을 초과로 소유할 수 없도록 되어 있다. 매출액의 경우, SO, 위성방송은 모두 전체 방송매출액의 33% 이상을 초과할 수 없도록 되어 있는 반면, IPTV에 대해서는 이러한 규정이 없다. 방송채널사용사업자의 경우, 전체 PP 매출액의 33% 이상을 초과할 수 없다.

이상에서 살펴본 바와 같이, 유료방송시장에서의 소유겸영규제, 점유율 및 매출액 규제는 유료방송시장에서 특정사업자에 의한 집중을 억제한다는 측면에서는 동일한 목적을 가지고 있으나 집중의 의미에 대해서는 서로 다른 의미를 가지고 있다. 소유겸영규제의 경우 특정사업자에 의한 미디어사업의 소유규모와 범위를 제한하기 위함인 반면, 시장점유율 규제나 매출액 규제는 특정사업자에 의해 유료방송시장이 독점화되는 것을 방지하기 위한 목적으로 이해될 수 있다. 그러나 그 수단이 매체별로 상이하다는 문제는 지속적으로 논란의 소지가 있기 때문에 유료방송사업자들에 일관된 규제적용이 필요하다는 지적이 나오고 있다.

2) 복점에서 독점으로

RO의 SO 전환은 두 차례에 걸쳐 진행되었다. 먼저, 2001년 SO의 1차 허가권역에서 RO에서 SO로 전환이 승인된 3차 SO가 33개, 그리고 2년 뒤인

2003년 2차 SO 허가권역에서 4차 SO가 9개, 총 42개 사업자가 전환에 성공하였다. 따라서 2005년 전체 77개 방송권역 중에서 55%인 42개의 권역에서 2개의 SO가 존재하게 되었다. 이는 전환되지 않고 SO와 경쟁하고 있는 RO를 무시한다면, 35개 권역에서는 독점 SO가, 42개 권역에서는 2개의 SO가 상호 경쟁하는 시장구조가 형성되었음을 의미한다. 이후 동일지역 SO 간 합병이 지속적으로 이루어졌고, 2014년 77개 권역에서 독점사업자가 운영하는 지역은 62개, 경쟁사업자가 운영하는 지역은 15개에 이르게 되었다(방송시장 경쟁상황 평가, 2014). (<표 1-5> 참고)

〈표 1-5〉 다채널 유료방송 사업자 수의 변화

연도	종합유선사업자	중계유선사업자*	독점지역의 수	경쟁지역의 수	실질적 경쟁지역의 수
1995	53	908			
1997	77	860			
1999	77	855			
2000	77	821			
2001	110	696			
2002	110	638		34	29
2003	119	408		41	35
2004	119	299		41	35
2005	119	198		41	23
2006	111	160	47	33	22
2007	107	139	47	30	20
2008	103	115	51	26	19
2009	103	108	54	23	18
2010	100	99	55	22	18
2011	94	100	59	18	17
2012	94	97	62	16	14

2013	94	78	62	15	13
2014	92	69	62	15	13

주: 중계유선사업자의 통계는 부정확하며 통계기관마다 다른 수치를 나타냄. 여기서는 2000년 이전에는 정보통신산업협회의 수치를, 그 이후는 방송통신위원회의 자료를 인용.
자료: 방송통신위원회, 『방송산업실태조사보고서』, 방송통신위원회 『방송시장 경쟁상황 평가 보고서』각 연도.

3. 중계유선방송의 쇠퇴

1) RO의 SO 전환과 RO의 쇠퇴

중계유선방송은 2000년대 초반까지 다채널 유선방송산업의 주된 사업자였다. 그러나 SO에 대한 규제완화와 이에 따른 SO와의 전면적인 경쟁으로 많은 RO들이 SO에 매입되거나 RO와 합병하는 방식으로 시장에서 퇴출되었다. 특히, 규모가 큰 RO들과 RO 간 결합을 통해 덩치를 키운 MRO들이 SO로 전환되면서 RO의 규모는 급속히 감소하여 2014년 현재 전국적으로 69개에 불과하다(<표 1-6> 참고)

〈표 1 - 6〉 중계유선방송사업자의 지역별 분포현황

	RO 분포										
	2004	2005	2006	2007	2008	2009	2010	2011	2012	2013	2014
서 울	4	2	0	0	0	0	0	0	0	0	0
부 산	13	9	9	10	7	6	7	7	7	6	4
대 구	4	2	0	0	0	0	0	0	0	0	0
인 천	6	6	6	6	6	6	8	6	6	5	5
광 주	1	0	0	0	0	0	0	0	0	0	0
대 전	2	2	0	0	0	0	0	0	0	0	0
울 산	4	3	1	1	1	0	0	0	0	0	0
경 기	19	14	9	8	7	7	7	7	7	7	7

강 원	20	8	6	4	2	2	0	2	2	1	1
충 북	33	20	16	13	10	10	9	8	6	6	4
충 남	21	6	3	1	1	1	0	1	1	1	1
전 북	8	7	7	7	7	6	6	6	6	4	3
전 남	42	33	29	28	27	25	27	29	28	25	24
경 북	45	21	18	10	9	9	5	5	5	3	3
경 남	71	65	56	51	38	36	30	29	29	20	17
제 주	6	0	0	0	0	0	0	0	0	0	0
총 계	299	198	160	139	115	108	99	100	97	78	69

자료: 방송통신위원회, 『방송산업실태조사보고서』, 각 연도.

2000년 RO의 SO 전환 이전 RO의 수는 800개가 넘었다. 그러나 3, 4차 SO 허가를 통한 RO의 SO 전환이 이루어지는 동안 RO는 400개 이상이 퇴출되었다. 먼저, RO들은 RO들 간의 결합을 통해서 SO로 전환되었거나, SO와 RO의 전면적인 경쟁이 전개되면서 경쟁 SO에게 매입되었거나, 다른 RO와의 결합을 통해 시장에서 퇴출되었던 것이다. RO의 수는 2000년대 초부터 계속 감소하여 2014년 현재 69개로 줄어들었다. 이처럼 RO의 시장규모는 축소되고 있으며, 향후 RO의 인수합병과 사업철수가 지속적으로 이루어질 것으로 전망된다.

제2절. 위성방송/IPTV의 진입과 유료TV 시장의 경쟁

1. 위성방송의 진입(2002~)

위성방송의 서비스는 2002년 3월에 시작되었다. 2000년도 말에 위성방송 사업자로 허가를 득한 한국디지털위성방송(KDB)은 과감한 투자계획과 가입자 확보 계획을 밝히면서 새로운 다채널 방송서비스로 관심을 끌었다. 그러나 투자재원확보, 시스템구축, 수신기 보급 등에 있어서 상당한 어려움을 겪었다. 특히, 방송채널사용사업의 등록요건이 담긴 방송법 시행령 개정작업이 늦어지면서 채널선정 작업이 지연되었고, 결국 2001년 6월에 들어서야 위성방송채널사용사업자로 TV채널 49개와 오디오채널 60개 등 총 109개 채널을 선정하였다. 선정된 채널들은 비디오 채널로 영화 10개, 스포츠 6개, 오락 7개, 취미생활 7개, 음악 5개, 다큐멘터리 2개, 교육 2개, 공공 3개, 뉴스 2개, 종교 2개 등이었고, 오디오 채널로 DFX와 한양위성방송의 YSN 등이었다. 곧 이어서 홈쇼핑 분야에서 LG홈쇼핑과 CJ 39쇼핑, 현대홈쇼핑의 3개 사업자와 NHK, CNN, CCTV, 디즈니, 스타 스포츠 등 해외방송 재전송 채널 6개 사업자를 승인 받았다. 그러나 2002년 3월 스카이라이프라는 위성방송서비스가 제공될 시점에서 당초 예정되었던 MBC와 SBS의 재송신이 불허되었고, 총 144개 채널로 위성방송을 시작하였다.

위성방송의 방송프로그래밍 구성은 오디오 채널을 제외하면 케이블TV와 장르적 편성에서는 상당히 유사하고, 채널 수는 더 많은 것이 특징이다. 그러나 MBC, SBS 등 시청률이 높은 지상파 방송프로그래밍의 재전송이 불허되어 케이블TV와의 경쟁에서 취약한 위치에 처하게 되었다. 스카이라이프는 케이블TV와 차별적인 서비스를 제공하기 위하여 비디오 출시 후 2~3개월 안에 신작 영화를 PPV(Pay Per View)로 제공하였고, 60개 오디오 채널을 시대별, 장르별로 세분화하여 제공하는 전문 오디오 패키지를 제공하였다. 그뿐만아니라, 스카이라이프는 국내 최초로 PPS 서비스를 제공하였고,[4] 양방향 데이터방송 서비스를 시작하면서 케이블TV와의 차별화를 시도해 왔다.

〈표 1-7〉 위성방송 도입 당시 채널 수 및 채널구분(2002년)

구 분	주 체		채널수	비 고
비디오	PP		63	
	국내지상파재송신		3	KBS1, KBS2, EBS(MBC, SBS 제외)
	해외방송재송신		8	NHK World Premium, CNN, Animal Planet, Disney, AdventureOne, CCTV, Star Sports, 니켈로디언
	SkyLife	PPV	10	영화채널
		프로모	1	SkyPlus100
	소계		84	스카이라이프 단독 제공 21개 채널
오디오	PP		60	2개 사업자 각 30개 채널 운영
합계			144	

자료: 방송통신위원회, 『방송산업실태조사보고서』

2. 위성방송의 등장과 성장

위성방송의 보급률은 2002년에 1.9%, 2003년에 4.7%, 그리고 2005년 10.3%로 보급 이후 3년간 비교적 빠른 성장세를 보였다. 이는 일본이나 미국의 위성방송 보급률이 총가구 수 대비 3%를 넘어서는 시점이 서비스 개시 후

4 PPS(Pay Per Series)는 특정 장르의 프로그램을 시리즈 단위로 구매하여 시청하는 서비스다. 시청자는 일정 기간 방송되는 수능 특강 시리즈, 유아 영어교육 시리즈, 국내외 유명 스포츠 시리즈 등 다양한 시리즈 중 보고 싶은 시리즈만을 선택, 소정의 비용을 지불하고 이를 구매해 시청하게 된다.

3차 년도였다는 점을 감안하면 상대적으로 빠른 성장세라고 할 수 있다. 이후 2009년도까지 1% 정도의 정체된 성장세를 보이던 위성방송은 2010년도부터 KT의 IPTV와 OTS(Olleh TV Skylife)라는 결합서비스를 제공하면서 다시 가입자 수가 증가하기 시작하였다. 2011년 14%의 보급률을 기록한 위성방송은 2014년 현재 20% 수준으로 보급률이 높아졌다.

〈표 1-8〉 위성방송의 가입자 수 변화

(단위: 천명, %)

연도	가입자(위성방송 보급률)	총가구 수	OTS가입자
2002	302 (1.9%)	16,080	
2003	779 (4.7%)	16,489	
2004	1,297 (7.6%)	16,988	
2005	1,826 (10.3%)	17,656	
2006	1,902 (10.6%)	18,023	
2007	2,005 (10.9%)	18,455	
2008	2,260 (11.9%)	19,005	
2009	2,203 (11.4%)	19,261	87
2010	2,302 (11.6%)	19,865	643
2011	2,830 (14.1%)	20,033	1,195
2012	3,170 (15.7%)	20,212	1,610
2013	3,845 (18.8%)	20,457	2,230
2014	4,072 (19.6%)	20,724	2,340

주1: 각년도 상반기 기준
주2: OTS 가입자 수: 각 연도 말
자료: 방송통신위원회, 『방송산업실태조사보고서』, 각 연도.

디지털기술을 이용한 위성방송은 출범 당시 많은 수의 채널, 좋은 화질과 음질, 다양한 부가서비스를 제공할 수 있는 매체로서 각광을 받았으나 기술적 불안정과 셋톱박스 보급 지연 등의 시행착오, 다양한 구성원들을 규합한 지배구조의 불안정성과 불협화음, 케이블TV와 큰 차별성이 없는 채널구성, 그리고 지상파방송 재송신을 포함한 위성방송 관련 규제에 의해 기대만큼의 성장을 이루었다고 보기는 어렵다. 특히, 채널구성 면에서 PPV로 제공되는 영화채널 정도를 제외하고는 케이블TV와 큰 차이를 보이고 있지 않음에도 훨씬 높은 요금이 부과되었기 때문에 많은 가입자를 유치시키기에는 한계가 있었다. 2002년 당시 스카이라이프를 통해서 독점 서비스되는 채널은 자체 PPV채널 10개를 포함하여 21개 채널로 전체 채널의 20%를 넘지 않았고, 지상파방송의 재송신이 불허되어 케이블TV에 비해 경쟁력 있는 채널확보에 어려움을 겪었다. 더구나 케이블TV와 위성방송의 경쟁심화에 따라 케이블TV 사업자들의 이해관계를 대변하여 주요 MPP 사업자들이 스카이라이프에 대한 PP 송출을 거부하면서 스카이라이프는 가입자 모집에 더욱 어려움을 겪은 바 있다.

그러나 2008년 IPTV가 도입된 이후, 스카이라이프는 IPTV와의 결합상품을 출시함으로써 위성방송의 약점이었던 기술적 불안정을 보완할 수 있었다. 그 후, 2010년 4월 KT의 자회사로 편입되어 전국적인 조직망을 갖춘 KT의 유통채널을 활용하면서 가입자가 큰 폭으로 증가하는 등 성장세를 보이기 시작했다. 2010년 이전 200만 명에 머물렀던 스카이라이프 가입자는 가파르게 늘어 2014년 연말 기준 426만 명을 기록했다. 이는 2009년 이후 3년 만에 73% 정도 늘어난 것이다.

또한, 스카이라이프는 2009년 OTS를 출시하면서 2009년 이후 성장세를 이어나가고 있다. OTS는 국내 최대의 VOD, 실시간 HD 라이브 방송 개수를 보유하는 등 콘텐츠 경쟁력이 있기에, 2009년 당시 8만 7천 명에 불과했던 가입자가 2014년 220만 명이 넘어가는 등 단기간 내 급격한 성장세를 보이고 있다.

채널 송출 부분에서 스카이라이프는 2007년 17개의 독점 채널을 송출하면서 기존 채널 부족으로 인한 가입자 모집에 대한 어려움을 해소하기 시작하였다. 2007년 4월 정부의 영어 사교육비 절감과 영어 교육 혁신을 위해 'EBS

English' 채널 방송이 개시되었는데, EBS English 채널은 스카이라이프 등의 위성방송을 통해 케이블TV보다 앞서 전국적으로 송출되었다. 스카이라이프는 2011년 이후 IPTV, 스카이라이프에서만 볼 수 있는 단독 송출 채널들을 확보하고, 타 플랫폼보다 앞서 HD채널을 공급하는 등 차별화 전략을 이어나가고 있다.

제3절. 유료TV 산업의 경쟁과 성장

1. 매체 간 경쟁의 심화

1) RO의 쇠퇴와 SO 가입자 수의 증가

RO가 SO로 전환되고, 기존의 RO 가입자가 SO 가입자로 합산되면서 SO의 가입자는 대폭 증가하게 된다. 1995년 말 약 20만 가구에 불과하던 SO의 가입자 수는 1997년 2차 SO가 허가되면서 약 82만 명으로 증가하였고, 2001년 1차 SO 지역에서 RO의 SO 전환이 일어나면서 500만 가입자 수를 넘어서게 된다. 2002년 2차 SO 허가지역에서 RO의 SO 전환이 추가로 이어지면서 지속적으로 증가한 SO의 가입가구 수는 2005년 1천만 가구 수를 넘어섰다. 이후 지속적으로 성장해 오던 SO의 가입가구 수는 2009년 1천 5백만 가구 수에 이르렀으며 이후 현재까지 유사한 수를 유지하고 있다.

[그림 1 - 1] 케이블TV의 유료시청 가입자 증가 추이

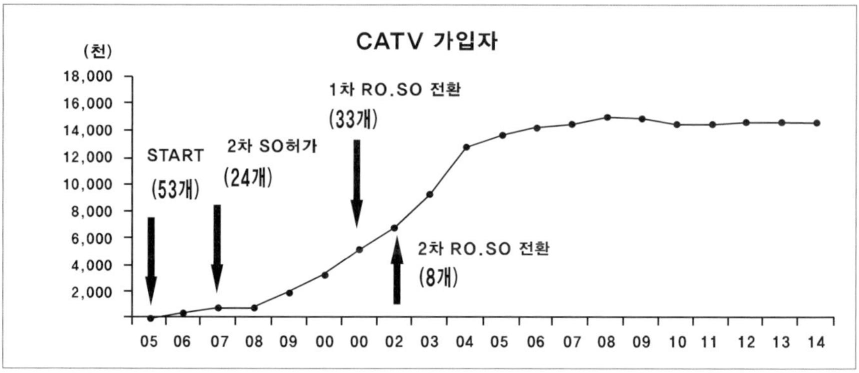

주: 2014년 자료는 한국케이블TV방송협회의 월 마감 가입자 자료를 참조 (2014년 2월 기준)
자료 : 방송통신위원회, 『방송산업실태조사보고서』, 각 연도.

케이블TV의 시장규모 증가는 전환된 중계유선가입자 수가 종합유선방송 가입자 수에 단순히 합산된 것만을 의미하지는 않는다. SO와 RO의 경쟁에 의해 두 서비스에 대한 가입자가 증가하였고, RO의 SO 전환과정에서 가입자가 SO 가입자로 일원화된 것이다.

1995년 종합유선방송이 도입되면서 비롯된 SO와 RO의 경쟁은 1990년대 말 SO에 대한 규제완화가 진전되면서 더욱 가속화되었다. SO는 RO와 경쟁하기 위해서 낮은 수준의 묶음상품을 도입하였고, 가격도 대폭 낮추었다. RO의 SO 전환과정에서 RO는 시스템을 업그레이드하고 RO 간 기업결합을 통해 규모의 경제를 추구하였고, 전환을 전후하여 해당 방송권역에서 기존 SO와의 치열한 경쟁을 전개하였다. 이에 따라 RO의 SO 전환이 완료되는 시점까지 RO와 SO의 전면적인 경쟁이 일어났다.

SO와 RO의 경쟁은 RO의 SO 전환이 마무리된 2003년경까지 계속되었다. <표 1－9>에서 우리는 2002년 중계유선의 가입자 수가 4백5십만에서 2차 SO 전환이 마무리된 2003년에는 2백3십만으로 대폭 감소한 것을 볼 수 있다. 이후 지속적으로 감소한 중계유선의 가입자 수는 2014년 현재 1백만 이하로 감

소하였다.

RO의 SO 전환은 케이블TV 산업의 경쟁구도가 지역별 독점구조에서 경쟁하는 구조로 전환된 것을 의미하기도 한다. 이에 따라 동일권역에서 비슷한 서비스를 제공하는 2개의 SO 간의 첨예한 경쟁이 전개되었다. 두 SO는 가입자를 확보하기 위해 더 낮은 가격에 더 많은 채널을 제공하는 전면적인 경쟁을 하게 된다. 이러한 치열한 경쟁은 더 많은 케이블TV 가입자를 가져왔다. RO의 SO 전환이 이루어진 후, 독점권역보다는 경쟁권역(overbuild)에서 더욱 치열한 경쟁이 이루어졌고, 이러한 경쟁은 경쟁권역의 경우 독점권역보다 더 높은 케이블TV 침투율을 가져왔다.

〈표 1-9〉 종합유선과 중계유선의 가입자 경쟁

(단위 : 천)

연도	종합유선 가입자	중계유선 가입자	합계
1995	310	N.A.	-
1996	520	N.A.	-
1997	825	8,590	9,415
1998	850	7,005	7,855
1999	1,358	7,076	8,434
2000	3,086	6,906	9,992
2001	5,844	5,062	10,906
2002	6,912	4,502	11,414
2003	9,402	2,323	11,725
2004	11,724	1,179	12,903
2005	13,945	519	14,464
2006	14,067	173	14,240
2007	14,533	200	14,733
2008	14,749	202	14,951
2009	15,132	226	15,358

2010	15,037	184	15,221
2011	14,761	178	14,939
2012	14,741	179	14,920
2013	14,843	119	14,962
2014	14,745	103	14,847

자료: 방송통신위원회, 『방송산업실태조사보고서』, 각 연도.
한국케이블TV방송협회(2015)

2) 위성방송과 IPTV의 성장

위성방송 가입자 수는 2002년부터 2005년 중반까지 매년 약 50만 수준의 안정된 가구 수가 증가하고 있는 것을 살펴볼 수 있다. 2005년 상반기, 그동안 가입가구 확보의 가장 큰 애로사항이었던 MBC, SBS 등 지상파 재전송 금지 규제가 폐지되면서 방송서비스에 있어서 케이블TV와 거의 동등한 조건에서 경쟁할 수 있게 된 점도 위성방송 가입가구수의 증가에 기여한 것으로 보인다. 이후 2009년까지 매년 20만 수준의 완만한 성장세를 보이다가 IPTV 진입 후 결합상품(OTS; Olleh TV Skylife)의 가입자 수 증가로 매년 50만을 상회하는 증가세를 보이고 있다 (OTS 제외 시 평균 40만씩 증가). 2009년 등장한 IPTV는 급격한 성장으로 진입 5년 만에(2014년 6월 기준) 930만 가입자 수를 달성하였고, 2015년 현재 1천만 가구를 넘어서게 되었다. 특히 위성방송과 결합한 OTS의 가입자 수는 2009년 64만에서 2014년 230만으로 3배 이상 증가하였다.

〈표 1 - 10〉 유료TV 서비스 가입자 추이

(단위 : 천, %)

	2002	2003	2004	2005	2006	2007	2008	2009	2010	2011	2012	2013	2014
종합유선(A)	6,912	9,402	11,724	13,945	12,083	12,315	14,749	15,132	15,037	14,761	14,741	14,843	14,745
A/(A+B+C+D)	(59.0)	(75.2)	(82.6)	(85.6)	(84.6)	(84.9)	(85.7)	(77.9)	(74.1)	(67.3)	(62.7)	(55.9)	(52.1)

중계유선(B)	4,502	2,323	1,179	519	297	187	202	226	184	178	179	119	103
B/ (A+B+C+D)	(38.4)	(18.6)	(8.3)	(3.2)	(2.1)	(1.3)	(1.2)	(1.2)	(0.9)	(0.8)	(0.8)	(0.4)	(0.4)
위성방송(C)	302	779	1,297	1,826	1,903	2,005	2,260	2,375	2,487	3,010	3,339	4,007	4,218
C/ (A+B+C+D)	(2.6)	(6.2)	(9.1)	(11.2)	(13.3)	(13.8)	(13.1)	(12.2)	(12.3)	(13.7)	(14.2)	(15.1)	(14.9)
IPTV(D)								1,688	2,578	3,983	5,253	7,597	9,249
D/ (A+B+C+D)								(8.7)	(12.7)	(18.2)	(22.3)	(28.6)	(32.7)
다채널방송 (A+B+C+D)	11,716	12,504	14,200	16,290	14,283	14,507	17,211	19,421	20,286	21,932	23,512	26,566	28,314

주1: 괄호안은 전체 MVPD 가입자 중 해당 매체의 비중을 나타냄
주2: 종합유선방송가입자 수는 가입가구수가 아니라 가입대수(단자수)를 의미. 2005년부터 가입가구수를 중심으로 통계를 작성하고 있으나 2000년대 초반과의 비교를 위해 단자수(가입대수) 기준으로 작성
주3: 유료방송 서비스 중 둘 이상의 유료방송에 가입한 중복 가입자를 제외하지 않고 단순 합산함. (IPTV 및 위성방송 가입자에는 OTS 가입자 포함.)
주4: IPTV의 경우 가입자는 초고속인터넷망과 IP 셋톱박스를 통해 실시간 지상파방송과 다채널방송, 데이터 방송과 VOD 서비스 이용자로 가입자 수 산출은 IP를 기준으로 함.
자료: 방송통신위원회, 『방송산업실태조사보고서』, 각 연도.

<표 1－10>을 보면, 2009년 IPTV 도입 이전까지 다채널 유료방송시장에서 종합유선과 위성방송이 효과적으로 경쟁하고 있는가를 살펴보기는 힘들다. 먼저, 케이블TV와 위성방송이 모두 가입자 수를 늘려가고 있어 두 서비스 간의 경쟁을 발견하는 것은 쉽지 않다. 흥미롭게도 2009년까지 두 경쟁 서비스가 과거와 비슷한 규모로 가입자를 늘려가고 있어 두 서비스 간 본격적 경쟁이 이루어지지 않았던 것으로 보인다. 그러나 2010년 이후 종합유선방송의 경우 가입자 수는 하락을 보이는 반면 위성방송과 IPTV는 상승세를 이어가면서 종합유선방송과 IPTV/위성방송 간 치열한 가입자 유치경쟁이 일어나고 있음을 짐작해 볼 수 있다.

3) 케이블TV, 위성방송, IPTV의 지역별 침투율 비교

유료TV 서비스의 지역별 가입가구 분포를 살펴보면 개별 서비스의 특징을 좀 더 살펴볼 수 있다. <표 1－11>은 2012년부터 2014년까지 3년간, 종합유

선, 위성방송, IPTV의 가입가구 분포의 변화를 지역별로 나타낸 것이다.

<표 1-11>을 보면 최근 3년간 종합유선, 위성방송, IPTV의 전국적인 평균점유율이 각각 56%, 15%, 28%인 것을 볼 수 있다. 위성방송이 전국 평균보다 높은 가입비율을 나타내고 있는 지역은 신도시로 출범한 세종시와 강원, 충남, 충북, 경북, 전남, 전북 등 비도시 지역에 분포하고 있음을 알 수 있다. 강원, 전남, 전북 등의 인구 또는 가구분포가 과밀하지 않은 비도시 지역을 중심으로 위성방송 가입률이 상대적으로 높은 것을 알 수 있다. 특히, 충남과 전남, 세종시 지역의 가입률은 주목할 만하다. 이는 후발주자인 위성방송이 케이블TV방송이 자리 잡지 못한 지역 또는 케이블TV 서비스가 낙후된 지역을 중심으로 가입자를 확보해 왔음을 의미한다.

중계유선방송과 위성방송이 상대적으로 우수한 성과를 보인 지역에서는 종합유선의 성과가 상대적으로 낮은 것을 알 수 있다. 중계유선의 강세가 두드러진 경남, 위성방송의 침투율이 높은 강원, 그리고 중계유선과 위성방송이 모두 전국 평균 가입률 이상인 지역인 충북, 충남, 경북, 전남 등의 지역들은 다른 지역에 비해 산악지역(충북, 경북)이거나, 인구밀도가 낮은 지역(전남)으로서 이들 지역의 종합유선 가입률은 전국 평균에 비해 비교적 낮은 것을 알 수 있다.

〈표 1-11〉 최근 3년(2012년 ~ 2014년) 간 종합유선, 위성방송, IPTV의 지역별 가입자 평균 점유율

(단위 : 천, %)

	종합유선	평균점유율	중계유선	평균점유율	일반위성	평균점유율	IPTV	평균점유율	유료방송 계
전국	14,776	56%	133	1%	3,854	15%	7,366	28%	26,295
서울	2,958	61%	-	-	459	10%	1,356	28%	4,815
부산	1,210	58%	38	2%	200	10%	642	31%	2,102
대구	830	71%	-	-	80	7%	245	21%	1,164
인천	679	52%	2	0%	196	15%	416	32%	1,305

광주	542	71%	–	–	60	8%	153	20%	761
대전	518	66%	–	–	61	8%	200	25%	785
울산	416	66%	–	–	66	10%	144	23%	630
경기	2,844	50%	37	1%	913	16%	1,874	33%	5,706
강원	463	42%	1	0%	214	19%	424	38%	1,108
세종	–	–	–	–	16	47%	17	50%	34
충북	411	51%	3	0%	159	20%	221	28%	800
충남	558	46%	0	0%	302	25%	346	29%	1,213
전북	438	49%	2	0%	193	22%	249	28%	888
전남	516	50%	20	2%	258	25%	235	23%	1,036
경북	915	62%	1	0%	272	18%	285	19%	1,483
경남	1,281	61%	25	1%	356	17%	443	21%	2,117
제주	189	54%	–	–	45	13%	112	32%	349

주1: 최근 3년 동안의 평균을 나타냄
주2: 세종시의 경우, 최근 2년 동안의 평균을 나타냄
자료: 방송통신위원회, 『방송산업실태조사보고서』 각 연도,

2. 유료TV 산업의 시장성과

1) 케이블 TV의 수신료 및 광고매출 변화

1995년 케이블TV가 도입된 이후, 초반 5년간 케이블TV 산업의 시장성과는 비교적 부진한 것으로 평가할 수 있다. 서비스의 도입 초기라는 점, 도입된 지 얼마 되지 않아 IMF 외환위기라는 거시적인 충격이 있었다는 점도 부진한 시장성과의 주요 요인으로 볼 수 있으나, 보다 근본적으로는 유료TV 산업의 경쟁구도와 SO에게 부과된 과한 규제를 주요한 요인으로 꼽을 수 있겠다.

케이블TV 산업이 의미 있는 시장성과를 나타내기 시작한 것은 2000년 초반부터이다. 케이블TV 가입자가 2000년을 기점으로 큰 폭으로 증가한 것과 같이 매출액 규모도 2000년을 기점으로 크게 증가하게 된다. RO 가입자가 종

합유선방송으로 합산되었고, SO와 RO의 경쟁에 따른 케이블TV 가입자가 큰 폭으로 증가하면서 2000년 이후, 케이블TV 매출액도 비슷한 속도로 증가한 것이다.

<표 1－12>에서 볼 수 있듯이 케이블TV 가입자로부터 얻는 수신료와 케이블TV 채널의 일정 시간을 SO의 광고로 판매하는 광고수입의 규모는 지속적으로 증가하고 있는 것을 알 수 있다. 케이블TV의 광고수입 증가는 RO의 SO 전환에 따라 가입자 기반이 확대되고, 대기업 및 외국인의 투자증대에 따른 망 용량 증대와 이에 따른 다양한 PP의 진입 등으로 케이블TV에 대한 시청률이 상승하면서 케이블TV의 광고매체로서의 가치상승과 광고단가의 상승에 기인한다. 그러나 이는 케이블TV가 지상파 방송에 비교할만한 광고매체로 성장했다는 것을 의미하지는 않는다. 아직 케이블TV의 시청률은 지상파방송에 미치지 못하고 있고, 케이블TV의 광고수익 중에서 홈쇼핑 송출수수료가 차지하는 비중이 80%를 넘고 있기 때문에 홈쇼핑 채널 전송수수료를 제외한 SO의 광고수입은 절대적인 규모에서 그리 크지 않은 상황이다.

케이블TV 방송광고 매출액의 증가 속도가 수신료 수입의 증가 속도보다 빨라 전체 매출액에서 수신료 수입 비중은 2000년 이후 다소 감소하고 있는 것을 볼 수 있다. 이는 RO와 SO의 경쟁, 동일권역 SO 간의 경쟁, 그리고 DBS, IPTV와의 경쟁압력으로 케이블TV 가격이 인상될 수 없었기 때문에 나타난 결과이다. 그러나 최근 5년간 디지털 전환의 결과로 수신료는 소폭 상승하여 방송수신료 매출액 기준 ARPU는 증가하였다. 인터넷 매출의 경우 서비스 제공 후 급성장하였으나 IPTV의 진입으로 2009년 이후 정체를 보이고 있다.

〈표 1-12〉 케이블TV 산업의 매출액 구성비 추이

(단위: 백만원, %)

연도	가입자	수신료	광고	시설 및 장비대여 등	초고속인터넷	중계유선 수입 및 기타	합계	총가구 수
2000	2,889	200,511	27,166	46,946		89,601	364,224	15,443
		(55.1)	(7.5)					
2001	5,884	275,782	74,929	130,834		66,353	547,898	15,721
		(50.3)	(13.7)					
2002	6,912	381,332	181,288	39,409	104,118	82,551	788,698	16,080
		(48.3)	(23.0)	(5.0)	(13.2)	(10.5)		
2003	9,402	516,805	261,599	52,124	172,992	71,433	1,074,954	16,489
		(48.1)	(24.3)	(4.8)	(16.1)	(6.6)		
2004	11,724	655,050	289,742	60,401	285,110	57,645	1,347,948	16,988
		(48.6)	(21.5)	(4.5)	(21.2)	(4.3)		
2005	13,589	741,585	308,793	58,396	408,439	64,595	1,581,808	17,656
		(46.9)	(19.5)	(3.7)	(25.8)	(4.1)		
2006	14,067	843,801	325,259	63,985	520,811	92,525	1,846,381	18,023
		(45.7)	(17.6)	(3.5)	(28.2)	(5.0)		
2007	14,533	998,036	396,307	68,936	554,097	118,233	2,135,609	18,455
		(46.7)	(18.6)	(3.2)	(25.9)	(5.5)		
2008	14,749	1,095,310	457,182	106,051	626,609	116,455	2,401,607	19,005
		(45.6)	(19.0)	(4.4)	(26.1)	(4.8)		
2009	15,132	1,148,039	491,850	147,469	633,682	104,157	2,525,197	19,216
		(45.5)	(19.5)	(5.8)	(25.1)	(4.1)		
2010	15,037	1,173,735	548,640	182,823	631,848	100,320	2,637,366	19,865
		(44.5)	(20.8)	(6.9)	(24.0)	(3.8)		
2011	14,761	1,202,466	669,365	226,324	627,833	87,536	2,813,524	20,033
		(42.7)	(23.8)	(8.0)	(22.3)	(3.1)		
2012	14,741	1,207,466	818,851	274,583	632,101	225,962	3,158,963	20,212
		(38.2)	(25.9)	(8.7)	(20.0)	(7.2)		
2013	14,738	1,116,329	872,484	326,001	724,204	337,622	3,376,640	20,457
		(33.0)	(25.8)	(9.7)	(21.4)	(10)		

주1: 가입자 수는 2001년 이전은 각 년도 말 기준, 이후는 각 년도 6월말 기준이며, 매출액은 각 년도 말 기준

주2: 괄호안은 구성비를 나타냄

자료: 방송통신위원회, 『방송산업실태조사보고서』, 각 연도.

2) 케이블TV의 수신료 수입과 광고매출액의 비중

미국 케이블TV 산업의 광고매출액과 수신료 수입의 비중을 [그림 1-2]를 통해 살펴보면 2002년 이후 수신료 수입이 좀 더 높은 것으로 나타나고 있다. 1990년대 말에는 광고 매출액과 수신료 수입이 55:45의 비중이었으나, 꾸준한 케이블TV 가격의 상승으로 수신료 수입이 증가하여 2002년 이후부터 그 비중이 거의 역전되어가고 있는 것을 살펴볼 수 있다. 이후 2012년도에는 47:53의 비율을 유지하고 있다.

[그림 1-2] 미국 케이블TV 산업에서 광고매출액과 수신료 수입의 비중

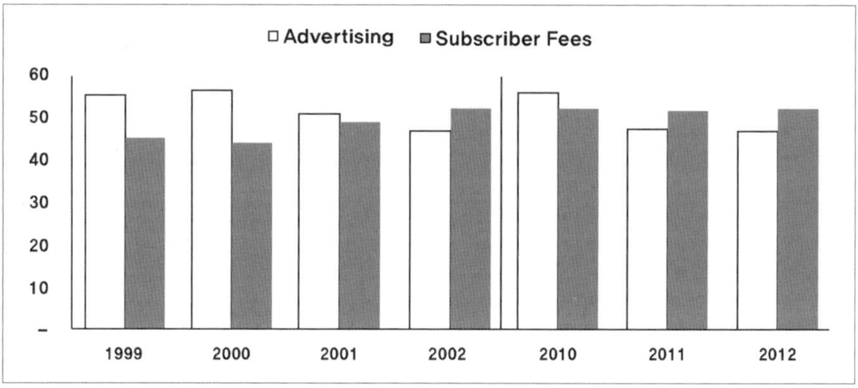

자료: 1999~2002의 경우 GAO (2004); 2010~2012년의 경우 FCC (2013)

이에 비해 우리나라의 경우 수신료 수입과 광고매출액의 비율은 거의 변동이 없는 것으로 나타났다. 국내 수신료 수입과 광고매출액의 구성비의 추이를 살펴보면 [그림 1-3]과 같다. 광고 수입 대 수신료 매출액의 비중은 30:70으로 거의 일정한 패턴을 보여 왔다. 이러한 현상은 가입자 증가에 따른 수신료 및 광고량 증가가 나타났으나, 광고단가 및 수신료 등의 가격 변동 폭은 비교적 작은 것에서 비롯된 것이라 추측한다. 최근 들어 광고수입과 수신료의 비중은 45:55 수준으로 나타났는데, 이는 홈쇼핑 송출수수료 증가에 기인한 것으

로 보인다.

[그림 1-3] 한국 케이블TV 산업에서 광고매출액과 수신료 수입의 비중

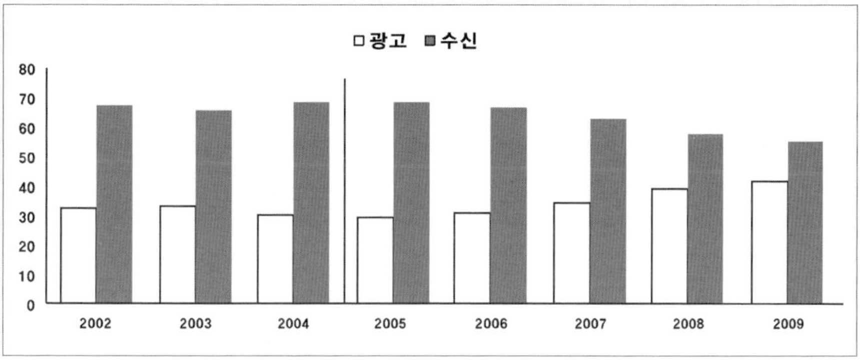

자료: 방송통신위원회, 『방송산업실태조사보고서』, 각 연도.

3) 케이블TV 수입에서 초고속인터넷 매출의 성장

2000년대 초반 SO의 초고속인터넷 매출은 급속히 증가하면서, 2000년대 중반이후 케이블TV 매출액의 20%를 넘어섰다([그림 1-4] 참조). SO의 초고속인터넷서비스 시장 진출과 성공적 가입자 확보는 통신방송 융합의 대표적 사례가 아닐 수 없다. SO들은 범위의 경제를 활용하여 케이블TV와 초고속인터넷서비스를 묶음상품으로 저가에 제공하면서 성공적으로 시장에 진입해 왔다. 2004년 초, 소유규제 완화와 함께 외국자본 등 대규모 자본이 유입되고, 망고도화 등 과감한 투자가 진행되고, MSO의 크기가 증가하고, 지역적 군집화(clustering) 등이 활발히 진행되면서 초고속인터넷 가입자는 더욱 증가하였다. 그러나 2008년도 IPTV의 진입 이후, 케이블TV 사업자들의 초고속인터넷 수입의 비율은 감소 추세에 놓이게 되었다.

[그림 1-4] 방송 매출과 인터넷 매출 비율

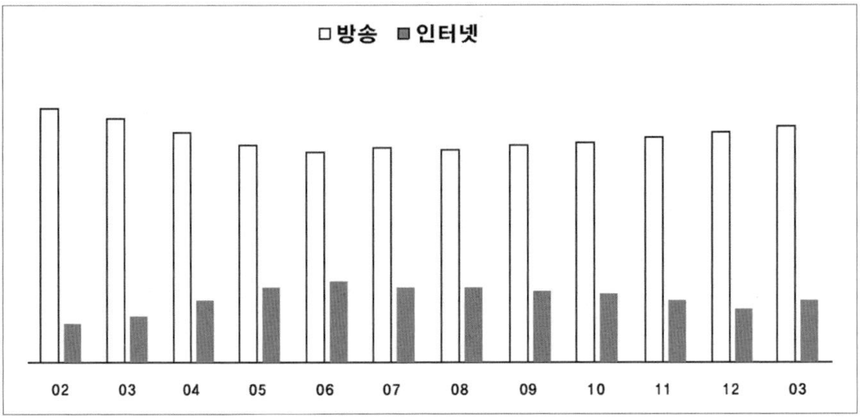

주1: 방송사업 매출은 수신료, 광고 수익, 시설 및 장비 대여/판매, 기타 방송사업 매출을 토대로 작성
주2: 절대적 매출액이 아닌 총 매출 대비 방송사업 매출과 인터넷 매출 비율을 나타냄
자료 : 방송통신위원회, 『방송산업실태조사보고서』, 각 연도

4) 위성방송의 매출액 구성

<표 1-13>은 위성방송이 도입된 2002년부터 2004년까지, 그리고 최근 3년 간 위성방송의 가입자 수 및 매출액 구성비의 변화를 보여주고 있다. 2002년과 2003년, 가입자가 100만에 미치지 못한 상황에서는 광고로부터 거두어들이는 수입은 없었다. 2004년의 경우, 위성방송 매출액 중 70%가 수신료 수입이고, 광고수입은 1.9%에 불과하다. 다시 말해 위성방송은 매출액의 상당 부분을 수신료 수입에 의존하고 있는 반면 전체 매출액에서 광고가 차지하는 비중은 극히 미미한 수준이라고 하겠다. 이는 위성방송의 보급률이 2004년에 7.6%에 불과하다는 수치와 무관하지 않다. 2004년 보급률이 66.8%에 달하는 케이블TV의 경우 매출액의 35% 정도가 광고에서 비롯되는 반면, 7.6%의 보급률에 불과한 위성방송은 상대적으로 광고수입이 미미할 수밖에 없었다. 이후 보급률의 증가와 비슷한 추이로 광고 매출의 비중도 증가해 왔는데 2013년 현재 위성방송의 보급률이 19.6%, 광고 매출이 18.2%로 2012년 대비 각각 3.1%P, 2.4%P 증가하였다.

〈표 1 - 13〉 위성방송의 가입자 수 및 매출액 구성비 변화

(단위: 백만원, 천명, %)

구 분	2002	2003	2004	2010	2011	2012	2013
가입자	302 (1.9%)	779 (4.7%)	1,297 (7.6%)	2,487 (12.5%)	3,010 (15.0%)	3,339 (16.5%)	4,007 (19.6%)
수신료	35,202 (55.4%)	95,861 (64.1%)	175,969 (69.0%)	297,740 (69.1%)	321,667 (70.3%)	354,555 (71.2%)	380,056 (69.3%)
광 고	-	-	4,878 (1.9%)	34,702 (8.1%)	42,294 (9.2%)	78,629 (15.8%)	99,819 (18.2%)
시설 설치	3,505 (5.5%)	1,349 (0.9%)	7,152 (2.8%)	17,720 (4.1%)	8,299 (1.8%)	10,993 (2.2%)	11,778 (2.1%)
PPV 사업	1,485 (2.3%)	5,228 (3.5%)	6,502 (2.5%)	- -	- -	- -	- -
기타매출	23,343 (36.7%)	47,193 (31.5%)	60,534 (23.7%)	80,821 (18.8%)	85,373 (18.7%)	53,766 (10.8%)	56,843 (10.4%)
매출 계	63,535	149,631	255,035	430,983	457,633	497,943	548,496
총가구 수	16,080	16,489	16,988	19,865	20,033	20,212	20,457

주1: 가입자 수는 각 년도 6월말 기준이며, 매출액은 각 년도 말 기준
주2: 2008부터 위성의 PPV 매출 자료는 집계되지 않음. IPTV로 이관되어 집계
자료: 방송통신위원회, 『방송산업실태조사보고서』, 각 연도 및 스카이라이프 내부 자료를 토대로 구성

한편, 위성방송의 매출액 구성을 광고와 수신료 수입의 비율로만 비교해 보았을 때, 수신료 수입의 비율은 조금씩 하락하고, 광고수입의 비율이 조금씩 증가하는 형태를 보이고 있다. 이는 위성방송이 광고매체로서의 매력도가 점차 증가함을 보여준다([그림 1-5] 참고). IPTV에 대한 매출액 구성 자료는 현재까지 보고된 바가 없기 때문에 이에 대한 논의는 생략하기로 한다.

[그림 1 - 5] 위성방송 광고 수익과 수신료 수익비율

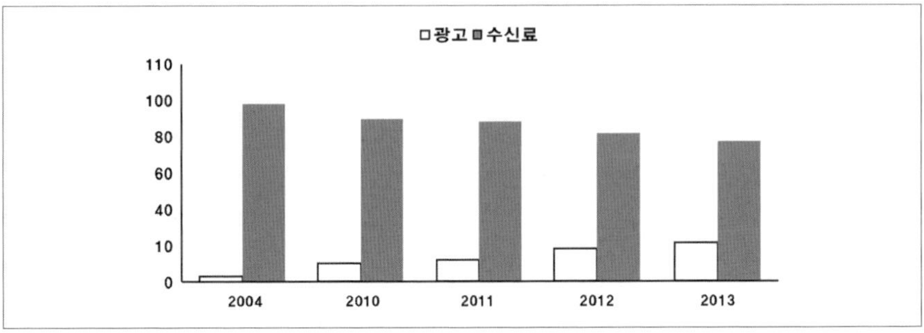

주: 산출 식 : 광고 매출/(광고 매출 + 수신료 매출):수신료 매출액/(광고 매출 + 수신료 매출)
자료: 방송통신위원회, 『방송산업실태조사보고서』 각 연도.

제4절. 유료TV의 가격 및 서비스 변화

1. 케이블TV

1) 다양한 묶음상품 제공

1990년대 후반 중계유선과 종합유선이 경쟁하던 시기에는 종합유선에 대한 가격 및 채널규제 때문에 종합유선의 서비스 및 가격은 시장구조 및 지역적 특성에 상관없이 일정하였다. 1990년대 말 무렵부터 가격 및 서비스에 대한 규제완화가 이루어지면서, 시장구조와 방송권역의 특징에 따른 SO의 대응은 다양한 가격 및 패키지의 구성 전략으로 나타났다. SO들은 RO 또는 전환 SO와 경쟁하기 위하여 낮은 묶음상품(tier)을 도입하였고, RO 또는 전환 SO들은 낮은 수준의 가격에 기초한 가입자 기반을 바탕으로 상향 묶음상품을 도입하는 전략으로 맞섰다.

〈표 1-15〉 유료방송상품 현황

	상품	가격대(원)	TV채널 수	HD채널 수
아날로그	아날로그 케이블	4,000~15,000	20~80	
디지털	디지털 케이블	11,000~26,000	100~240	50~102
	위성방송	10,000~66,000	40~198	89~102
	IPTV	10,000~23,000	90~205	60~137

주1: 2014년 5월 기준 상품 현황임
주2: 가격은 무약정 기준으로 작성함
자료: 각 MSO(티브로드, CJ헬로비전, C&M, HCN, CMB), 위성방송(스카이라이프), IPTV(KT Olleh TV) 사이트의 상품안내 및 방송통신위원회, 『방송산업실태조사보고서』 각 연도

2014년 현재 대부분의 SO들은 디지털 방송 상품을 포함하여 다양한 묶음상품을 제공하고 있는데, 의무형, 보급형, 기본형을 갖춘 아날로그 외에 디지털 묶음상품도 제공되고 있다. MSO 가입자들만을 대상으로 분석해 볼 때, 전체 유료가입자의 40% 정도가 디지털 묶음서비스를 이용하고 있다 (<표 1-16> 참고).

〈표 1-16〉 MSO의 상품별 유료가입자 현황 (2013년 6월)

(단위: 천명, 개)

MSO	상품		유료가입자 수	상품수
전체	아날로그 방송	의무형	3,801	
		보급형	4,300	
		기본형	222	
	디지털 방송		6,421	
티브로드	아날로그 방송	의무형	931	4
		보급형	989	
		기본형	74	
	디지털 방송		1,343	2

CJ 헬로비전	아날로그 방송	의무형	1,531	3
		보급형	286	
		기본형	11	
	디지털 방송		2,138	4
C&M	아날로그 방송	의무형	349	5
		보급형	530	
		기본형	18	
	디지털 방송		1,561	3
HCN	아날로그 방송	의무형	36	3
		보급형	611	
		기본형	117	
	디지털 방송		627	3
CMB	아날로그 방송	의무형	47	4
		보급형	1,330	
		기본형	1	
	디지털 방송		122	2
독립SO	아날로그 방송	의무형	905	
		보급형	552	
		기본형	0	
	디지털 방송		627	

자료: 방송통신위원회, 『방송산업실태조사보고서』

2) 채널당 가격의 하락과 저가 요금구조의 정착

케이블TV 진입부터 RO와의 경쟁으로 형성된 저가 요금구조는 아직까지도 지속되고 있다. 2012년 기준 케이블TV 가입자 당 수신료 매출액(ARPU)은 6,799원으로 전년도(2011년)에 비해 0.3% 증가하였으나, 2004년 1월 케이블TV 가입자 당 수신료 매출액(ARPU)인 5,337원에 비해 크게 높아지지 않았다. 국내 케이블TV가구는 2013년 기준 소위 보급형(묶음 2)의 가입자가 전체 가입자의 약 46%를 차지하고 있어, 저가형 상품에 의존하고 있음을 알 수 있다(방송통신위원회, 2013).

케이블TV가 낮은 가격에서 균형 상태를 보이고 있는 이유는 과거 중계유선방송과의 경쟁구도에서부터 비롯되었다. 앞에서 설명한 SO와 RO의 경쟁, 그리고 경쟁권역에서의 RO에서 전환된 SO와의 경쟁으로 인해 형성된 저가요금이 여전히 지속되고 있는 것이다. RO와 SO의 경쟁, 그리고 SO 간의 경쟁은 가격－채널 조합에서 가격은 되도록이면 낮게 책정하고, 채널은 되도록이면 많이 공급하는 조합을 선택하게 하였다. 오랜 기간 동안 지상파 네트워크의 재전송 및 녹화방송 위주의 채널 구성과 낮은 가격에 길들여져 온 소비자들에게 몇몇 전문채널 제공으로 아주 색다른 유선방송서비스에 대한 높은 가격을 요구할 수 없었다. 그것도 시장을 지배하고 있는 기존사업자(incumbent)이고, 낮은 가격으로 별반 다르지 않은 서비스를 제공하고 있었던 중계유선방송과의 치열한 경쟁은 SO로 하여금 어쩔 수 없이 낮은 가격, 높은 서비스 질로 경쟁할 수밖에 없도록 하였다. 경쟁이 가지는 본질적인 특성이다. 결국, 과거 중계유선방송보다는 높은 가격에 기존의 중계유선방송서비스인 지상파 프로그램의 동시전송과 재방송 네트워크에 수십 개 또는 수십 개의 전문 채널들을 추가하는 형식으로 균형이 이루어진 것이다.

공동주택에 대한 할인경쟁 또한 저가요금구조를 형성한 주요 원인들 중의 하나이다. 공동주택 할인은 일종의 2차 가격차별(2nd degree price discrimination)이다. 2차 가격차별은 수요량이 많은 수요자에게 가격을 낮게 책정하여 주는 가격차별 전략이다. 케이블TV의 경우에는 아파트 등 공동주택 대표가 수십 또는 수백의 거주자들의 가입결정을 대리하면서 가격－서비스 조합을 결정하는 방식이다. 공동주택 대표들은 서비스 제공자를 선택하고, 서비스 종류와 가격을 협상하여 공동주택 거주자 모두가 동일한 서비스를 소비하는 구조이다. 방송위원회(2004)에 의하면 케이블TV 가입가구 중 공동주택 단체가입가구는 25.7%이고, 이들에 대한 가격 할인율은 40%~60%로 나타났다. 이러한 공동주택 가입자에 대한 엄청난 할인율은 RO와 SO의 경쟁, 그리고 SO 간의 경쟁 등 유선방송산업의 경쟁적 시장구조에서 비롯되었으나, 2002년 위성방송이 등장한 이후 위성방송이 집단가구를 중심으로 마케팅을 전개하면서 단체가입가구를 중심으로 한 가격경쟁은 지속되었다.

사실, 공동주택 가입과 할인은 개별 가구의 가입의사와 상관없이 이루어지는 경우가 많다. 공동주택 단체가입을 통해 가입한 가구 중 상당수는 매체 선택에 있어서 의사소통이 제대로 이루어지지 않은 경우도 있고, 소비할 의사가 없음에도 강제로 소비하는 가구도 있다(이런 경우는 차라리 세금에 가깝다). 뿐만 아니라, 케이블TV와 위성을 동시에 시청하는 가구도 상당수 존재하고 있다. 즉, 아파트 단지별로 케이블TV에 가입하였으나, 개인적으로 위성방송이나 IPTV에 가입하는 경우가 그렇다.

한편 통신사업자들의 결합서비스가 확산되는 현상도 저가요금구조를 형성하는 원인이다. 결합 서비스는 방송, 초고속인터넷, 이동전화 등 미디어 서비스 요금을 할인하여 이용자 복지를 제고한다는 명목으로 제공되고 있다. 그러나 통신 사업자는 주력상품인 초고속인터넷과 이동전화서비스를 판매하기 위해 결합상품을 마케팅 전략의 일환으로 활용하고 있다. 결합상품을 통해 보조상품인 방송서비스를 저가에 할인하여 제공함으로써 유료방송에 대한 소비자들의 인식에 악영향을 미친다. 소비자들이 저가의 방송서비스를 무료의 방송서비스로 인식하게 되고 SO들은 주력 상품인 방송서비스에서 수익을 얻지 못하게 되었다. 또한 마케팅 경쟁이 과열됨에 따라 SO 자체도 결합서비스 제공에 있어서 경쟁사업자 수준의 할인율을 적용할 수밖에 없어 케이블시장의 저가 경쟁이 고착되었다.

계속되는 저가요금 중심의 경쟁은 수익배분을 악화시키고 콘텐츠 사업자에게 돌아가야 할 수신료 규모를 줄인다. 또한 콘텐츠 투자 유인이 저하됨에 따라 콘텐츠 품질을 보장하기 힘들어 진다. 결과적으로 소비자의 방송콘텐츠 구매의지가 저하된다. 이는 방송서비스에 대한 인식에 부정적인 영향을 미쳐 계속해서 저가 경쟁을 부추기는 악순환이 지속된다. IPTV의 가격과 서비스에 대한 내용 및 결합서비스와 관련된 논의는 6장에서 보다 자세히 다루어질 것이다.

2. 위성방송

2013년 현재 스카이라이프의 가입자 구성을 분석해 보면, 스카이라이프 가입자의 절반이 넘는 가입자(66.5%)가 가장 하위 티어인 On HD에 가입되어 있다. 또한 방송통신위원회에 따르면, 2013년 기준 스카이라이프의 가입자 당 수신료 매출액(ARPU)은 7,797원으로 케이블TV의 가입자 당 수신료 매출액(ARPU)인 6,799원과 크게 차이나지 않는 것으로 나타났다. 이는 고가 티어의 가입자 비율이 높던 과거와 달리 위성방송도 저가 티어의 가입자 비율이 높아졌기 때문인 것으로 보인다.

〈표 1-17〉 위성방송 묶음 서비스 현황: 가격, 채널 수 및 가입자 (2013년 6월 기준)

(단위: 원, 개, 천명)

<table>
<tr><th rowspan="3">구분</th><th rowspan="3">전체</th><th colspan="2">보급형</th><th colspan="6">경제형</th></tr>
<tr><th colspan="2">On HD</th><th colspan="2">Green HD</th><th colspan="2">Blue HD</th><th colspan="2">Master HD</th></tr>
<tr><th>무약정</th><th>5년</th><th>무약정</th><th>5년</th><th>무약정</th><th>5년</th><th>무약정</th><th>5년</th></tr>
<tr><td>가격</td><td></td><td>13,000</td><td>9,000</td><td>15,000</td><td>11,000</td><td>28,000</td><td>13,000</td><td>49,000</td><td>23,000</td></tr>
<tr><td>채널수</td><td></td><td colspan="2">179</td><td colspan="2">186</td><td colspan="2">192</td><td colspan="2">196</td></tr>
<tr><td>가입자 수
(비율)</td><td>1,974
(100)</td><td colspan="2">1,313
(66.5)</td><td colspan="6">14
(0.7)</td></tr>
</table>

<table>
<tr><th rowspan="3">구분</th><th rowspan="3">전체</th><th colspan="2">기본형</th><th colspan="2">비즈니스 상품</th></tr>
<tr><th colspan="2">PlatinumPlus HD</th><th>Biz On HD</th><th>Biz Plus HD</th></tr>
<tr><th>무약정</th><th>5년</th><th>무약정</th><th>무약정</th></tr>
<tr><td>가격</td><td></td><td>66,000</td><td>30,000</td><td>6,000</td><td>8,000</td></tr>
<tr><td>채널수</td><td></td><td colspan="2">198</td><td>154</td><td>185</td></tr>
<tr><td>가입자 수
(비율)</td><td>1,974
(100)</td><td colspan="2">485
(24.6)</td><td colspan="2">162
(8.2)</td></tr>
</table>

* 2013년 6월
자료: 방송통신위원회, 『방송산업실태조사보고서』

3. 가격 – 서비스 조합의 변화 방향

케이블TV 산업은 RO, SO 그리고 위성방송과의 치열한 경쟁과 초고속인터넷접속서비스 등 다른 시장으로의 진출을 위해 케이블TV 가격을 낮게 책정할 수밖에 없었고, 이러한 저가의 균형은 케이블TV 전반의 질적 하락을 의미하게 되고 경쟁자인 지상파방송, 위성방송, IPTV와의 경쟁에 취약한 모습을 드러내게 된 측면도 부정할 수는 없다.

언론학 분야와 케이블TV 업계에서 케이블TV 산업의 발전을 위한 정책 이슈를 논의할 때 쉽게 접할 수 있는 것이 케이블TV 가격이 너무 낮다는 것이다. 물론, 우리의 현재 케이블TV 가격은 외국과 비교하면 낮은 수준일 수도 있다. 그러나 케이블TV 서비스 가격이 낮은 것이 산업발전의 걸림돌이므로(충분한 실증적 연구도 없이) 최저가격제 등을 도입해야 한다는 등의 단순한 접근은 옳지 않다. 위성방송이나 IPTV와의 경쟁을 감안하더라도, 독점 또는 지배적 사업자인 SO의 케이블TV 가격을 지지하기 위한 정책을 도입한다는 것은 앞뒤가 맞지 않다.

우리가 현재 관측하고 있는 케이블TV 산업의 가격–서비스 조합은 케이블TV와 위성방송, IPTV 등 다채널 방송산업의 시장구조 및 경쟁관계, 다양한 문화상품과의 경쟁, 그리고 소비자의 소득수준과 문화 및 엔터테인먼트에 대한 수요, 프로그래밍 제작 및 전송 기술, 케이블TV 사업자의 TPS를 위한 전략과 통신시장에서의 경쟁구도 등이 종합적으로 반영된 균형이라는 점을 상기해야 한다.

케이블TV 가격–서비스 조합은 기술발전, 시장의 경쟁관계 그리고 정책변화에 따라 쉽게 변화한다. 지난 20여 년 간의 케이블TV 역사에서 우리는 케이블TV 산업의 시장구조, 경쟁관계, 정책변화, 그리고 기술발전이 얼마나 심했던가를 보아왔다. 방송과 통신이 융합하는 기술적, 산업적 흐름의 가장 중심에서 있는 케이블TV 산업은 향후 10년을 과거 20년에 못지않은 극심한 변화의 소용돌이 속에 있을 것이다. 케이블TV 산업이 어떠한 방향으로 변화할 것인가를 지켜보는 것은 흥미로울 것이다.

2장.

유료TV 산업의 시장구조와 성과 간의 관계

2장에서는 유료TV 시장에서의 구조가 유료TV 시장의 성과에 미치는 영향을 실증적 데이터에 기반하여 분석하였다. 1995년부터 도입된 케이블TV서비스는 77개 권역으로 구분된 상태에서 지역 독점, 또는 지역 복점의 형태로 서비스가 제공되었다. 미국에서는 유료TV 서비스 이용에 있어서 독점지역과 경쟁지역 간에 서비스의 가격과 질에 어떤 차이가 있는지에 대한 연구가 오랜 기간 동안 상당 수 이루어져 왔으나, 국내에서는 이에 대한 연구가 상대적으로 부족했다. 2장에서는 국내 유료TV 서비스 시장의 구조적 차이점이 시장성과에 어떤 영향을 미쳤는지에 대한 여러 연구들을 소개하고 실증적 데이터에 기반한 과학적 분석방법에 의해 유료TV 시장의 구조와 성과 간의 관계를 분석하였다. 2장을 읽어보게 되면, 유료TV 시장에서의 시장구조와 성과 간의 관계를 분석하는 이론적 틀과 실증분석 방법에 대해 폭넓게 이해할 수 있게 될 것이고, 국내 유료TV 시장의 성과를 높이기 위한 시장구조의 모습을 예측해 볼 수 있을 것이다.

국내 케이블TV 산업구조는 다른 나라, 특히 미국과 비교하여 매우 독특한 특성을 나타내고 있다. 미국의 경우, 케이블TV 시장이 대체로 지역별 독점구조로 형성되어 있는 반면, 우리나라의 경우 독점지역과 경쟁지역이 혼재되어 있다. 흥미로운 것은 케이블TV 시장에 경쟁구조가 형성된 이유가 신규 사업자들이 시장성을 보고 새롭게 케이블TV 시장에 들어온 것이 아니라 기존의 중계유선방송사업자들을 종합유선방송사업자로 변경해 주는 과정에서 경쟁구조가 형성되었다는 것이다. 2000년대 중반까지만 하더라도 케이블TV 시장에서 경쟁권역이 차지하는 비중은 상당히 높았다. 예를 들어, 2004년 6월 현재 전체 77개 방송권역들 중에서 독점지역이 52%이고 경쟁지역이 48%를 차지하고 있었다. 따라서 독점지역과 경쟁지역의 특성을 파악하고 이에 따른 시장성과의 차이를 분석해 보려는 연구들이 나타나기 시작하였다. 케이블TV 산업의 시장구조와 시장성과 간의 이론적, 실증적 연구결과는 동일 방송권역에서의 수평결합 문제에 대한 중요한 시사점을 제공해 줄 수 있기 때문에 흥미로운 연구주제이다.

본 장에서는 케이블TV 시장의 구조와 성과 간의 이론적/실증적 연구가 어떻게 진행되어 왔는지를 살펴보고, 향후 유료TV 시장에서의 성과를 높일 수 있는 시장구조에 대한 시사점을 살펴보기로 한다.

제1절. 유료TV 시장의 구조와 성과 간의 관계에 대한 기존 연구들

1. 해외 연구

GAO(2000)는 위성방송이 케이블TV에 대해 아직 경쟁압력을 행사하지 못한다고 지적하면서, FCC가 1999년 케이블TV와 위성방송을 MVPD[5] 시장으로 획정함으로써 케이블TV에 대한 규제를 완화한 것을 간접적으로 비판하였다. GAO(2000)는 1998년의 자료(이 당시 미국의 위성방송은 지역 지상파방송의 신호를 전송하지 못하던 시기였음)를 통한 실증분석에서 위성방송이 기존 케이블TV의 가격 하락을 가져올 정도로 경쟁압력을 행사하고 있지 못했음을 발견하였다. 오히려 위성방송의 점유율이 높은 지역에서 케이블TV의 채널수가 상대적으로 많다는 것을 발견하였다. GAO는 이러한 현상에 대해 케이블TV 사업자들이 위성방송의 시장침투에 대해 가격을 낮추어 대응하기 보다는 채널수를 늘리는 등 서비스를 고도화하는 전략으로 대응한 것으로 해석하였다. 이 연구에서는 추가적으로 케이블TV 가격은 케이블 가입자가 많고(시장이 크고), 위성방송의 점유율이 높고, 채널수가 많고, 케이블TV 시장구조가 독점적인 지역, 그리고 MSO이며, SO의 진입시기(age)가 빠른 지역에서 높게 나타났음을 발견하였다. 이러한 결과들은 이전의 실증연구에서의 추정결과와 비슷하다.

GAO(2002)는 1999년부터 가능하게 된 위성방송의 지역 지상파방송 채널 재전송이 케이블TV에 대한 위성방송의 경쟁력에 어떠한 효과를 미쳤는가에

5 미국에서는 다채널 유료방송시장을 Multi-channel Video Programming Distribution (MVPD)시장으로 명명하고 있다. 이 책에서 미국의 다채널 유료방송시장을 설명할 때에는 MVPD를 사용하기로 한다.

관심을 가졌다. GAO(2002)는 GAO(2000)의 모형을 수정하여 케이블TV의 채널 당 가격(cable price per channel)을 이용하였고, 위성방송의 점유율 대신에 침투율을 이용하였으며, 지상파 재전송 가능 여부를 더미변수(dummy variable)로 하여 위성방송의 경쟁효과를 추정하였다. 연구결과는 위성방송의 지역 지상파방송채널 전송은 위성방송의 침투율을 크게 높인 것으로 나타났다. 1999년 이후 위성방송이 지역신호를 해당 지역에만 전송하는(local-into-local) 방식으로 지역 지상파방송을 재전송하기 시작하고, 초고속인터넷 서비스까지 결합서비스로 제공하면서 위성방송의 침투율이 높아진 것이다. 그러나 위성방송의 존재가 케이블TV의 가격 하락까지는 유도하지 못한 것으로 나타났다.

Goolsbee and Petrin(2004)는 가구 단위의 인구통계학적 변수와 케이블TV 시스템의 시장특성 변수를 이용하여 위성방송의 성장에 따른 다채널방송서비스 시장에서의 수요대체 가능성을 추정하고, 위성방송의 도입에 따른 소비자의 편익을 추정하였다. 연구결과 소비자들은 위성방송을 케이블 TV의 다양한 상품들 중 프리미엄 상품의 대체재로 받아들이고 있는 것으로 나타났다. 또한 위성방송의 도입으로 케이블TV 서비스 질이 작게나마 상승한 것을 발견하였다. 이 연구에서는 위성방송의 도입에 따라 소비자가 얼마만큼의 편익을 얻는가를 계산하였는데, 위성방송의 도입으로 위성방송 가입자는 1년에 $127~$190의 편익을 얻은 것으로 추정되었으며, 케이블TV에 머물러 있는 가구는 1년에 약 $50~60의 편익을 얻은 것으로 추정되었다. 경쟁의 본질적인 특성으로 인해 새로운 서비스가 도입되면서 기존의 서비스에 머문 소비자도 혜택을 보게 된 것이다.

2. 국내 연구

윤충한 · 이인찬 · 이동헌(2006)은 다채널 유료방송시장의 여러 가지 시장특성을 발견하고 케이블TV와 위성방송 간의 관계를 밝힘으로써 두 서비스 간 공정경쟁을 위한 정책방안을 마련하는데 기초 자료를 제공하고 있다. 이들은 비연속 소비자 선택모형(discrete consumer choice model)에 기초하여 소비자가 유료방송에 가입하지 않는 경우, 케이블TV에 가입하는 경우, 그리고 위성방송에 가입하는 경우로 나누어 매체선택의 결정요인을 분석하였다. 이를 위해서 이들은 전국 77개 케이블TV 방송권역을 가구비례로 표본 추출한 약 1,000가구를 대상으로 설문조사를 실시하였다. 그리고 케이블TV 시스템별 집계자료(aggregate data)로부터 방송권역의 경쟁구도(시장구조), 방송권역 해당 SO의 채널 수 및 요금 등의 데이터를 합하여(pooling) 다채널 유료방송 가입의 선택에 미치는 영향을 분석하였다.

분석 결과, 위성방송과 케이블TV가 서로 대체재라는 것을 보여주고 있다. 즉, 케이블TV의 가격이 높거나, 채널수가 작은 경우 또는 둘 다인 경우, 개별 가구의 위성방송 가입 확률이 높을 것을 발견하였다. 둘째, 가구주의 소득이 높고, 학력이 높을수록, 가구주의 연령은 낮을수록, 그리고 가구원의 수가 많을수록 지상파방송만 시청하기보다는 유료방송에 가입하며, 또한 유료방송 중에서도 위성방송을 더 선호하는 것으로 나타났다. 셋째, 디지털 TV를 보유하는 등 고화질 디지털TV 방송에 대한 수요가 강할수록 유료방송에 가입하며 케이블TV에 비해 위성방송을 더 선호하는 것으로 나타났다. 넷째, 케이블TV 방송의 경쟁이 치열할수록(즉, 경쟁권역일수록) 지상파 대신 유료방송을, 유료방송 중에서도 케이블TV방송을 선택할 확률이 높았다. 즉, 어느 특정 방송권역에서 복수의 케이블TV 사업자가 경쟁할수록 케이블TV에 가입할 확률이 높았다. 반면에 케이블TV 시장에 경쟁이 없는 권역일수록 가격대비 품질이 낮으며(채널당 수신료가 높아), 해당 권역의 가입자들이 위성방송 서비스에 가입할 확률이 높아짐을 보여주었다.

제2절. 유료TV 시장의 구조와 성과 간계: 이론적 관점

1. 다채널 유료방송시장에서 케이블TV 사업자(SO)의 사업목표

1) 케이블TV 사업자의 사업목표

경제학의 생산자 이론에서 생산자는 이윤극대화를 목표로 함을 가정하는 것이 일반적이다. 그러나 생산자는 경쟁전략으로서 이윤극대화 대신 매출액 극대화 또는 생산량 극대화를 목표로 할 수도 있다. SO 역시 이윤 극대화나 서비스매출액(수신료 총액) 극대화 또는 가입자 수 극대화를 기업의 목표로 설정할 수 있다. SO의 사업목표에 따라 SO가 정하는 요금은 상이해질 수 있다. 예를 들어 정상적인 수요곡선은 가격에 대해 우하향하므로 가입자 수를 극대화하려면 케이블TV 사업자는 가격을 가능한 한 낮추어야 한다. 그러나 가격을 무한정 낮출 수는 없으므로 사업자는 손실을 보지 않는 범위까지만 가격을 낮추려 할 것이다. 즉, '초과이윤 = 0'이 가입자 수 극대화를 목표로 하는 SO의 제약식이 된다.[6] 초과이윤이 0이 되는 가입자 수에서는 평균비용곡선과 수요

6 경제학적 이윤은 정상이윤과 초과이윤으로 구성된다. 정상이윤은 기회비용의 개념으로 사업자가 현재 사업에 자신의 노동이나 자본을 투자하지 않고 취직을 하였거나 자본을 금융기관 등에 유치하였을 경우 받을 수 있는 평균적 수익의 크기이다. 정상이윤을 벌지 못한다면 현재 사업에 자신의 노동이나 자본을 투자할 이유, 즉, 현재 사업을 계속할 이유가 없는 것이다. 초과이윤이란 정상이윤을 넘어서는 이윤의 크기를 말한다. 초과이윤의 발생은 사업자의 시장진입을 유도하는 유인으로 작용한다.

곡선이 일치한다.

일반적인 SO의 경우 규모의 경제를 가지고 있기 때문에, 평균비용곡선은 가입자 수가 늘어날수록 감소하고 한계비용곡선은 가입자 수에 관계없이 일정하다고 가정할 수 있다. 반면 수신료 총액을 극대화하려는 SO는 가격과 수입이 정 반비례의 관계에 있는 것이 아니기 때문에 수신료 총액의 규모를 가장 크게 하는 특정 가격을 설정하게 된다.[7]

한편, SO에 채널을 제공하는 PP 입장에서는 SO와의 수신료의 분배방식에 따라 SO의 특정 사업목표를 선호하게 된다. 예를 들어, 수신료 수준과 관계없이 SO를 시청하는 가입자 1인당 일정 금액을 분배받는다면 가입자 수 극대화를, 가입자 1인당이 아닌 SO의 수신료 총액 중 일정 비율을 분배받는다면 수신료 총액 극대화를 선호할 것이다.

SO가 서비스 이윤극대화를 사업목표로 한다면 독점지역에서는 공급독점자 모형[8]을, 경쟁지역에서는 쿠르노 모형 또는 버트란드 모형을 적용하여 서비스 시장을 분석할 수 있다. 이윤극대화 SO 모형의 가장 큰 장점은 공정위의 실증분석과 같이 독점지역에서 설정되는 수신료가 경쟁지역의 수신료보다 높게 나타나는 원리를 쉽게 보여준다는 점이다.

그러나 현실적으로 SO의 수신료가 방송통신위원회의 감독을 받고 있음을 감안하면 독점 또는 과점 가격으로서의 수신료란 납득되기 힘든 부분이다. 즉,

7 수요곡선이 직선일 때 가격이 상승하면 수요량이 감소하면서 수요의 탄력성이 올라가게 되고 수입(revenue)은 감소하게 된다. 그러나 수요곡선은 일반적으로 직선형태가 아니므로 판매량과 가격은 정 반비례하지 않으며 판매량과 수입도 비례하지 않는다.

8 경제학이론의 공급독점모형에 의하면 공급독점자는 자신에게서 상품을 구매하는 수요자들의 수요곡선으로부터 한계수입곡선(MR; Marginal Revenue curve)을 도출하고 이를 자신의 한계생산비용곡선과 비교하여 공급량과 공급가격을 정하게 된다. 한계수입이란 공급자가 상품을 한 단위 더 판매함에 따라 추가적으로 획득하는 금액의 크기를 나타낸다. 따라서 독점지역의 SO는 자신의 서비스에 대한 지역수요곡선으로부터 한계수입곡선을 도출하고 자신의 한계생산비용곡선과 만나는 점에서 서비스 량, 즉 가입자 수를 결정한다. 한편, 서비스 가격, 즉 수신료는 자신이 생산한 서비스 량이 모두 구매되는 최고가격이면 되므로 수요곡선과 서비스 량이 만나는 수준에서 결정된다.

SO의 수신료는 방송통신위원회의 인가를 받아야 하기 때문에 독점공급 가격 수준의 설정이 용인될 수 없다는 의미이다. 또한 권역별로 SO가 독점적 사업자라고 하더라도 위성방송이나 IPTV와 같은 경쟁재가 존재하므로 독점공급의 가격을 설정하기가 쉽지 않은 것이 현실이다.

본 절에서는 이윤극대화 모형의 현실적 한계를 감안하여 SO가 가입자 수 극대화를 사업목표로 함을 가정하고 논의를 전개하고자 한다. SO가 가입자 수 극대화를 목표로 설정할 가능성은 충분하다. 현재 국내에서는 SO들 간 지분 인수를 둘러싼 협상이 전개되고 있는데 이 과정에서 SO가 희망하는 인도가격은 가입자 1인당 일정금액을 요구하는 형식을 띠고 있는 것으로 알려지고 있다. 또한, 초고속인터넷과의 결합판매에 따라 케이블방송을 원가에 제공함으로써 가입자 확보를 최우선시 할 수도 있다.

2) 가입자 수 극대화 SO

SO가 가입자 수 극대화를 목표로 한다면 그때 사업자의 제약은 0의 초과 이윤이다. 즉, 가입자를 최대한 모집하고자 요금을 충분히 낮추되 손실을 보지 않는 방법이다. 평균생산비용은 고정비용을 포함하고 있어 고정비용의 크기가 클수록 평균생산비용곡선과 한계생산비용곡선의 간격이 넓어지게 된다. 그런데 일반적으로 네트워크산업은 높은 고정비용을 특징으로 하므로 두 곡선의 간격이 넓다. 이러한 경제학적 지식을 바탕으로 SO가 가입자 극대화를 사업목표로 한다는 가정 하에, 독점지역과 경쟁지역에서 SO의 수신료 책정과정을 이론적으로 살펴보도록 하자.

2. 독점지역과 경쟁지역의 수신료에 대한 경제학적 분석

1) 독점지역

독점지역의 SO가 수신료를 P^N로 설정하면 가입자는 Q^N만큼 확보되며 Q^N에서 평균비용곡선이 수요곡선과 만나게 되고 총비용과 총수입이 동등해져 0의 이윤(break even)을 달성하게 된다([그림 2-1], [그림 2-2] 참고). 가입자 수 극대화를 목표로 하는 SO가 설정하는 수신료 수준에서 수요의 가격탄력성은 SO가 가지고 있는 고정비용의 크기에 의존하게 된다.

(1) 고정비용이 낮은 경우

고정비용이 낮은 경우, 사업자가 가입자 수 극대화를 목표로 수신료를 책정한다고 가정하면 [그림 2-1]과 같은 그림이 도출된다.

[그림 2-1] 고정비용이 낮은 경우

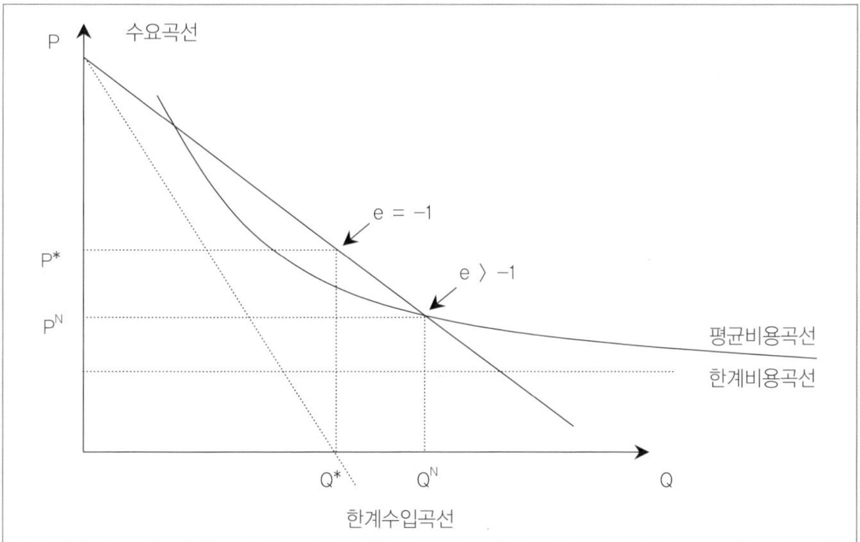

경제학이론에 따르면 재화나 서비스를 한 단위 더 공급함으로써 추가적으로 늘어나는 수입인 한계수입(MR)은 수요의 가격탄력성(e)과 다음과 같은 관계를 갖는다:

$$MR = P(1+\frac{1}{e})$$

단, $e=\frac{dQ}{dP}\frac{P}{Q}$로 정의된다. 이 관계에 따르면, e < -1일 때 $MR>0$, e > -1일 때 $MR<0$, e = -1일 때 $MR=0$가 성립하고 그 역도 성립하게 된다. 그런데 e < -1일 때 수요가 가격에 대해 탄력적이라 하고, e > -1일 때 수요가 가격에 대해 비탄력적이라 하므로, 이를 종합하면 수요가 가격에 대해 탄력적일 때 $MR>0$, 수요가 가격에 대해 비탄력적일 때 $MR<0$가 된다.

한편, P*와 Q*는 e = -1, 즉 $MR=0$가 성립하는 가격과 생산량을 나타낸다. 케이블방송서비스에 대한 수요곡선이 우하향하는 일직선이라 가정[9]하면 P > P*인 구간 또는 Q < Q*인 구간에서는 그림에서와 같이 MR > 0이 성립하므로 수요가 탄력적이 된다. 또한 고정비용이 낮을 때 평균비용곡선과 한계비용곡선의 차가 크지 않다는 점을 고려하여 평균비용곡선과 수요곡선이 교차하는 점(P^N, Q^N)은 (P*, Q*)보다 남동쪽에 위치한다. 즉, SO의 고정비용이 낮을수록 가입자 수 극대화를 추구하는 SO가 설정하는 수신료 수준에서 케이블방송서비스에 대한 수요가 비탄력적일 가능성이 높음을 나타낸다.

(2) 고정비용이 높은 경우

고정비용이 높은 경우를 가정하면, 사업자가 가입자 수 극대화를 목표로 수신료를 책정할 때 [그림 2-2]와 같은 그림이 도출될 수 있다.

---

9 수요곡선이 우하향하더라도 일직선이 아니라면 한계수입과 수요의 가격탄력성은 일대일의 관계를 갖지 않게 된다. 즉, P 〉 P*인 구간에서 수요가 비탄력적일 수도, P 〈 P*인 구간에서 수요가 탄력적일 수도 있다.

[그림 2-2] 고정비용이 높은 경우

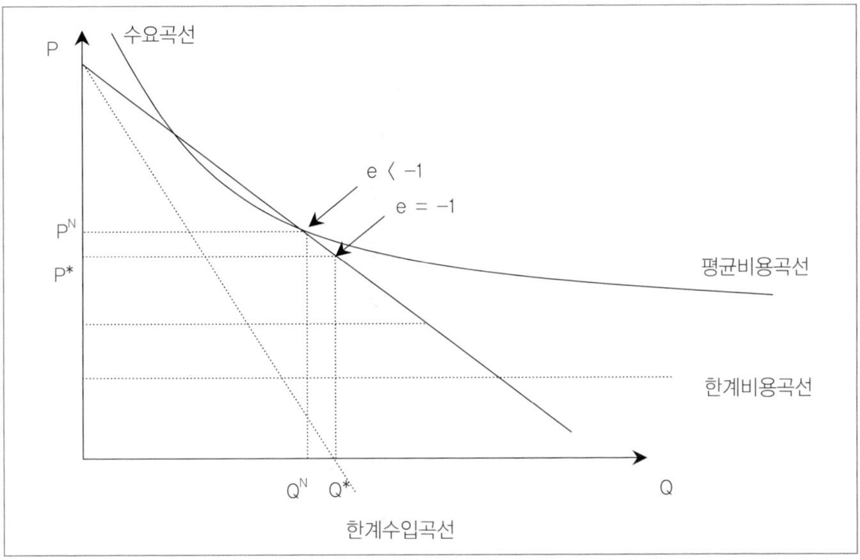

고정비용이 높은 경우를 가정하고 있기 때문에, 평균비용곡선과 한계비용곡선의 차가 크다는 점을 고려하여 평균비용곡선과 수요곡선이 교차하는 점 (P^N, Q^N)이 (P*, Q*)보다 북서쪽에 위치한다고 볼 수 있다. 즉, SO의 고정비용이 높을수록 가입자 수 극대화를 추구하는 SO가 설정하는 수신료 수준에서 케이블방송서비스에 대한 수요는 탄력적일 가능성이 높음을 의미한다.

(3) SO의 고정비용 변화

종합유선방송사업의 초기 단계에서는 KT, 한전 등 전국적인 네트워크를 보유한 기간통신사업자(방송법상 전송망사업자)로부터 망을 임대하는 형태가 우세하였고 이러한 임대는 종합유선방송사업이 비록 네트워크 산업이라도 낮은 고정비용의 부담만으로도 사업운영이 가능하도록 하였다. 그러나 SO들이 직접 망을 구축하고 디지털 전환을 추진함에 따라 SO의 고정비용이 상승하면서, 가입자 수 극대화를 목표로 하는 SO가 희망하는 수신료와 가입자 수는

[그림 2-1]의 (P^N, Q^N)으로부터 [그림 2-2]의 (P^N, Q^N)으로 이동해 가고 있다. 여기서 강조하고 싶은 것은 자기 네트워크 구축과 디지털 전환으로 이미 높아진 고정비용을 가진 SO들은 수신료 인상을 선호하는 반면 아직 낮은 고정비용을 가진 SO들은 수신료 인상에 따른 가입자 감소가 부담스러울 것이라는 점이다.[10]

2) 경쟁지역

(1) 복점경쟁(Duopoly competition)

복점경쟁모형은 대체관계를 형성하는 재화나 서비스를 제공하는 두 기업 간 전략적 행위의 분석에 적용되는 모형으로 다수의 수요자와 다수의 공급자가 존재하는 완전경쟁모형, 다수의 수요자와 유일한 공급자가 존재하는 독점모형과 대비된다. 한편, 독점적 경쟁(monopolistic competition)모형은 재화나 서비스가 동질적(homogeneous)이지 않지만 대체관계를 전제로 한다는 점에서 분석의 논리가 복점경쟁모형과 매우 유사하다. 그러나 독점적 경쟁모형은 자유로운 시장의 진입과 퇴출을 전제로 하고 있기 때문에 SO의 경쟁분석과는 거리가 있다.

경쟁지역과 독점지역 모두 가입자 수 극대화를 목표로 하는 SO는 평균비용곡선과 수요곡선이 교차하는 점에서 수신료와 가입자 수를 정하고자 한다는 점에서는 공통적이다. 그러나 복수의 SO가 경쟁하는 지역에서는 두 사업자에 대한 수요곡선들이 상호연관성(inter-relation)을 가지게 된다는 것이 독점지역과 상이한 점이다. 예를 들어, 한 SO가 요금을 인하하게 되면 요금인하를 하

10 여기서 SO들은 가입자 수 극대화를 목표로 하고 있음을 상기해야 한다. 만약 SO들이 서비스 매출액 극대화를 목표로 한다면 수신료의 인상은 수신료 총액의 감소를 가져오므로 모든 SO가 수신료의 인상을 선호하지 않을 것이다.

지 않는 경쟁 SO의 수요자들 중 일부가 가입 전환을 하게 된다. 즉, 한 SO의 수요곡선이 SO 자신의 요금 변동 없이도 경쟁사업자의 요금 수준에 따라 증가할 수도 감소할 수도 있다는 의미이다. 이 때, 개별 사업자는 일단 자신이 요금을 변경시키더라도 경쟁사업자는 현재 수신료를 유지할 것이라는 전제(경제학에서는 내쉬가정이라고 표현한다.)하에 가입자 수를 극대화하는 요금을 찾으려 한다. 그러나 일단 사업자 1이 요금을 변경하면 경쟁사업자의 수요곡선이 변화하고 경쟁사업자도 새로운 수신료를 찾게 되면 사업자 1의 수요곡선에 변화가 발생한다. 즉, 사업자 1은 사업자 2의 피드백으로 발생한 수요곡선의 변화에 다시 새로운 가입자 수 극대화 요금을 찾으려 한다. 이러한 상호 피드백 작용이 여러 차례 진행되다보면 균형 요금수준에 도달한다.

(2) 반응함수와 균형

반응함수란 경쟁사업자가 정한 가격 또는 생산량이 계속 유지된다는 전제하에(이윤극대화든, 매출액극대화든, 생산량극대화든) 자신에게 가장 유리한 가격 또는 생산량을 연결(match)해주는 함수를 지칭한다. 두 SO의 반응함수를 이용하면 가입자 수 극대화를 목표로 하는 SO의 요금경쟁에서 균형을 도출할 수 있다. 예를 들어 SO 1이 요금을 인하하였다고 하자. 경쟁 SO 2의 수요함수가 위축되어 SO의 가입자 수 극대화 요금수준(즉, 평균비용곡선과 새로운 수요곡선이 교차하는 점)은 인상된다. SO 2가 높은 요금을 설정하면 SO 1은 늘어난 수요를 고려하여 낮은 요금을, SO 2가 낮은 요금을 설정하면 SO 1은 감소한 수요를 고려하여 높은 요금을 설정하므로 반응곡선은 우하향하는 형태를 띠게 된다([그림 2-3]). 그림에서는 편의상 직선의 모습을 가정하였다.

[그림 2-3] 가입자 수 극대화 SO의 반응함수(Response function)

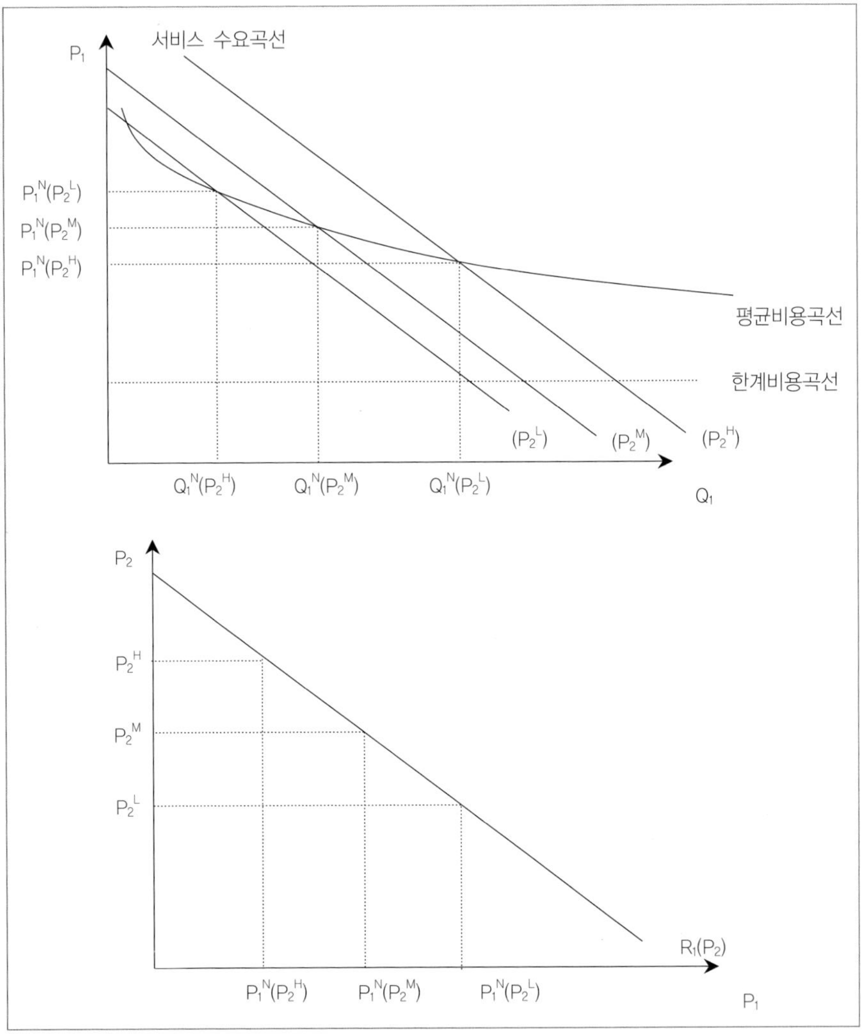

SO 2도 동일한 논리하에 우하향하는 반응함수 $R_2(P_1)$를 갖게 된다.

경쟁지역에서 가입자 수를 극대화하려는 SO들의 수신료 균형은 [그림 2-4]와 같이 두 SO의 반응곡선들 $R_1(P_2)$와 $R_2(P_1)$가 교차하는 점, 즉 $P_1^M(P_2^M)$, $P_2^M(P_1^M)$가 된다.

[그림 2-4] SO의 반응(Response)곡선들과 요금균형(Equilibrium)

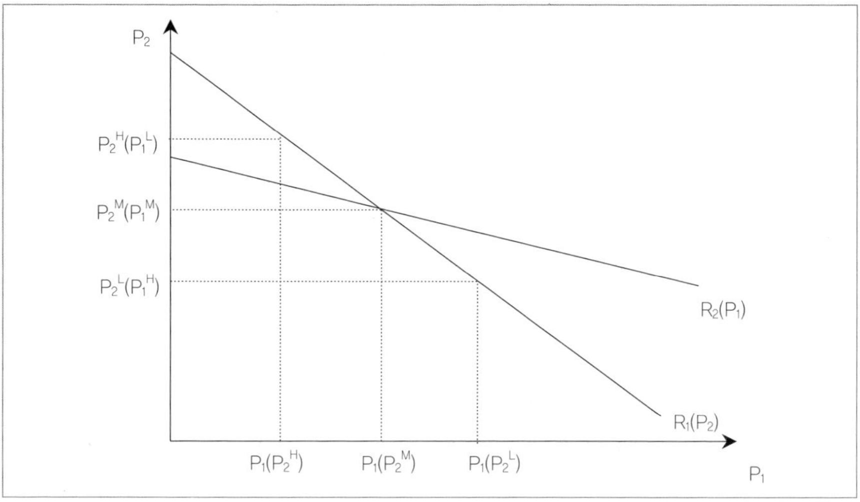

앞서, 독점지역에서 고정비용이 클수록 수신료가 높게 책정됨을 보여주었는데, 경쟁지역에서도 고정비용이 높은 지역일수록 균형 수신료가 높게 형성된다. 고정비용이 높아져 평균비용곡선이 상승하게 되면 SO 2의 특정 수신료에 대응하는 SO 1의 수신료가 높아짐을 알 수 있다.

한편, 고정비용이 높은 경우에는 반응곡선이 원점에서 멀리 위치하게 되고 따라서 균형 수신료도 원점에서 멀어지게 된다([그림 2-5]).

지금까지 SO가 가입자 수 극대화를 사업목표로 할 때 수신료의 결정방식을 독점지역과 경쟁지역을 구분하여 살펴보았다. 만약 독점지역과 경쟁지역에서 전체 수요의 크기가 비슷하고 제공되는 채널의 수도 비슷하다면 규모의 경제를 고려해 볼 때 독점지역보다 경쟁지역의 수신료가 높을 가능성이 크다. 경쟁지역에서는 두 SO가 수요를 나누어 갖기 때문에 전체 수요를 한 사업자가 상대하는 독점지역보다 규모의 경제 효과를 누리기 어렵기 때문이다. 그러나 독점지역과 경쟁지역의 전체 수요가 차이가 나고 제공되는 채널의 수가 다르므로 두 지역의 수신료 비교는 채널매매시장을 함께 고려하여 분석되어야 한다.

[그림 2-5] 고정비용의 크기와 수신료 균형

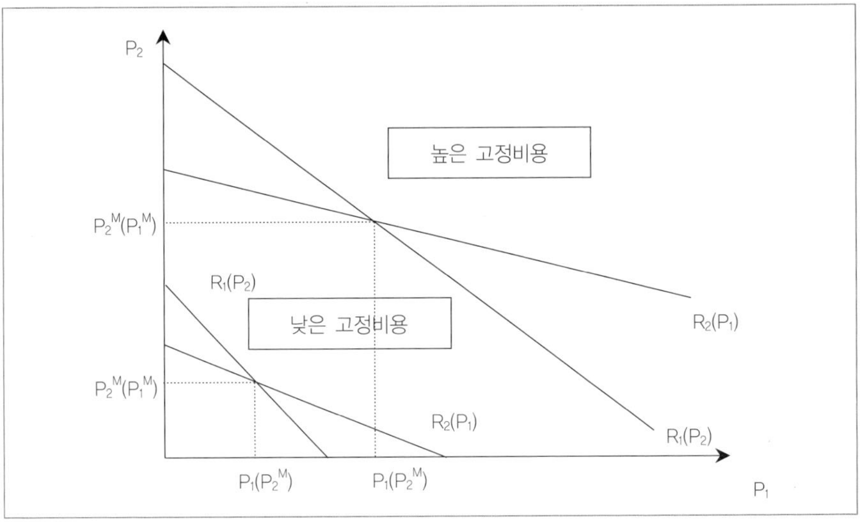

3. 독점지역과 경쟁지역에서 채널매매시장의 분석

채널을 팔고자하는 공급자 PP와 채널을 사고자 수요자 SO가 만나는 시장을 채널매매시장이라 하자. PP는 SO에게 채널을 제공하는 대가로 SO가 가입자에게서 받는 수신료 수입의 일부를 분배받는다. 채널매매시장에 대한 적절한 분석은 공급자인 PP, 수요자인 SO의 특성을 올바르게 반영하는 모형 정립에 의해 가능하다. 분석의 편의상 PP가 SO가 보유하고 있는 가입자 1인이 지불하는 수신료에서 일정비율 또는 일정액을 받는 것인 만큼 채널매매시장의 가격 단위[11]로 총 분배액 대신 가입자 수신료 분배비율을 이용하고자 한다. 채널가격을 가입자 수신료의 분배비율로 측정하게 되면 케이블방송서비스 시장에서 가입자 수 극대화를 목표로 하는 SO의 수신료 설정 및 가입자 확보 실적

11 경제학이론에서는 교환이나 가치평가를 위한 기준 재화를 뉴메레(numere)라는 용어로 사용한다.

과 PP의 수익성을 직접 연결하여 고려할 수 있어 채널매매시장(upstream market)과 케이블방송서비스 시장(downstream market)의 동시 분석이 가능한 장점이 있다.

일반적으로 채널매매시장은 PP와 SO의 관계를 수요독점자모형을 적용하여 분석하려는 경향이 있었다. 즉, 다수 공급자인 PP와 유일 또는 복수의 SO가 채널매매시장에서 만나고 이 경우 협상력에서 우위에 있는 SO에게 유리한 채널매매가격과 채널매매량이 정해진다는 접근법이었다. 그러나 채널매매시장에 수요독점모형을 적용하기에는 모든 PP의 채널들이 동질적이라는 매우 비현실적인 가정이 필요하다. 이하에서는 먼저 채널매매시장에 수요독점모형을 적용하는 경우 분석결과를 살펴보고 수요독점모형의 한계를 논함으로써 본 연구의 접근법을 간접적으로 강조하고자 한다.

1) 수요독점모형

SO가 실질적인 지역독점 또는 과점 사업자임을 감안할 때 우선 생각해볼 수 있는 분석 모형에는 수요독점모형이 있다.

(1) SO 독점지역

SO에게 프로그램을 제공하는 PP의 입장에서 독점지역의 SO가 수요독점자라 가정하자. 경제학이론의 수요독점모형에 따르면 수요독점자는 자신에게 상품을 공급하는 공급자들의 공급곡선으로부터 한계지출곡선(ME; Marginal Expenditure curve)을 도출하고 이를 자신의 수요곡선과 비교하여 구매량과 구매가격을 정하게 된다. 한계지출이란 수요자가 상품을 한 단위 더 구매하고자 할 때 추가적으로 지불해야 되는 금액의 크기를 나타낸다.

수요독점자가 직면한 시장의 공급곡선이 우상향하면 한계지출곡선은 공급곡선위에서 우상향하는 형태를 가지게 된다. 한계지출곡선이 공급곡선보다 위에 위치하는 이유는 다음과 같다. 우상향하는 공급곡선은 보다 많은 양의 상품이 생산되기 위해서는 상품의 가격이 높아져야함을 의미한다. 즉, 유일한 상품의 구매자인 수요독점자는 자신이 상품의 구매량을 늘리려면 상품의 가격을 올려주어야 함을 의미한다. 그런데 각 구매량별로 가격을 차별해서 적용할 수 없으므로[12] 수요독점자는 구매량을 늘리려면 구매량 전량에 대해 예전보다 높은 가격을 지불해야하고 따라서 추가되는 구매량으로 인해 늘어나게 되는 지출은 추가 구매량에 적용되는 새로운 가격이 아니라 기존 구매량에 대해 새로운 가격(높아진 가격)이 적용됨에 따라 증가하는 금액도 포함하게 된다.[13]

예를 들어 [그림 2-6]에서 PP가 프로그램을 패키징하여 채널을 구성하는 공급곡선이 우상향한다고 가정하여 보자. 즉, SO가 케이블방송을 다양한 프로그램으로 구성하려면 보다 많은 채널을 구매하여야 하고 채널수가 많으면 많을수록 마지막 채널의 제공비용이 높다고 가정하는 것이다. 한편, [그림 2-6]에서 수직축에 나타나는 채널의 가격 P는 앞서 거론했듯이 SO 가입자 1인이 부담하는 수신료의 일정비율이다. 따라서 P가 높다는 것은 채널구성에 대한 대가로 SO가 PP에게 분배하는 몫이 높다는 의미이다. 수요독점자인 SO는 PP의 채널 공급곡선으로부터 한계지출곡선을 도출하고 자신의 채널수요곡선과 만나는 점에서 채널의 수(Q^{MS})를 결정한다. 이때 SO가 PP에게 지불하는 채널가격은 SO가 원하는 채널의 수량(Q^{MS})이 생산될 수 있는 최저가격이면 되므로 PP의 채널공급곡선과 Q^{MS}가 만나는 수준인 P^{MS}에서 결정된다.

12 즉, 먼저 구매하는 량에 대해서는 낮은 구매가격을, 나중에 구매하는 량에 대해서 높은 구매가격을 적용할 수 없다.

13 예를 들어, 시장에서 10단위가 공급되도록 하려면 한 단위당 가격이 1,000원이 되어야 하고, 11번째 단위의 공급을 위해서는 가격이 1,100원이어야 한다면 10단위에서 11단위로 구매량을 한 단위 늘릴 때 늘어나는 지출(한계지출)은 1,100원이 아니라 1,100원 × 11번째 단위 + 100원 × 10단위 = 2,100이다.

[그림 2-6] 채널(프로그램) 매매시장: 수요독점과 채널수

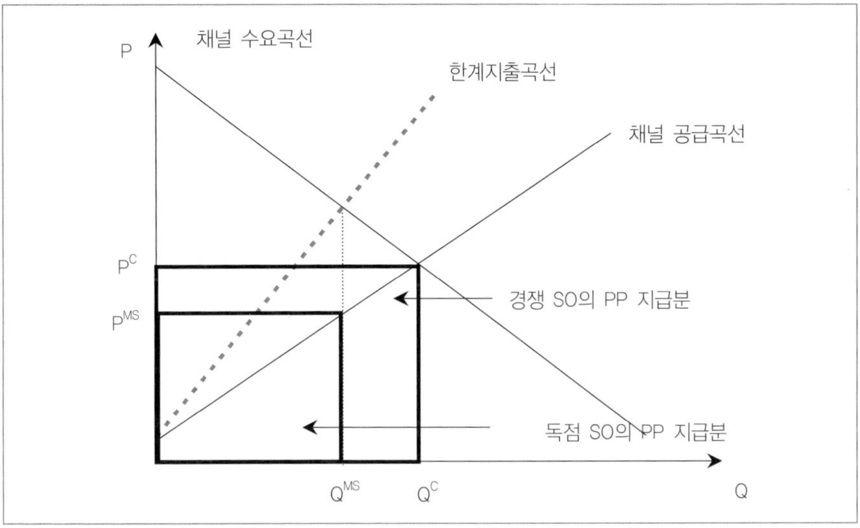

(2) SO 경쟁지역

지역 내 복수의 SO가 존재하는 경쟁지역에서는 채널에 대해 다수의 수요자와 공급자가 존재하게 되고 경쟁시장의 메커니즘의 원리에 의해 채널수요곡선과 채널공급곡선이 만나는 수준에서 채널의 가격(P^C)과 공급량=수요량(Q^C)이 결정된다. [그림 2-6]에서 보듯이 수요독점자의 채널 구매량 Q^{MS}는 복수이상의 수요자가 있는 경쟁지역의 구매량 Q^C보다 작다.[14] 반면, 수요독점자의 채널 구매가격 P^{MS}는 경쟁지역의 채널 구매가격 PC보다 낮게 형성된다.

위의 분석결과는 독점지역보다 경쟁지역에서 SO가 PP로부터 더 많은 채널을 구매함을 보여줌으로써 공정위원회의 케이블TV 시장 분석결과와 정성적으로(qualitatively) 일치하고 있다. 한편, SO가 PP에게 지급하는 채널제공 대가는 독점지역보다 경쟁지역에서 높게 나타난다. 즉, 경쟁지역에서 SO들이 보

14 만약 수요독점자인 SO가 프로그램 구매가격을 차별화하여 지급할 수 있다면 이때 구매량은 경쟁지역과 동일한 수준에서 결정된다.

다 많은 채널을 제공하고 PP에게도 상대적으로 높은 대가를 지불함을 의미한다. 그러나 PP와 SO의 채널매매계약은 외부로 알려진 자료가 없어 지역에 따른 채널가격의 차이를 확인할 방법은 없다.

수요독점모형과 SO의 가입자 수 극대화 가정을 결합하여 생각해보면 독점지역의 SO는 경쟁지역의 SO들에 비해 상대적으로 적은 채널로 구성된 케이블방송서비스를 제공하고 PP에게도 상대적으로 열악한 분배를 하는 것으로 결론이 내려진다.

그러나 수요독점모형으로는 경쟁지역과 독점지역의 수신료를 직접 비교하기 어렵다. 독점지역의 수신료가 낮아질 수 있는 요인으로는 PP에 대한 가입자 수신료의 분배비율 즉, 한계비용과 평균비용이 낮은 점을 들 수 있다. 그러나 독점지역의 수신료가 올라갈 요인으로는 채널의 수가 적어 케이블방송서비스에 대한 수요 창출의 규모가 경쟁지역보다 상대적으로 작다는 점을 지적할 수 있다.

2) 수요독점모형의 한계

SO와 PP의 관계를 수요독점모형으로는 설명할 수 없다는 연구들도 있다(Joskow & McLaughlin, 2002). 경제학이론에서 수요독점모형은 두 가지 상황을 전제로 적용 가능하다는 점을 지적하고 있다. 우선 생산물에 대한 수요자가 유일하여야 한다. 둘째, 공급자가 생산하는 생산물이 수요자에게 동질적이어야 한다. 즉, 수요자의 입장에서 생산물만으로는 누가 공급자인지 구별할 수 없어야 한다.

먼저 PP의 생산물 즉, 프로그램에 대해 SO는 유일한 독점자인가? SO가 유일한 독점자가 되기 위해서는 SO 이외에 프로그램을 원하는 사업자가 없어야 한다. 그러나 미국의 경우 SO는 위성 등과 다채널프로그램시장(MVPD market)에서 치열하게 경쟁을 하고 있다. SO와 위성 모두가 프로그램에 대한 수요자이기 때문에 SO는 유일한 독점자의 위치에 있지 않다. 둘째, PP의 생산물, 즉 프로그램은 SO에게 동질적인가? 당연히 PP의 프로그램들은 동질적이지 않다. 더군다나 프로그램들은 상호 보완재 성격이 강하다. SO는 가입자에게 인기 있는 채널을 우선 확보하려는 동기가 강하다.

우리나라의 경우 첫 번째 조건 즉, SO가 수요독점자라는 조건은 과거에는 충족되었으나, 최근 위성방송과 IPTV의 등장으로 SO와 진정한 경쟁관계를 이룰 수 있는 사업자들이 존재하므로 충족되지 못한다. 두 번째 조건의 경우 PP의 지배구조와 프로그램의 차별화 때문에 충족되지 않는다. <표 2-1>에 나타나듯이, 국내 PP시장은 몇 개의 MPP들과 소수 PP들이 경쟁하는 구조이다.

〈표 2-1〉 주요 MPP 현황 및 시장점유율(2014년 현재)

지배주주	채널수	매출액(억원)	점유율(%)
CJ	23	6,840	25.6
SBS	10	4,185	15.7
MBC	6	2,005	7.5
KBS	6	1,237	4.6
주요 MPP 전체		14,267	53.4

자료: 방송통신위원회, 『방송산업실태조사보고서』 각 연도

요약하자면 수요독점모형은 PP와 SO의 채널매매시장에서 SO 경쟁지역이 SO 독점지역보다 거래되는 채널의 수가 많다는 결과를 보여줌으로써 공정거래위원회의 실증분석과 정성적으로 일치하는 성과를 보여준다. 그러나 채널매매시장은 수요독점모형의 기본 가정과 맞지 않는 특징을 지니고 있어 수요독점모형의 적용에는 결정적 한계를 가지고 있다. 따라서 독점적 경쟁의 PP와 복점 경쟁모형을 통해 채널매매시장을 분석하고자 한다.

2) 독점적 경쟁(Monopolistic competition)

2015년 현재 90개 SO를 상대로 자신의 채널들을 팔고자 하는 PP들의 경쟁관계는 독점적 경쟁(monopolistic competition)모형과 가장 유사하다고 볼 수 있다. 즉, PP들이 제공하는 채널들은 동질적이지 않으나 상호 어느 정도 대체관계를 형성하고 있다고 가정할 수 있다. 만약, 채널들이 제공하는 콘텐츠의 유사도가 높으면 대체관계가 높아 한 채널의 가격인하가 타 채널에 대한 수요에 크게 영향을 미칠 것이다. 반대로 채널들 간에 유사도가 낮으면 대체관계가 작아 한 채널의 가격변동은 타 채널의 가격에 미미하게 영향을 미칠 것이다.

그러나 PP의 채널공급 경쟁을 독점적 경쟁모형으로 설명하기에는 제약이 있다. 첫째, 독점적 경쟁모형에서는 다수의 수요자에게 동일한 가격을 책정한다. 즉, 공급자는 자신의 재화나 서비스를 구매하고자 우하향하는 수요곡선으로부터 이윤을 극대화하는 적정한 공급량을 도출하여 단일 가격으로 판매한다. 그러나 PP와 SO 간 채널공급의 계약조건은 사업자 간 개별계약으로 이루어지며 동일한 채널에 대한 가격차별로 이어지기 마련이다. 채널매매가격의 차별화가 가능한 만큼 특정 채널이 유사한 콘텐츠가 없을수록, 즉 대체관계에 있는 채널들이 없을수록, 수신료 중 높은 비율을 분배받을 것이다. 즉, 갑이라는 PP가 A라는 SO와 B라는 SO와 개별계약을 통해 채널을 제공한 대가로 A사가 받는 수신료의 1%, B사가 받는 수신료의 1.5%를 받기로 하였다면 갑은 자신의 채널을 두 SO에게 가격을 차별화하여 판매하는 것이다. 둘째, 경제학 이론에서 독점적 경쟁모형은 시장의 진입과 퇴출의 자유로움을 전제로 하고 있어 단기적으로 특정 상품이 초과이윤을 누리게 되면 유사한 대체재를 생산하는 기업들이 다수 진입함으로써 장기적으로 초과이윤이 사라지게 만든다. 그러나 현실적으로도 지상파계열의 PP는 초과이윤을 누리지만 유사한 채널을 생산할 수 있는 기업들이 드물고 또 유사한 채널을 생산할 수 있는 기업들의 진입이 제한받고 있다. 굳이 PP의 채널공급을 독점적 경쟁모형으로 설명하자면 시장의 진입이 제한되어 있는 단기(short-term)라는 기간이 상당히 길고 수요자에 대한 가격차별이 허용되는 예외적 경우라고 하겠다.

이제 차별화된 프로그램채널로 독점적 경쟁을 하는 PP로부터 채널을 구매하는 수요자인 SO의 경제적 동기를 추가하여 분석해보자. SO가 채널을 늘리기 위해서는 전보다 높은 비용을 부담해야 한다. 대신 다양화된 채널과 프로그램은 시청자들에게 더 큰 만족을 주기 때문에 케이블방송서비스에 대한 수요를 진작하는 효과를 가져온다. 경제학적 모형으로 설명하자면 채널의 추가는 한계비용의 상승, 평균비용의 상승과 시장수요곡선의 우측이동이 동시에 발생시키게 된다. 그런데 수요의 진작 효과는 독점지역과 경쟁지역에서 차이가 있다.

(1) SO 독점지역

독점지역에서 채널의 추가 구성은 우선 기존 시청자들의 지불의사가격(willingness to pay)을 높이게 되고, 새로운 시청자들을 유도하는 효과를 낳게 된다. 따라서 채널의 추가 구성이 수신료와 가입자 수에 미치는 영향은 비용상승과 수요 진작의 상대적 효과에 의해 결정된다. 독점지역의 경우, 채널의 추가에 따른 비용의 상승효과가 수요의 진작 효과보다 강하여 가입자 수의 증가와 수신요금의 상승이 발생하게 된다.

(2) SO 경쟁지역

경쟁지역에서는 SO들이 프로그램채널의 추가구성으로 자신의 케이블방송서비스를 경쟁 SO와 서비스와 차별화하려 한다. 즉, 경쟁지역에서 한 SO의 채널의 추가구성은 기존 시청자들의 지불의사가격 상승, 새로운 시청자 유도와 더불어 경쟁 SO의 수요 일부를 쟁탈하는 효과를 가져온다. 이 점에서 SO 경쟁지역의 경쟁관계는 또다시 독점적 경쟁모형과 유사한 형태를 가진다. 즉,

경쟁지역에서 한 SO에 의한 채널의 추가가 경쟁 SO의 가입자 일부를 흡수함으로써 독점지역 SO의 채널 추가 경우보다 가입자 수 확대 효과가 더 큰 상황이 나타나게 된다. 또한, 독점지역에 비해 더 크게 늘어난 가입자 수는 규모의 경제를 통해 요금을 하락시키게 된다.

요약하자면 SO 독점지역과 경쟁지역의 차이는 채널의 추가구성이 가져오는 수요 진작의 효과이다. 즉, 독점지역에서는 새로운 채널의 구성으로 기존 수요층의 지불의사가격을 높이고 아직 가입하지 않았던 새로운 수요자를 유인하는 효과가 발생한다. 그러나 경쟁지역에서는 이 두 가지 효과뿐만 아니라 경쟁사업자의 수요층을 쟁탈하는 세 번째 효과도 발생한다. 즉, 경쟁지역에서 채널의 추가구성 유인이 더 높은 것이다. 이러한 유인 구조 하에서 만약 독점지역의 SO가 채널의 추가구성을 원치 않고 경쟁지역에서는 SO들이 채널을 추가 구성하는 경우에는 채널수는 많고 요금이 저렴한 결과가 도출된다. 물론 경쟁지역의 SO들은 상대방이 채널을 추가할 때 자신의 가입자가 이탈하지 못하도록 채널 추가 경쟁을 벌일 것이고 결과적으로는 경쟁사의 가입자 쟁탈효과는 그리 크게 나타나지 않을 수 있다. 그러나 이러한 채널 추가 경쟁은 경쟁지역에서 케이블방송서비스에 대한 전체 수요의 규모를 늘려주는 역할을 하게 된다.

4. 소결

본 절에서는 케이블TV 시장에서의 시장구조가 시장성과에 미치는 영향을 경제학적 이론에 기반하여 분석하였다. 분석 결과, 케이블TV 시장은 SO의 가입자 극대화 모형으로, 채널매매시장은 PP 및 SO의 독점적 경쟁과 SO의 채널추가유인 분석으로 적절하게 설명될 수 있음을 보였다. 이러한 결과는 독점지역과 경쟁지역의 시장성과를 실증적으로 입증한 기존 국내 연구들의 결과와도 일치한다. 즉, 케이블TV 시장의 경우 경쟁지역이 독점지역에 비해 가격이 저렴하고 서비스의 질이 높다는 기존의 실증연구 결과를 뒷받침해 주고 있다. 이는 현 시점에서 독점적 케이블 프랜차이즈 규제에 대한 새로운 분석이 필요함을 의미한다. 일반적으로 어떠한 산업에 독점적 허가권을 적용해야 하는 경우는 해당 산업이 자연 독점적 산업이어야 할 뿐만 아니라, 자연 독점적 산업임에도 불구하고 자연독점이 이루어지지 않는 경우이다. 이러한 조건이 만족되지 않는다면, 독점적 프랜차이즈를 통한 진입규제는 시장력을 발생시켜 소비자의 비용을 높이는 결과를 초래할 수 있다. 만일 케이블TV 산업이 자연 독점적 산업임에도 불구하고, 자연독점이 유지되지 않는 경우라고 가정해 보자. 이러한 경우에도 경쟁사업자의 존재는 다채널 유료방송서비스 시장에 긍정적으로 작용할 수 있는데, 이는 경쟁사업자의 존재로 인하여 기존의 독점사업자가 보다 효율적으로 운영되도록 자극을 줌으로써 총 비용을 낮추는데 기여할 수 있기 때문이다.

보다 거시적인 환경에서 본 절의 결과를 해석해 보면, 융합 환경에서 미디어의 진입에 대한 정부의 강력한 규제는 시장의 효율성을 떨어뜨릴 수 있다는 것이다. 아날로그 시대에는 소수의 사업자들에게 사업권을 부여하여 시장실패를 막고자 하는 것이 미디어 규제의 주요 목표였다고 할 수 있지만, 융합시대에는 새로운 방송사들의 진입을 촉진시킬 수 있는 정책들이 바람직할 수 있다. 또한 우리나라의 방송시장이 다양한 사업자들이 경쟁하는 장으로 변모될 경우, 공정한 경쟁 환경을 보장하는 정책이 방송 산업에서의 주요 정책목적이 되어야 한다. 정부에 의한 진입규제를 통해 방송 산업의 공익성을 확보할 수 있다는 공허한 논리보다는 시장을 이해하고 시장에 대한 실증적, 이론적 분석에 기반한 정책논리가 개발될 필요가 있다.

한편, 이론적 모형의 한계는 SO의 분석에 있어서 수신료 극대화 모형의 적용을 시도하지 않았다는 것이다. 그러나 총수입의 극대화를 위한 의사결정과정에는 수요곡선의 정보만 동원되며 비용이 고려되지 않는 점을 기억해야 한다. 이는 비용의 변화에도 불구하고 수요곡선이 변화하지 않는 한 동일한 가격을 유지한다는 의미이며 비용의 크기에 따라서는 총수입 극대화를 통해 손실을 감수한다는 의미이다. 합리적 경영을 목표로 하는 사업자 입장에서 비용의 요소를 고려하지 않는 사업목표를 가지고 있다면 여기에는 합당한 이유가 동반되어야 한다. 예를 들어 경제학 이론에서는 매출액 불리기가 잠재적 경쟁자의 시장 진입을 위협하는 수단으로 작용할 수 있음을 지적하고 있다. 그러나 그동안 시장진입이 엄격하게 제한되어 왔던 종합유선방송시장에서 SO가 시장진입 저지를 목적으로 이윤이나 가입자 수가 아닌 수신료 총액의 극대화를 목표로 해왔을 가능성은 희박하다. 또한, 가입자 기반이 중요한 유료방송시장에서 가입자 확보보다 수신료 총액을 목표로 설정하여 왔다는 것도 논리에 맞지 않는다. 즉, SO가 수신료 총액 극대화를 목표로 하는 현실적 이유를 찾기 어렵다는 점에서 수신료 총액 극대화 모형의 적용은 무익하다고 판단하였다. 그럼에도 불구하고 후속 연구에서는 보다 정체화된 이론적 모형을 가지고 수신료 극대화 모형에 대한 이론적 연구도 진행되기를 기대한다.

제3절. 국내 유료TV 시장에서 시장구조가 성과에 미치는 영향에 대한 실증분석

1. 독점권역과 경쟁권역

1) RO의 SO 전환과 경쟁권역(Overbuild)

2014년 현재 전체 77개 방송권역 중에서 19%인 15개의 권역에서 2개 이상의 SO가 존재하고 있다. 따라서 SO와 경쟁하고 있는 전환되지 않은 RO를 무시한다면, 우리나라의 케이블TV 시장은 62개 권역에서는 독점적 SO가 영업하고 있고, 15개 권역에서는 2개의 SO가 상호 경쟁하는 시장구조를 형성하고 있다(방송통신위원회, 2014). 한편, 15개의 복수 SO가 영업하고 있는 경쟁권역(overbuild) 중에서 13개 권역이(전체의 약 87%) 서로 독립적인 SO 간의 경쟁구조를 나타내고 있다. 경쟁권역에서 동일한 법인 또는 개인이 두 SO(기업결합이 이루어진 경우는 한 개 SO)를 소유하여 실질적인 경쟁은 모면하였다 하더라도 그동안의 치열한 경쟁의 결과, 독점권역보다는 다른 시장성과를 나타낼 것으로 예상된다.

앞서 살펴보았듯이, 실질적인 경쟁권역의 수는 빠른 속도로 줄어들고 있다. 이는 앞으로 분석하겠지만 경쟁의 결과 가격이 낮고, 채널수는 높을 수밖에 없으며, 이에 따라 수익성을 제약하고 있어 경쟁 SO를 매입하여 독점화하려는 유인이 강하기 때문이다. 이에 따라, 2006년 6월에는 20개의 지역에서 실질적인 경쟁이 있었다면, 그 후 실질적 경쟁지역의 수는 점차 줄어들어 2011년 17개, 2012년 14개, 2013년 6월에는 14개, 2014년에는 13개로 집계되어 9년 만에 35%의 감소율을 보였다. 이러한 경쟁권역의 SO 매입은 MSO의 형성과 관련하여 이루어지고 있으며, 특히 MSO가 인접 지역의 SO를 매입하는 과정에서 함께 진행되고 있다(<표 2－2> 참조).

2) 지역별 경쟁권역의 분포

각 지역별로 경쟁권역의 분포를 살펴보면 매우 흥미로운 사실을 발견할 수 있다(<표 2－2> 참조). 먼저, 서울, 경기, 인천 등 수도권 지역은 전체 방송권역의 절반에 가까운 35개 권역 중에서 15개 권역에서만 중계유선의 SO 전환 승인이 이루어졌다. 이는 전국 평균인 54.5%에는 미치지 못하는 수준이다. 특히, 수도권 중에서 인천의 경우에는 중계유선의 전환 승인이 전혀 없어, 모두 독점권역으로만 구성되어 있다. 수도권 지역은 난시청 지역이 비교적 드물고, 인구가 밀집되어 있어 중계유선방송이 탄탄한 기반을 내린 지역이 많지 않고, 이에 따라 전환조건을 만족할 만큼 대규모 RO로 성장하지 못한 것으로 추정된다.

〈표 2 - 2〉 지역별 독점/경쟁/실질적 경쟁권역 분포 (2014년도 3월 현재)

지역	방송 지역 수	SO 수	경쟁 지역 수 (2014)	실질적 경쟁지역 수 (2011. 3)	실질적 경쟁지역 수 (2012. 3)	실질적 경쟁지역 수 (2013. 6)	실질적 경쟁지역 수 (2014. 3)	2014년 3월 지역별 특성
전국	77	73	15	17	15	14	13	
서울	21	27	6	6	6	6	6	• 2006년 CJ가 은평지역을 매입함으로써 이후 모든 지역을 MSO가 운영하고 있음. • 2011년부터 종로구, 중구, 서대문구 등을 비롯한 6개 지역이 실질적 경쟁지역임. • MSO 씨앤앰이 독점지역 15개 중 8개를 운영하고 있음. 그 외 지역은 티브로드(2), CJ(2), HCN(2), CMB(1)가 지역 독점.
부산	8	8	0	1	0	0	0	• 2012년 유일한 경쟁지역이었던 서구 사하구 지역을 티브로드가 독점하게 됨. • 부산 8개 지역 모두 MSO가 독점하고 있으며, 이 중 CJ가 4개

							의 지역을 독점, 그 외 지역은 티브로드(3), HCN(1)가 독점.
대구	6	7	4	4	4	4	4	• 경쟁지역 비중이 높으며 6개 지역 중 4개 지역이 실질적 경쟁. • 독립SO가 약 43%를 차지(3/7)하고 있어 광역시 중 상대적으로 높은 독립SO 비율을 나타냄. • MSO지역도 티브로드, CJ, CMB, HCN 등이 분할 소유.
인천	5	4	0	0	0	0	0	• 5개 지역 모두 독점지역이며, 이 중 티브로드가 3개의 독점지역을 운영.
광주	2	2	1	1	1	1	1	• 동구·북구 지역에서 CMB와 한국케이블티브이광주방송이 경쟁.
대전	2	2	0	0	0	0	0	• 2개 지역 모두 CMB 독점.
울산	1	0	0	1	1	0	0	• 비교적 큰 시장인 1개 지역에서 씨앤앰과 울산중앙방송사업자가 경쟁하였으나, 2013년 울산중앙방송이 독점.
경기	9	9	2	2	1	1	1	• 9개 지역을 5개의 사업자가 운영, MSO는 씨앤앰, 티브로드, CJ가 있으며, 독립SO의 수가 2개로 독립SO의 비중이 높음. • 1개의 실질적 경쟁지역에서는 CNM과 독립SO가 경쟁 중. • 7개의 독점지역과 1개의 경쟁지역은 각각 티브로드(4), CNM(2), CJ(1), 독립SO(1)가 운영.
강원	3	1	0	0	0	0	0	• 3개의 지역모두 각기 다른 독점사업자가 운영(독립SO(2), CJ(1))하고 있으며, 실질적 경쟁지역이 없음.
충북	2	1	0	0	0	0	0	• 2개 지역 모두 독점지역으로 각각 HCN과 독립SO가 독점.
충남	3	2	0	0	0	0	0	• 3개 지역 모두 독점지역으로 각각 CJ(1), 티브로드(1),독립SO(1)가 소유.
경북	4	4	1	1	1	1	0	• 4개의 지역 중 1개의 지역이 경쟁지역으로서 HCN과 독립SO가 경쟁. • 3개의 독점지역은 HCN(1)과 CJ(2)가 운영.
경남	4	3	1	1	1	1	1	• 4개 지역 중 3개는 독점(CJ(2), 독립SO(1)), 1개는 경쟁지역이며, 경쟁지역의 경우 CJ와 하나방송

								이 경쟁.
전북	3	1	0	0	0	0	0	• 3개 지역 모두 독점지역으로 각각 독립SO(2), 티브로드(1)가 운영.
전남	3	2	0	0	0	0	0	• 3개 지역 모두 독점지역으로 각각 CJ(1), CMB(1), 독립SO(1)이 운영.
제주	1	0	0	0	0	0	0	• 한국케이블티브이제주방송이 독점.

자료: 방송통신위원회, 『방송산업실태조사보고서』, 방송통신위원회, 『방송시장경쟁상황보고서』각 연도.

그러나 수도권 지역의 경쟁권역은 빠른 속도로 줄어들고 있다. 경쟁 RO에 대한 사전 매입으로 실질적인 경쟁자를 매입하거나, 사후적으로 경쟁권역 SO를 매입하고, 게다가 인근 SO의 매입을 통한 군집화(clustering) 추진 등으로 2015년 6월 현재 수도권 지역에서 20% 정도가 실질적인 경쟁권역으로 남아 있다. MSO 중에서 티브로드와 C&M이 수도권의 북부지역을 중심으로 MSO의 군집화를 추진하고 있으며, HCN과 CJ 등도 서울지역에서 경쟁 SO를 매입하면서 경쟁권역이 감소하였다.

수도권 지역을 제외한 광역시 지역은 <표 2-2>에서 볼 수 있듯이, 대구를 제외한 부산, 광주, 대전, 울산 등 대도시 지역의 거의 모든 방송 권역에서 경쟁권역은 거의 찾아볼 수 없고 독점권역으로 구성되어 있음을 알 수 있다. 하지만 대구지역의 경우 다른 대도시와는 달리 6개의 방송권역 중 4개의 권역이 실질적 경쟁권역으로 구성되어 있다.

3) 경쟁권역의 특징

미국의 경우 경쟁권역은 지방정부가 기존의 케이블TV 사업자 이외에 새로운 케이블TV 사업자에게 영업권을 추가적으로 교부하면서 나타났다. 새로운 케이블TV 사업자(entrant)는 기존의 사업자(incumbent)와 주어진 시장규모 하에서 경쟁을 통해서 가입자를 확보하고 적어도 부(negative)의 이윤은 얻지 않는다는 기대가 있기 때문에 시장에 진입하였고 또한 살아남아서 경쟁권역이 형성되었던 것이다. 따라서 미국의 경쟁권역은 다른 독점권역에 비해서 시장규모가 크고, 또한 소득수준도 높아 케이블TV 시장수요가 비교적 큰 권역에서 경쟁권역이 형성되었다(Emmons & Prager, 1997).

반면, 우리나라의 경우에는 시장규모나 소득수준과 무관하게 해당 지역에서 RO가 SO로 전환할 수 있을 정도의 가입자 기반 및 기술수준 그리고 시설기반을 가지고 있는 경우에 SO로 전환된 것이므로, 전통적으로 RO가 비교적 큰 규모와 높은 수준으로 서비스를 제공해 왔던 지역들이다. 또한 이러한 지역의 RO들 중에서 SO에게 매입되지 않고 자체적으로 가입자 기반을 갖고 SO와 경쟁이 가능한 경영 및 자본능력을 가진 경우 경쟁권역이 형성된 것이다.

2. 국내 유료TV 시장의 구조가 시장성과에 미치는 효과에 대한 실증적 분석[15]

1) 자료수집 및 변수의 설명

시장구조와 성과 간의 관계를 분석하기 위해 방송위원회(2004)로부터 종합유선방송, 중계유선방송, 그리고 위성방송과 관련한 사업자별 데이터를 수집하여 구축한 데이터를 활용하였다.

시장구조를 나타내는 변수로 케이블TV 사업자의 허가회차(1차~4차), MSO 여부, 경쟁지역 여부, 실질적 경쟁여부[16] 등을 측정하였다.

15 시장구조가 시장성과에 미치는 효과에 대한 실증분석은 이상우(2007)의 논문을 수정, 보완했음을 밝힌다. 2016년 현재 경쟁권역의 수가 상당히 줄어들었기 때문에 경쟁권역과 독점권역의 수가 비슷한 수준에 있었던 2000년대 중반의 자료를 기반으로 실증분석을 수행한 이상우(2007)의 연구가 시장구조와 성과 간의 관계를 살펴보는데 유용할 것으로 판단되었다.

16 경쟁지역은 동일지역에 두 개의 SO가 경쟁하는 경우에 해당한다. 그러나 동일지역에서 2개의 SO가 경쟁

케이블 TV사업자에 대한 변수로 평균채널수, 평균가격, 총가입자 수를 측정하였다. 평균채널수는 개별 사업자들이 제공하는 개별 티어의 가입자 수를 고려한 가중평균을 사용하였다(<표 2-3> 참고). 평균가격도 개별 티어의 가격을 가입자 수로 가중평균한 값을 사용하였다. 총가입자 수는 개별 사업자들에 가입한 가구의 총수를 의미한다.

중계유선방송사업자에 대한 변수로 평균채널수, 평균가격, 총가입자 수, 지역별 RO의 수를 측정하였다. 평균채널수, 평균가격, 총가입자 수는 케이블TV 사업자의 경우와 동일하게 계산하였고, 지역별 RO의 수는 해당 케이블 지역당 RO의 수를 나타낸다.

위성방송의 경우, 해당 SO의 지역별 위성방송의 평균채널수, 평균가격, 총가입자 수를 측정하였다. 위성방송의 경우에도 평균채널수와 평균가격은 해당 티어별 가입자 수로 가중평균한 값을 사용하였다.

케이블 망용량은 해당 케이블TV 사업자의 네트워크의 용량을 나타내는 값으로, 케이블TV 사업자가 가용할 수 있는 채널수를 측정하였다. 케이블 TV의 침투율은 지역별 해당 SO의 침투율과 지역별 케이블 TV의 침투율로 측정하였다. 그밖에 시장의 인구사회학적 특성을 나타내는 변수로 방송지역별 인구밀도, 가구주의 교육수준[17], 지역별 집단가구비율, 지역별 총가구 수를 측정하였다. 이러한 변수들은 케이블 TV의 가격, 채널수, 가입자 수에 영향을 줄 수 있는 요인들이다.

하더라도 실제적으로는 하나의 회사가 2개의 SO를 소유하는 경우가 존재한다. 이는 비록 2개의 SO 법인이 존재하나 실질적 경쟁이라고 할 수 없다. 따라서 서로 다른 SO가 동일지역에서 경쟁하는 경우를 실질적 경쟁지역이라고 구분하였다.

17 유료서비스에 대한 가입확률은 소득수준이 높을수록 증가하는 경향이 있다. 그러나 본 연구에서는 지역별 소득수준을 나타내는 자료를 구할 수 없었기 때문에, 교육수준을 사용하였다. 일반적으로 교육수준과 소득수준은 상관관계가 높은 것으로 나타나기 때문이다.

2) 연구방법

경쟁지역은 2개 이상의 시스템이 경쟁함에 따라 가격은 낮고, 채널수는 높을 것이다. 또한 경쟁의 결과 독점지역에 비해 가입자를 상대적으로 많이 확보함으로써 케이블 TV의 침투율 또한 높을 것이다. 이를 측정하기 위해 케이블 TV 시장을 독점지역, 경쟁지역, 실질적 경쟁지역으로 나누고 주요 변수에 있어서 지역 간의 평균을 비교하였다.

경쟁의 여부와 케이블의 가격이 케이블 TV의 침투율에 어떠한 영향을 주는가를 분석하기 위해 수요함수를 추정하였다. 케이블 TV의 침투율에 영향을 줄 것으로 보이는 변수로 채널당 가격(케이블 TV의 가격/채널수), SO의 허가회차, 지역별 가구수의 밀도, 경쟁정도를 사용하였다. 경쟁정도는 오버빌드 지역과 실질적 경쟁지역으로 구분하여 측정하였다. 또한 채널당 가격 변수 대신에 가격과 채널을 개별적으로 사용하여 수요함수를 추가로 측정해 보았다.

식1) ln(침투율)=a+b1*ln(SO 평균가격/SO 평균채널수)+b2*ln(허가회차)+b3*ln(지역별밀도)+b4*(경쟁지역여부)+e

식1)은 채널의 질을 고려한 가격수를 독립변수로 사용하였으나, 가격과 채널수를 분리해서도 동일한 수요함수를 추정해 보았다.

식2) ln(침투율)=a'+b1'*ln(SO 평균가격)+b2'*ln(SO 평균채널수)+b3'*ln(허가회차)+b4'*ln(지역별 밀도)+b5'*(경쟁지역여부)+e'

식1)과 식2)의 경우, 경쟁지역 여부 대신 실질적 경쟁여부를 사용해서 동일한 회귀분석을 실시하였다. 일반적으로, 가격이 낮을수록, 채널수가 많을수록, 허가회차가 오래되었을수록, 지역별 밀도가 높을수록, 경쟁이 치열할수록 케이블 TV의 침투율은 높을 것으로 예상된다.

한편, 개별 SO들의 가입자 수와 채널당 가격에 영향을 주는 요인을 측정하기 위해 회귀분석을 사용하였다. 기존 이론에 의하면, SO들의 가입자 수에 영향을 주는 요인으로는 채널당 가격, 지역의 인구수, SO의 허가회차, 경쟁의 정도 등이다. 물론 다른 변수들도 있지만, 자료접근의 제한 때문에 4개의 변수만을 사용하였다. 한편 SO들의 채널당 가격에 영향을 주는 요인으로는 가입자 수, MSO 여부, 지역의 주거형태, 경쟁정도, 망용량, 진입시기 등이다.

식3) ln(SO 평균가격/SO 평균채널수)=a"+c1*ln(SO 가입자 수)+c2*(MSO 여부)+c3*ln(집단가구비율)+c4*(경쟁지역 여부)+c5*ln(SO 망용량)+c6*ln(허가회차)+e"

식4) ln(SO 가입자 수)=a'''+c1'*ln(SO 평균가격/SO 평균채널수)+c2'*(총가구 수)+c3'*ln(허가회차)+c4'*(경쟁지역 여부)+e'''

식3)과 식4)의 SO 가입자 수는 동일지역에 2개의 SO가 존재하는 경우 두 SO의 가입자 수를 합한 값을 사용하였다.

그러나 이러한 회귀분석은 계량학적으로 문제점을 내포하고 있다. 가입자 수와 가격은 서로 상호작용을 미치며 동시적으로 결정되는 변수이기 때문에 동시성(simultaneity)의 문제가 발생한다. 즉, 가격변수 자체가 SO의 가입자 수에 영향을 미칠 수 있고, 반대로 가입자 수도 SO가 제공하는 서비스 가격에 영향을 줄 수 있는 내생성 문제가 발생한다.

가격을 종속변수로 사용한 식3)에서 SO 망용량, MSO 여부, 집단가구비율과 같은 변수들은 가입자 수에 직접적인 영향을 주지는 않지만, 가격에만 영향을 주는 도구변수(instrumental variable)로 볼 수 있고, 가입자 수를 종속변수로 본 식4)에서는 총가구 수가 도구변수로 사용되었다고 볼 수 있다. 따라서 내생적 변수인 가격에 영향을 주는 도구변수들을 사용하여 1단계 회귀분석을 수행하고, 여기서 나온 결과를 사용하여 총가구 수에 대해 다시 2단계 회귀분석을 수행해야 한다. 즉, 식3)에 대한 회귀분석 결과로부터 가격의 예상값(predicted value)를 구하고, 이를 이용하여 다음의 식4)에 대한 2단계 회귀분석을 수행한다.

1단계 회귀분석: ln(SO 평균가격/SO 평균채널수)=a''+c1*(MSO 여부)+c2*ln(집단가구비율)+c3*ln(망용량)+c4*(경쟁지역 여부)+c5*ln(총가구 수)+c6*ln(허가회차)+e''

2단계 회귀분석: ln(SO 가입자 수)=a'''+c1'*ln(가격의 예상값)+c2'*(총가구 수)+c3'*ln(허가회차)+c4'*(경쟁지역 여부)+e'''

한편, 식4)에 대한 회귀분석 결과로부터 가입자 수의 예상값(predicted value)를 구하고, 이를 이용하여 다음의 식 3)에 대한 2단계 회귀분석을 수행한다.

1단계 회귀분석: ln(SO 가입자 수)=a'''+c1'*ln(총가구 수)+c2'*(MSO 여부)+c3'*ln(집단가구비율)+c4'*(경쟁지역 여부)+c5'*ln(망용량)+c6'*ln(허가회차)+e'''

2단계 회귀분석: ln(SO 평균가격/SO 평균채널수)=a''+c1*ln(가입자 수의 예상값)+c2*(MSO 여부)+c3*ln(집단가구비율)+c4*(경쟁지역 여부)+c5*ln(SO 망용량)+c6*ln(허가회차)+e''

결국, 이러한 과정은 식3)과 식4)에 대한 연립방정식(simultaneous equation)

을 계산하는 것과 같으며, 이는 2단계 최소자승법의 답에 해당한다. 이러한 회귀분석을 통해, 케이블 TV의 시장구조와 시장성과와의 관계를 보다 종합적으로 파악할 수 있다.

3) 실증분석 결과

(1) 독점지역과 경쟁지역의 비교

분석결과, 경쟁지역은 독점지역에 비해 침투율(penetration rate)이 훨씬 높은 것으로 나타났다. 경쟁지역(real competition)은 독점지역에 비해 침투율이 약 20%가 높은 것으로 나타났는데, 이는 경쟁지역이 독점지역에 비해 가격은 낮고, 서비스 질(채널 수)은 높기 때문이다. 기존의 SO(1, 2차 허가 사업자)와 RO에서 전환한 SO(3, 4차 허가 사업자)가 동일한 지역에서 한정된 가입자를 놓고 상호 경쟁하면서, 더 낮은 가격에 또는 더 많은 채널을 제공한 결과, 더 많은 가구가 케이블TV서비스에 가입한 것이라고 할 수 있다. 실질적인 경쟁지역은 독점지역에 비해 약 10개 정도 더 많은 채널을 공급하고 있으며, 가격은 약 8%가 저렴한 것으로 나타났다.

한편, 중계유선방송이 종합유선방송의 시장구조와 어떠한 관계를 갖고 있는가를 살펴보았는데, 통계적 유의성은 다소 떨어지지만 독점지역에서 영업하고 있는 지역별 RO의 수가 경쟁지역에 비해 약 2배 가까이 많으며, 독점지역 RO의 가격은 경쟁지역 RO의 가격에 비해 16.5%가 높았다. 이는 다른 조건이 일정한 가운데, 경쟁지역의 경우 두 SO 간의 경쟁으로 인해 RO의 사업기회가 축소되어 RO의 영업기반이 제한적일 수밖에 없다는 것을 의미한다. 또한, 경쟁지역의 RO는 상대적으로 더 낮은 가격과 높은 채널을 제공하는 두 SO들과 경쟁하기 위하여 더욱 낮은 가격으로 대응할 수밖에 없는 것을 나타내고 있다.

한편, 위성방송의 가입자 수가 경쟁지역의 경우 독점지역에 비해 현격하게 낮은 것으로 나타났다. 이것은 독점 및 경쟁지역의 시장조건이 크게 다르지 않은 가운데 나타나는 흥미로운 결과이다. 먼저, 독점지역과 경쟁지역의 경우 잠재적 가입자 수 또는 시장지역의 크기(총가구 수)에서 거의 차이를 나타내지 않고 있다. 또한 위성방송의 보급률과 큰 관계를 가질 수 있는 지역별 밀도도 차이가 나지 않는다. 뿐만 아니라, 집단가구비율과 소득수준(교육수준)도 차이를 나타내고 있지 않다. 즉, 시장조건이 거의 동일한 가운데, 케이블TV 산업의 시장구조가 독점지역인 경우 경쟁지역에 비해 위성방송의 가입자 수가 46.4% 더 많게 나타난 것은 경쟁지역에서 두 개 이상의 SO들이 경쟁한 결과이다. 두 SO 간의 경쟁에 의해 더 낮은 가격에 더 많은 채널이 제공되면서 케이블TV 가입자가 증가하였고, 또한 케이블TV 가격 당 서비스 질이 높은 상황에서 위성방송 서비스의 매력도는 떨어질 수밖에 없었던 것이다.

2) 회귀분석 결과

<표 2-3>은 식1)과 식2)에 대한 회귀분석 결과를 보여주고 있다.

〈표 2-3〉 침투율에 대한 회귀분석 결과

	ln(침투율)			
	채널당 가격		가격과 채널수를 분리	
상수	0.6409 (t=1.79)*	0.6014 (t=1.68)*	1.2928 (t=1.19)	1.5773 (t=1.48)
ln(SO 평균가격/SO 평균채널수)	−0.2432 (t=−3.37)***	−0.2327 (t=−3.20)***		
ln(SO 평균가격)			−0.2861 (t=−2.89)***	−0.2947 (t=−3.04)***
ln(SO 평균채널수)			0.1714 (t=1.28)	0.1192 (t=0.87)
ln(허가회차)	−0.0357 (t=−0.58)	−0.0309 (t=−0.51)	−0.0396 (t=−0.64)	−0.0389 (t=−0.64)

ln(지역별 밀도)	0.0541 (t=3.25)***	0.0574 (t=3.52)***	0.0547 (t=3.27)***	0.0579 (t=3.55)***
경쟁지역 여부	0.1228 (t=1.77)*		0.1216 (t=1.74)*	
실질적 경쟁여부		0.1281 (t=2.01)**		0.1367 (t=2.12)**
보정된 R2값	0.1919	0.1981	0.1947	0.2047
관측수	119	119	119	119

주1: *** p〈.01, ** p〈.05, * p〈.1
주2: 독립변인들 간의 다중공선성(multicollinearity)의 존재 여부를 알아보기 위해 독립변인들 사이의 상관관계와 공선성 통계치(collinearity statistics)인 공차(tolerance) 값을 측정해 보았으나, 다중공선성은 없는 것으로 확인되었다.

측정 결과, 채널당 가격은 케이블 TV의 침투율과 부적인 관계로 나타났고 통계적으로 유의미했다. 인구밀도와 경쟁정도는 케이블 TV의 침투율에 정적인 영향을 주는 것으로 나타났다. 즉, 케이블 TV의 채널당 가격이 낮아질수록 케이블 TV의 침투율은 증가한 반면, 인구밀도가 높고 경쟁정도가 높을수록 케이블 TV의 침투율은 증가하였다. 경쟁정도를 나타내는 변수로 실질적 경쟁여부를 사용했을 때, 그 효과는 더 높은 것으로 나타났다.

채널당 가격 대신에 케이블 TV의 가격과 채널수를 사용했을 경우에도 결과는 크게 달라지지 않았다. 즉, 케이블 채널의 가격이 높을수록 케이블 TV의 침투율은 낮아졌고, 인구밀도와 경쟁의 정도가 높을수록 케이블 TV의 침투율은 증가했다. 반면, 케이블 TV의 채널수는 케이블 TV의 침투율에 별 영향을 주지 않는 것으로 나타났다. 이는 대부분의 케이블TV 사업자들이 제공하는 채널수가 크게 다르지 않다는 점(변수의 변량이 크지 않았다는 점), 그리고 케이블 TV의 채널수보다는 가격에 민감한 가입자들의 특성을 보여준다. 특히, 케이블 채널수가 많이 증가한다고 하더라도 가입자들이 시청하는 채널은 인기 있는 몇 개의 채널에 한정되어 있을 수 있고, 추가적인 케이블 채널의 제공이 가입자들에게 크게 매력적으로 보이지 않는다는 것이다. 이는 국내 케이블 채널들의 질이 추가적인 가입자들을 끌어들일 수 있을 만큼 매력적이지 못하다는데 기인한다.

<표 2-4>는 2단계 회귀분석(Two-Stage Least Squares: 2SLS)를 사용한 결과를 나타낸다.

〈표 2-4〉 2단계 회귀분석의 결과

	2SLS		2SLS	
	ln(SO 평균가격/SO 평균채널수)	ln(SO 가입자 수)	ln(SO 평균가격/SO 평균채널수)	ln(SO 가입자 수)
상수	1.8643 (t=0.96)	2.4898 (t=3.72)***	1.0297 (t=2.48)	6.0999 (t=0.67)
ln(SO 가입자 수)	0.7671 (t=1.47)		0.8571 (t=1.48)	
MSO 여부	0.1342 (t=1.70)*		0.035 (t=0.34)	
ln(집단가구비율)	−0.2618 (t=−2.46)**		−0.2608 (t=−2.29)**	
경쟁지역 여부	−0.3059 (t=−2.59)**	0.3987 (t=2.76)**		
실질적 경쟁여부			−0.4179 (t=−2.42)**	0.4367 (t=2.82)**
ln(SO 망용량)	0.8121 (t=1.89)*		0.9572 (t=2.06)**	
ln(허가회차)	−0.1042 (t=−2.11)**	−0.0514 (t=−1.62)	−0.1032 (t=−1.95)*	0.0462 (t=0.31)
ln(총가구 수)		0.1289 (t=3.31)***		0.1962 (t=3.75)***
ln(SO 평균가격/SO 평균채널수)		−0.0652 (t=−1.21)		−0.1344 (t=−1.67)
보정된 R2값	0.3278	0.5213	0.3123	0.6902
관측수	119	119	119	119

주1: *** p〈.01, ** p〈.05, * p〈.1
주2: 독립변인들 간의 다중공선성(multicollinearity)의 존재 여부를 알아보기 위해 독립변인들 사이의 상관관계와 공선성 통계치(collinearity statistics)인 공차(tolerance) 값을 측정해 보았으나, 다중공선성은 없는 것으로 확인되었다.

연구결과, 집단가구비율이 많을수록 채널당 가격이 낮아지는 경향을 보였고, 경쟁의 강도가 높고 진입시기가 짧을수록 케이블 TV의 가격이 낮은 것으로 나타났다. 이는 아파트 지역과의 공동계약으로 인하여 케이블 TV가 저렴한 가격으로 제공되고 있는 현실을 반영하고 있다. 또한 경쟁이 치열할수록 케이블 TV의 가격이 하락하는 것으로 나타났다. 한편 진입시기가 오래된 1차 SO들에 비해 진입시기가 짧은 4차 SO들이 제공하는 케이블 TV의 제공가격이 낮은 것으로 나타났는데, 이는 3, 4차 SO들이 대부분 RO에서 전환된 SO들이기 때문에 기존 RO가 제공하던 낮은 가격을 그대로 제공하거나 기존 SO들과의 경쟁에서 살아남기 위해 저가전략을 취하고 있기 때문인 것으로 분석된다. 실질적 경쟁여부를 사용했을 경우, 케이블TV의 가입자 수 증가는 케이블 TV의 가격을 낮추는 것으로 나타났다. 이는 케이블TV 가입자 수의 증가로 인하여 규모의 경제를 실현할 수 있고, 이러한 요인이 케이블 TV의 가격을 낮추었다고 해석할 수 있다.

한편, 경쟁이 치열할수록 케이블TV의 가입자 수는 늘어나는 것으로 나타났는데, 이는 경쟁이 해당지역의 가입자 수 확대에 정적인 기여를 할 것이라는 예상과 일치한다. 이는 앞에서 보여준 결과와 일치한다. 또한 해당지역의 총가구 수가 많을수록 SO들의 가입가구는 증가하는 것으로 나타났다. 반면, 케이블 TV의 가격은 케이블TV 가입가구 증가에 별 영향을 주지 않는 것으로 나타났다.

3. 소결

본 절에서는 케이블 TV 시장에서의 시장구조가 시장성과에 어떠한 영향을 미치는가를 실증적 분석을 통하여 살펴보았다. 연구결과, 독점지역에 비해 경쟁지역에서 케이블 TV의 가격은 낮았고, 케이블 TV의 채널수는 많았으며 케이블 TV의 가입가구는 많은 것으로 나타났다. 또한 회귀분석 결과 경쟁의 여부는 케이블 TV의 가격을 낮추고 케이블 TV의 침투율을 높이는데 통계적으로 유의미한 영향을 주는 것으로 나타났다.

경쟁지역이 독점지역에 비해 가격이 낮고, 제공 서비스의 질(채널 수)이 좋다는 것은 경쟁지역에서의 이중 투자로 사회적 비용은 증가하였으나 두 사업자가 경쟁하면서 경제적 효율성이 증가한 것을 의미할 수 있다. 독점지역에 비해 경쟁지역에서 서비스의 가격이 상대적으로 낮고 서비스의 질이 높다는 것은 소비자에게 편익을 제공하고 있다는 것이다. 경쟁지역의 시장성과가 독점지역에 비해 좋다는 사실은 동일한 지역에서 경쟁하는 두 SO의 합병문제를 어렵게 한다. 합병으로 인해 독점적 가격설정이 가능해지고 소비자 편익은 감소할 수 있기 때문이다. 따라서 합병이 가능하기 위해서는 SO가 독점력을 행사하는 것을 제어할 수 있는 경쟁압력이 요구된다. 2007년 당시만 하더라도 이 연구의 결과는 동일 지역 SO 간의 합병승인을 신중히 처리해야 한다는 시사점을 줄 수 있었다. 그러나 최근 위성방송이나 IPTV, 그리고 인터넷 기반의 동영상서비스 사업자들의 등장은 유료TV 시장의 경쟁 강도를 높여주고 있기 때문에 동일 지역 SO 간의 합병에 관대하게 작용하고 있다.

보다 장기적 관점에서 살펴보더라도 유료TV 시장은 디지털 기술의 발전으로 기술진보가 빠르게 일어나고 있어 적정한 수준으로 기술개발과 투자가 뒤따라야 하는 산업임을 감안하면, 기업결합을 제약함에 있어 소규모 시스템으로 남아있어야 한다는 것은 불확실성이 높은 미래 사업을 적극적으로 개척하는 투자를 지연시킬 수 있다. 기업결합을 통해 덩치를 키우고 어느 정도의 가입자 기반과(수익을 통한) 자금을 확보하고 있는 경우에는 그렇지 않은 경우보다 미래의 불확실한 서비스에 대한 투자와 기술도입을 보다 과감하게 할 수 있을 것이다. 또한 지역 독점권을 가진 SO들의 합병은 소비자의 선택에는 직접적인 영향을 미치지 않는다. 어느 특정 지역의 독점사업자인 SO가 다른 시장지역의 독점사업자인 SO와 결합하는 경우, 해당지역의 소비자들의 선택에는 직접적인 영향이 없다. 이러한 사실은 효율성 추구를 위해서 케이블TV 산업에서 SO 간의 기업결합을 어느 정도 허용하는 논리적인 출발점을 제공한다. 미국의 경우, Comcast와 AT&T 케이블 부문의 합병이 허용되었는데, 이것은 지역 독점권을 가진 MSO 간의 합병이 소비자의 선택에는 직접적인 영향을 미치지 않기 때문이다.

그러나 시장에서 합병을 통해 독점적 시장구조가 형성되고 소비자의 선택권을 제약하는 경우, 합병은 엄격히 제한하는 것이 원칙이다. 이러한 원칙은 미국에서 Echostar와 DirecTV의 합병이 허락되지 않은 것에서 쉽게 알 수 있다. MVPD 시장이라는 범주 안에서 이 두 위성방송 사업자의 합병은(Comcast와 AT&T의 합병에 비해서) 커다란 시장점유율 증가를 가져오지는 않았다. 그럼에도 불구하고, 유료TV 시장에서의 시장점유율이 상대적으로 낮은 두 기업의 합병을 허용하지 않은 이유는(Comcast와 AT&T의 합병 허용과는 달리) 케이블TV가 보급되지 않은 지역(특히, 지방)에서 두 위성방송 사업자의 합병이 소비자의 선택을 심각하게 제한할 수 있기 때문이다.

한편, 최근 미국 1위와 2위 케이블TV 기업의 합병시도는 규제기관의 반대로 무산되었는데, 이는 케이블TV 기업 간의 합병에만 초점을 맞추었다기 보다는 초고속인터넷 시장에서의 과도한 시장독점을 우려한 것으로 해석된다. 2014년 미국 최대의 케이블TV 사업자인 컴캐스트(Comcast)가 2위 사업자인 타임워너(Time Warner)를 450억 달러(약 48조 5천 600억원)에 합병하기로 발표했고 2015년까지도 합병방안을 추진해 왔으나 2015년 5월 두 회사는 합병안을 철회하기로 결정하였다. 만일 합병이 성사되었다면 새로운 합병 법인은 미국 유료TV 시장의 30%, 초고속인터넷 시장의 57%를 차지할 수 있었다. 두 회사가 합병을 철회한 이유는 미국 규제당국이 지속적으로 반대의사를 행사해 왔기 때문인 것으로 파악된다. 최근 들어 인터넷에 대한 의존도가 높아지면서 합병 법인이 인터넷시장에서 과도한 힘을 발휘하게 될 것으로 예측되면서 의회, 소비자단체, 시민단체, 언론사 등이 두 회사의 합병반대를 지속적으로 표명해 왔었고, 두 회사는 이를 받아들이기로 한 것이다. 비록 두 회사의 합병이 케이블TV를 선택하는데 있어서 소비자의 선택권에 영향을 미치지 않지만, 초고속인터넷 시장에서의 과도한 시장집중은 OTT 서비스 시장을 포함한 인터넷 콘텐츠 시장에까지 영향을 미칠 수 있음이 합병반대의 중요한 이유로 대두된 것이다. 한편, 2015년에는 미국 내 3위 케이블TV 사업자인 차터 커뮤니케이션이 2위 사업자인 타임워너케이블을 787억 달러에 인수하겠다는 발표가 있었다. 합병된 법인은 초고속인터넷 시장의 25%를 점유하게 되고, 케이블TV 시장의 30%를 점유하게 된다. 두 사업자 간 합병 소식이 전해진 이후, 규제기관을 포함한 여러 이해단체들은 다양한 견해를 내놓았다. 두 사업자의 합병에 대해서는 대체로 우호적인 견해들이 많았으나, 일정 조건을 만족해야만 합병을 허용해 주어야 한다는 의견이 지배적이었다. 특히 초고속인터넷 시장의 강자로 떠오르게 되는 합병 법인이 OTT 서비스의 전송을 배제할 유인이 있으므로 이를 제어할 수 있는 조건이 마련된 다음에 합병이 허용되어야 한다는 것에 초점이 맞추어졌다. 결국, 2016년 5월 차터와 타임워너의 합병은 3가지 조건이 받아들여진다는 전제하에 조건부로 승인되었다(FCC, 2016). 3가지 합병 조건은 향후 7년 동안 1) 고객들의 월간 데이터 사용량에 제한을 두지 말고, 2) 비디오 트래픽을 많이 차지하는 업체들에 대해 상호접속 수수료를 부과하지 말고, 3) 콘텐츠 사업자들이 경쟁 온라인비디오서비스 사업자들에게 프로그램을 공급하지 못하도록 방해하는 반경쟁적 행위를 하지 말 것 등으로 요약될 수 있다. 차터와 타임워너 합병 승인 사례에서 볼 수 있듯이, 미국은 미디어 기업 간의 합병을 심사할 때 경쟁을 활성화시키고 브로드밴드 망의 확산에 기여함으로써 소비자들에게 혜택을 가져다주는지의 여부에 초점을 맞추고 있음을 알 수 있다. 차너와 타임워너의 합병을 지지한 FCC 의장 톰 휠러에 따르면, 두 기업의 합병으로 인해 2백만 명이 거주하는 지역에 새로운 합병기업에 의해 초고속인터넷 접속이 가능해질 수 있고, 이들 지역들 중 1백만 명이 거주하는 지역의 경우에는 2개 사업자들이 경쟁적으로 초고속인터넷서비스를 제공할 수 있게 되었음을 강조하고 있다. 결국, 합병 법인의 탄생으로 경쟁이 활성화되고, 이로 인해 소비자들의 선택권은 넓어지게 될 것이며, 경쟁에 직면한 기업들은 혁신적 서비스의 개발에 몰두할 것이라는 가정이 차터와 타임워너 합병 승인의 주요 논거로 작용한 것이다.

한편, 국내 시장에서는 위성방송이나 IPTV가 케이블TV와 대등하게 경쟁할 수 있는 위치에 와 있고, 케이블TV에 대한 경쟁압력을 행사하고 있다고 판단된다면 동일 지역에서 영업하고 있는 두 SO 간의 합병은 물론이고 MSO들 간의 합병 역시 허용되는 것이 적절해 보인다. 디지털 융합(convergence) 시대에 케이블TV가 다른 영상매체 예컨대, 위성방송 또는 IPTV 등과 경쟁해야 하는 상황에서(소규모) 동일 지역을 다른 케이블TV 시스템과 양분하고 있는 케이블TV 사업자가 경쟁 케이블TV기업을 결합하여 규모를 키우고 기술적, 영업적 규모의 경제를 실현할 수 있는 기회를 제약하는 것은 바람직하지 않기 때문이다.

2015년 이동통신 1위 사업자 SK텔레콤과 케이블TV 1위 사업자 CJ헬로비전의 합병 발표는 국내 유료TV 사업자들 간 덩치 키우기의 시초로 보여진다. 합병 후 야기될 수 있는 시장지배력 전이, 방송 사업의 공익성 및 다양성 침해 가능성 등을 이유로 반대의 목소리도 높지만, 글로벌 미디어 환경에서 국내 미디어 산업의 경쟁력을 키우고, 위기에 처한 케이블 산업에 돌파구를 마련하기 위해서 두 사업자 간의 합병이 허용되어야 한다는 찬성 의견도 많다.

향후, 국내 유료TV 시장은 사업자들 간 합병을 통한 재편이 나타날 가능성이 높다. 유료TV 시장의 사업자 구도가 변화되는 과정에서 정책당국의 역할이 그 어느 때보다 중요해지는 시점이다. 정책당국은 유료TV 사업자들 간의 합병으로 유료TV 시장의 경쟁이 심각하게 저해되지 않는다면 합병을 긍정적으로 검토해 줄 필요가 있다. 단 합병으로 인해 발생할 수 있는 다양한 폐해들을 막을 수 있는 장치를 마련해 주어야 할 것이다. 특히, 합병 기업이 자신들의 시장지배력을 이용하여 경쟁 사업자들을 배제시킬 수 있는 유인이 있는지에 대한 면밀한 분석이 필요하고, 만일 경쟁배제의 유인이 있다고 판단되면 합병을 허용해 주는 조건으로 합병기업이 시장지배력을 행사할 수 없도록 다양한 규제들을 부과해야 할 것이다.

제4절. 케이블TV, 위성방송, IPTV 간의 경쟁상황 평가

1. 미디어 시장에서의 주요 경쟁지표 측정방법

미디어 시장의 경쟁 정도와 집중도를 나타내기 위해서 이용되어 온 대표적인 지표로는 CR(집중도), HHI(허핀달-허쉬만 지수), 노암(Noam) 지수가 있다.

1) CR (Concentration Ratio: 집중도)

CR이란 특정 산업에서 상위 m개 업체가 차지하는 시장점유율을 의미한다(한국언론진흥재단, 2010). 즉, CR은 상위 업체의 개수를 연구자가 지정한 후, 상위 업체의 총 시장점유율을 합산해 이를 통해 집중도를 계산하는 방식이다. CR은 일반적으로 CR_m으로 표현된다. 예를 들어, 상위 4개 업체가 차지하는 시장점유율의 경우 CR_4로 표현된다. 수식으로 표현하자면 CR_m은 아래와 같이 표현될 수 있다.

$$CR_m = s_1 + s_2 + ... + s_m \text{ (}s_i\text{는 i번째 업체의 시장점유율)}$$

즉 만약 상위 4개 기업이 각각 25%, 20%, 15%, 10%의 시장점유율을 갖고 있다면 이 경우 CR_4는 70이 되는 것이다. 일반적으로, 상위 m개 업체는 4개 업체 내외로 정하게 되는데, CR_4가 40이면 그 산업은 매우 경쟁적인 산업으로, CR_4가 90을 넘게 되면 그 산업은 독점 시장으로 평가되게 된다(한국언론진흥재단, 2010). CR은 미디어 집중 관련 연구에서 자주 등장하는 가장 기본적인 지표이다.

CR지표는 상위 업체의 시장점유율을 단순히 합산하면 되기 때문에 측정이 쉽고 지표의 의미를 이해하기 쉽다는 장점이 있다(성욱제, 2010). 하지만, CR은 산업 내 모든 업체의 시장점유율을 고려하지 않는다는 점에서 한계를 가지고 있다. 즉, 상위 기업 외의 기업들의 점유율은 CR 지수에 영향을 주지 못한다는 것이다. 또한 CR은 상위 업체 간 시장점유율이 크게 바뀌더라도 전체 CR은 바뀌지 않는다는 점에서 상위 업체의 규모 분포에 대한 정확한 정보도 제공하지 못한다(한국언론진흥재단, 2010). 예를 들어, 1)시장점유율 1위인 업체의 점유율이 30%, 2위인 업체의 점유율이 20%, 3위인 업체의 점유율이 10%, 그리고 나머지 시장을 8개 업체가 균등하게 5%씩 점유하고 있는 A 시장과 2)시장점유율 1위인 업체의 점유율이 47%, 2위인 업체의 점유율이 7%, 3위인 업체의 점유율이 6%, 그리고 나머지 시장을 8개 업체가 균등하게 5%씩 점유하고 있는 B 시장이 있다고 가정해보자. 이 경우, 두 시장 모두에서 CR_3은 60%이지만, 두 시장의 집중도는 큰 차이가 있다. 즉, B 시장이 A 시장에 비해 훨씬 집중도가 높다고 말할 수 있다. 결국, CR은 상위 기업 내의 규모의 차이를 반영하지 못한다는 점에서 한계를 지닌다.

2) HHI(Herfindahl-Hirschman Index: 허핀달-허쉬만 지표)

HHI는 시장 내 모든 업체의 시장점유율을 제곱하여 합한 수치이다(한국언론진흥재단, 2010). 즉 한 산업에 n개 업체가 있을 때, HHI는 다음과 같은 방식으로 구할 수 있다.

$$HHI = s_1^2 + s_2^2 + \ldots + s_n^2 \text{ (}s_i\text{는 i번째 업체의 시장점유율)}$$

HHI를 계산하기 위해서는 모든 개별 기업의 시장점유율을 파악해야 한다. 예를 들어, 시장에 세 개의 기업이 있고, 각각의 점유율이 40%, 30%, 30%일 때, HHI 값은 3400(=40^2+30^2+30^2)이다. HHI는 최소 0에서 최대 10,000까지 측정될 수 있다(Baker, 2007). 즉, 해당 시장에 다수의 업체가 경쟁한다면, 각 업체의 시장점유율은 0에 접근하고 이에 따라 HHI는 완전 경쟁을 나타내는 0에 가까워지는 반면, 시장에 한 개의 기업만이 존재한다면 HHI는 10,000 (=100^2)이 되는 것이다(한국언론진흥재단, 2010).

HHI에서 시장점유율을 제곱하는 이유는 첫째, 시장점유율의 정의상, 제곱을 하지 않았을 경우 HHI는 항상 100이라는 값을 가질 수밖에 없고, 둘째, 제곱을 함으로써 규모가 큰 업체의 시장점유율에 높은 가중치를 부여할 수 있게 되기 때문이다. HHI는 미 법무부(Department of Justice)가 반독점 심사의 평가 기준으로 사용하고 있는 경쟁 지표이다. 미 법무부의 가이드라인에 따르자면, 일반적으로 HHI 값이 1,000 이하일 경우에는 경쟁이 활발하고 집중도가 낮은 시장이라고 볼 수 있으며, 1,800 이상일 경우에는 경쟁이 적고 집중도가 높은 시장이라고 부를 수 있다(조영신, 2009). 즉 앞의 예의 경우, HHI가 3,400으로 1,800 이상이기 때문에 집중도가 높고 경쟁이 약한 시장이라고 볼 수 있다. 국내 공정거래위의 경우 독점 여부를 2,500을 기준으로 적용해서 판단한다. HHI는 CR(집중도)과 더불어 기존 미디어 집중 연구에서 집중 정도를 측정하기 위해 가장 많이 이용되어 온 지표 중 하나이다.

HHI는 CR과는 달리 상위 업체 간의 시장점유율 변화에 따라 같이 변화한다. 즉, 앞의 예의 두 시장(시장 A: 30%, 20%, 10%, 5%*8개 업체, 시장 B: 47%, 7%, 6%, 5%*8개 업체)에서 비록 두 시장의 CR3은 60으로 동일하지만, HHI는 B시장이 훨씬 크다(시장 A HHI: 1600, 시장 B HHI: 2494). 즉, HHI 지수는 시장점유율의 제곱을 합함으로써 구해지기 때문에 결과적으로 상위 기업에 높은 가중치를 부여하게 된다는 장점을 가지고 있다. 문제는 점유율이 낮은 기업들은 비록 그들의 존재 자체가 의견의 다양성 혹은 목소리(voice)의 다양성에는 큰 기여를 할 수 있음에도 불구하고, HHI 지수에는 별 영향력을 미치지 못한다는 단점을 가지고 있다. 반면, 노암 지수(Noam index)는 HHI 지수의 이러한 한계점을 극복할 수 있도록 고안되었다.

3) 노암 지수 (NI: Noam Index)

노암의 미디어 소유 집중과 다양성 지표(MOCDI, Media Ownership Concentration and Diversity Index; Noam, 2009)는 다음과 같이 HHI(허핀달-허쉬만 지수)를 미디어 수의 제곱근으로 나눔으로써 계산된다.

$$MOCDI = \frac{HHI}{\sqrt{n}}$$

(n=산업 내의 기업 수)

즉, 만약 열 개의 회사가 10%씩의 점유율을 가지고 있다면, HHI는 1,000이, MOCDI는 316(=1000/√10)이 된다. 또 다른 예로, 만약 시장이 30%인 업체 하나, 20%인 업체 하나, 15%인 업체 하나, 5%인 업체 7개로 구성된다면

이 경우 MOCDI는 538(=$(30^2+20^2+15^2+5^2+5^2+5^2+5^2+5^2+5^2+5^2)/\sqrt{10}$)이 된다.

노암(Noam, 2009)은 미디어 시장의 경쟁 지표는 개별 기업들의 시장 지배력(market power)뿐만이 아니라 미디어의 다원성(plurality)을 측정해야 한다고 주장한다. 노암은 HHI가 시장 지배력을 측정하는 데는 유용하지만 미디어의 다원성은 제대로 측정해내지 못한다고 주장한다. HHI의 경우, 시장점유율 1% 정도의 기업의 존재는 HHI 지수에 영향을 거의 미치지 않는다. 예를 들어, 한 시장이 시장점유율 50%인 기업 하나, 40%인 기업 하나, 그리고 1%인 기업 10개로 구성되어 있다고 가정하자. 이 경우 HHI는 4110(=$50^2+40^2+1^2+1^2+1^2+1^2+1^2+1^2+1^2+1^2+1^2+1^2$)으로서 시장점유율이 1%인 기업이 HHI에 미친 영향은 각각 1이라는 값으로 지극히 적다. 하지만 노암은 비록 시장점유율은 낮지만 이러한 기업들이 존재하는 것이 미디어의 다양성 혹은 다원성 측면에서는 매우 중요한 역할을 할 수 있다고 주장한다. 따라서 노암은 시장 지배력뿐만이 아니라 미디어의 다원성을 측정할 수 있는 지수를 개발하려고 노력하였다. MOCDI는 이러한 노암의 노력의 결과물이다. 비록 점유율은 낮지만 이러한 기업들의 존재는 미디어의 다양성 확보에 기여할 수 있다는 것이다.

노암은 미디어 시장 내에 존재하는 목소리(voice)의 수를 시장 집중도에 반영하기 위해, 시장에 존재하는 미디어 기업의 수를 센 후, HHI를 미디어 수의 제곱근으로 나누었다. 이렇게 함으로써, 목소리의 개수가 증가할수록, 결과적으로 얻게 되는 MOCDI의 값이 작아짐으로써, 집중도가 낮게 산정되는 효과를 가질 수 있다. 즉, HHI와는 달리 목소리의 다원성이 경쟁 지표에 적절히 반영될 수 있다는 것이다.

위의 수식에서도 드러나듯이, 노암 지수의 값은 시장 내의 기업 수에 의해 크게 좌우된다. 따라서 시장 내의 기업 수를 셀 때 어떤 기업을 포함시키고 어떤 기업을 제외시켜야 하는가의 이슈가 제기되게 된다. 만약 시장점유율이 0

에 가까운 미디어들도 이 숫자에 포함시키게 된다면, 이들은 목소리가 매우 작아서 전체적인 다원성에 영향을 전혀 미치지 못함에도 불구하고 노암 지수의 값에는 큰 영향을 미칠 수 있기 때문이다. 따라서 이 문제에 대해 노암은 시장 점유율이 1% 이상인 기업들만 시장 내의 기업 수를 세는 데 포함시킬 것을 제안한다.

노암 지수 사용 시, 어느 정도의 값(threshold)을 가졌을 때 그 시장을 집중된 시장이라고 얘기할 수 있는가의 문제가 제기되게 된다. 노암 지수의 경우, HHI의 기준-즉 1000 이하이면 경쟁이 활발한 시장, 1800 이상이면 집중된 시장-을 그대로 사용할 수 없는데, 이는 노암 지수는 HHI의 값을 미디어 수의 제곱근으로 나누기 때문이다.

노암 지수의 기준치(threshold)에 대해, 노암은 300과 500을 대략적인 기준치로 제안한다. 즉, 300 이하일 때 경쟁이 활발한 시장, 그리고 300과 500 사이일 때 어느 정도의 집중을 보이는 시장, 그리고 500 이상일 때 매우 집중된 시장이라고 말할 수 있다는 것이다. 노암은 또한 이 기준치는 시장의 크기에 따라 변형되어 적용되어야 한다고 주장하는데, 시장의 크기를 반영하기 위해 다음과 같은 식을 제안한다.

$$\text{다양성 기준치(Diversity Threshold D)} = 10{,}000 \times \text{인구수}^{-.2}$$

예를 들어, 인구가 100,000명인 소도시의 경우, 위의 식에 따르면 기준치는 1,000으로 상향 조정되게 되고, 인구가 1,000,000명인 도시의 경우, 기준치는 630 정도로 조정될 수 있다는 것이다. 따라서 노암 지수를 사용할 경우, 시장의 크기를 고려하여 일반적으로 통용되는 기준치(500)를 상향 혹은 하향 조정함으로써, 시장 집중에 대한 판단을 할 수 있을 것이다.

4) 힐 지수 (HI: Hill Index)

앞에서 제시되었던 지수들의 대부분은 점유율을 제곱한 후 이 값들을 합산해서 얻을 수 있는 값인데 반해, 힐 지수(Hill Index; Hill, 2006)는 점유율의 제곱근(square roots)을 합산함으로써 구할 수 있다. 즉 힐 지수는 다음과 같이 표현될 수 있다.

$$\text{Hill Index} = \sqrt{s1} + \sqrt{s2} + \sqrt{s3} + \ldots + \sqrt{s_n}$$ (si는 i번째 업체의 시장점유율)

예를 들어, 한 시장이 점유율 40%, 30%, 20%, 그리고 10%인 업체로 구성되어 있다면 이 경우 힐 지수는 19.44 ($=\sqrt{40}+\sqrt{30}+\sqrt{20}+\sqrt{10}$)가 된다.

앞에서 제시되었던 지표들의 경우, 시장의 집중도가 높아질수록 그 값들 또한 높게 측정되었다. 하지만 힐 지수는 점유율의 제곱의 합이 아니라 제곱근의 합이기 때문에, 집중도가 높아질수록 힐 지수는 감소하게 된다.

하지만 힐 지수는 미디어의 다원성을 제대로 측정할 수 없는 문제가 나타날 수 있다. 예를 들어, 한 미디어 시장이 각각 점유율 50%, 45%인 기업과 1%인 기업 5개로 이루어져 있다고 가정하자. 이 경우, 힐 지수는 18.78 ($=\sqrt{50}+\sqrt{45}+5\times\sqrt{1}$)이 된다. 만약 이 미디어 시장이 50%, 45%인 기업과 5%인 기업으로 재편된다고 할 때, 힐 지수는 16.02 ($=\sqrt{50}+\sqrt{45}+\sqrt{5}$)로 산정되며, 결국 그 차이는 2.76에 불과하게 된다. 문제는 같은 경우를 노암 지수를 통해 계산해보면 첫 번째 시장의 경우, 노암 지수는 1712.18 ($=(50^2+45^2+1^2+1^2+1^2+1^2+1^2)/\sqrt{7}$) 임에 반해 두 번째 시장의 경우, 노암 지수는 2626.94 ($=(50^2+45^2+5^2)/\sqrt{3}$)로 큰 차이를 보여준다. 따라서 궁극적으로 미디어 경쟁이 지향하는 목표인 여론다양성의 확보가 미디어의 다원성을 통해 담보될 수 있음을 감안할 때, 미디어 다원성을 더 잘 반영하는 노암 지수가 힐 지수에 비해 미디어 경쟁 지표로서 더 적합할 수 있다.

2. 경쟁 지표 산출 시 고려 사항

1) 매출액 점유율 vs. 이용자 점유율

앞에서 제시되었던 대표적인 경쟁 지표인 CR, HHI, 그리고 노암 지수는 모두 개별 기업이 가진 점유율을 바탕으로 계산할 수 있는 값들이다. 따라서 점유율을 정확히 개념화하고 측정(임정수, 2004)하는 것은 무엇보다도 중요한 작업인데, 점유율을 계산하는 방식에는 크게 두 가지가 있을 수 있다.

하나는 미디어 기업의 매출을 기준으로 점유율을 측정하는 방식이고, 다른 하나는 이용자 수를 기준으로 점유율을 측정하는 방식이다(한국언론진흥재단, 2010). 물론 둘 사이에는 높은 상관관계가 존재하지만 두 종류의 점유율이 완전히 일치하지는 않는다는 점에서 집중도를 산출하는 데 있어서 둘 중 어떤 종류의 점유율을 사용하느냐는 중요한 문제가 될 수 있다.

일반적으로 반독점법에서는 매출액 기준의 시장점유율을 경쟁 지표 계산에 이용한다(한국언론진흥재단, 2010). 하지만 매출액 기준의 시장점유율과 이용자 기준의 시장점유율에 큰 차이가 존재할 경우-예를 들어 시장점유율은 높지만 매출액은 미미한 경우-에는 매출액 기준의 시장점유율뿐만 아니라 이용자 기준의 시장점유율 역시 경쟁 지표 계산에 포함되어야 할 것이다. 이는 매출액 기준의 시장점유율과 이용자 기준의 시장점유율에 차이가 존재할 경우, 이용자 기준의 시장점유율이 매출액 기준의 시장점유율보다 미디어 시장 경쟁 측정의 궁극적 목표인 여론의 다양성을 더 잘 측정해낼 수 있기 때문이다.

3. 시장획정

1) 시장획정의 정의와 필요성

변화하는 방송시장에 적합한 경쟁정책을 수립하기 위해서는 시장의 경쟁구조에 대한 정확한 이해를 바탕으로 한 시장획정(market definition)이 필요하다. 시장획정(또는 관련시장의 획정)이란 공급자와 수요자 간의 상호작용을 통한 경쟁관계가 성립될 수 있는 거래대상, 거래지역 등의 범위를 정하는 것이다. 수요 및 공급의 대체성이 시장획정 분석의 중요한 요소인데, 분석대상 상품이나 서비스들 간의 대체성이 충분히 높은 경우에는 하나의 시장으로, 그렇지 않은 경우에는 별도의 시장으로 획정한다.

관련시장의 범위는 시장에 참여하는 기업들의 지배력 평가에 직접적인 영향을 미칠 수 있다는 점에서 중요하다. 관련시장의 범위가 넓게(또는 좁게) 획정될수록 특정 시장참여자들의 시장지배력은 낮아지게(또는 높아지게) 되며, 이는 규제의 필요성 및 강도가 완화(또는 강화) 되어야 한다는 논거로 이어지게 된다. 그러나 이 경우, 지나친 규제완화(또는 불필요한 규제의 지속)와 같은 정책적 오류가 발생할 가능성이 높아질 수 있다.

방송시장에서 시장획정을 할 때 추가로 고려되어야 할 사항은 기술의 발전으로 인한 융합서비스의 등장으로 급격한 시장변화가 나타나고 있다는 것이다. 방송시장에서의 급격한 시장상황 변화는 시장획정 결과에 대한 주기적인 재검토가 이루어져야 함을 의미한다. 이는 미디어 시장 내의 재화들 간 대체, 보완 관계가 불분명해지고 관계의 질적 변화가 급격히 진행될 수 있기 때문이다.

시장획정의 개념적 틀로 주로 사용되는 것은 SSNIP(Small but Significant Non-transitory Increase in Price) 테스트이다. SSNIP 테스트는 주요 국가들의 규제기관에서 시장획정 방법론으로 주로 채택되고 있는 시장획정의 유일한 수단이다. 이는 가상의 독점사업자가 경쟁적 가격수준으로부터 출발하여 작지만 유의미하고 (통상적으로 5~10%로 설정), 비일시적인 가격인상을 시도할 유인이 있는지를 분석하는 것이다. 만약 가격을 인상했을 때 오히려 손실이 발생될 것으로 예상된다면 다른 밀접한 대체재가 존재함을 의미하므로 시장의 범위를 확대해야 한다. 달리 말해서 가상적 독점사업자가 작지만 유의미하고 일시적이지 않은 가격 인상을 했을 때 수요자들이 다른 상품으로 수요를 충분히 대체하여 수익손실이 나타나면 그 다른 상품을 동일 시장에 포함시키게 되는 것이다. 개념적으로 작은 범위에서 출발하여 상품 시장의 범위를 넓혀가면서 가상적 독점기업의 가격인상이 이윤증가를 나타날 때까지 반복적으로 시행하여 관련시장의 범위를 설정하는 것이다.

시장획정을 수행한 후, 관련시장의 범위가 결정되면 이에 기반하여 시장점유율 등 시장의 구조 및 경쟁상황을 분석하게 된다. 이러한 분석은 관련 사업자의 시장지배력을 평가하여 규제 및 경쟁정책을 결정하는데 활용된다. 결국, 시장획정은 시장지배력이 존재하는지의 여부를 판단하기 위한 도구라고 하겠다.

방송시장의 경쟁상황을 분석하고 시장지배력을 평가하기 위해서도 시장획정이 선행되어야 한다. 그러나 방송시장의 경우, 경쟁보다는 공익적 측면이 강조되어 온 까닭에 엄격한 진입규제와 소유규제, 그리고 내용규제가 적용되어 왔고, 따라서 일반시장에서 수행되는 경쟁상황 평가가 제대로 이루어지지 못했던 측면이 크다. 사실, 국내의 방송시장에서는 경쟁정책에 대한 개념이 논의된 지가 얼마 되지 않았기 때문에 방송시장에 대한 경쟁분석이 제대로 이루어질 수 없었다. 그러나 최근 들어, 신규 서비스의 도입이 활발해지면서 방송시장의 경쟁이 심화되고 방송사업자들에 대한 규제도 완화되면서 방송시장에 적합한 경쟁정책의 필요성이 대두되기 시작하였다. 특히, IPTV의 도입과 종편채널의 허가 등 다양한 신규서비스들의 진입이 이루어지고 이에 따른 소유, 겸영규제가 완화되면서 방송시장에서도 경쟁이 본격화되기 시작하였는데, 이는 방송시장에서도 경제적 분석에 기반한 경쟁정책 수립의 필요성을 높였다.

2) 국내 유료TV 시장의 경쟁현황과 시장획정

(1) 국내 유료TV 시장의 경쟁현황

케이블TV 서비스와 부분적으로 대체관계를 형성하고 있는 매체들 중에 케이블TV와 동일한 시장으로 고려할 수 있는 것은 중계유선방송, DBS, 그리고 IPTV이다.

첫째, 케이블TV 서비스와 부분적으로 대체관계를 형성하고 있는 매체들 중에 가장 먼저 고려할 수 있는 것은 중계유선방송이다. 종합유선방송이 도입되기 이전부터 오랫동안 존재해 왔던 RO들은 1994년 종합유선방송법을 통해 케이블TV 사업권을 획득한 SO들과 치열한 경쟁을 벌이고 있다(이인찬·윤충한, 2000). 2000년 통합방송법 제정 이후, RO와 SO로 이원화된 케이블TV 산업을 일원화하는 과정에서 RO의 SO 전환이 이루어졌으나, 아직도 수백 개의 소규모 RO들이 전국에 걸쳐 영업을 하고 있다. 그러나 2014년 현재 대부분의 RO들은 해당 지역 SO에게 매입되었거나, SO와 협업을 통해서 SO의 소매 기능을 수행하고 있어, SO와 실질적 경쟁은 없는 상황이다. 즉, RO는 시장획정에서 거론할 정도로 시장규모를 갖고 있지 못하고, 그것도 SO와의 협업을 통해 잔존하고 있는 실정이어서 중계유선방송을 케이블TV 서비스와 경쟁서비스로 분석하는 것은 의미가 없다.

둘째, 디지털 위성방송이다. 디지털 위성방송은 케이블TV와 실질적으로 유사한 서비스를 제공하고 있고, 2014년 현재 시장점유율도 약 18%에 달하고 있으며, 지상파 재전송이 가능하게 되어 케이블TV와 경쟁 관계를 형성하고 있다.

셋째는 IPTV이다. IPTV는 케이블TV와 비슷한 다채널 영상전송서비스를 중추적인 서비스로 가져가고 있기 때문에 두 서비스의 경쟁은 필연적이다. 특히 최근 들어 위성방송과 IPTV의 성장세는 두드러진다. 2000년 통합방송법의 시행으로 수년을 겉돌다 겨우 도입된 위성방송은 2014년 현재 가입자 수가

422만 명에 이르고 있다. 2001년 중계유선 가입자 수는 506만 명으로 45.7%의 높은 시장점유율을 보였지만 2013년 현재 중계유선의 가입자 수는 11만9천 명으로 시장점유율이 0.4%로 크게 하락했다. 반면 2008년부터 서비스를 시작한 IPTV는 2009년 168만 명이 가입하였고 2014년 현재 가입자 수는 1천만 명을 넘어서 시장점유율이 32.7%로 크게 증가하였다(방송통신위원회, 2014).

〈표 2-5〉 국내 유료TV 서비스 가입가구 추이, 2001~2014

(단위: 천명, %)

	종합유선 가입자 수 시장점유율	중계유선 가입자 수 시장점유율	위성방송 가입자 수 시장점유율	IPTV 가입자 수	다채널방송 가입자 수
2001	5,844 (52.7)	5,062 (45.7)	176 (1.6)	N/A	11,082
2002	6,912 (60.0)	4,502 (38.4)	302 (2.6)	N/A	11,716
2003	9,402 (75.2)	2,323 (18.6)	779 (6.2)	N/A	12,504
2004	11,724 (82.6)	1,179 (8.3)	1,297 (9.1)	N/A	14,200
2005	13,589 (85.3)	519 (3.3)	1,826 (11.5)	N/A	15,934
2006	14,067 (86.9)	173 (1.1)	1,949 (12.0)	N/A	16,190
2007	14,533 (86.1)	200 (1.2)	2,152 (12.7)	N/A	16,886
2008	14,749 (85.7)	202 (1.2)	2,260 (13.1)	N/A	17,211
2009	15,132 (77.9)	226 (1.2)	2,375 (12.2)	1,688 (8.7)	19,421
2010	15,037 (74.1)	184 (0.9)	2,487 (12.3)	2,578 (12.7)	20,286
2011	14,761 (67.3)	178 (0.8)	3,010 (13.7)	3,983 (18.2)	21,932
2012	14,741 (62.7)	179 (0.8)	3,339 (14.2)	5,253 (22.3)	23,512

2013	14,843 (55.9)	119 (0.4)	4,007 (15.1)	7,597 (28.6)	26,566
2014	14,745 (52.1)	102 (0.4)	4,217 (14.9)	9,248 (32.7)	28,314

주1: 괄호안은 다채널 유료방송서비스 가입자 중 해당 서비스의 시장점유율을 나타냄
주2: 종합유선방송가입자 수는 가입가구수가 아니라 가입대수(단자수)를 의미. 2005년부터 가입가구수를 중심으로 통계를 작성하고 있으나 2000년대 초반과의 비교를 위해 단자 수(가입대수) 기준으로 작성
자료: 방송통신위원회, 『방송산업실태조사보고서』, 각 연도.

한편, 지상파방송사업자가 여전히 전체 방송시장에서 핵심 콘텐츠 공급자의 지위를 유지하고 있으나, 시청률, 매출액, 제작비 등을 고려할 때 이들이 방송시장 전체에서 차지하는 영향력은 줄어들고 있다. TV방송채널 사업자의 전체 방송사업 매출 중 지상파 TV 채널의 비중은 2014년 현재 56.7%로 최근 3년간 지속적으로 감소하였다. 이에 반해, 유료TV의 가입자 수는 2014년 현재 2,831만 명으로 크게 증가하고 있다. 이처럼 다채널방송의 지속적인 성장과 그 영향력의 확대로 방송시장 환경의 다변화가 진행되고 있다.

유료TV 서비스는 종합유선, 위성방송, IPTV 등으로 구성되며 2015년 현재 96개 사업자(종합유선 92개, 위성방송 1개, IPTV 3개)가 77개 방송구역에서 유료로 실시간 방송서비스를 제공하고 있다. 이들 중, 종합유선방송의 시장점유율은 2001년부터 2008년까지 52.7%에서 85.7%까지 상승했다. 이때까지만 해도 위성방송과 케이블TV는 제공하는 서비스의 구성 등에서 커다란 차이를 보이고 있지 않아 상호 경쟁적 서비스라는 인식이 강하고, 정책적 접근에 있어서도 두 서비스의 경쟁관계를 고려하고 있었다. 공정거래위원회는 동일권역 경쟁 SO 간의 기업결합 심사에 있어서 이미 케이블TV와 위성방송을 경쟁적인 서비스로 보고 있었으며, 두 서비스를 다채널 유료방송으로 시장획정을 하고 있었다.[18] 문제는 위성방송의 성장과 더불어 2008년에 도입된 IPTV의 영향으로 케이블TV의 성장률이 급속도로 떨어져 2014년 3월 말 기준으로 현재 케

18 공정거래위원회(2004)와 공정거래위원회(2005) 참조.

이블TV의 시장점유율은 52.1%까지 하락했다(방송통신위원회, 2014).

위성방송의 시장점유율은 2001년 1.6%에 불가했지만 2013년에는 15.1%까지 상승했으며, IPTV는 2008년 등장하여 2009년 8.7%의 시장점유율을 시작으로 2014년 3월 말 기준 32.7%의 시장점유율을 보이고 있다(방송통신위원회, 2014). 즉, 종합유선과 중계유선의 시장점유율은 대폭 감소하고 있으나 위성방송과 IPTV의 시장점유율은 대폭 상승하고 있다.

IPTV가 도입되고 시장점유율이 대폭 상승하면서 사업자 간 경쟁이 심화되고 방송구역별 시장집중도가 완화되는 긍정적 효과가 발생하는 동시에 위성과 IPTV를 제공하는 KT의 가입자 점유율이 계속 증가(2011년 23.4%→2013년 말 27.2%)하고, 2위 사업자(CJ)와의 격차도 커지는 등(2011년 7.7%p→2013년 말 11.6%p) 다채널방송시장에서의 비중이 빠르게 높아지게 되었다(방송통신위원회, 2014).

2014년 현재 지역별 유료방송 가입자 현황을 살펴보면, 종합유선방송은 대구와 광주의 가입자 점유율이 각각 78.2%, 77.9%를 기록하는 등 주로 대도시 지역에서 높았다. 반면, 충남(53.1%), 강원(54.0%), 경기(55.4%), 인천(56.9%) 등의 종합유선방송 가입자 점유율이 낮게 나타난 것은 산간, 도서 지역에서 위성 가입자 비중이 상대적으로 높은 매체 특성이 영향을 미친 것으로 추정된다. 또한, 최근 들어 방송구역별 시장집중도 평균이 감소하였으며, 시장점유율 1~2위 간의 점유율 격차가 전체 77개 방송구역 중 63개(81.8%)에서 줄어들 정도로 플랫폼 간 경쟁이 활성화되었다. 이로 인하여 방송사업자 간 콘텐츠 품질, 시설 추가, 서비스 요금 인하, 방송이용자 및 광고주의 선택권 확대 경쟁이 활발하게 이루어져 소비자 만족도가 다소 상승하는 등 긍정적인 모습이 나타났다.

2014년 현재 전체 다채널방송에서 방송구역별 HHI 평균은 4,191(방송통신위원회, 2014)으로 2011년(4,943) 대비 감소세가 계속되어 경쟁이 심화되고 있음을 반영하고 있다. 2009년 이후 방송구역별 시장집중도가 지속적으로 감소하고, 다채널방송 가입자 수는 증가하며, 소비자 만족도도 약간 개선되었다는 점에서 IPTV 사업자의 다채널방송 진출은 경쟁활성화와 중장기적으로 방송 이용자 후생 향상에 기여한 것으로 판단된다.

여기에 OTT 서비스 사업자들의 잠재력이 높아지고 있다. 즉, 정해진 권역 안에서 독과점 형태로 사업을 운영하던 SO는 유사한 서비스를 제공하는 위성, IPTV 사업자, OTT 서비스 사업자들과 치열한 가입자 확보 경쟁의 국면을 맞이했다고 하겠다.

(2) 국내 유료TV 시장의 획정

이재영(2011)은 수요대체성과 공급대체성을 중심으로 서비스 제공 범위 및 지리적 범위, 이용자 특성 등 다양한 측면들을 고려하여 국내 방송시장을 크게 방송플랫폼 시장과 방송채널시장으로 구분하고 이에 기반한 경쟁상황평가의 결과와 정책적 시사점을 제시하였다. 이에 따르면 방송플랫폼 시장은 케이블TV, 위성방송, 그리고 IPTV가 경쟁하는 "유료방송 플랫폼시장"과 아날로그 케이블TV를 제외한 디지털 다채널 서비스들이 경쟁하는 "디지털 유료 플랫폼 시장"으로 획정된다. 방송채널시장의 경우, "지상파방송채널 재전송권 시장"과 "유료방송채널시장"로 구분하고 이에 대한 시장평가 결과를 제시하고 있다.

방송플랫폼시장

광고와 함께 무료로 제공되는 지상파방송은 수신료 지불 가입자를 확보하는 유료방송플랫폼과는 구분되므로 서로 다른 시장에서 활동하는 것으로 파악하였다. 이는 지상파방송 시청을 위한 셋톱박스가 불필요한 상황에서 지상파방송은 가입자 개념이 없기 때문에 유료방송플랫폼과 경쟁관계에 있지 않다고 보았기 때문이다. 또한 지상파방송은 직접수신가구가 지속적으로 감소하고 있기 때문에 방송플랫폼으로서의 경쟁력이 줄어들고 있다고 보는 것이 타당하다. 그러나 방송채널 간에 시청률 경쟁이 이루어지고 있기 때문에 이 시장은 방송광고시장 차원에서 접근하는 것이 적절하다.

따라서 방송플랫폼 시장은 케이블TV, 위성방송 및 IPTV를 가입자에게 제공하는 "유료방송플랫폼시장"과 "유료방송플랫폼시장"에서 아날로그 케이블TV를 제외한 "디지털 유료방송플랫폼시장"을 별도로 구분하여 획정하였다. 이 때, 유료방송플랫폼시장은 77개 권역별로 서비스를 제공하는 SO 중심의 시장임을 고려하여 전국을 77개 권역으로 구분하여 지리적 시장을 획정하였다.

유료방송플랫폼시장은 아날로그 케이블TV, 디지털 케이블TV, 위성방송, IPTV 를 포괄하는 시장을 의미한다. 아날로그 케이블TV로부터 순차적인 임계매출분석을 시도한 결과, 디지털케이블TV, 위성방송, IPTV가 모두 동일한 유료방송플랫폼시장으로 획정되었다. 이는 아날로그 케이블TV가 모든 디지털 다채널방송 서비스로부터 경쟁압력을 받고 있음을 의미한다. 결과적으로 전체 유료방송플랫폼시장에서는 아날로그 케이블TV와 디지털케이블TV를 둘 다 제공하고 있는 SO의 시장지배력을 평가하게 된다.

한편, 디지털케이블TV, 위성방송, IPTV 등은 아날로그 케이블TV로부터 경쟁압력을 받지 않는 것으로 나타났고, 디지털케이블TV, 위성방송, IPTV 각각으로부터 순차적인 임계매출분석을 수행한 결과, 이들은 모두 동일한 시장으로 획정되었기 때문에 "디지털 유료방송플랫폼"시장을 별도로 획정하는 것이 적절하다는 결론이 도출되었다.

이러한 분석방법에 따라 정보통신정책연구원이 평가한 유료방송플랫폼시장의 경쟁상황은 다음과 같다. 우선 유료방송플랫폼시장은 SO가 각 구역별로 절반 이상의 가입자 점유율을 가지고 있기 때문에 SO에 의한 경쟁제한 가능성을 추정해 볼 수 있다. 77개 케이블 권역에서 SO는 가입자점유율 기준 1위를 차지하고 있고, 70개 지역에서는 가입자점유율 1위인 SO가 58% 이상의 점유율을 보이고 있다. 또한 SO들의 영업이익률은 평균 14.5%, MSO들의 영업이익률은 평균 15.2%로 전년도의 19.9%보다 5.4%p 감소한 것으로 확인되었으며 이는 방송프로그램의 사용료(19.9% 상승), 인건비(14.9% 상승), 방송망 사용료(11.7% 상승) 등의 영업비용이 증가한 원인으로 분석되고 있다(방송통신위원회, 2014).

문제는 SO들이 모든 티어에 대한 요금승인을 받고 있는 상황이고 최근 들어 위성방송과 IPTV에 의한 경쟁압력이 증가함으로써 개별 구역시장에서 SO의 가입자점유율은 점차 하락하고 있는 실정이다. 또한 아날로그 케이블TV의 디지털전환 정책에 의해 자체 요금인상이 일어나고 있고 그동안 독점적 콘텐츠 확보로 가입자 이탈을 막고자 했었던 전략이 공정위에 의해 담합으로 판정되면서 배타적 프로그램 거래전략이 어렵게 되고 있다. 최근 서울 고등법원 민사5부는 KBS, MBC, SBS가 CJ헬로비전을 상대로 제기한 저작권침해중지 가처분 간접강제 신청에 대해 "지상파 재전송 지속 시 배상을 하라"는 결정을 내렸다. 간접강제 결정은 케이블 채널 측이 법원의 명령을 이행하지 않을 경우, 지상파 3사에 벌금을 지불해야 하는 제도다.

결국, 지금까지 개별 권역에서 독점적 위치를 차지해 왔던 케이블TV 사업자들은 지속적으로 증가하고 있는 경쟁압력과 기존의 영업활동에 제동을 걸 수 있는 환경적 요인으로 인해 경쟁제한 가능성이 점차 낮아질 가능성이 높아지고 있다고 하겠다.

한편, 2013년도 말 기준 디지털 유료방송플랫폼시장에 대한 경쟁상황 평가결과, 67개 지역에서 1위 사업자의 가입자 기준 점유율이 50% 이상을 차지하고 있는 것으로 나타났다(방송송통신위원회, 2014). 전체 유료방송플랫폼 시장과는 달리 디지털 유료방송플랫폼시장에서는 49개 지역에서 KT 계열(위성방송과 IPTV)이 1위를 차지하고 있었고 MSO들은 28개 지역에서 1위를 차지하고 있었다. KT 계열이 1위를 차지하고 있는 49개 지역들 중에서 46개 지역에서 KT는 가입자 기준 50% 이상의 점유율을 차지하고 있는 것으로 나타났고 SO가 1위인 28개 지역에서는 1위 사업자가 50% 이상의 점유율을 확보하고 있는 지역이 23개 지역인 것으로 나타났다(방송통신위원회, 2014).

그러나 디지털 유료방송플랫폼 시장의 많은 지역들에서 1위 사업자로 알려진 KT 계열 사업자들의 영업이익률은 마이너스를 면하지 못하고 있다. 또한 아날로그 케이블TV가입자들의 디지털전환이 본격화될 경우 KT 계열의 디지털 유료방송플랫폼은 경쟁압력을 받게 될 것이다. SO들의 수익성이 높은 상황에서 이러한 경쟁압력은 더욱 높아질 가능성이 있고, 통신기업을 모기업으로 둔 위성방송과 IPTV의 투자여력도 여전하기 때문에 디지털 유료방송플랫폼시장은 앞으로 경쟁이 활성화될 가능성이 높다. 따라서 이 시장에 대해서는 경쟁이 보다 활성화될 수 있도록 불필요한 규제를 개선하는 것이 필요할 것이다.

방송채널시장

지상파방송 3사와 지역 지상파방송사 간의 방송채널시장은 수요자와 공급자가 고정되어 있기 때문에 별도의 시장으로 획정하였다. 즉, 지역민방은 SBS로부터 채널을 제공받고 있고 지역 MBC는 MBC 본사로부터 채널을 제공받고 있다. 지상파방송 3사와 지역 지상파방송사들은 수요자와 공급자가 정해져 있을 뿐만 아니라 한국방송광고공사에 의해 대가(전파료)가 통제되고 있으므로 시장으로서의 기능을 하지 않는 것으로 보고 있다.

방송채널시장은 지상파방송사가 유료방송플랫폼에게 채널을 제공하는 "지상파채널 재전송권시장"과 유료방송PP가 유료방송플랫폼에게 채널을 제공하는 "유료방송채널시장"으로 구분하여 각 세부시장을 획정하였다.

시청자는 유료방송채널과 지상파방송채널을 대체재로 인식하고 있지 않기 때문에 지상파방송채널 재전송권 시장은 유료방송채널 시장과 별도로 구분하여 획정하였다. 또한 지상파방송 3사의 채널들은 유료방송채널들과 시청률에 있어서 현격한 차이를 보이고 있을 뿐만 아니라, 각 지상파채널들도 서로 대체가 불가능한 시장으로 간주되어졌기 때문에 각각의 시장이 별도로 구분된 독점시장에서 거래되는 것으로 획정하였다.

유료방송채널시장은 전체를 별도의 시장으로 획정하되, 영화와 스포츠 장르의 경우에는 시청률이 현저히 높고 시청자들이 가장 선호하는 장르로 나타났기 때문에 장르별 방송채널시장을 추가로 획정하였다.

지상파방송채널 재전송권 시장에 대한 경재상황평가 결과, 이 시장은 발전초기 단계에 있으나 시장구조만을 고려하면 경쟁제한 가능성이 높은 것으로 나타났다. 개별 지상파방송채널은 자신의 채널 재송신권이 거래되는 시장에서 독점적 공급자이기 때문에 공급측면에 있어서 시장집중도가 매우 높다고 볼 수 있다. 이는 유료방송플랫폼 시장에서 KBS, MBC, SBS 간 상호 대체가 어렵기 때문이다. 또한 지상파방송은 허가라는 제도적 진입장벽이 존재하여 잠재적 경쟁압력도 거의 없을 뿐만 아니라, 추가 진입이 허용된다고 하더라도 기존 지상파방송채널과 마찬가지로 개별적인 독점시장을 형성할 것으로 판단되었다.

물론 유료방송플랫폼 시장에서의 시장집중도가 높아 지상파채널과의 거래에서 대등한 관계를 형성할 수 있다고 볼 수도 있으나 지상파방송사에게는 직접수신이라는 우회경로가 있기 때문에 유료방송플랫폼사업자들이 높은 이용자대응력을 갖기 어려운 구조로 분석되었다.

결국, 지상파방송채널 재전송권시장에서는 공급측면의 경쟁제한성이 나타나 시장기능이 정상적으로 작동하지 못할 우려가 있기 때문에 지상파재전송 관련 제도 개선이 필요함을 지적하였다.

한편, 유료방송채널시장에 대한 경쟁상황 평가 결과, 이 시장에서는 공급

측면의 경쟁제한 가능성이 높지 않은 것으로 나타났다. 2013년 기준 CJ 계열, MBC 계열, SBS 계열 등 상위 3대 유료방송채널사업자들의 수신료 수익 기준 시장점유율은 56.7%에 불과한 것으로 나타났고 적은 자본금과 단순한 등록만으로 PP시장 진입이 가능하기 때문에 잠재적 경쟁압력은 높은 것으로 분석되었다. 비록 상위 사업자들의 영업이익률이 다른 PP들에 비해 높은 편이나 시장지배력을 입증할 수준은 아닌 것으로 판단되었다(방송통신위원회, 2014).

문제는 유료방송플랫폼의 높은 이용자 대응력이 경쟁제한을 발생시킬 수도 있는 것으로 분석되었다. 즉, 공급측면의 시장집중도보다 수요측면(유료방송플랫폼)의 시장집중도가 훨씬 높기 때문에 PP들보다는 유료방송플랫폼의 협상력이 높을 것으로 판단되었다. 더욱이 유료방송플랫폼은 허가라는 제도적 진입장벽이 존재하므로 경쟁압력도 PP에 비해 낮다. 또한 경쟁력을 가지고 있는 대형 MPP보다는 협상력이 취약한 중소 PP들이 경쟁제한 행위의 영향을 받을 가능성이 높다고 하겠다.

또한 수직적으로 결합된 MSP는 경쟁 유료방송플랫폼이나 경쟁 PP에 대해 경쟁제한 행위를 할 유인을 가지고 있다. 실제로 위성방송이나 IPTV와 같은 신규 플랫폼사업자가 진입했을 때, 인기 PP 채널들이 제공되지 않았던 사례가 있다는 점은 경쟁제한의 가능성이 높음을 의미한다.

따라서 PP에 비해 상대적 협상력이 높은 SO에 대한 수신료 배분비율 통제는 의미있는 정책인 것으로 판단되었다. 또한 MSP 소속 PP들의 경쟁 유료방송플랫폼사업자들에 대한 배타적 거래행위 가능성에 대한 지속적인 관측이 요구되며 향후 이를 차단할 수 있는 규제 마련이 필요할 것이다.

방송프로그램시장

방송프로그램이 거래되는 유형은 크게 3가지로 구분할 수 있는데, 자체제작을 통한 방송프로그램 수급, 외주제작물을 통한 방송프로그램 수급, 방송프로그램 저작권자로부터 방영권 구매를 통한 방송프로그램 수급 등이다.

우선, 자체제작물을 통해 방송프로그램을 수급하는 경우는 방송채널이 방송프로그램의 제작부문을 수직적으로 통합하여 자신이 편성할 방송프로그램을 자체적으로 수급하는 경우에 해당된다. 보도프로그램을 편성하는 방송채널은 보도프로그램의 대부분을 자체제작을 통해 획득하고 있는데, 지상파방송사의 경우, 전반적으로 자체제작 프로그램의 비중이 점차 감소하는 추세이다.

둘째, 지상파방송채널이나 유료방송채널은 외주제작사에게 방송프로그램의 전부 또는 일부의 제작을 위탁함으로써 자신의 채널에 편성할 방송프로그램을 조달하고 있다.

마지막으로 지상파방송사, 영화사, 외주제작사, 해외방송프로그램 유통업자 등이 자신이 저작권을 보유하고 있는 프로그램의 방영권을 지상파방송사나 유료방송채널에게 판매하는 경우가 있는데, 지상파방송사는 이러한 거래행위를 통해 프로그램을 수급하는 사례가 적다. 반면, 유료방송채널의 경우에는 이와 같은 거래를 통해 수급하는 프로그램의 비중이 높은 편이다.

방송프로그램시장은 외주제작사가 지상파방송사에 프로그램을 판매하는 "지상파방송용 프로그램시장"과 지상파방송사가 자신이 방영했던 프로그램을 유료방송 PP에게 판매하는 "지상파 재방영 프로그램시장"으로 구분하여 각 세부시장을 획정하였다.

지상파방송용 프로그램 거래시장에서 중요한 이슈들 중의 하나는 지상파방송사가 외주제작사에 대해 수요독점력을 가지고 이를 남용할 수 있다는 우려인데, 이는 공급자인 외주제작사의 개수가 많은데 비해 외주제작사의 실질적인 수요자는 지상파 3사에 한정되어 있기 때문이다. 따라서 현 시점에서 지상파방송사에 프로그램을 공급하고 있는 외주제작사들이 지상파방송사에 대한 프로그램 공급을 중단하고 비지상파방송사업자들에게 프로그램을 공급하면서 현재 수준의 수익을 유지하기가 거의 불가능하다. 이는 지상파방송사가 외주제작사들에 대해 가격인하 압력을 행사할 경우, 외주제작사들이 이를 거부하고 비지상파방송사업자들, 예를 들어 유료채널사업자들과 새로운 거래관계를 형성할 가능성이 낮음을 의미한다. 결국, 방송프로그램 시장에서 수요독점력을 행사하고 있는 지상파방송사들의 현실을 고려해 보면, 지상파방송용 프로그램 시장(지상파방송용 프로그램 외주제작시장)을 별도로 획정하는 것이 타당할 것이다.

한편, 지상파방송용으로 제작된 방송프로그램의 재방영권 거래시장이 별도의 상품으로 획정되기 위해서는 지상파방송의 재방영권과 여타 방송프로그램의 방영권 사이의 수요대체성을 판단하여야 한다. 가상적인 지상파 프로그램의 독점 공급자가 재방영권 가격을 소폭(5-10%) 인상했을 경우, 유료방송 PP가 가지고 있는 수요대체성은 높지 않을 것으로 판단된다. 이는 지상파방송의 프로그램의 인상될 경우, 유료방송 PP가 취할 수 있는 전략은 1) 자체제작 비중을 늘리거나, 2) 외주제작 비중을 높이거나, 3) 외국 프로그램의 비중을 높이거나, 4) 채널의 성격을 변화시키거나, 5) 다른 PP가 제작한 프로그램의 재방영권을 구매하는 것이다. 그러나 이러한 대안들은 각각의 비용과 효과를 고려해 보았을 때 실현가능성이 높지 않다. 이는 현재 유료방송 PP가 지상파방송사에 지불하는 재방영권의 가격이 그리 높지 않고, 재방영되는 지상파 프로그램의 질이 상대적으로 높기 때문이다. 지상파 재방영 프로그램의 공급대체성을 살펴보더라도 대부분의 지상파 재방영프로그램의 공급자가 지상파방송사 또는 이들의 자회사이기 때문에 이 시장에 진입하기 위해서는 제도적, 물리적, 경제적 진입장벽이 존재한다. 결국, 지상파재방영 프로그램 시장으로의 진입이 용이하지 않고 따라서 공급대체성은 낮다고 하겠다.

요약해 보면, 지상파 재방영 프로그램 거래시장은 낮은 수요대체성과 공급대체성을 고려해 보았을 때, 별도의 시장으로 획정하는 것이 타당하다.

방송광고 시장

방송광고시장은 지상파방송사, 유료방송 PP 및 유료방송플랫폼 등의 방송사업자가 방송광고를 광고주에게 판매하고 광고수익을 올리는 시장을 의미한다.

우선, 지상파방송사, PP 및 유료방송플랫폼(위성과 IPTV는 전국광고, SO는 지역광고 판매)은 대기업 등 전국광고주를 대상으로 방송광고시간을 판매하고 있는 반면, 지역 지상파방송사 및 SO는 해당지역에서 영업활동을 하는 사업자에게 지역광고를 판매하고 있다. 현재 방송사들은 광고수익을 전국광고와 지역광고로 분리하여 보고하고 있지 않다. 따라서 정확한 지배력 평가를 위해서는 장기적으로 전국광고와 지역광고를 구분하여 관리할 필요가 있다.

광고주는 방송 광고, 인쇄매체 광고, 온라인매체 광고, 옥외 광고 등으로 포트폴리오를 구성하고 있는데, 일정한 광고예산 하에서 광고주가 목표로 하는 총노출 정도(GRP)를 만족시키는 수준까지 광고비를 지출하며, 매체특성에 따라 배분한다. 지상파방송과 비방송광고 간에는 광고효과나 광고가격 측면에서 격차가 크기 때문에 광고주 입장에서 수요대체성은 낮을 것으로 판단된다. 유료방송광고와 비방송광고 간에도 수요대체성이 높지 않을 것으로 판단되나, 지상파방송과 비방송광고 간의 대체성 만큼 낮지는 않을 것이다. 공급대체성 측면에서 보면, 비방송 부문의 타 매체가 지상파방송으로의 진입은 어려운 반면, PP로의 진입은 비교적 용이할 것이다. 결국, 수요대체성과 공급대체성을 고려해 볼 때, 지상파방송 광고와 비방송광고는 별개의 시장으로 획정하는 것이 적절하다. 유료방송과 비방송광고 간의 수요 및 공급대체성은 상대적으로 높을 수 있으나 이들을 동일시장으로 획정하는 것은 정책적 활용도가 높지 않은 것으로 판단되었다. 왜냐하면 광고시장에 대한 지배력 평가가 방송사업자의 방송시장에서의 영향력을 측정하기 위한 것이라고 할 때, 비방송광고를 고려하는 것은 실익이 크지 않기 때문이다.

한편, 지상파방송 광고와 유료방송 광고의 시청률, 시청시간, 매체의 특성 등을 고려해 볼 때, 두 매체 간에는 수요대체성이 낮을 것으로 판단되었다. 광고주 입장에서는 지상파방송 채널과 유료방송 채널의 시청률 격차 때문에 어느 한 쪽 매체의 광고비가 5~10% 높아진다고 하더라도 다른 매체로 대체할 가능성이 매우 낮기 때문이다. 지상파방송 중에서도 OBS와 EBS의 경우에는 대단히 낮은 시청률을 보이고 있기 때문에 타 지상파방송 광고와의 대체가능성은 매우 낮고, 오히려 유료방송채널 광고와 경쟁할 가능성이 높다. 문제는 OBS와 EBS의 광고판매는 지상파 3사 광고와 연계판매되는 경우가 많기 때문에 유료방송채널과 직접적 비교에 한계가 있다.

지역 MBC 및 지역민방의 광고는 각각 MBC 본사와 SBS의 광고에 포함되어 고려하는 것이 적절하다. 지역 MBC와 지역민방 광고의 일정 부분은 각각 MBC 본사와 SBS와 연계하여 판매하고 있는데, 이는 중앙방송사의 영향력에 기인한다. 따라서 현재와 같은 시스템이 유지되는 한 민영미디어랩 도입 이후에도 연계판매가 존속될 가능성이 높기 때문에 지역 MBC와 지역민방의 광고를 MBC본사와 SBS의 광고와 달리 취급하기가 어렵다. 또한 시청자 입장에서도 지역 MBC와 지역민방의 채널을 MBC 본사와 SBS 채널과 동일하게 인지하고 있다는 것도 이들을 서로 구분하여 획정하기 어려운 이유라고 하겠다.

요약해 보면, 지상파 3사의 시청률은 유료방송채널에 비해 현저히 높고 광고단가가 비싸기 때문에 지상파 3사의 방송광고와 일반방송채널의 방송광고를 별도 시장으로 획정하는 것이 적절하다. 향후, OBS의 역외재전송 및 방송프로그램의 경쟁력 향상, 종합편성채널의 진입과 성장, 주요 MPP의 발전가능성 등을 고려해 본다면 장기적으로 지상파 3사와 이들 간의 동일시장획정 가능성도 높아질 것이다.

3) 미국 MVPD 사업자들 간의 경쟁현황과 시장획정

미국에서는 매년 MVPD에 대한 경쟁상황평가보고서(Annual Report)를 통해 MVPD 시장의 변화를 주기적으로 모니터링하고 있으며, 이에 근거하여 규제정책을 검토하고 있다. <표 2-6>은 1990년대 말부터 현재까지 미국 MVPD 시장에서 각 사업자들의 시장점유율 변화양상을 보여주고 있다.

〈표 2-6〉 2013년 현재 미국 MVPD 시장에서 각 사업자들의 점유율 추이

(단위: 백만, %)

	케이블TV 가입자 수 (비율)	위성방송 가입자 수 (비율)	IPTV 가입자 수 (비율)	총 MVPD 가입자 수	TV보유가구 중 MVPD 가입자 수
1999	66.7 (82.5)	10.1 (12.5)		80.9	81.4
2000	67.7 (80.8)	13 (15.4)		84.4	83.8
2001	68.6 (77.6)	16 (18.2)		88.3	86.4
2002	68.8 (76.5)	18 (20.3)		89.9	85.3
2003	65.9 (73.4)	20.4 (22.7)		89.8	84.2
2004	66.1 (71.6)	23.2 (25.1)		92.3	85.1
2005	65.4 (69.4)	26.1 (27.7)		94.2	86
2006	65.4 (68.3)	29.1 (30.4)	0.3 (0.3)	95.8	86.9
2007	64.9 (66.4)	30.6 (31.3)	1.3 (1.3)	97.7	87.7
2008	63.7 (64.4)	31.3 (31.6)	3.1 (3.1)	98.9	87.7
2009	62.1 (61.7)	32.6 (32.4)	5.1 (5.1)	100.7	87.9
2010	59.8 (59.3)	33.3 (33.0)	6.9 (6.8)	100.8	87.7

2011	58.0 (57.4)	33.9 (33.4)	8.5 (8.4)	101.1	87.1
2012	57.3 (N/A)	34.1 (N/A)	9.9 (N/A)	101	N/A
2013	54.4 (N/A)	34.2 (N/A)	11.3 (N/A)	100.9	N/A

주: 기타 MMDS 등의 MVPD 가입자 수는 생략
자료: FCC (2000~2014)

1990년대 하반기와 2010년대 초반 MVPD 시장에서 목격할 수 있었던 변화 중에서 가장 눈에 띄는 것은 역시 DBS와 IPTV의 성장이었다. MVPD 시장에서 아직까지 케이블TV가 지배적인 점유율을 보이고 있는 것은 사실이나 점유율이 지속적으로 감소하고 있는 반면 DBS와 IPTV는 지속적으로 성장하고 있다. IPTV는 2005년 9월부터 서비스를 시작하였고 2006년 IPTV의 MVPD 시장의 점유율은 0.3%을 시작으로 2011년에는 8.4%를 넘어서고 있다. DBS의 MVPD 시장의 점유율 또한 1999년 12.5%에서 2013년에는 33.9%로 꾸준히 상승하고 있다. 반면 케이블TV의 MVPD 시장점유율은 1999년 82.5%에서 2013년 54.4%로 감소하고 있다.

1999년 FCC는 DBS의 시장점유율이 10%를 넘어서고 지상파 프로그램 재전송을 허용하면서, 케이블TV 산업의 수평 소유규제 기준을 정함에 있어 케이블TV 시장뿐만 아니라 DBS, MMDS 등을 포함하는 MVPD 시장으로 시장범주를 확장하여 소유규제 기준을 채택하게 된다(FCC, 1999). 앞에서도 지적하였듯이 이러한 폭넓은 시장획정은 케이블TV 산업에 대한 규제완화를 의미한다. 일부에서는 MVPD 시장에서 지배적인 사업자인 케이블TV에 대한 규제완화를 우려하는 목소리도 강하게 제기되었다. 그러나 케이블TV와 위성방송의 경쟁관계에 대한 논의는 경쟁관계의 유무보다는 경쟁의 정도와 특성에 관한 것이라고 보아야 할 것이다. 사실 여러 실증연구에서 두 서비스 간의 경쟁관계가 밝혀졌지만, 경쟁의 강도가 MVPD 시장에서 어떠한 시장성과로 나타나는가에 대한 연구는 아직 진행형이다.

제5절. 스마트미디어서비스의 등장이 전통 유료TV 시장에 미치는 영향

케이블TV가 정착되지 않은 상황에서 더 나은 화질의 더 많은 전문 채널들을 지리적 권역에 제한받지 않고 전송할 수 있는 위성방송의 도입이 종합유선방송사업자와 지역민방사업자 등 기존 방송사업자들의 강한 저항을 불러오는 것은 당연한 일이었다. 사실 기술혁신에 의해 새로운 기술과 서비스가 도입되는 경우, 기존의 생산 및 유통방식 등은 이러한 변화에 대응하여 변화할 수밖에 없다. 이러한 변화는 비용을 수반하고, 때론 기존 사업자의 생존을 위협하기도 한다. 따라서 기존사업자는 기술혁신이 가져오는 변화에 대한 저항과 대응을 동시에 추구하게 된다. 그러나 방송산업과 같은 규제산업에서는 기존 법제도의 틀을 유지하면서 그 안에서 기득권을 유지하려는 기존 사업자의 움직임을 종종 발견할 수 있다. 그리고 규제당국은 기존사업자와 신규 진입자 간의 이해 조정을 위해 불필요하게 많은 시간과 노력을 들이게 된다. 새로운 기술과 서비스가 기존사업자에 의해서 도입되지 않고 외부로부터 도입되는 경우, 기존 사업자의 반발은 더욱 거세고, 규제당국이 이해 조정을 위해 투입하는 시간과 노력은 더 크기 마련이다. 2000년대 초반 위성방송 도입이 그러했고, 2000년대 후반 IPTV가 그러하다.

최근에는 인터넷을 기반으로 한 다양한 형태의 스마트미디어서비스 사업자들이 전통적인 유료TV사업자들을 위협하고 있다(스마트 미디어 서비스에 대한 정의는 6장에서 자세히 다루고 있다). 미국의 넷플릭스나 훌루, 국내의 티빙서비스 등이 대표적인 스마트미디어서비스 사업자들이고, 새로운 기술을 바탕으로 다양한 형태로 동영상서비스를 제공하는 사업자들의 수는 지속적으로 증가할 것으로 예상된다.

스마트미디어서비스의 성장이 기존 유료 방송 사업에 미치는 영향에 관해서는 여러 논의(유선실, 2011; 이경남, 2009, 2011)가 진행되어 왔는데, 이러한 논의들은 대부분 스마트미디어서비스의 확산이 기존 유료 방송의 가입 해지(cord-cutting)를 가져오거나 프리미엄 서비스에 대한 해지와 저가 유료서비스로의 전환(cord-shaving)을 가져올 수 있다고 주장한다(이경남, 2011; 조영신, 2011). 즉, 훌루나 넷플릭스 같은 OTT 서비스들은 기존의 유료 방송 서비스와 유사한 서비스를 저가로 제공하기 때문에 소비자들은 이러한 서비스를 기존 유료방송의 대체재로서 지각하게 되고, 따라서 기존 유료방송 서비스의 서비스 해지(cord-cutting)나 고가의 상품에서 저가 상품으로 이동하는(cord-shaving) 현상이 발생할 수 있다는 것이다(유선실, 2011; 이기훈, 2011).

스마트미디어서비스의 등장으로 인해 기존 유료TV 시장에 미치는 영향은 미국과 한국이 약간 차이가 난다. 국내의 경우 스마트미디어서비스의 등장으로 인한 기존 유료 방송 서비스의 침식에 대한 우려는 아직까지 그리 높지 않다. 국내의 유료 방송 서비스 요금은 월 6~7천원 내외로 OTT 서비스 요금과 차이가 거의 없기 때문에(조영신, 2011), 가격적 혜택으로 인해 OTT 서비스로 이동할 가능성은 낮아 보인다. 또한 아직까지 국내의 경우 티빙과 같은 OTT 서비스를 일반 텔레비전에서 이용하기가 쉽지 않기 때문에 기존 유료 방송 서비스의 직접적인 대체재로서의 위협은 덜하다고 할 수 있다. 또한 국내의 OTT 서비스 시장의 경우, 기존 유료 방송 서비스를 위협하기보다는 오히려 기존의 유료 방송 서비스 사업자들에 의해 주도되는 경향이 나타나고 있다. 실제로, 국내 대표적 스마트미디어서비스인 티빙의 경우, 케이블TV 사업자인 CJ 헬로비전이 추진하는 OTT 서비스이다. 또한 IPTV 사업자들 역시 N-스크린 서비스의 일환으로 OTT 서비스를 제공하고 있는데, IPTV의 대표적인 사업자인 KT와 SK브로드밴드는 각각 TV now와 호핀(hoppin) 서비스를 제공하고 있다. KT의 올레TV 모바일은 소비자에게 지상파 채널 및 80여 개의 실시간 채널을 제공하며 8만여 편의 VOD 서비스도 제공하고 있다. 올레TV 모바일은 스마트폰, 태블릿PC 등 다양한 기기를 통해 이용 가능하다. SK브로드밴드의 호핀(hoppin) 서비스는 영화, TV 프로그램, 뮤직비디오와 같은 콘텐츠를 PC, 스마트폰, 태블릿 PC, TV를 통해 이용할 수 있는 서비스다(www.hoppin.nate.com). 호핀 서비스의 경우 기본적으로 영화나 TV 프로그램, 뮤직비디오와 같은 콘텐츠를 편당 구매해서 이용하는 시스템이나, 지상파 콘텐츠의 경우 월정액 8,000원으로 무제한 이용할 수 있도록 하고 있다.

한국과는 달리 미국에서는 스마트미디어서비스를 이용하는 가입자의 비율이 상대적으로 높기 때문에 기존 유료TV사업자들이나 규제기관이 스마트미디어서비스의 확산에 민감한 반응을 보이고 있다. FCC는 2012년도 영상프로그램 시장 경쟁상황평가 보고서에서 온라인비디오서비스(Online Video Service: OVS)가 기존 MVPD 시장에 미치는 영향을 평가하면서, 아직까지는 온라인비디오서비스가 MVPD와 대체 관계를 형성할 정도는 아니지만, 향후 잠재적으로 대체 관계를 형성할 가능성도 있다고 보았다[19]. 현재 미국의 온라인비디오서비스가 MVPD와 대체 관계를 형성하는지, 보완 관계를 형성하는지 명확하게 알기는 어렵다. 우선 온라인비디오서비스 산업에 대한 통계 자체가 없기 때문에 온라인비디오서비스 시장의 실적과 MVPD 시장의 실적을 비교, 분석하기가 쉽지 않다. 또한 온라인비디오서비스를 제공하는 사업자와 서비스 형태

19 온라인비디오서비스는 인터넷을 통해 동영상을 즐길 수 있는 모든 종류의 서비스를 의미한다.

도 매우 다양하기 때문에 일률적으로 온라인비디오서비스가 MVPD와 대체 또는 보완 관계를 형성하는지 판별하기도 어렵다. 그러나 일부 시장 조사기관에서 이와 관련한 다양한 조사 결과들을 발표하고 있다. 이 조사 결과들 중에는 온라인비디오서비스가 MVPD에 강한 대체재가 될 것을 뒷받침하는 것도 있으나, 그와 반대로 별 영향을 미치지 않을 것으로 분석한 사례도 적지 않다.

SNL Kagan(2011)에 따르면 2010년에 미국 가정의 2%, 2011년에는 4%가 기존의 MVPD 가입을 해지하고 온라인비디오서비스를 시청할 것으로 추정하였다. 이 보고서에 따르면, 온라인비디오서비스가 MVPD를 대체하는 비율이 점차 증가하여 2013년에는 미국 가정의 7%, 2015년에는 10%가 MVPD 대신에 온라인비디오서비스를 선택할 것으로 전망하였다[20]. JP Morgan(Kafka, 2011)의 설문 조사에 따르면 케이블TV 가입자 중 28%가 기존 케이블TV을 해지할 것을 고려하고 있는 것으로 나타났는데, 넷플릭스(Netflix) 이용자는 무려 47%가 기존 케이블TV를 해지할 것을 고려하고 있다고 응답하였다. GigaOm(Lawler, 2012)의 설문조사에 따르면 9%의 응답자가 기존의 케이블TV 가입을 해지하였다고 응답하였으며, 11%는 케이블TV 해지를 고려하고 있는 것으로 응답하였다.

온라인비디오서비스의 확산으로 이용자들이 기존의 MVPD 가입을 해지하는 코드커팅(cord-cutting)과 함께, 이용자들이 MVPD 서비스의 요금제를 더 낮은 요금제로 전환하는 코드쉐이빙(cord-shaving)도 나타나는 것으로 조사되고 있다. Parks Associates(2011)에 따르면 2011년 8월 이전 1년 동안 초고속인터넷 가입자의 13%가 MVPD 서비스의 요금제를 낮추는 코드쉐이빙을 한 것으로 조사되었다. 2014년 월스트리트저널이 분석한 기사에 따르면, 미국에

20 이를 가구 수로 환산하면 2010년에는 250만 가구, 2011년에는 450만 가구, 2013년에는 860만 가구, 2015년에는 1,210만 가구에 해당한다.

서 유료방송 저가 상품으로 이동하는 가입자들이 늘고 있으며 코드커딩보다 코드쉐이빙 가입자가 더 많은 것으로 나타났다(Hagey & Ramachandran, 2014, 10, 8). 기존 유료방송서비스 가입자들이 유료TV이용을 완전히 해지하는 코드커팅과는 달리, 기존 유료TV 가입자들이 저가 상품으로 이동한다는 측면에서 가입자의 완전 이탈로 인한 손실은 적지만 코드커팅 대비 그 규모가 크다는 점에서 그 심각성은 더할 수 있다.

그러나 온라인비디오서비스의 확산이 기존 MVPD의 이용을 줄이지 않거나 MVPD의 이용에 미치는 영향이 미미하다는 주장도 있다.

실제로 최근에 일어난 가입자 감소 현상이 모든 MVPD에 일어난 것이 아니라 케이블TV에서만 일어났으며, IPTV 또는 위성방송 가입자는 오히려 증가하였다는 것도 온라인비디오서비스가 기존 MVPD를 대체한다는 주장의 설득력을 약하게 만든다. Multimedia Research Group(MRG, 2013)에 따르면 2011년 1분기와 2012년 4분기 사이에 케이블TV 가입자는 3.1%가 감소하였으나, IPTV 가입자는 24%나 증가하였고, 위성방송 가입자는 1.6%가 증가하였다. 그리하여 전체 MVPD 가입자는 결국 1.7%가 증가하였다. MRG는 최근에 일어난 케이블TV 가입자의 감소 현상이 온라인비디오서비스의 영향 때문이 아니라 MVPD 서비스들 간의 가입자 이동 때문으로 분석하였다.

이상에서 보는 바와 같이 온라인비디오서비스가 기존 MVPD와 대체 관계를 형성하는지, 보완 관계를 형성하는지에 대해서는 서로 상반된 다양한 주장과 조사가 나오고 있다. 이들을 분류해보면 온라인비디오서비스의 확산으로 인해 MVPD 가입자가 감소하는 코드커팅(cord-cutting) 현상이 일어나고 있다는 주장, MVPD 가입자가 점차 더 저렴한 요금제로 이동하는 코드쉐이빙(cord-shaving) 현상이 일어나고 있다는 주장, MVPD 가입자의 전체 수는 감소하지 않으나 케이블 MVPD 가입자가 통신 MVPD나 위성 MVPD로 이동하는 코드스위칭(cord-switching)[21] 현상이 일어나고 있다는 주장으로 요약해 볼 수 있다.

그러나 이 세 가지 현상이 공통적으로 시사하는 점은 현재 이용자들의 미디어 이용행태에 큰 변화가 일어나고 있으며, 이 변화가 기존 케이블 MVPD 사업자에게는 위협이 될 수 있다는 것이다. 현재 FCC내에서도 온라인비디오서비스로 인한 MVPD 사용자의 이탈 현상을 감지하면서, 온라인비디오서비스 사업자에게 MVPD 사업자의 지위를 부여하는 안건에 대해 논의 중이다 (Eggerton, 2014. 9. 29).

스마트미디어서비스의 등장과 이로 인한 전통 유료TV와의 경쟁관계, 향후 스마트미디어서비스의 발전 가능성, 그리고 스마트미디어서비스에 대한 규제 이슈는 7장에서 보다 자세히 다루기로 한다.

21 이용자들이 기존 MVPD에서 다른 MVPD로 이동하는 현상을 코드스위칭(cord-switching)이라고 한다.

3장.

케이블TV 산업의 시장집중과 규제

케이블TV 산업은 자연독점적 산업으로 간주되어 미국과 우리나라 모두 각 지역에 독점적 사업권을 부여하는 방식으로 시작되었다. 케이블TV 사업자에게 독점적 사업권을 부여함으로써 안정적 재정적 기반을 보장받는 대신, 케이블TV 사업자는 지역시장의 이익을 대변해야 한다는 '의무를 지니게 되는 것이다. 그러나 일각에서는 케이블TV 산업에 독점적 사업권을 부여하는 대신 지역사업자로서의 의무를 부여한 이유로 정부가 가입자와 사업자 모두로부터 세금을 거두어들일 수 있기 때문이라고 주장한다. 3장에서는 케이블TV 산업에 대한 독점적 사업권 부여의 논거와 관련된 규제의 배경을 자세히 살펴보고 이러한 논거나 규제가 적절한 것인지를 논의해 볼 것이다. 또한 최근 들어 미국을 중심으로 유료TV 사업자들 간의 합병을 허용해줌으로써 거대 케이블TV 사업자들이 출현하고 있다. 우리나라도 과거 단일 케이블TV 사업자만을 허용해 주던 방식에서 최근에는 20여개 이상의 케이블TV 사업자들을 소유하는 거대 케이블TV 사업자들이 출현하고 있다. 거대 케이블TV 사업자의 존재는 규모의 경제를 활용할 수 있다는 점에서 긍정적인 측면이 있으나 경쟁제한적인 위험도 상존한다. 이러한 논란에 대해 정채당국은 케이블TV 산업에서 하나의 사업자가 소유할 수 있는 케이블TV 사업자의 수를 제한하는 규제-수평적 소유규제 제한-를 적용해 왔는데, 이러한 규제 논거가 현재의 상황에서도 적절한지에 대해서도 3장에서 자세히 살펴볼 것이다. 3장을 읽어보게 되면 케이블TV를 중심으로 한 유료TV사업자들 간의 합병과 규제의 역사를 한 눈에 파악할 수 있게 될 것이고, 최근 논란이 되고 있는 다양한 합병 이슈들에 대한 시사점을 얻을 수 있을 것이다.

일반적으로 어떠한 산업에 규제가 적용되는 이유는 독점의 폐해로부터 공익을 보호하거나 아니면 규제를 받는 사업자들이 스스로의 이익을 극대화하기 위해 규제의 정당성을 주장하는데서 발생한다. 케이블TV 산업의 경우에도 규제가 적용되는 이유를 크게 2가지로 설명할 수 있는데, 첫째, 케이블TV 산업은 자연독점적 산업으로 간주되었다는 점, 둘째, 케이블TV 사업자 스스로 독점력을 보유하기 위해 규제의 정당성을 요구했다는 것이다.

그러나 이러한 2가지 설명들은 케이블TV 산업에 규제가 적용되는 이유를 충분히 설명하지 못한다. 지금까지 여러 실증적 연구들은 독점지역보다 경쟁지역에서 케이블 TV의 가격이 저렴하다는 것을 입증해 왔다. 이는 케이블TV 산업이 자연독점적 산업이 아닐 수 있음을 의미한다. 또한 케이블TV 사업자들은 독점적 프랜차이즈를 부여받는 조건으로 전체 수입에서 일정액을 프랜차이즈 비용으로 지불해야 할 뿐만 아니라 자신이 보유하고 있는 채널들의 일부를 공공채널을 위해 할당해야 하거나 무료로 대여해야 하는 의무를 진다. 이러한 의무사항들이나 규제들은 경쟁 환경에서의 케이블 요금에 비해 케이블 가격을 높이는 유인을 발생시키게 되고, 이는 결국 소비자의 피해로 이어질 수도 있다. 결국 케이블 TV에 대한 독점적 사업권을 유지시켜 주는 정책당국의 규제는 케이블TV 사업자와 소비자 모두에게 피해를 가져다 줄 수 있다는 것이다.

그럼에도 불구하고 케이블TV 산업에 독점적 프랜차이즈 규제가 적용되는 이유는 독점적 프랜차이즈를 부여하는 대가로 정부가 가입자와 사업자 모두로부터 세금을 거두어들일 수 있기 때문이라는 주장들이 있다. 즉, 가입자는 케이블 TV 요금 부과 시 세금을 지불해야 하고, 사업자 또한 발생하는 수입에 대한 세금을 지불해야 한다는 것이다. 결국 케이블TV에 대한 독점적 사업권을 부여함으로써 규제기관인 정부는 이익을 창출하게 된다는 논리이다. 본 장에서는 케이블TV 산업에 나타나는 규제들, 특히 독점적 사업권 부여의 논거와 관련된 규제의 배경을 자세히 살펴보고 이러한 논거나 규제가 적절한 것인지를 분석해볼 것이다. 또한 케이블TV 산업에서 하나의 사업자가 소유할 수 있는 케이블TV 사업자의 수를 제한하는 규제-수평적 소유규제 제한-의 논거가 적절한 것인지에 대해서도 자세히 살펴볼 것이다.

제1절. 케이블 프랜차이즈 규제

1. 케이블 프랜차이즈의 배경

규모의 경제가 강력하게 작용하는 자연독점적 산업에 대해 정부가 진입규제와 가격규제를 적용함으로써 자연독점적 산업에서 발생 가능한 해악을 최소화하자는 것이 프랜차이즈를 부여하는 목적이다.

일반적으로 특정 사업에 대한 독점사업권을 경매에 붙이면, 경매에 참여하는 사업자는 자신이 공급할 서비스의 가격을 경쟁적으로 내릴 수밖에 없고, 결국 동일한 서비스를 가장 낮은 가격에 제공할 수 있는, 즉 가장 효율적인 사업자에게 독점사업권이 부여될 것이다. 이때의 서비스 가격은 마치 경쟁시장에서 기업의 평균비용과 일치하는, 즉, 사회적으로 효율적인 가격이 된다. 따라서 경매자 간의 유효한 경쟁이 존재하는 한, 정부는 따로 가격규제를 할 필요가 없고, 다만 독점사업권을 가진 사업자가 애초에 약속한 서비스의 질과 가격을 공급하는가를 감시하면 된다.

한편, 사업자는 정부에 의해 진입규제가 이루어지기 때문에 경쟁자가 등장할지도 모른다는 걱정 없이 안심하고 투자를 하고, 약속한 서비스를 제공하게 된다. 그러나 프랜차이즈를 한 사업자에게 영구적으로 부여할 경우, 다른 잠재적 사업자의 시장진입을 원천적으로 봉쇄하는 것이기 때문에 프랜차이즈의 부여 시에는 일정한 기간을 정하게 된다.

그렇다면 케이블TV 산업에서 독점적 프랜차이즈를 부여했던 이유는 무엇인가?

일반적으로 케이블TV 산업에서 독점적 프랜차이즈의 부여는 3가지 측면에 있어서 소비자 잉여를 높일 수 있다고 간주되었다(Brito & Ellig, 2006). 첫째, (경쟁 사업자의 진입을 방해할 정도로)케이블TV 산업에는 상당한 매몰비용이 존재하기 때문에 2개 이상의 사업자들 간 경쟁은 비효율적이라는 것이다. 일반적으로 특정 산업이 자연독점적 산업이라면, 진입규제가 없더라도 자연스럽게 독점이 형성될 것이기 때문에 독점적 프랜차이즈 부여가 정당화될 수 있다는 것이다. 둘째, 경쟁으로부터 케이블사업자를 보호함으로써 케이블 사업자가 직면하게 되는 위험(비용)을 줄여주고, 이렇게 줄어든 비용은 가격규제를 통해 소비자의 이익에 기여할 수 있다. 셋째, 케이블 서비스 제공을 위한 관로포설권(public rights-of-way)을 지역정부가 통제함으로써 공공시설을 보호할 수 있다.

케이블 TV의 역사가 가장 오래된 미국의 경우에도, 케이블TV 산업은 초기부터 자연독점적 산업으로 간주되었고, 이로 인하여 독점적 사업자에 대한 케이블 프랜차이즈 부여가 정당화되었다. 자연독점적 산업이란 해당 산업의 비용과 수요구조로 인하여 하나의 사업자가 가장 낮은 가격으로 전 시장을 서비스할 수 있고, 타 사업자의 진입유인을 상쇄시킬 만큼 매몰비용[22]이 높은 경우에 해당한다. 자연독점적 산업에 진입규제가 필요한 이유는 하나의 사업자가 가장 낮은 가격에서 서비스 제공이 가능함에도 불구하고, 해당 산업의 독특한 비용구조로 인하여 하나 이상의 사업자들이 시장에 존재하게 되는 경우이

22 매몰비용이란 기업이 시장퇴출을 결정하는 경우에도 쉽게 회복될 수 없는 비용이다.

다. 즉, 자연독점적 산업임에도 불구하고 자연독점이 이루어지지 않는 경우, 다시 말해서 다수의 사업자들이 경쟁하게 되는 경우 총 비용을 상승시켜 독점적 사업자가 서비스를 제공하는 경우보다 높은 서비스 가격이 형성되기 때문에 진입규제를 통하여 경쟁을 제한하여야 한다.

결국, 자연독점적 산업으로 간주된 미국의 케이블TV 산업은 대부분의 지역에서 하나의 케이블 사업자에게 독점적 프랜차이즈가 부여되었고, 규제기구는 프랜차이즈 조건을 이용하여 독점사업자의 시장력을 제어하는 규제에 초점을 맞추었다.

2. 케이블 프랜차이즈의 문제점

자연독점적 서비스로 간주되어 독점적 프랜차이즈 부여가 정당화되어 온 케이블 TV산업은 최근 들어 독점적 프랜차이즈 부여에 대한 정당성이 도전받기 시작하였다. 케이블 TV 서비스에 대한 진입규제는 입증된 시장실패를 차단하기 위해 채택되었다기보다는 케이블 산업이 자연독점산업이라는 가정 하에 채택된 정책이라는 비판을 받아왔다. 만일, 유지될 수 없는 자연독점을 치유하고 케이블 사업자들의 비용을 줄여주기 위해 진입규제가 필요하다는 주장을 하려면, 독점지역이 경쟁지역에 비해 비용이 낮고, 가격이 저렴하며 보다 좋은 서비스가 제공되고 있다는 것이 실증적으로 입증되어야 하나, 기존의 연구들은 반대의 결과들을 일관되게 보여주고 있다. 즉, 케이블TV 산업에 대한 기존 연구들은 케이블 서비스가 자연독점적 산업이 아니고, 케이블 요금은 독점지역보다 경쟁지역에서 저렴하다는 것을 보여주고 있다.

독점적 케이블 프랜차이즈 규제의 문제점들에도 불구하고 우리나라보다 케이블 TV의 역사가 오래된 미국의 경우에도 독점적 프랜차이즈 부여를 통해 케이블TV 산업을 규제한 역사를 가지고 있고, 현재까지도 대부분의 지역에서는 독점적 케이블TV 사업자가 서비스를 제공 중이다.

따라서 케이블 서비스에 대한 진입규제는 입증된 시장실패를 차단하기 위해 채택되었다기 보다는 케이블 산업이 자연독점산업이라는 가정 하에 채택된 정책이라는 비판적 시각이 최근 들어 설득력을 얻고 있다. 예를 들어, 레빈과 마이젤(Levin & Meisel, 1991)은 독점지역에 비해 경쟁지역의 케이블 TV 서비스 요금이 22~30%가량 낮다는 것을 실증적으로 분석하였고, 베일(Beil et al., 1993)은 경쟁지역의 경우 독점지역에 비해 기본서비스의 가격은 $3.85가 낮고, 프리미엄 서비스의 가격은 $1.10가 낮다는 것을 입증하였다. 또한 FCC(1993)도 경쟁적 시장이 독점적 시장에 비해 가격이 17%가 낮다고 추정하였다.

한편, 루비노비츠(Rubinovits, 1993)는 1980년대 중반 가격규제완화 이후 케이블TV 기본서비스의 실질가격은 18% 상승하였는데, 이 중에서 43%는 독점력의 행사에 의한 것이고 나머지 57%는 서비스 질의 상승 등 비용 상승에 의한 것이라고 추정함으로써 독점적 시장에서 가격규제의 필요성을 주장하였다. 브리토와 엘리그(Brito & ellig, 2006)는 케이블서비스에 대한 프랜차이즈 규제로 인하여 소비자에게 직접적으로 부여되는 비용(높은 서비스 이용료, 높은 셋톱박스 비용 등)이 연간 84억달러에 이르는 것으로 추정하였다. 이들의 연구는 케이블 프랜차이즈 규제는 수신료 인상을 야기시키고, 이로 인하여 많은 소비자들이 케이블 가입을 할 수 없게 만든다고 주장하면서, 케이블 가입을 하지 못함으로써 발생하는 자중손실(deadweight loss)이 연간 20억 달러에 이르는 것으로 추정하였다. 이는 프랜차이즈 규제로 인해 소비자들에게 전가되는 비용이 연간 104억 달러에 이르는 것으로 해석된다.

한편, 미국의 경우, 위성방송의 등장은 다채널 유료방송서비스 전반에 걸친 질적 향상을 가져오게 되었다(이상우 · 김창완, 2006). 즉, 케이블 사업자들은 위성방송의 성장과 경쟁에 대응하여 가격경쟁을 하기 보다는(위성방송이 제공하기 어려운) 초고속인터넷서비스, 양방향TV, VOD 등 고도화된 서비스를 통해 서비스를 차별화하는 전략을 펴기 시작하였고 이러한 서비스들을 제공하기 위해 네트워크 고도화 및 다양한 양방향 서비스 개발을 위해 막대한 자금을 투자하였다.

다채널 유료방송서비스 시장에서 경쟁의 도입에 따른 소비자의 편익을 추정한 또 다른 연구에 따르면, 위성방송서비스의 등장으로 케이블 TV의 가격이 낮아졌고 서비스의 질 또한 향상되었음을 실증적으로 보여주었다(Goolsbee & Petrin, 2004). 이 연구에서는 DBS의 도입으로 DBS 가입자는 일년에 \$127~\$190의 편익을 얻은 것으로 추정되었으며, 케이블TV에 머물러 있는 가구는 일년에 약 \$50~60의 편익을 얻은 것으로 추정하였다. 경쟁의 본질적인 특성으로 인해 새로운 서비스가 도입되면서 기존의 서비스에 머문 소비자도 혜택을 보게 된 것이라고 볼 수 있다.

결국, 케이블 TV 시장의 경우 독점적 시장구조에 비해 경쟁적 시장구조에서 시장성과가 높다는 사실에도 불구하고 케이블 프랜차이즈 시스템을 채택한 이유는 규제기관과 케이블 사업자들의 이해가 맞아 떨어진 전략이라는 비판에서 자유롭지 못하다. 즉, 프랜차이즈 규제는 규제의 경제적 효과분석에 기반했다기 보다는 규제기관과 사업자의 지대이윤 추구가 주요 목적이었다는 것이다. 특히, 융합 환경이 진전되면서 케이블TV 산업의 자연독점성에 대한 인식의 변화가 본격화되고 있고, 많은 국가들에서는 케이블 시장에 단일 기업에 의한 독점적 시장체제를 무너뜨리고 새로운 사업자의 진입을 허용하고 있다.

국내 케이블TV 산업에서 독점권역과 경쟁권역의 서비스 가격과 질을 비교분석한 연구들에서도 미국사례와 동일한 결과가 나타나고 있다(권호영 · 김도연, 2004; 공정거래위원회, 2006; 이상우, 2007). 특히, 공정거래위원회가 2004년 6월 현재 전국 77개 케이블 TV 시장을 대상으로 분석한 결과에 따르면 경쟁지역보다 독점지역에서 평균적으로 수신료는 15% 비싸고, 제공 채널수는 5개가 적은 것으로 나타났다(공정거래위원회, 2006)[23]. 에먼스와 프레거(Emmons & Prager, 1997)의 추정모델을 우리나라의 케이블 시장에 적용하여 분석한 공정거래위원회의 보고서에 따르면, 경쟁구역의 수신료는 평균 5,787원인데 비해, 독점지역은 이보다 855원 더 비싼 수신료(6,642원)를 부과하는 것으로 나타났고, 제공하는 채널수는 평균적으로 독점구역이 53개로 경쟁구역의 58개보다 5개 채널이 적은 것으로 나타났다[24]. 또한 경쟁지역 사업자들 중에서도 월 수신료 기준으로 후발사업자(5,177원)는 선발사업자(6,054원)보다 877원(17%) 더 싸게 공급하는 것으로 나타났다. 흥미로운 것은 대형 MSO가 동일한 구역에서 서로 경쟁하는 경우, 가격경쟁이 더욱 치열한 것으로 나타났다[25]. 공정거래위원회는 이러한 결과가 경쟁구역의 수신료가 독점구역보다 15-20%가량 저렴하다는 미국의 연구결과와도 일치한다고 주장하면서, 우리나라도 케이블 경쟁지역에 비해 상대적으로 독점지역의 폐해가 크다고 주장하였다. 이러한 분석결과에 기반하여 공정거래위원회는 가격규제만으로는 독점을 규제하기에 충분하지 않고 경쟁이 독점의 문제를 해결하는데 더욱 효과적이라고 주장하였다[26]. 요약해 보면, 해외와 국내의 실증적 연구결과들은 케이블TV 산업의 경우 경쟁권역이 독점권역에 비해 서비스의 가격이 낮고 제공되는 채널의 수도 많다는 결과를 일관되게 제시하고 있다.

그러나 실증적 결과만으로 국내 케이블TV 시장에서의 경쟁도입 타당성을

23 전국 77개 구역 119개의 케이블TV 사업자를 분석대상으로 한 조사에서 독점 권역은 44개(53개 사업자), 경쟁권역은 33개(66개 사업자)인 것으로 나타났다.

24 수신료 또는 공급채널수를 종속변수로 한 회귀분석모델을 적용하였다. 이 모델에서 사용한 월 수신료와 채널수는 각각의 묶음 상품(의무형, 보급형, 기본형 등)이 전체 매출액에서 차지하는 비중을 상품별 월 수신료와 채널수를 곱하여 계산한 가중평균값이다.

25 월 수신료 기준으로 대형 MSO 간 경쟁구역(4,856원)이 다른 경쟁구역(5,950원)보다 약 1,100원정도(23%) 저렴한 것으로 나타났다.

26 우리나라는 케이블 TV 권역별로 지역독점화를 유도하고 있으며, 케이블 TV수신료에 대해서 최고 가격제를 적용하고 있다(방송법 제77조).

주장하는 것은 국내 케이블TV 산업의 현실을 이해하지 못하는데서 발생하는 오류라는 비판도 제기되고 있다. 케이블 TV의 이용요금은 지역별 특성, 경제적 상황, 경쟁여부, 허가차수 등 다양한 요인들에 의해 결정되기 때문에 독점구역과 경쟁구역만을 비교, 분석한 공정위의 분석결과는 케이블 시장의 현실을 고려하지 못한다는 것이다.

규모의 경제효과는 케이블TV 시장에서 독점적 프랜차이즈 부여에 대한 정당성 논거를 뒷받침해주는 가장 중요한 이유들 중의 하나이다. 다음 절에서는 케이블TV 산업에서 규모의 경제효과가 어떻게 나타나는지, 케이블TV 산업에서 규모의 경제가 과연 정당화되는지 등에 대한 논의를 자세히 살펴보겠다.

제2절. 규모의 경제

1. MSO의 형성과 규모의 경제

케이블TV 산업은 규모의 경제에 따른 자연독점(natural monopoly) 산업의 성격이 강한 산업이라고 알려져 있다. 케이블TV 산업은 전화산업과 마찬가지로 네트워크 등을 구축하는 데 많은 고정비용이 소요되기 때문에 특정 사업자에게 지역적으로 의미 있는 크기의 시장권역에 대해 독점영업 허가권을 주고 규모의 경제를 추구할 수 있도록 하는 것이 가장 효율적이라고 믿어졌다.

케이블TV 시장에서 독립 SO들을 매입하면서 MSO 형성을 위한 경쟁이 활발하게 일어나는 이유 역시 케이블TV 산업이 갖는 규모의 경제라는 본질적인 특성 때문이다. 일반적으로 기업결합을 통해 얻을 수 있는 규모의 경제 효과는 다양하다. 예컨대, 생산설비의 통합관리를 통한 생산비의 절감, 기업결합을 통한 규모 증대에 따른 노동 등 자원의 전문화와 생산성 증대, 기업결합을 통한 판매 및 영업 조직의 통합과 영업비용의 감소, 기술인력 · 조직 · 자금을 공동 또는 효율적으로 활용함으로써 생산기술 및 연구능력 향상, 그리고 시장규모 확대에 따른 다양한 서비스 제공 등을 들 수 있다.

Noam(1985)은 케이블TV 산업에서 발생하는 규모의 경제를 추정하면서 규모의 경제가 어디에서 비롯되는가에 관심을 가졌다. 그의 연구결과에 의하면, 케이블TV 산업의 규모의 경제는 기술적인 네트워크의 통합에서 비롯되기 보다는 넓은 가입자 기반을 가짐으로써 보다 효과적으로 서비스를 조합하여 판매할 수 있는 능력에 기인한다. 즉, 케이블TV 산업에서 MSO를 추구하는 경제적 유인은 네트워크의 통합관리 보다는 구매, 영업, 관리부문에서 비롯되는 규모의 경제에 있다.

요약하자면, 케이블TV 사업자들이 인근 케이블TV 시스템을 수평적으로 결합하려는 이유는 네트워크와 가입자를 통합하여 관리하게 되면 망운영 및 가입자관리 등에서 평균비용은 감소하고, 가입자 규모가 확대되면 다양한 서비스를 보다 효과적으로 제공할 수 있게 되고 이에 따른 범위의 경제도 누릴 수 있기 때문이다.

규모의 경제가 형성되면 새로운 서비스를 위한 투자에도 적극적으로 참여할 수 있다. 즉, MSO의 형성에 의해서 가입자 기반이 증가하면 새로운 기술도입 및 서비스 개발에 대한 투자 유인이 높아져 위험 선호적인 투자를 적극적으로 감행할 수 있게 된다. MSO는 시장의 크기를 의미하고, 이는 새로운 서비스를 도입하는 경우 최소한의 시장규모를 보다 크게 확보할 수 있게 됨을 의미하므로, 자신의 가입자 기반이 확대될수록 신규서비스 도입에 수반되는 위험은 감소하게 되고 이에 따라 적극적인 투자를 할 수 있을 것이다.

이와 같은 맥락으로 MSO의 경우, 최소한의 시장확보가 가능하기 때문에 수직결합을 통해 틈새시장의 신규 PP 도입이 촉진될 수도 있다는 긍정적인 효과가 있을 수 있다. 이는 MSO가 수직결합을 통해서(독립 PP의 경우 시장의 불확실성으로 도입이 어려울 수도 있는) 틈새 프로그래밍을 도입할 수 있기 때문에 오히려 수평 및 수직결합이 PP의 다양성에 기여할 수도 있다는 것을 의미한다.

그러나 MSO에 의해 다양한 프로그래밍이 도입될 수 있다는 것이 설득력을 가지려면 1980년 후반 이후, 미국 케이블TV 산업에서 MSO가 신규 PP의 도입에 어떠한 역할을 하였는가를 실증적으로 살펴보는 것이 중요하다. 우리의 경우에도 MSO가 신규 PP의 도입에 어떠한 역할을 하였는가를 실증적으로 분석하는 것이 필요할 것이다.

2. MSO의 경제사회적 비용

1) 신규 프로그램 도입의 저해와 다양성의 문제

대규모 MSO 형성이 가져올 수 있는 부정적 효과 중에 대표적인 것은 미국 통신법 613(f)(2)조의 가이드라인 (a)와 (b)에서 잘 나타나 있듯이 MSO가 특정 PP를 배제하거나 차별적 대우를 함으로써 제기될 수 있는 다양성의 제약에 있다. 프로그램의 생산과 1차 유통을 담당하는 PP 부문은 사업자 수가 많고 비교적 경쟁적 시장인데 반해, PP의 최종 유통시장인 SO 부문은 거의 독점적이기 때문에 SO의 소유집중은 사회적으로 바람직하지 않은 결과를 낳을 수도 있다. 즉, 어떤 채널을 선택해서, 어떤 티어(tier)에 배치시키며, 몇 번 채널에 할당할 것인가는 거의 전적으로 SO에게 달려있기 때문에 SO에 의해서 시청자들의 채널 접근이 통제될 수 있다.

새로운 프로그램이 소비자에게 접근할 수 있는 가능성은 SO의 집중력이 높은 경우보다 소유가 분산되어 있는 경우 더 높을 수 있으므로, 시장지배력을 행사할 수 있는 MSO의 크기를 적절한 수준에서 조절하는 것은 불가피할 수 있다. 유통시장이 다수의 SO들로 분산화되어 있다면 새로운 프로그래밍들이 소비자들에게 접근할 기회는 그만큼 증가할 수 있을 것이다.

그러나 새로운 영상프로그램이 원활히 진입하기 위하여 소수 MSO에 의해 집중화되지 않은 분산된 소유구조가 요구된다는 것은 그 자체만으로 설득력을 갖지 못한다. MSO의 소유 집중만으로 신규 PP 도입의 가능성이 낮아질 수 있다는 논리는 지극히 확률론적인 접근일 수 있다. 뿐만 아니라, SO 소유 집중이 신규 프로그래밍의 도입을 저해할 수 있다는 것과 반드시 연결되는 것은 아니다. 경제학적으로, MSO들도 신규 독립 프로그래밍이 소비자를 유인할 수 있고 높은 시청률을 확보할 수 있다면, 그래서 MSO의 수익에 도움이 된다면, 독립적인 신규 PP의 유통을 거부할 유인은 전혀 없다.

다양성의 관점에서 방송 및 언론 전체를 보더라도, 케이블TV는 영상프로그램 유통시장의 유일한 문지기는 아니다. 소비자는 이미 다른 다양한 미디어를 보유하고 있다. 신문, 출판, 지상파방송, 인터넷, IPTV, 위성방송, OTT 등이 그것이다. 인쇄매체가 주도하던 시대보다 훨씬 더 다양하고 복합적인 미디어를 통해 아이디어를 나누고 정보를 접할 수 있다. 디지털 컨버전스 시대에 다양성 때문에 MSO의 소유 집중을 극단적으로 염려할 필요는 없다는 것이다.

2) 수평결합과 시장봉쇄 그리고 차별적 거래

케이블TV 산업에서 소수 MSO에 의해 집중화된 시장구조가 우려되는 또 다른 이유는 신규 및 기존 프로그래밍의 유통에 있어서 MSO의 시장력에 기초한 협상력과 이에 따른 불공정, 차별적 거래일 것이다.

MSO의 PP에 대한 차별적 시장행위가 기본형 서비스(basic service)에서는 발견할 수 없었으나, 프리미엄 서비스에서는 존재하고 있음을 주장한 연구가 있었다(Waterman & Weiss, 1997). 이 연구에서는 MSO와 독립 SO의 채널 구입 조건을 비교한 결과, MSO의 경우 상대적으로 유리한 조건으로 유료채널을 구매하는 것을 발견하였다. 워터만(Waterman, 1995)은 수직결합과 관계없이 MSO와 독립 SO 간의 PP 공급가격을 비교한 결과, MSO의 경우 비교적 낮은 가격으로 프로그램을 공급받은 것을 발견하였다. 그는 PP의 공급가격은 PP와 SO와의 수직결합의 여부와 정도에 기인하기 보다는 MSO 자체가 갖는 하류시장(downstream market)에서의 시장규모와 협상력에 기인하는 것을 보여 주었다. 그러나 칩티(Chipty, 1995)의 발견에서와 같이 수평결합의 주된 이유가 PP에 대한 SO의 협상력 확보에 있다고 하더라도, MSO의 형성을 통해서 협상력을 갖는다는 것이 독립적인 PP와의 거래에서 불공정한 차별적 대우를 한다는 것으로 바로 연결되지는 않는다. 협상력이 강한 거래 당사자가 거래에서 제공되는 가치의 상당부분을 가져가는 것은 당연한 결과이다. 프로그램 유통시장에서 거래 당사자 간(PP-SO)에 존재하는 지대(rent)를 협상력에 의해서 누가 어느 정도 가져가는가에 대해 정부가 개입하는 것은 바람직하지 않고 또한, 올바른 해답을 제공하기도 쉽지 않다.

결국, 수직결합에 따른 시장봉쇄(market foreclosure) 문제와 차별적 대우 문제는 수직결합 자체에 있기 보다는 수평결합을 통해 형성된 MSO의 시장지배력에 기인한다고 볼 수 있다. MSO를 통해서 개별 PP에 대해 우월한 협상력을 갖게 되고 이를 이용하여(비계열 신규) PP의 시청자 접근을 원천적으로 봉쇄하거나, 차별적인 프로그램 공급조건을 요구할 수 있다. 따라서 MSO 형성에 따라 시장력이 반경쟁적으로 활용되어 신규 및 독립 PP들의 도입과 성장이 저해될 가능성이 있거나, 경쟁 SO나 MVPD 사업자의 시장진입과 성장을 저해할 수 있다면 지나친 MSO의 소유집중과 수직결합을 규제할 수는 있다. 그러나 미국의 법적 논쟁에서 제시되었듯이 시장력의 집중과 반경쟁적 행동 간의 관계는 실증적으로 증명하기가 쉽지 않다. 이 둘의 연결에 대한 개연성만으로 규제하는 것에 대한 우려는 미국 법원의 판결에서 쉽게 나타난다.

추가로 고려해야 할 점은 어느 정도 수준에서 시장력의 집중을 제어하는 것이 바람직한가에 대한 문제이다. 사실 이 문제에 대한 해답은 쉽지 않다. 여기에서 강조하고 싶은 것은 이러한 정책적 이슈는 실증적인 것이고, 사전적으로 적정 기준을 정하기가 매우 어렵다는 것이다.

3) 소비자 가격 상승

케이블TV 시장에서 거대 MSO의 형성은 케이블TV 프로그램 또는 영상프로그램 유통시장에서의 거대 하류기업의 등장을 의미하기 때문에 MSO의 시장지배력 행사는 프로그램 유통에 영향을 미치고 궁극적으로 소비자의 후생에 커다란 영향을 미칠 수 있다. 독점적 시장구조를 가진 케이블TV 산업의 가격상승은 지난 수십 년간 미국 케이블TV 산업의 주된 정책이슈였다. 특히, 1984년 규제완화 이후 1980년대 후반에 목격한 MSO의 형성과 급속한 가격상승은 1992년 케이블TV 법을 통해 가격규제를 다시 도입하는 결과를 불러왔다.

1980년대 후반 케이블TV 가격이 상승한 원인은 서비스 질이 상승했다는 케이블TV 사업자들의 주장과, 독점적 시장구조를 가진 케이블TV 산업에서 MSO의 형성 등에 따른 시장지배력의 행사에 기인한 것이라는 주장이 팽팽히 대립했다. 루비노비츠(Rubinovits, 1993)에 의하면 1986~1989년 사이 케이블TV 가격상승의 43%는 독점력 행사에서 비롯된 것이며 나머지 57%는 서비스 질의 증가 때문이라고 추정하였다.

잠재적 경쟁압력이 존재하지 않고 다른 경쟁서비스가 없는 경우 또는 경쟁서비스가 있더라도 경쟁압력을 행사하고 있지 못한 경우 독점적 사업자는 소비자 가격을 인상하여 이윤을 극대화하려고 할 것이다. 그러나 케이블TV 사업자가 한계비용을 초과하는 수준에서의 가격을 설정하는 것은 케이블TV 산업의 독점적 특징에서 유래되는 것이지 MSO가 높은 가격을 설정할 수 있는 능력을 가지고 있기 때문은 아니다. MSO가 시장력을 이용하여 독립적인 SO보다 더 높은 가격을 설정하고 있다는 구체적인 실증분석 결과를 발견하는 것은 쉽지 않다. 오히려 MSO에 의한 공급부문의 효율성 증가(낮은 전송 및 영업비용, 낮은 채널 구입가격 등)가 가격하락으로 이어져 소비자 편익으로 연결될 수도 있을 것이다. 포드와 잭슨(Ford & Jackson, 1997)의 연구는 수평결합 및 수직결합을 통한 규모의 경제 실현과 채널 구입비용의 감소가 소비자 가격의 하락을 통해서 소비자 편익을 증가시킬 수도 있음을 보여주었다.

제3절. 국내 케이블TV 산업의 시장 집중도

1. 규제완화와 MSO의 형성

MSO는 1999년 1월 종합유선방송법의 개정으로 등장하기 시작하였다. 위성방송 도입방안에 대한 대립으로 통합방송법의 제정이 계속 지연되자, 1999년 문화관광부는 1990년대 중반 종합유선방송을 도입하였던 시기의 비합리적 규제들을 우선적으로 개정하였다. 통합방송법의 제정을 통해 중계유선방송의 종합유선방송으로의 전환과, 디지털 위성방송의 도입이 예정되어 있기 때문에 통합방송법 제정 이전에라도 케이블TV 사업자의 발목을 잡고 있는 각종 규제를 완화할 필요성이 제기되었던 것이다. 개정된 종합유선방송법에서는 1995년 케이블TV 도입 당시부터 문제가 되었던 소위 '삼분할' 제도를 포기하고, 케이블TV 산업의 3개 사업자(NO, SO, 그리고 PP) 간의 수평 및 수직결합을 허용하였다. 또한 외국인과 대기업의 SO 및 PP에 대한 투자도 완화하였다.

1999년 종합유선방송법의 개정을 통한 수평결합의 허용은 1999년 말 통합방송법 제정을 통한 중계유선방송의 SO 전환에 대비하기 위한 사전적인 규제

완화 성격도 띠었다. 즉, RO의 SO 전환에 따라 동일 방송권역에서 복수 SO 간의 본격적인 경쟁이 일어날 것이 예상되므로, 그 이전에 기존 SO들로 하여금 수평결합을 통해 규모의 경제를 키울 수 있게 하고, 외국인과 대기업으로부터 자본을 조달할 수 있도록 허용한 것이다.

수평적 소유규제가 완화되자, 기존 종합유선방송사업자들은 다른 방송권역의 SO를 매입하면서 MSO를 본격적으로 추구하기 시작하였다. 또한, RO들이 SO로 전환되면서 MSO를 형성하기도 하였다.[27] MSO를 향한 경쟁에서 RO들은 단순한 매입대상이 아니라 주체로서 나서기도 하였는데, 이미 전국의 주요 RO들을 합병하거나 매입한 상황에서 MRO를 형성하였고, 이들 RO들이 SO로 전환되면서 자연스럽게 MSO를 형성한 경우도 있었다.[28] 케이블TV 산업에서 규모의 경제를 추구하려는 유인은 강했고, 법적 허용이 이루어지면서 MSO 형성을 향한 경쟁이 본격적으로 시작되었던 것이다. 특히, 외국인 및 대기업의 소유제한이 완화되면서(33%에서 49%로) MSO 형성을 위해 외국인 투자를 끌어들일 수 있게 되었다.[29] MSO가 허용되면서 대기업의 자본은 새로운 투자처를 발굴할 수 있게 되었고, 외국인 자본유치와 함께 케이블TV 산업은 소수 MSO에 의해 시장재편이 이루어져 왔다.[30]

27 미래케이블TV(지금의 큐릭스)의 경우 2000년 2개, 2001년에 5개의 중계유선방송이 종합유선방송으로 전환 승인 받아 MSO가 되었다.

28 3차 종합유선사업자 중에서 SO 전환을 통해 MSO를 형성한 대표적인 것이 거대 중계유선방송사인 중앙유선네트워크이다.

29 MSO 중에서 태광, 씨앤앰, CJ케이블넷 등이 외국인 투자를 유치하여, 추가적으로 독립 SO를 매입하여 MSO의 크기를 키우거나, 디지털 전환을 위한 투자에 적극적으로 나서고 있다.

30 우리나라 MSO의 형성과정은 <표 3-1>에 자세히 나타나 있다.

2. 케이블TV 산업의 MSO 형성과정과 특징

1) 주요 MSO의 형성과정

2001년 통합방송법의 시행으로 한 사업자가 소유할 수 있는 SO 수가 7개에서 15개로 완화되었고, 중계유선의 종합유선 전환정책이 본격화되면서 MSO 수는 증가하기 시작하였다. 이에 따라 케이블TV 산업의 집중도는 빠른 속도로 높아졌다.

국내의 최초 MSO는 대호MSO(현재는 HCN)였다. 이미 MSO를 형성하고 있던 대호는 1999년 3월 서울지역의 서초, 동작, 동서울, 관악 등 4개 SO와 청주, 금호, 경북, 부산 등 지방의 SO들을 통합하여 MSO를 공식적으로 선언하였다. 이후 현대백화점이 2001년 승인 받은 현대홈쇼핑의 원활한 시장진입을 위해 대호MSO를 인수하여 HCN을 출범시켰다. HCN은 2005년 초 관악유선방송 및 충청지역 SO인 씨씨에스와 충북방송을 인수하였으며, 대구지역 북부방송을 인수하였다. 최근에는 새로넷방송(경북 구미, 칠곡 등 권역)과 포항방송을 인수하였고, 2015년 현재 HCN은 총 9개의 SO를 소유한 MSO를 형성하게 되었다.

1999년 중순, 조선무역은 강동케이블TV를 인수하면서 경동, 북부, 동부, 노원, 구로, 마포방송 등 7개 SO를 소유하는 MSO로 부상하면서 업계의 관심을 받게 된다. 조선무역은 1999년 9월 추가로 대호 소유의 동서울SO를 인수하고, 곧 이어서 용산SO를 추가 매입하였다. 조선무역이 추가로 2개 SO를 매입하면서 종합유선방송법상 법적 소유 상한선인 7개를 초과하여 적법성 논란을 빚었으나, 이후 통합방송법이 통과되면서 문제는 해결되었다. 이후 조선무역은 2000년 초, 9개 SO(경동방송을 비롯하여 북부방송, 동부방송, 노원방송, 구로방송, 마포방송, 강동케이블TV, 용산케이블TV, 동서울케이블TV 등)를 운영하는 케이블사업 부문을 분사하여 씨앤앰커뮤니케이션을 설립하였다. 이후,

씨앤앰은 소유한 SO의 통합작업을 통해 국내 최초로 다수의 SO를 통합하여 경영하는 법인으로 거듭나게 된다. 씨앤앰의 이러한 통합경영은 다수의 케이블 TV시스템을 통합하여 운영하면서 얻을 수 있는 규모의 경제를 효과적으로 추구하기 위한 것이다. 그 이후, 씨앤앰은 2000년 초 송파방송을 인수하였고, 2001년 상반기에는 강동유선과 성북유선이 SO 승인을 받으면서 명실상부한 MSO 선도기업으로 성장하게 된다. 2004년 상반기에는 중앙케이블비전과 서서서울케이블TV, 그리고 남부미디넷을 인수하였다. 2005년 초에는 한국케이블TV경기방송을 인수함으로써, 씨앤앰은 서울 13개 지역과 경기도의 구리, 하남, 남양주를 지나 가평과 양평까지 이어지는 서울-경기 간 인접 집단화(clustering)에 성공한 MSO로 성장하였다. 씨앤앰은 지리적 인접성을 바탕으로 효과적인 통합경영을 추구하고 있으며, ABS 발행, 외자 유치 등을 통한 대규모 자금조달과 이를 바탕으로 한 자체 DMC 구축 등 업계의 선도적인 역할을 담당해 왔으나, 최근에는 씨앤앰의 매각을 검토중인 것으로 알려졌다. 씨앤앰의 대주주이며 사모투자전문회사(PEF) 운용사인 MBK파트너스와 맥쿼리는 국내의 원매자 군 4곳을 지정했다. 이 매각의 주관사인 골드만삭스를 통해 인수전 내용을 전달한 잠재 후보는 CJ그룹, 태광그룹, SK그룹, SBS미디어홀딩스(모회사 태영건설)였다. 이어서 2015년 1월 골드만삭스는 씨앤앰 인수가 가능한 투자자 20~30곳에 예비 투자안내문을 송부했다(2015년 1월 기준).

CJ39쇼핑은 한국통신케이블TV(양천방송 전신)를 인수하여 케이블TV 업계에서 주목받기 시작하였다. CJ39쇼핑은 PP가 SO를 인수한 수직결합 사례로 케이블TV 업계의 주목을 받았다. 경남, 마산, 가야, 중부산 등 5개 SO를 인수한 CJ그룹은 CJ 39쇼핑으로부터 양천방송을 인수받아 2002년 하반기, CJ케이블넷을 출범시켜 MSO를 조직화하였다. 그 이후 해운대기장방송과 북인천방송, 동부산방송을 차례로 인수하면서, 인천지역과 부산, 경남 지역을 중심으로 하는 MSO를 형성하였고, 이후 대전과 충남, 강원 등의 지역까지 사업권역을 넓혀 2015년 현재 23개 SO를 소유하기에 이르렀다. 그러나 2015년 말, 이동통신 1위 사업자 SK텔레콤과 CJ헬로비전의 인수합병(M&A)이 발표됨으로써, 케이블TV 업계에 충격을 던져주고 있다.

케이블TV 안양방송의 최대주주인 태광산업은 중부방송을 인수하고, 천안유선방송을 비롯하여, 중부방송 주변의 중계유선방송사들을 인수함으로써 천안을 중심으로 아산 등 경기이남 및 중부지역을 중심으로 한 MSO를 형성했다. 태광산업의 MSO 추진은 2003년 말 인천 및 경기 남부 지역의 MSO인 한빛아이앤비의 9개 SO를 인수하면서 절정을 맞이하게 된다. 한빛아이앤비를 인수한 태광MSO는 가입자 수와 매출액 면에서 국내 최대 MSO로 등극하게 된다. 그 후, 태광MSO는 큐릭스라는 7개의 SO를 소유한 MSO를 인수하고 부산 지역의 동서디지털, 티씨엔 대구방송을 인수하며 2015년 현재 23개의 SO를 운영하고 있다.

중앙유선은 3차 SO 전환으로 인해 다수의 중계유선방송사가 종합유선방송사로 승인 전환되면서 거대 MSO 기업으로 등극하게 되었다. 중앙유선은 이후 중앙네트워크로 법인명을 바꾸고, 2005년에 계열사 전체를 CMB라는 브랜드로 통합하였다. 이후 씨엠비 광주방송은 씨엠비웹앤티비와 합병하고, 한씨엔과 한국케이블TV 대전방송을 씨엠비 대전방송에 합병하는 등 경영효율을 위해 동일 지역의 SO들을 묶고, 충청방송을 인수하여 2015년 현재 10개의 SO를 운영하고 있다.

주요 MSO사업자들의 SO 인수과정과 MSO 통합과정을 표로 나타내면 <표 3－1>과 같다.

〈표 3-1〉 주요 MSO 사업자의 SO 인수 · 합병 변화 과정: 2006-2013

사업자	SO명					
	2006.12.	SO수	2007.12.	SO수	2008.12.	SO수
티브로드 (구태광 산업)	동대문케이블,강서,지에스디,서해방송,새롬방송,남동,수원,ABC,한빛,기남,케이씨엔,동남,낙동,서부산,전주,중부,천안	17 (−4)	동대문케이블,강서,서부산,동남,낙동,북부산,서해,새롬,남동,수원,ABC,한빛,기남,중부,전주	15 (−2)	동대문케이블,강서,서부산,동남,낙동,북부산,서해,새롬,남동,수원,ABC,한빛,기남,중부,전주	15
씨제이	가야,중부산,해운대기장,경남,마산,북인천,동부산,영남,중앙케이블,제일케이블,드림씨티(은평),드림씨티,씨제이케이블넷,한국케이블TV충남,한국케이블TV모두	15 (+8)	씨제이헬로비전,드림씨티(은평),중앙,중부산,해운대기장,금정,북인천,드림씨티,충남,한국케이블TV모두,영남,경남,마산,가야	14 (−1)	씨제이헬로비전,드림씨티(은평),중앙,중부산,해운대기장,금정,북인천,드림씨티,충남,한국케이블TV모두,영남,경남,마산,가야	14
씨앤앰	중앙,서서울,동서울,중랑,북부,용산,노원,마포,구로,송파,경동,우리,경기,서초남부미디넷,씨앤앰	15 (−1)	중앙,서서울,동서울,중랑,북부,용산,노원,마포,구로,송파,경동,우리,경기,서초,씨앤앰	15	중앙,서서울,동서울,중랑,북부,용산,노원,마포,구로,송파,경동,우리,경기,서초,씨앤앰	15
CMB	동서,한강케이블TV,대구동부,대구수성,광주동부,웹앤티비,서광주,대전,동대전,전남,한씨엔,한국케이블TV대전,금강	13 (+1)	동서,한강케이블TV,대구수성,대구동부,광주동부,웹앤티비,광주,한씨엔,대전,한국케이블TV대전,동대전,전남	12 (−1)	동서,한강케이블TV,대구수성,대구동부,광주동부,웹앤티비,광주,한씨엔,대전,한국케이블TV대전,동대전,전남	12
HCN	디씨씨,관악케이블TV,에이치씨엔,서초,부산,경북,에이치씨엔충북,씨씨에스,대구중앙케이블TV북부,충,금호,	11 (+3)	디씨씨,관악케이블TV,에이치씨엔,서초,부산,금호,경북,에이치씨엔충북,충북,씨씨에스,대구중앙케이블TV북부	11	동작,관악케이블TV,에이치씨엔,서초,부산,금호,대구중앙케이블TV북부,경북,충북,씨씨에스	10 (−1)
큐릭스	종로중구,서대문,광진성동,큐릭스,노원케이블종합,대구	6 (−1)	종로중구,서대문,광진성동,큐릭스,노원케이블종합,대구,대경	7 (+1)	종로중구,서대문,광진성동,큐릭스,노원케이블종합,대구,대경	7
온미디어	동구케이블,수성케이블,한국케이블TV영동,한국케이블TV전남동부	4 (−1)	동구케이블,수성케이블,한국케이블TV영동,한국케이블TV전남동부	4	동구케이블,수성케이블,한국케이블TV영동,한국케이블TV전남동부	4
지에스 계열	강남케이블티브이,한국케이블TV울산	2	강남,울산	2	강남,울산	2

사업자	SO명									
	2009.12.	SO수	2010.12.	SO수	2011.12.	SO수	2012.12.	SO수	2013.12	SO수
티브로드(舊태광,한빛)	동대문,강서,서부산,동남,낙동,북부산,서해,새롬,홀딩스남동,홀딩스수원,에이비씨,한빛,기남,홀딩스중부,홀딩스전주,큐릭스종로중구,큐릭스서대문,큐릭	22 (+7)	동대문케이블케이블,강서,부산,동남,낙동,서해,새롬,홀딩스남동,홀딩스수원,에이비씨,한빛,기남,홀딩스중부,홀딩스전주,종로중구,큐릭스서대문,큐릭	21 (−1)	종로중구,광진성동,도봉강북,강서,낙동,대경,새롬,수원,한빛,중부,서대문,동대문,노원,서부산,동남,대구,서해,남동,에이비씨,기남,전주,동서디지	22 (+1)	강서,노원,도봉,동대문,서대문,광진성동,종로중구,대경,대구,에이비씨,한빛,수원,남동,전주,중부,기남,새롬,서해,낙동,동남,서부산,동서디지털	22	강서,노원,도봉,동대문,서대문,광진성동,종로중구,대경,대구,에이비씨,한빛,수원,남동,전주,중부,기남,새롬,서해,낙동,동남,서부산,대구케이블,티씨엔대구	23 (+1)

	스광진성동,큐릭스,노원케이블종합,큐릭스대구방송,큐릭스대경		스광진성동,큐릭스,노원케이블종합,큐릭스대경,큐릭스대구		털					
CJ헬로비전	씨제이헬로비전,중앙,해운대기장,북인천,충남,영남,마산,드림시티방송은평,중부산,금정,드림시티,한국케이블TV모두,경남,가야	14	씨제이헬로비전,드림씨티방송은평지점,금정,중부산,중앙,해운대기장,북인천,드림씨티,충남,아라,영남,가야,경남,마산,동구,수성,영동	17 (+3)	드림씨티방송은평지점,중부산,금정,대구동구,북인천,해운대기장,드림씨티,아라,경남,가야,씨제이헬로비전,중앙,대구수성,충남,영남,마산,영동,신라케이블,포항	19 (+2)	씨제이헬로비전,해운대기장,은평,드림씨티,중앙,북인천,중부산,금정,경남,가야,마산,영남,충남,대구동구,대구수성,아라,영동,한국케이블TV포항,신라	19	씨제이헬로비전,해운대기장,은평,드림씨티,중앙,북인천,중부산,금정,경남,가야,마산,영남,충남,대구동구,대구수성,아라,영동,한국케이블TV포항,신라,호남,전북,영서	22 (+3)
씨앤앰커뮤니케이션(舊조선무역)	중앙서서울,동서울,중랑,북부,용산,노원,마포,구로,송파,씨앤앰,서초,경동,우리,경기,경기동부	16 (+1)	중앙,서서울,동서울,중랑,북부,용산,노원,마포,구로금천,송파,씨앤앰,서초,경동,우리,경기,경기동부	16	중앙,용산,중랑,노원,구로금천,우리,씨앤앰,서서울,동서울,북부,마포,서초,송파,경기,경동,경기동부,강남,울산,	18 (+2)	중랑,중앙,서초,동서울,북부,용산,경기,경기동부,씨앤앰,송파,구로구금천,노원,마포,서서울,경동,우리,강남	17 (−1)	중랑,중앙,서초,동서울,북부,용산,경기,경기동부,씨앤앰,송파,구로구금천,노원,마포,서서울,경동,우리,강남	17
씨앰비	동서,한강케이블TV,대구수성,대구동부,한씨엔,케이블TV대전,대전방송동대전,대전,웹앤티비동부,웹앤티비,광주,전남	12	동서,한강,대전방송_본점,대전방송동대전,대구동부,대구수성,광주,광주방송동부,전남	9 (−3)	동서,대구수성,광주방송동부,대전,광주방송전남,한강,대구동부,광주,대전방송동대전	9	한강케이블,대구동부,대전,광주,광주방송전남지점,동서,대구수성,대전방송동재전지점,광주방송동부지점	9	한강케이블,동서,대구동부,대구수성,대전,동대전,광주,광주동부,전남,충청	10 (+1)
현대HCN	에이치씨엔,동작,서초,부산,금호,경북,충북,새로넷	8 (−3)	현대에이치씨엔,서초,동작,부산,금호,경북,충북,새로넷	8	동작,부산,충북,현애에이치씨엔,서초,금호,경북,새로넷	8	현대에이치씨엔,서초,동작,부산,금호,새로넷,경북,충북	8	현대에이치씨엔,서초,동작,부산,금호,새로넷,경북,충북,포항	9 (+1)
온미디어	동구,수성,한국케이블TV영동,한국케이블TV전남동부	4								
지에스	강남,울산	2	강남,울산	2						

주1: MSO는 지분투자가 아닌 실제 경영하고 있는 SO들만 포함하고 있음

주2: 굵은 표시는 해당 연도에 추가된 SO임

주3: 사업자별 설명:

1) 태광: 금정방송은 2003년에 중앙케이블로 인수, 경기연합방송은 2004년에 태광으로 인수, 새로넷방송은 2005년에 태광MSO를 탈퇴하고 독립, 2008년 '티브로드홀딩스'로 사업자명을 변경하여 2009년 큐릭스를 인수함.
2) CJ헬로비전: 1995년에 한국통신케이블텔레비전으로 설립되었으며, 2002년 11월 씨제이케이블넷으로 상호명을 변경, 2006년 드림시티와 NGN을 인수합병, 2011 온미디어 인수합병
3) 현대HCN: 2002년 현대백화점 계열에 편입되었으며, 2005년 9월에 씨씨에스와 충북방송을 인수하여 MSO로 편입, 태광에서 탈퇴한 새로넷방송을 인수, 2010년 현대HCN으로 법인명 변경
4) 큐릭스: 이전부터 소유하고 있던 민스를 큐릭스대구방송으로 개명하고 2005년에 MSO로 편입 후 2008년에 티브로드(舊태광)에 편입
5) 온미디어: 1995년 1월 출범한 (주)오리온카툰네트워크를 모태로 하여 2000년 6월 지주회사로 전환하면서 (주)온미디어로 상호를 변경하였다. 2011년 3월 (주)씨제이이앤엠(現CJ헬로비전)에 흡수합병됨.
6) NGN: 중앙케이블이 최다출자주주가 아닌 SO는 MSO에서 제외, 2006년 CJ헬로비전에 흡수합병됨.

7) 씨엠비: 1994년 한강케이블TV와 광주케이블TV네트워크법인을 설립, 이후 서대전, 광주, 대구 등 지역에 법인 9개 설립, 2005년 이후 CMB로 MSO 브랜드 구축.
자료: 각 해당 연도의 방송통신위원회, 『방송산업실태조사보고서』 자료와 한국케이블TV방송협회 자료를 토대로 재구성, SO 개별 접촉을 통한 자료 수집, 각 사업자가 제공하는 연혁 자료 참조
자료: 방송통신위원회, 『방송산업실태조사보고서』, 각 연도

2) MSO의 지역 클러스터 형성

(1) 주요 MSO의 지역 클러스터

<표 3-2>는 주요 MSO들이 지역적 기반을 중심으로 인접 SO들을 인수해 가는 과정을 보여준다. 주요 MSO의 SO 인수과정을 눈여겨보면 특정지역 또는 인접지역의 SO를 지속적으로 매입해가고 있는 것을 살펴볼 수 있다. 특히, 3, 4차 SO 전환 이후에는 2개의 SO가 상호 경쟁하는 권역에서 경쟁 SO를 인수하고 있는 것을 살펴볼 수 있다.

〈표 3-2〉 주요 MSO사업자들의 클러스터 형성 현황

사업자	지 역	SO법인명(2013.12)	인접여부
티브로드	서울/종로,중구	㈜티브로드종로중구방송	인접 지역
	서울/서대문구	㈜티브로드서대문방송	
	서울/동대문구	㈜티브로드동대문방송	
	서울/도봉,강북	㈜티브로드도봉강북방송	
	서울/노원구	㈜티브로드노원방송	
	서울/광동,성진구	㈜티브로드광진성동방송	
	서울/강서구	㈜티브로드강서방송	
	부산/서구,사하구	㈜티브로드서부산방송	인접 지역
		㈜티브로드동서디지털방송	
	부산/남구,수영구	㈜티브로드동남방송	
	부산/강서,북,사상구	㈜티브로드낙동방송	
	인천/중,동구,옹진,강화	㈜티브로드서해방송	인접 지역
	인천/서구	㈜티브로드새롬방송	
	인천/남동구	㈜티브로드남동방송	
	대구/중구,남구	㈜티브로드대구방송	인접 지역
	대구/달서구,달서군	㈜티씨엔대구방송	

	대구/서구	㈜티브로드대경방송	
	경기/수원, 와산, 화성	㈜티브로드수원방송	인접 지역
	경기/광명, 안산, 시흥	㈜티브로드한빛방송	
	경기/과천, 의왕, 군포, 안양	㈜티브로드에이비씨방송	
	경기/이천, 용인, 안성, 평택	㈜티브로드기남방송	
	충남/천안, 아산, 연기	㈜티브로드중부방송	
	전북/전주, 완주, 무주, 진안, 장수	㈜티브로드전주방송	
씨제이 헬로비전	서울/양천구	㈜씨제이헬로비전	인접 지역
	서울/은평구	㈜씨제이헬로비전드림씨티방송은평지점	
	부산/금정구	㈜씨제이헬로비전금정방송	인접 지역
	부산/부산진구	㈜씨제이헬로비전중앙방송	
	부산/중, 동, 영도구	㈜씨제이헬로비전중부산방송	
	부산/해운대구, 기장군	㈜씨제이헬로비전해운대기장방송	
	대구/동구	㈜씨제이헬로비전대구동구방송	인접 지역
	대구/수정구	㈜씨제이헬로비전대구수성방송	
	인천/부평, 계양구	㈜씨제이헬로비전북인천방송	
	경기/부천, 김포	㈜씨제이헬로비전드림씨티방송	
	충남/예산, 당진, 서산, 태안, 홍성, 청양	㈜씨제이헬로비전충남방송	
	전북/김제, 정읍, 고창, 부안, 남원, 임실, 순창	㈜한국케이블티브이전북방송	인접 지역
	전남/여수, 순천, 광양, 고흥	㈜씨제이헬로비전아라방송	
	전남/목포, 인산, 무안, 강진, 완도, 해남, 진도, 영암, 장흥	㈜씨제이헬로비전호남방송	
	강원/강릉, 동해, 삼척, 속초, 양양, 고성, 태백	㈜씨제이헬로비전영동방송	인접 지역
	강원/원주, 횡성, 평창, 영월, 정선	㈜씨제이헬로비전영서방송	
	경북/경주, 영천, 경산, 청도	㈜씨제이헬로비전신라방송	인접 지역
	경북/안동, 영주, 예천, 의성 청송, 영양, 봉화, 문경	㈜씨제이헬로비전영남방송㈜	
	경북/포항, 울릉, 울진, 영덕	㈜씨제이헬로비전㈜한국케이블TV 포항방송	
	경남/김해, 밀양, 양산창녕, 합천, 거창	㈜씨제이헬로비전가야방송	인접 지역
	경남/마산, 통영, 거지, 고성	㈜씨제이헬로비전마산방송	
	경남/창원, 진해, 함안, 의령	㈜씨제이헬로비전경남방송	

씨앤앰	서울/서초구	㈜씨앤앰서초케이블티브이	인접지역
	서울/강남구	㈜씨앤앰강남케이블티브이	
	서울/강동구	㈜씨앤앰	
	서울/구로, 금천구	㈜씨앤앰구로금천케이블티브이	
	서울/송파구	㈜씨앤앰송파케이블티브이	
	서울/광동, 성진구	㈜씨앤앰동서울케이블티브이	
	서울/노원구	㈜씨앤앰노원케이블티브이	
	서울/종로, 중구	㈜씨앤앰중앙케이블티브이	
	서울/마포구	㈜씨앤앰마포케이블티브이	
	서울/서대문구	㈜씨앤앰서서울케이블티브이	
	서울/성북구	㈜씨앤앰북부케이블티브이	
	서울/용산구	㈜씨앤앰용산케이블티브이	
	서울/중랑구	㈜씨앤앰중랑케이블티브이	
	경기/구리, 하남, 남양주, 여주, 광주, 가평, 양평	㈜씨앤앰경기동부케이블티브이	동일지역 / 인접지역
		㈜씨앤앰우리케이블티브이	
		㈜씨앤앰경동케이블티브이	
	경기/고양, 파주	㈜씨앤앰경기케이블티브이	
씨엠비	서울/영등포구	㈜씨엠비한강케이블티비	인접지역
	서울/동대문구	㈜씨엠비동서방송	
	충북/청주, 청원, 영동, 옥천, 보은	㈜현대에이치씨엔충북방송	인접지역
	충남/부여, 금산, 논산, 보령, 공주, 서천, 계룡	㈜현대에이치씨엔충청방송	
	대전/동, 대덕구	㈜씨엠비대전방송동대전지점	
	대전/수, 중, 유성구	㈜씨엠비대전방송	
	대구/동구	㈜씨엠비대구동부방송	인접지역
	대구/수정구	㈜씨엠비대구수성방송	
	광주/동, 북구	㈜씨엠비광주방송동부지점	인접지역
	광주/서, 남, 광산구	㈜씨엠비광주방송	
	전남/화순, 보성, 담양, 장성, 영광, 함평, 나주, 구례, 곡성	㈜씨엠비광주방송전남지점	
현대에이치씨앤	서울/관악구	㈜현대에이치씨엔	인접지역
	서울/동작구	㈜현대에이치씨엔동작방송	
	서울/서초구	㈜현대에이치씨엔서초방송	
	부산/연제, 동래	㈜현대에이치씨엔부산방송	인접지역
	대구/북구	㈜현대에이치씨엔금호방송	인접지역
	경북/포항, 울릉, 울진, 영덕	㈜현대에이치씨엔경북방송	

	경북/구미, 권위, 김천, 칠곡, 성주, 상주, 고령	㈜현대에이치씨엔포항방송	
		㈜현대에이치씨엔새로넷방송	
	충북/청주, 청원, 보은, 옥천, 영동	㈜현대에이치씨엔충북방송	

자료: 방송통신위원회, 『방송산업실태조사보고서』

2005년 6월 총 21개의 SO를 보유하고 있던 태광은 인천, 경기, 그리고 부산지역을 중심으로 인접지역 SO를 인수하였다. 2003년 말에 한빛아이앤비를 인수하고 2004년에는 한빛계열의 경기연합방송을 계열사에 편입시킴으로써 경기 남부지역 클러스터를 강화했고 부산지역은 남부산방송, 전북지역은 온케이블TV를 인수하여 동일 지역 복수SO를 소유하게 되었다. 또한 2004년 하반기에는 남동방송을, 2005년에는 서해방송을 인수하여 인천지역에도 3개의 MSO가 인접지역에서 운영하였다. 서울지역 SO를 전혀 소유하고 있지 않았던 태광은 2004년 5월에 GS디지털방송을, 같은 해 9월에 강서방송을 차례로 인수하여 동일지역(서울 강서구)에서 2개의 SO를 소유하게 되었다. 이후 종로, 서대문, 광진, 노원 등 서울 지역과 대구 지역에서 SO를 운영하는 큐릭스를 인수하여 서울과 인천, 경기 지역의 모든 SO가 인접지역에서 운영되는 구조를 가지고 있다. 부산지역의 경우 서부산방송과 동서디지털방송이 동일 지역에서, 동남방송과 낙동방송이 인접지역에서 운영되고 있다. 특히, 태광MSO는 인천, 안양, 군포를 지나 용인, 수원, 안산, 안성을 지나 평택, 천안, 아산에 이르는 수도권벨트를 형성하고 있다.

씨앤앰커뮤니케이션은 2000년부터 수도권을 중심으로 인접지역을 인수·합병하는 전략을 추진해 왔다. 씨앤앰은 다른 MSO와는 달리 서울과 경기지역의 인접 SO만을 지속적으로 매입하여 왔다는 특징이 있다. 씨앤앰은 현재 보유하고 있는 17개 SO가 모두 인접 지역에 위치하고 있기 때문에, 전체 MSO들 중 가장 집중화된 MSO라는 장점을 자랑하고 있다.

HCN은 서초, 관악, 동작 등 서울 남부지역에 4개의 SO가 클러스터를 형성하였고, 최근 씨씨에스와 충북방송을 인수하여 충북지역의 두 방송권역을 모두 석권하면서 하나의 클러스터를 형성하였다. 또한 충북의 보은, 영동에서, 경북 상주, 대구, 포항, 부산이 이어지는 지역에서 SO를 운영하고 있다.

CJ헬로비전은 서울의 양천방송을 모태로 사업을 시작했으나, 보유한 SO들은 부산, 경남지역에 집중되어 있다. 부산지역은 2004년 12월에 동부산방송을 계열사에 편입시키면서 해운대·기장 지역에 복수 SO를 소유하게 되었다. 2004년 8월, 마산방송이 경남방송으로 합병되고 2개의 방송권역이 경남방송이라는 하나의 법인으로 통합되었고, 인접한 가야방송을 포함하여 지역클러스터를 형성하게 되었다. 이후 대구와 강원, 전남 지역의 SO를 운영하고 있던 온미디어를 인수하여 서울, 부산, 대구, 강원, 경주, 경남 등의 지역에서 각각의 클러스터를 형성하고 있다.

이밖에 CMB는 대구와 대전 그리고 광주지역에 각각 클러스터를 형성하여 사업권역을 넓혀가고 있다.

결국, 케이블TV 산업에서 MSO들은 인접지역을 중심으로 클러스터를 형성해 왔음을 알 수 있다.

(2) 클러스터 형성 유인

클러스터(cluster)란 특정지역에서 산업의 가치사슬 상에 있는 구성요소들을 지리적으로 인접할 수 있도록 집중적으로 배치하는 현상을 의미한다. 클러스터화는 전통적으로 자본집약적 산업의 경우 수요(대도시 주변, 인천 서울 등 수도권)와 공급 측면(원자재와 중간재, 울산, 포항 등)에서의 물류비용을 포함한 거래비용(transaction cost)을 감소하기 위하여 산업체의 집적화가 이루어지는 경우가 대부분이다.

케이블TV 산업에서 인접한 케이블TV 시스템을 우선적으로 인수하여 클러스터를 형성하려는 것은 서로 다른 산업체가 지리적으로 인접하는 단지개념과는 다른 것이다. 산업단지 등은 가치사슬 상의 같은 단계 또는 서로 다른 단계의 기업들이 요소와 상품의 거래와 유통에 있어서 효율화를 위한 것에 초점이 맞추어져 있는 반면, 케이블TV 산업에서 MSO가 인접한 SO들을 인수하여 지리적인 근접성(proximity)을 가지려는 것은 네트워크의 구축 및 운용, 그리고 고객 유치 및 관리에 소요되는 비용을 절약하는 등 규모의 경제를 극대화할 수 있기 때문이다.

케이블TV 사업자는 다른 사업자와 달리 방송권역으로 쪼개진 지역시장을 기반으로 하는 사업자이므로 지역시장의 선점과 확보는 커다란 의미를 가질 수밖에 없다. 지역의 인구밀도, 소득수준, 문화수준, 주거환경 등 다양한 시장 특성에 따라 SO가 제공하는 서비스의 비용 및 수용도가 다를 수 있기 때문에 지역시장을 선점하는 일은 매우 중요하다.

MSO의 급속한 진전과 클러스터화에 따라 클러스터에 속하지 못한 MSO의 SO와 독립 SO들은 타 MSO사업자에게 이들 SO를 매각하거나 상호 교환할 가능성도 높다.

3. 케이블TV 산업의 시장집중도

1) 시장집중도 증가

현재 한국의 케이블TV 산업은 5개의 MSO가 주도하는 시장으로 볼 수 있다. 2015년 현재, 전체 77개 방송권역의 2/3가 넘는 63개 권역의 75개 SO가 상위 5개 MSO에 속한 사업자들이다. 이들 상위 5개 MSO는 전체 케이블TV 가입자(대수)의 85.8%, 매출의 88.6%를 차지하고 있다(<표 3－3>과 <3-4> 참조). 사실, 케이블TV 산업의 집중도는 빠른 속도로 증가해 왔다(<표 3－4>

참조). 2004년 상위 3대 MSO의 점유율은 26.8%에 불과하였으나, 2005년에는 46.7%로 증가하였다. 2004년 상위 7개 MSO가 전체 시장의 약 50% 남짓을 점유하였으나, 1년 뒤인 2005년에는 상위 4개 MSO가 거의 60%에 가까운 시장을 점유하게 된다. 2005년 상위 7대 MSO의 점유율이 71.5%가 넘는 수준을 보였고, 2015년 현재, 상위 5대 MSO의 점유율이 80%를 훌쩍 넘어서기에 이르렀다. 매출액 기준도 비슷한 수준으로 증가하고 있음을 볼 수 있다.

〈표 3-3〉 MSO 현황, 2015년 6월 기준

(단위: 천가입대수, 백만원)

구 분	소유SO수	방송권역수	가입자 수	지역
씨제이 헬로비전	23	19	4,159,740	서울, 부산, 대구, 인천, 경기, 충남, 전남, 전북, 강원, 경북, 경남
티브로드	23	21	3,271,876	서울, 부산, 대구, 경기, 충남, 전북
씨앤앰	17	15	2,377,005	서울, 경기
씨앰비	10	9	1,497,869	서울, 대전, 대구, 광주, 충남, 충북, 전남
현대에이치씨엔	8	8	1,347,249	서울, 부산, 대구, 경북, 충북
계	81	63	12,653,739	

자료: 한국케이블TV방송협회, 『2015년 6월 케이블TV방송 가입자 현황』

〈표 3-4〉 케이블TV 산업 시장집중도의 변화, 2004-2015년 6월

점유율	CRn	2004	2005	2008	2011	2012	2013	2015년
가입자 수 기준	CR3	26.8%	46.7%	49.5%	62.5%	61.4%	66.1%	67.3%
	CR4	33.8%	58.2%	59.4%	71.6%	70.5%	76.3%	77.6%
	CR5	40.7%	64.1%	67.5%	80.5%	79.3%	85.8%	86.9%
	CR6	47.4%	67.9%	71.7%	-	-	-	-
	CR7	52.7%	71.5%	74.9%	-	-	-	-

주1: 2011~2015년 국내 MSO 회사는 5개가 운영되고 있음.
주2: 2014년 자료는 방송통신위원회에서 공개되지 않았고, 2015년 자료는 한국케이블TV방송협회 자료를 사용하였음
자료: 방송통신위원회, 『방송시장 경쟁상황 보고서』, 각 연도, 한국케이블TV방송협회, 『2015년 6월 케이블TV방송 가입자 현황』

이러한 집중도 증가는 태광MSO가 한빛MSO를 인수하면서 최대 MSO의 크기가 크게 증가하였고, 씨제이MSO는 여러 지역의 SO를 사들여 덩치를 키워 왔으며, 씨앤앰이 지속적으로(지리적으로 인접한) 서울 및 경기 북부 SO를 인수하는 등 상위 3개 MSO의 비중이 증가한 것에 기인한다.

2) 미국 MVPD 산업의 시장집중도와 비교

한국 케이블TV 산업의 집중도 수준을 미국 케이블TV 산업의 집중도와 비교해보자. 미국에서는 1980년대 중반부터 MSO에 의한 시장 집중이 꾸준히 증가하였다(Chan-Olmsted, 1996). <표 3 - 5>를 통해 볼 수 있듯이 1995년 최대 MSO의 시장집중도는 26.5%이고, 상위 4개 MSO의 점유율이 58% 정도였다. 흥미로운 것은 1995년 미국의 최대 MSO의 점유율이 한국의 최대 MSO보다 약간 더 높은 것을 제외하면, 한국 케이블TV 산업의 집중도 수준과 비슷한 것이다. 눈여겨 볼만한 또 다른 사실은 2004년 미국의 다채널방송산업(MVPD)의 점유율 분포에서 상위 4대 사업자 중에 2개 사업자가 DBS 사업자인 것이다. 뒤에 상술하겠으나, 1999년부터 미국은 케이블TV와 DBS의 경쟁을 감안하여, 이 두 매체와 MMDS, LMDS 등 다채널영상전송매체 등을 포괄하는 시장(MVPD; Multi-channel Video Programming Delivery)을 획정하기 시작하였다. 2008년 상위 4대 MSO의 시장점유율은 48%로 떨어졌고, 2013년 이 수치는 33.8%로 하락 추세에 있다. 이러한 원인은 DBS의 점유율 상승과 관련이 있으며 2005년 9월 Verizon의 FiOS TV출시 이후 AT&T 등 지역전화사업자들의 IPTV 시장 진입이 본격화 된 것에 기인한다. <표 3-6>을 보면 IPTV 진입 이후 7년간 IPTV 가입자 점유율은 약 8%p 증가하였고, DBS 가입자 점유율은 4%p 증가한 반면 MSO의 가입자 점유율은 11%p 하락한 것을 볼 수 있다. 2008년에 IPTV가 진입하여 5년여 만에 전체 MVPD 시장의 22.5% 가입자 점유율을 달성한 국내의 상황과는 다른 모습이지만 MSO의 경쟁력에 대한 시사점은 동일하게 보여주고 있다.

〈표 3-5〉 미국 다채널방송(MVPD) 시장의 집중도 변화

(단위%)

순위	1995년		2004년		2008년		2012년		2013년	
	사업자	점유율	사업자	점유율	사업자	점유율	사업자	점유율	사업자	점유율
1	TCI	26.5	Comcast	23.4	Comcast	24.5	Comcast	22.1	Comcast	21.7
2	Time Waner	19.3	DirecTV	12.1	DirecTV	17.8	DirecTV	19.9	DirecTV	20.3
3	Continental Cablevision	6.7	Time Warner	11.9	DISH Network	13.9	DISH Network	14.1	DISH Network	14.1
4	Comcast	5.7	Echostar	10.6	Time Warner	13.2	Time Warner	12.5	Time Warner	11.4
Top 4	—	58.2	—	58.0	—	69.4	—	68.7	—	56.1
5	Cox	5.4	Cox	6.9	Cox	5.4	Cox	4.7	AT&T U-verse	5.5
6	Cablevision Systems	4.4	Charter	6.7	Charter	5.1	Verizon FiOS	4.5	Verizon FiOS	5.3
7	Adelphia	2.9	Adelphia	5.9	Cablevision	3.1	Charter	4.3	Cox	4.3
8	Jones Intercable	2.3	Cablevision	3.2	Bright House	2.3	AT&T U-verse	4.1	Charter	4.3
Top 8	-	73.2	-	80.7	—	85.2	—	86.3	—	75.5
Top 10	-	N.A.	-	84.7	—	88.2	—	86.3	—	78.3

자료: Chan-Olmsted(1996); FCC(2012); FCC(2013)

〈표 3-6〉 미국과 한국의 다채널방송(MVPD) 시장 가입자 비율

(단위%)

		2006	2007	2008	2009	2010	2011	2012	2013
미국 MVPD	Cable	68.3	66.4	64.4	61.7	59.3	57.4	57.4	54.4
	DBS	30.4	31.3	31.6	32.4	33.1	33.6	34.0	34.2
	IPTV	0.3	1.3	3.1	5.1	6.8	8.4	8.6	11.3
한국 MVPD	Cable	87.8	87.1	86.7	78.8	74.8	67.9	63.2	55.9
	DBS	12.2	12.9	13.3	12.4	12.4	13.8	14.3	14.9
	IPTV	-	-	-	8.8	12.8	18.3	22.5	32.7

자료: FCC (2009, 2011, 2014)
방송통신위원회, 『방송산업실태조사보고서』, 각 연도.

제4절. 케이블TV 산업의 수평적 소유규제

1. 케이블TV 산업의 수평적 소유규제 논거

1) 미디어 산업에서 수평 소유규제 논거

방송부문에서 미디어의 소유집중을 제한하는 근거는 다원성(pluralism) 또는 다양성(diversity)의 확보에 있다. 미디어의 다원성은 미디어를 통해 다양하고 독립적인 목소리 특히, 다양한 정치적 의견의 표출이 이루어지고 다양한 문화적 표현이 행해지는 것을 의미한다. 미디어에 있어서 정치적, 문화적 다양성을 확보하기 위해서는 미디어 소유의 다양성이 필요하다는 것이 수평결합을 규제하자는 논거이다. 한정된 언론영상매체들의 소유가 어느 특정 개인이나 법인에게 집중되어 있고, `독립적인 경쟁매체가 충분하지 않은 경우에는 다양성이 저해될 개연성이 높을 수 있다는 것이다. 즉, '미디어 공급자의 다양성(diversity of media supplier)을 통해서 미디어 콘텐트의 다양성(diversity of media content)'을 확보하고자 하는 것이 소유집중을 제한하는 근거이다(Doyle, 2002).

언론과 방송의 다양성 또는 다원성을 위해서 어느 특정매체(지상파, 케이블TV, 위성방송 등)에 있어서 특정 개인 또는 법인의 소유를 제한하는 것도 쉽게 발견할 수 있다. 우리가 여기서 논의하고 있는 케이블TV 시스템에 대한 소유규제 상한도 어느 특정 소수에 의해 전국적인 케이블TV 시스템이 소유집중되는 것을 방지하여 다양하고 공정한 영상프로그램의 유통을 통해 다양성을 보장하자는 취지로 이해할 수 있다.

그러나 매체의 소유집중과 다양성의 관계는 그렇게 명료하지만은 않다. 소유가 집중되어 있다고 하더라도 내용의 다양성과 중립성이 가능할 수도 있다.

그뿐만 아니라, 소유의 다양성이 내용의 다양성을 반드시 의미하지 않을 수도 있다.

한편, 미디어의 소유규제를 논할 때는 기술혁신을 고려해야 한다. 기술혁신으로 콘텐츠의 제작과 유통부문에서 진입장벽은 낮아지고, 새로운 경쟁 미디어가 도입되기도 한다. 대표적인 것이 위성과 인터넷이다. 따라서 미디어 소유에 대한 규제는 기술혁신과 매체간의 동태적인 경쟁환경을 고려해야 한다.

2) 미국 통신법을 통해 본 케이블TV 산업의 수평적 소유규제 논거

미국 케이블TV 산업의 수평적 소유규제에 대한 논쟁과 규칙을 살펴보면 소유상한 규제의 논리적 근거를 좀 더 깊이 이해할 수 있다. 미국의 경우 케이블TV 소유규제는 1996년에 개정된 통신법(Communication Act of 1934)의 613(f)(1)조과 1992년에 제정된 「케이블TV 소비자보호 및 경쟁을 위한 법(Cable Television Consumer Protection and Competition Act of 1992」(이하 1992년 케이블TV법)의 11(c)(1)조에 근거하고 있다. 미국의 통신법 제613(f)(1)조는 케이블TV 산업에서 원활한 프로그래밍의 유통과 유효경쟁을 위하여 FCC로 하여금 "어떤 개인 또는 법인이 소유하거나 영향력을 행사할 수 있는 지분(attributable interest)을 보유하고 있는 케이블시스템이 접근할 수 있는 케이블TV 가입자의 수에 대한 합리적인 상한수준(limit)을 정하도록" 명시하고 있다. 또한 동법은 FCC가 제613(f)(2)조를 통해 소유규제 기준을 정함에 있어 공공의 이익(public interest)을 위해 고려해야 하는 몇 가지 가이드라인을 명시하고 있다. 통신법 613조(f)(2)에서 제시하고 있는 소유규제 상한을 설정함에 있어서 FCC가 고려해야 하는 가이드라인을 살펴보면 다음과 같다.

(a) 어느 특정 케이블TV 사업자 또는 복수의 케이블TV 사업자들이 연합하여 그들이 소유하고 있는 시장규모를 이용하여 특정 프로그래밍이 소비자에게 전달되는 것을 부당하게 저해해서는 안 된다.
(b) 케이블TV 사업자는 그들과 이해관계가 있는 프로그래밍을 차별적으로 유리하게 대우하여서는 안되며, 아무런 이유없이 다른 비디오유통사업자에 그러한 프로그래밍의 분배를 제한하여서도 안된다.
(c) 케이블TV 산업의 시장구조, 소유구조 패턴뿐 아니라, 지역 방송권역의 특성과 시장지배력, 케이블시스템과 PP의 공동소유, 다양한 소유 또는 지배형태(non-equity 등), 기타관계 등에 대한 면밀한 검토가 요구된다.
(d) 소유권 또는 경영권의 제고에 따라(다수의 SO 또는 PP를 겸영함으로써) 얻을 수 있는 경제적 효율성과 편익에 대한 고려가 있어야 한다.
(e) 방송 및 통신산업의 동태적 특성을 감안한 규제가 요구된다.
(f) 소유규제는 케이블TV 서비스가 제공되지 않는 지역에 대한 서비스 제공을 저해해서는 안 된다.
(g) 다양하고 높은 수준의 프로그래밍의 개발과 도입을 저해하는 소유규제를 하여서는 안 된다.

케이블TV 산업의 수평 및 수직결합 규제를 고려하는 경우, (a)와 (b)는 시장지배력이 채널 유통에 미칠 수 있는 부정적인 영향을 고려해야 한다는 것을 지적하고 있다. 이에 반해 (d)는 다수의 SO를 겸영함으로써 얻을 수 있는 경제적 효율성과 경제적 편익을 고려해야 하며 (g)는 새로운 프로그래밍(또는 새로운 케이블TV 서비스)에 대한 투자가 이루어질 수 있도록 과도한 소유규제를 경계해야 함을 지적하고 있다.

요약하자면, 미국의 통신법은 MSO의 수평결합에 따른 시장지배력의 행사는 다양한 콘텐츠의 비차별적 유통을 침해할 가능성이 있으므로 적절한 소유규제가 필요하다는 논거를 제시하고 있는 반면, MSO가 가지는 경제적 효율성, 새로운 채널 도입 가능성, 기술혁신 투자 가능성 등의 긍정적 효과를 감안하여 지나친 소유규제의 부작용을 동시에 고려해야 함을 지적하고 있다.

2. 미국의 케이블TV 수평결합 규제 논쟁

1) 수평결합의 증가와 상하원 청문회

미국에서 케이블TV 산업에 대한 소유규제 논의는 1980년대 후반부터 활발하게 진행되었다. 1984년 케이블TV 경쟁법의 도입으로 케이블TV 산업에 대한 규제완화가 광범위하게 이루어지면서 새로운 PP의 도입과 시스템 업그레이드를 위한 대규모 투자가 이루어졌다. 서비스의 질적 상승과 함께 가격규제 완화에 따라 소비자 가격은 가파르게 상승하였다. 대규모 자본이 투자되면서 수평 및 수직결합이 활발하게 이루어졌다. 이에 따라 1980년대 후반부터 지속되어진 케이블TV 산업의 가격상승과 소유집중 심화를 우려하는 목소리가 고조되었다.

특히, (앞의 가이드라인 (a)와 (b)에서 제시된) MSO의 비계열(non-affiliated) 독립 PP에 대한 차별적 프로그램 유통에 대한 우려가 심각하게 제기되었다. 이에 따라, 케이블TV의 소유 집중을 규제할 필요성이 제기되면서 의회 청문회에서는 케이블TV 산업의 소유규제 문제를 다루게 되었다. 먼저, 상원 청문회는 몇몇 소수의 대규모 MSO들을 "미디어 문지기(media gate-keeper)"라고 명명하면서 이들이 새로운 채널의 도입을 저해할 수 있음을 우려하였다(Senate Report, 1991). 그리고 케이블TV 산업이 이들 거대 문지기들에 의해서 과점화되면서 다양한 목소리들이 소비자에게 제공되지 못할 것을 우려하였다.

그러나 곧 이어서 이루어진 하원청문회는 MSO를 통해서 공공의 이익이 증가할 수도 있다는 것을 지적하였다(House Report, 1992). 특히, MSO를 형성함으로써 영업, 분배, 구매 등에서 규모의 경제를 통한 효율성이 증대할 수 있다는 것을 지적하였다(앞의 가이드라인 (d)). 특히, 하원청문회보고서는 상원 청문회 보고서와는 달리 MSO 형성을 통해서 새로운 채널 도입을 위한 자본 투여 가능성이 증가할 수 있다고 지적하였다(가이드라인 (g)). 이는 MSO를 통해서 새로운 채널 도입에 필요한 최소한의 시청자 기반이 확보될 수 있음을 의미한다. 또한 하원보고서는 대규모 MSO들이 소규모 MSO들보다(새로운 서비스 및 채널 도입 등에서) 위험을 더 추구할 수 있다고(그래서 더 적극적으로 투자할 수 있다고) 지적하고 있다(가이드라인 (g)).

2) 1992년 케이블TV법과 MSO들의 소송

의회는 1992년 케이블TV법을 제정하여 케이블TV 산업에 대한 소유규제 및 가격규제를 도입하였다. 주요 내용은 특정 MSO가 전체 홈패스 가구의 30% 이상을 소유할 수 없다는 상한기준을 제시한 것이다. MSO가 보유할 수 있는 가구수를 제한한 논거는 대규모 MSO들이 채널의 구입에 있어서 과도한 시장지배력 행사의 가능성을 제약할 수 있다는 것이었다(FCC, 1993).

그러나 FCC의 소유규제는 1993년부터 법적인 도전을 받기 시작하였다. 가장 문제가 된 부분은 FCC의 소유규제가 수정헌법 제1조의 표현의 자유를 심각하게 제한할 수 있다는 것이었다. 실제로 법원은 1993년 말에 MSO에 대한 소유규제를 담고 있는 통신법 613조(f)(1)가 수정헌법이 보장한 SO들의 표현을 자유를 제한할 수 있어 위헌소지가 있다고 판결하였다.

FCC는 소유규제 기준을 설정할 수 있는 근거 법 조항이 지방법원에서 위헌 판결을 받으면서 소유규제 기준에 대한 재검토에 착수하였다. 뿐만 아니라, 1990년대 후반부터 위성방송의 성장이 뚜렷하게 목격되면서 다채널 유료방송 시장에 대한 시장획정 등 소유규제 기준을 전면적으로 재검토하는 작업을 진행하였다. 이러한 결과 FCC는 1999년에 기존의 수평적 소유규제 상한을 대폭 완화하였는데 (ⅰ) 홈패스율 기준을 실질적 가입자(actual subscriber) 기준으로 변경하고, (ⅱ) 전체 가입자의 범위를 케이블TV 가입자만이 아닌 다채널 유료방송가입자로 확대하였다. 즉, 특정 MSO가 소유할 수 있는 가입자 수는 전체 MVPD 시장 가입자 수의 30%를 초과할 수 없도록 한 것이다.[31]

그러나 이렇게 조정된 소유규제 상한 규제도 연방순회항소법원으로부터 위헌판결을 받게 된다. 위헌판결의 논거는 다음과 같다. 미국에서 특정 MSO가

31 소유규제와 관련한 시장의 범위가 케이블TV 산업에서 MVPD 산업으로 확대되면서 케이블TV만을 대상으로 하는 종전의 소유상한기준으로 계산한다면 케이블TV 가입자의 36.7%로 소유상한이 확대되는 결과를 가져온다.

소유할 수 있는 가입자 수를 규제하는 목적은 특정 MSO에 가입자 수가 집중화되면 케이블 채널의 다양화가 저해될 것이기 때문에 특정 MSO가 보유할 수 있는 가입자 수를 30% 내로 제한하기 위한 것이다. 문제는 30%라는 숫자가 논리적으로 적절한 것인가의 문제로 귀결된다. FCC는 30%라는 소유규제 상한선을 도출하기 위해서 여러 가지 무리한 가정을 하고 있음이 지적되었다. 우선, 케이블TV 시장에서 신규 케이블 채널이 생존하기 위해서는 대략 1,500만명에서 2,000만 명의 가입자(전체 가입자 수의 20%)에 전송이 되어야 하는데, 이러한 규모의 가입자 수를 확보한다고 하더라도 어떤 패키지에 포함되는가의 여부와 소비자들의 실제 시청여부 등을 고려해 본다면, 신규 채널을 실제 시청하는 가입자 수는 750만 명에서 1,000만 명 정도밖에 되지 않을 것이다. 따라서 신규 채널이 안정적으로 생존하기 위해서는 전체 MVPD 가입자 수의 40%에 전송될 수 있어야 한다는 가정을 하고 있다. 이 때, 특정 MSO가 소유할 수 있는 가입자 수 규모를 전체 MVPD 가입자 수의 30%로 제한하게 되면, 케이블 시장에는 최소 4개 사업자가 존재할 것이다(30%, 30%, 30%, 10%). 이 경우, 만일 2개의 거대 사업자가 서로 담합하여 신규 채널의 전송을 거부하더라도 신규 채널은 여전히 전체 MVPD 가입자 수의 40%에 전송될 가능성이 있으므로 특정 MSO가 소유할 수 있는 가입자 수 규모를 전체 MVPD 시장의 30%로 제한하는 것이 적절하다는 논리가 도출된다.

그러나 2001년 타임워너결정(Time Warner Decision)에서 법원은 FCC가 케이블TV 사업자에게 소유규제기준을 강제하는 합리적, 실증적 근거(reasonable evidentiary basis)를 제시하지 못하고 있다고 지적하였다. FCC의 논리대로라면, 하나의 MSO가 전체 시장의 60%를 차지한다고 하더라도 신규채널은 나머지 40%의 가입자 수에 도달할 수 있기 때문에 특정 MSO의 소유규제를 60%로 제한하더라도 문제가 없게 된다. 또한 FCC는 MSO들이 프로그램 구입 시, 반경쟁적 행위의 유인이 있음을 설득적으로 입증하는데 실패하였다고 지적하였다. 즉, MVPD 시장에 경쟁이 존재한다면 거대 MSO가 반경쟁적 행위를 통해 신규채널사업자의 생존을 위협할 수 있는 능력이 없다는 것이다. 결국, 시장지배력의 존재여부 보다는 경쟁사업자가 존재하는가가 거대 MSO의 반경쟁적 행위의 유인을 설명하는데 중요한데, 경쟁사업자가 존재하는 상황에서 거대 MSO는 반경쟁적 행위를 할 수 있는 능력이 없다는 것이 법원이 FCC의 소유제한 규제를 부당하다고 판결한 논거이다.

결국, 법원판결의 주요 논거는 FCC가 변화하는 시장조건들을 충분히 고려하고 있지 못하였고 시장지배력과 반경쟁적 결과 사이의 관계에 대한 실증적 근거 제시가 부족하다는 것이다. 특히, FCC가 신규 프로그래밍에게 적어도 30%의 비폐쇄된 시장(open field)을 제공할 필요가 있다고 주장하면서 제기한 2개 MSO의 담합 가설에 대해서 법원은 통신법 613(f)(1)조가 어느 특정사업자를 대상으로 한 것이지 두 개 이상의 MSO가 담합하는 상황까지 고려한 것이 아님을 지적하고 있다.

이후, FCC는 수평/수직 결합 소유상한 기준에 대한 전면적인 재검토에 착수하게 되고, MSO 소유집중에 따라 나타날 수 있는 반경쟁적 효과에 대한 이론적, 실증적 증거를 찾기 시작했다.

또한 FCC는 법원이 FCC에게 수평적 소유상한에 기준을 다시 마련하라는 명령을 이행하기 위해 소유규제 기준 마련을 위한 의견개진을 요구하였다(FCC, 2005). 결국, FCC는 2007년에 기존의 케이블 시장에 존재하였던 30% 소유제한 규정을 지속하기로 결정하였는데, 그 논리는 다음과 같다. 케이블 채널이 출범 5년 이후 생존할 가능성을 계산해 보았을 때, 최소 1천 9백만 명의 가입자 수를 확보해야 한다는 계산이 나왔고, 이러한 가입자 수에 도달하기 위해서는 6천 9백 4십만 명의 가입자 수에 전송되어야 한다고 가정하였다(일반적으로 케이블 채널이 어떤 SO에 전송될 경우, 해당 SO 가입자 수의 27%에 도달할 것이라고 가정). 그런데, 6천 9백 4십만 명의 가입자 수는 전체 MVPD

가입자 수의 약 72.5%에 해당되므로, 특정 MSO가 전체 가입자 수의 27.5% 이상의 가입자 수를 가지고 있지 않는다면 신규 채널은 나머지 72.5%에 도달되어 생존할 가능성이 있다는 것이다. 따라서 하나의 MSO가 최대로 보유할 수 있는 가입자 수 규모는 27.5%인데, 이러한 수치는 대략 30%에 해당한다고 볼 수 있기 때문에 30% 제한이 유지되었던 것이다.

그러나 2009년 법원은 FCC가 새롭게 고안해 낸 소유제한 30%의 논거가 지극히 자의적이라는 이유로 무효라고 판정하였다. FCC 소유제한의 가장 큰 문제는 30% 이상의 가입자 수를 보유한 MSO가 왜 경쟁을 제한하고 다양성을 침해하게 되는지에 대한 논리가 전혀 설득력이 없다는 것이다(Pelofsky & Poirier, 2009, 8, 28). 또한 2009년은 위성과 IPTV 등의 새로운 플랫폼 사업자들의 가입자 수 기반이 크게 확대되고 있는 시점이기 때문에, 케이블 채널들을 전송할 수 있는 수단들이 높아지고 있고, 1992년 당시 SO들이 케이블 채널들의 유일한 전송수단일 수 있다는 우려에서 출발했던 케이블 사업자들에 대한 30% 가입자 수 제한은 2009년의 경쟁상황을 고려하면 무의미하다고 지적하였다. 2001년 법원의 결정에서도 FCC가 위성이라는 경쟁사업자의 존재를 무시한 채 자의적 가입자 수 제한 규제를 만들었음을 지적한 바 있는데, 2009년 현재 경쟁사업자들(위성과 IPTV)의 가입자 수가 더더욱 증가했음에도 불구하고 여전히 FCC는 MVPD 시장의 동태적 환경을 고려하지 못하고 케이블에 대한 가입자 수 제한을 유지하고 있음을 비판하였다.

미국 법원의 30% 소유제한 위법 판결은 우리나라에도 여러 가지 시사점을 제공해 준다. 국내 다채널 유료방송시장의 경쟁은 과거에 비해 치열해지고 있고, 앞으로도 신규 플랫폼의 등장으로 유료방송시장의 동태적 환경은 급속히 변화할 가능성이 높다. 기술의 발전과 함께 증가하게 될 다양한 플랫폼 사업자들의 존재는 채널 사업자들의 채널수요가 높아짐을 의미하고, 따라서 특정 플랫폼 사업자에 대한 가입자 수 점유율 제한은 더 이상 설득력이 없어지고 있음을 의미한다. 또한 미국 법원의 판결대로라면, 많은 가입자 수를 보유한 거대 플랫폼 사업자가 경쟁을 제한시키거나 프로그램의 다양성을 훼손시킬 수 있는 능력이나 유인은 존재하지 않기 때문에 더더욱 특정 사업자가 소유할 수 있는 가입자 수를 인위적으로 제한한다는 것은 논리적으로 받아들여지기가 쉽지 않을 것이다.

3. 국내 케이블TV 산업의 수평적 소유 규제 기준

2000년 이후 방송법 제8조 제7항은 케이블TV SO의 수평적 소유상한을 제한했는데, "지상파방송사업자 · 종합유선방송사업자 · 위성방송 사업자 · 방송채널사용사업자 및 전송망사업자는 시장점유율, 방송분야 또는 사업자 수 등을 고려하여 대통령령이 정하는 범위를 초과하여 상호 겸영하거나 그 주식 또는 지분을 소유할 수 없다."라고 규정했다(개정 2009.7.31.). 동법 시행령 제4조 제4항에서는 "대통령이 정하는 범위를 초과"하는 경우를 ① 특정 종합유선방송사업자가 경영하는 종합유선방송사업의 가입가구 수와 그 종합유선방송사업자와 특수 관계자인 종합유선방송사업자의 가입가구 수의 합이 전체 종합유선방송사업 가입가구 수의 3분의 1을 초과하는 경우 ② 특정 종합유선방송사업자가 전체 종합유선방송구역의 3분의 1을 초과하는 구역에서 종합유선방송 사업을 경영하는 경우(2000년 방송법 제정 당시 5분의 1이었으나 2008년 개정)로 규정해 왔다. 그러나 2014년 2월 5일부로 상기 두 가지 규정 항목이 삭제되어 종합유선방송사업자의 사업 규모에 대한 제한이 완화되었다. 즉, 2014년 2월부터는 하나의 종합유선방송사업자의 전체 유료방송 가입가구수의 3분의 1을 초과하지 못하도록 규제가 완화됨으로써 SO · 위성 · IPTV의 가입자 유치 경쟁은 더욱 치열해지고 있다.

우리는 케이블TV 시장에서 시장 집중도가 가지는 의미를 살펴볼 필요가 있다. 케이블TV 산업에서 SO는 기본적으로 지역 독점사업자이다. 어느 특정 SO가 다른 지역의 SO를 소유 결합하여 MSO를 형성하는 경우에도 어느 특정 방송권역에서의 독점적 시장구조는 바뀌지 않는다. 따라서 MSO의 형성에 의해 소비자의 선택은 크게 위협받지는 않는다.

그러나 시청자가 소비하는 케이블TV 서비스의 수준과 가격은 MSO의 형성에 따라 달라질 수 있다. 이는 해당 방송권역에서 제공되는 케이블TV 서비스의 가격과 질은 해당 방송권역의 특성뿐만 아니라, 전국적인 케이블TV 산업의 소유구조, 산업구조, 거래관계, 기술혁신, 타 매체와의 경쟁관계 등과 관련이 있기 때문이다. MSO의 형성은 케이블TV 산업에서의 소유구조, 산업구조의 변화를 수반하고 PP와의 거래관계, 신규 채널 및 서비스 도입을 위한 기술혁신과 투자에 영향을 미친다. 따라서 적절한 소유규제를 통해 적정한 MSO를 형성하도록 하는 것은 케이블TV 산업뿐 아니라 콘텐트 및 미디어 산업의 발전을 위해 중요한 작업이다.

보다 구체적으로, MSO의 크기에 관심을 갖는 것은 채널 거래시장에서 MSO가 시장력을 부당하게 행사하여 원활한 콘텐츠의 유통을 저해할 수 있기 때문이다. 특히, 수평결합을 통해 시장력을 확보한 MSO가 PP들을 수직적으로 결합하는 경우, 콘텐츠를 차별적으로 거래할 가능성이 있다. 이러한 경우, 대안적인 전송매체가 존재하지 않아, MSO에 대한 소유규제를 통해서 MSO의 시장력을 적정한 수준으로 조절할 필요가 있는 것이다.

사실, MSO의 적절한 크기를 논의하는 것은 쉽지 않다. 다채널 방송산업의 기술 및 경쟁 환경에 대한 분석이 전제되어야 함은 물론, 다른 언론 및 방송매체의 발전 및 경쟁상황, 관련된 매체들의 소유규제 정도, 해당 사회의 정치·문화적 다양성에 대한 욕구 등 경제, 정치, 사회, 문화 등 다양한 영역에서 다양한 논의가 필요하기 때문이다.

4장.

유료TV 시장에서 PP 산업

4장에서는 유료TV 시장에서 방송채널사용사업자(PP)들의 진입과 퇴출의 역사를 자세히 살펴본다. 1995년 정책당국의 허가에 의해 시장에 진입할 수 있었던 방송채널사용사업자들은 2000년대에 들어 등록제로 진입규제가 완화되면서 그 수가 급격히 증가하였고, 최근에는 사업자들 간의 합병에 의해 거대 사업자들이 시장을 지배하고 있다. 4장에서는 이러한 과정에서 방송채널사용사업자들에게 적용되었던 다양한 규제의 역사들을 정리하였고, 최근 국내 주요 방송채널사용사업자들의 채널제공 현황도 자세히 설명하였다. 4장을 읽게 되면, 국내 방송채널사용사업자 시장의 현황과 역사를 파악할 수 있음은 물론, 방송채널사용사업자들의 매출액 구조의 변화 과정, 방송채널사용사업자들과 케이블TV, 위성방송, IPTV사업자들 간의 수신료배분 비율의 현황과 규제역사에 대해서도 쉽게 이해하게 될 것이다.

4장에서는 1995년 케이블TV의 출범 이후, PP 산업에서 나타난 다양한 변화들을 살펴볼 것이다. 우선, PP 산업 내의 규제변화를 정리해 보고, 이에 따른 PP 산업의 변화과정을 기술하였다. 특히, PP 산업에 적용된 진입규제의 변화에 따라 PP의 장르별 진입과 퇴출은 어떻게 변화되어 왔는지를 살펴볼 것이다. 또한 PP 산업에 적용된 소유규제, 특히 하나의 PP 사업자가 소유할 수 있는 PP의 수 제한범위가 완화되면서 나타나게 되는 국내 프로그램 산업의 시장구조 변화를 살펴볼 것이다. 마지막으로 PP 시장의 수익구조 변화를 살펴보고, PP 사업자와 유료TV사업자 간 채널수신료 배분문제의 현황과 과제를 논할 것이다.

제1절. PP 산업의 시장구조와 경쟁

1. PP 산업의 시장구조

1) PP 산업의 진입장벽

1995년 종합유선방송의 출범당시 PP 분야는 중소기업만이 참여할 수 있었던 케이블TV 시스템 분야와는 달리 대기업들의 적극적인 참여를 유도하였다. 기술이나 자본이 부족한 중소기업들은 대규모 투자가 요구되는 프로그램 제작에 참여하기 힘들다고 보았던 것이다. 그러나 과감한 문호개방에도 불구하고 PP 분야에 대한 적극적인 투자가 이루어지지 못하였는데, 그것은 PP 산업에 대한 진입장벽 때문이었다. 정부는 케이블TV를 통해 제공될 채널의 분야를 일일이 지정하고 채널의 진입을 일일이 허가하였다. 미국을 비롯한 대다수 국가들에서는 투자 위험이 비교적 높고, 대규모 자본이 요구되는 PP 분야가 등록제나 신고제로 운영되지만, 우리나라에서는 PP 진입에 대해 허가제를 적용한 것이다. 더욱 심각했던 것은 특정 장르별 사업자 수를 정부가 정하였고, 진입 이후 각 채널의 장르 변경이 불가능하도록 하였다는 것이다. 정부에 의해 인위적인 장르가 설정되고, 정부가 정해 놓은 장르별로 PP가 진입하도록 만든 것은 시청자의 케이블 TV에 대한 프로그램 수요를 고려하지 않은 것은 물론이고, 중계유선과 종합유선과의 경쟁 등을 고려하지 않은 정책의 실패라 하겠다.

SO 부문에서의 규제완화가 1999년 종합유선방송법의 개정과 2001년 통합방송법의 시행으로 이루어진 것과 같이 PP 산업에서도 관련법의 개정 또는 제정을 통해 규제 완화가 이루어졌다. 1999년 개정된 종합유선방송법은 정부의 PP 공급분야 지정 조항을 폐지하였다. 즉, PP 산업 진입 대상에 대한 열거주의(positive listing) 조항이 폐지되었고, 2001년 통합방송법에서는 PP의 진입이 허가제에서 등록제로 바뀌면서 PP 산업에서의 진입규제는 완화된다.

PP산업에서의 소유규제도 1999년 종합유선방송법의 개정으로 완화되었는데, SO와 PP의 수직결합이 허용되고 PP 산업의 수평결합(즉, MPP)도 허용되었다. 이에 따라 SO는 전체 PP중 1/5 이내에서 겸영할 수 있고, PP는 전체 SO중 1/10 이내에서 SO를 겸영할 수 있게 되었다. 또한 PP는 전체 프로그램 공급업의 1/5 이내에서 다른 PP를 겸영할 수 있게 되었다. 2000년 제정된 통합방송법에서 PP는 전체 SO 구역의 1/5 이내에서 SO를 겸영할 수 있게 되었고 MPP는 전체 PP 매출액의 33%까지 허용되었다. 외국인의 PP(보도 채널 제외)에 대한 소유지분 상한도 기존 15%에서 33%로 확대되었다. 2004년 개정된 방송법에서는 PP의 외국인 소유지분 상한이 49%로 확대되었다.

이후 SO가 PP에게 지급하는 프로그램 사용료의 수신료 대비 지급비율이 지나치게 낮다는 문제가 제기되었고, 방송통신위원회는 2008년 말 SO 재허가 심사 시 '수신료 25% 이상의 PP프로그램 사용료 지급 및 매 반기 별 PP 프로그램 사용료 지급현황 제출'을 허가 조건에 포함시켰다. 이러한 규제로 인해

PP 프로그램 사용료의 평균 지급률이 2009년에 수신료 대비 25% 이상으로 증가하였으며, 2012년에 이르러서는 32.2%의 평균 지급률을 기록하였다.

2) 규제완화와 활발한 진입 및 퇴출

(1) 활발한 시장진입과 퇴출

1995년 출범이후부터 줄곧 적자를 기록하던 PP들은 1997년 외환위기가 겹치면서 PP 경영난에 봉착하게 되고 결국, 매각하는 사례도 늘어났다. 1995년 종합유선방송 도입과 함께 사업을 시작한 29개 PP의 70% 이상이 대주주가 변경되어 경영난의 심각함을 잘 나타내고 있다. 이러한 PP 산업의 시장성과에도 불구하고, 2000년 이후 PP 허가제가 등록제로 바뀌면서 PP의 시장진입은 크게 증가한다. PP 산업에 대한 제도적 진입장벽의 실질적 폐지와 함께 위성방송이 도입되면서 PP의 시장진입은 큰 폭으로 증가하였다(<표 4－1> 참조).

〈표 4－1〉 PP 수의 변화

시기	1999년 이전		2000년	2001년	2002년	2003년	2004년	2005년
PP 총수	29개		44개	157개	201개	168개	204개	178개
시기	2006년	2007년	2008년	2009년	2010년	2011년	2012년	2013년
PP 총수	187개	188개	187개	184개	179개	178개	180개	188개

주: 2000년 1월 PP의 등록제 도입이 결정되었으나, 통합방송법 제정이 지연되면서 PP는 2000년 12월까지 한시적으로 방송위원회의 승인을 받도록 하였다. 이에 따라 방송위원회는 2000년 5월, 15개의 PP 사업자를 승인하여, 기존의 29개 채널을 포함하여 PP 채널은 모두 44개로 증가하였다.
자료: 방송통신위원회, 『방송산업실태조사보고서』, 각 연도.

<표 4-1>은 매년 수십 개의 채널이 진입하고 또한 퇴출하는 것을 보여준다. PP 산업의 진입장벽이 철폐된 이듬해인 2002년에는 59개의 채널이 신규 진입하고 18개의 채널이 퇴출하였고, 2003년에는 24개의 채널이 신규 진입하였으나 진입한 채널의 3배에 가까운 66개 채널이 퇴출하였다. 이러한 시장 진

입과 퇴출이 활발한 것은 2000년대 초 PP 시장에 경쟁이 치열했음을 의미한다.[32]

PP 시장의 진입과 퇴출을 추세적으로 살펴보면, 2003년과 2004년에 진입과 퇴출이 비교적 활발히 이루어진 후, 2005년에 들어서면서 다소 안정화되는 모습이다. 이는 2000년대 중반에 접어들면서 케이블TV 산업의 시장구조 재편이 마무리되고, 위성방송의 도입에 따른 다채널 방송산업의 경쟁과 이에 따른 채널의 진입, 경쟁, 그리고 퇴출 등이 지난 2~3년 동안 활발히 이루어진 결과, 매체별, 장르별 채널 분포가 어느 정도 안정화 되었음을 의미한다.

(2) 장르별 진입과 퇴출

PP 산업의 진입과 퇴출을 장르별로 살펴보면 영화, 음악, 오락, 취미, 교육, 교양, 게임, 스포츠 분야 등을 중심으로 많은 채널들이 진입한 것을 알 수 있다. 특히, PP들의 진입이 가장 눈에 띄게 활발하였던 분야는 정보장르였다. 정보장르는 증권정보, 경매정보, 부동산정보, 생활정보, 의료정보, 홈쇼핑, 창업정보, 패션정보 등 분야를 포괄하고 있고, 각 분야별로 신규 채널들의 진입이 활발하게 이루어졌다. 정보 분야에서는 채널들의 퇴출도 자주 일어났는데, 이는 이 분야에 대한 진입비용이 상대적으로 크지 않아 많은 사업자들이 시장에 진입했으나, 틈새시장으로서 시장 규모는 크지 않고 경쟁이 심해 퇴출도 자주 일어났기 때문이다.

두 번째로 많은 채널이 분포하는 분야는 영화인데, 2001년에 13개의 새로운 영화채널이 진입한 것을 시작으로, 꾸준히 신규채널이 진입하였으며 2010년에는 총 30개의 채널이 송출되고 있었다. 이러한 영화채널의 분포는 좀 과

32 이들 채널의 일부는 프로그래밍을 송출한 적은 없는, 단지 서류 상 등록과 등록말소 등을 통해 시장에 진입 · 퇴출한 채널들이어서 통계는 실제보다 다소 과도하게 PP 시장의 역동성을 제시할 수도 있다.

다할 정도이나 이는 다채널 방송매체가 지상파 등과는 달리 영화 등 엔터테인먼트 매체라는 것을 잘 나타내고 있다. 교양 장르에 대한 진입도 꾸준히 증가되어 2010년에는 총 29개의 채널이 교양 장르에 등록되어 있는 것으로 나타나 있다.

〈표 4-2〉 프로그래밍의 시기별, 장르별 진입 퇴출 (2001년 ~ 2010년)

(단위: 개)

	2001			2002			2003			2004			2005		
	진입	퇴출	총계	진입	퇴출	총계	진입	퇴출	총계	진입	퇴출	총계	진입	퇴출	총계
취미	11 (9.9)	0 (0.0)	12 (7.7)	5 (8.5)	2 (11.1)	14 (7.0)	1 (4.2)	8 (12.1)	10 (6.0)	5 (8.0)	1 (7.2)	13 (6.4)	1 (5.9)	4 (10.8)	11 (6.2)
종교	4 (3.6)	0 (0.0)	6 (3.8)	1 (1.7)	0 (0.0)	7 (3.5)	0 (0.0)	1 (1.5)	6 (3.6)	0 (0.0)	1 (7.2)	5 (2.5)	1 (5.9)	0 (0.0)	6 (3.4)
정보	25 (22.5)	0 (0.0)	40 (25.5)	16 (27.1)	7 (38.9)	51 (25.4)	6 (25.0)	15 (22.7)	43 (25.6)	17 (10.5)	5 (35.8)	50 (24.5)	5 (29.4)	11 (29.7)	39 (34.2)
음악	6 (5.4)	0 (0.0)	8 (5.1)	5 (8.5)	1 (5.6)	13 (6.5)	1 (4.2)	5 (7.6)	11 (6.6)	4 (6.5)	0 (0.0)	13 (6.4)	1 (5.9)	2 (1.1)	13 (7.3)
오락	8 (7.2)	0 (0.0)	11 (7.0)	4 (6.8)	1 (5.6)	16 (8.0)	2 (8.3)	8 (12.1)	8 (12.1)	5 (8.1)	1 (7.2)	12 (5.9)	1 (5.9)	2 (1.1)	12 (6.8)
영화	13 (11.7)	0 (0.0)	17 (10.8)	13 (22.0)	1 (5.6)	30 (14.9)	3 (12.5)	5 (7.6)	31 (18.5)	14 (22.6)	3 (21.4)	41 (20.1)	1 (5.9)	5 (29.4)	34 (19.1)
스포츠	9 (8.1)	1 (100)	12 (7.7)	0 (0.0)	1 (5.6)	9 (4.5)	0 (0.0)	3 (4.6)	6 (3.6)	3 (4.8)	0 (0.0)	9 (4.4)	1 (5.9)	0 (0.0)	9 (5.1)
보도	0 (0.0)	0 (0.0)	2 (1.3)	0 (0.0)	0 (0.0)	2 (1.0)	0 (0.0)	0 (0.0)	2 (1.2)	0 (0.0)	0 (0.0)	2 (0.9)	0 (0.0)	0 (0.0)	2 (1.1)
만화	2 (1.8)	0 (0.0)	3 (1.9)	0 (0.0)	0 (0.0)	3 (1.5)	0 (0.0)	1 (1.5)	2 (1.2)	0 (0.0)	0 (0.0)	2 (0.9)	0 (0.0)	0 (0.0)	2 (1.1)
드라마	2 (1.8)	0 (0.0)	2 (1.3)	4 (6.8)	0 (0.0)	6 (3.0)	0 (0.0)	1 (1.5)	7 (4.1)	1 (1.6)	0 (0.0)	5 (2.5)	0 (0.0)	0 (0.0)	5 (8.9)
대상	7 (6.3)	0 (0.0)	7 (8)	1 (1.7)	4 (22.2)	4 (2.0)	0 (0.0)	2 (3.0)	1 (0.6)	0 (0.0)	0 (0.0)	1 (0.5)	1 (5.9)	0 (0.0)	3 (1.7)
교육	8 (7.2)	0 (0.0)	11 (7.0)	5 (8.5)	0 (0.0)	16 (8.0)	6 (25.0)	5 (7.6)	19 (11.3)	6 (9.7)	3 (21.4)	21 (10.3)	2 (11.8)	6 (16.2)	16 (9.0)
교양	8 (7.2)	0 (0.0)	15 (9.6)	4 (6.8)	0 (0.0)	17 (8.5)	3 (12.5)	8 (12.1)	12 (7.2)	4 (6.5)	0 (0.0)	17 (8.3)	2 (11.8)	4 (10.8)	15 (8.4)
게임	8 (7.2)	0 (0.0)	11 (7.0)	1 (1.7)	1 (5.6)	13 (6.5)	2 (8.3)	4 (6.1)	10 (5.9)	3 (4.8)	0 (0.0)	13 (6.4)	1 (5.9)	3 (8.1)	11 (6.2)
총계	111	1	157	59	18	201	24	66	168	62	14	204	17	37	178

	2006			2007			2008			2009			2010		
	진입	퇴출	총계	진입	퇴출	총계	진입	퇴출	총계	진입	퇴출	총계	진입	퇴출	총계
취미	1 (3.8)	1 (8.3)	11 (5.7)	2 (7.1)	0 (0.0)	13 (6.6)	0 (0.0)	1 (14.)3	12 (5.5)	0 (0.0)	0 (0.0)	12 (5.2)	0 (0.0)	0 (0.0)	12 (5.3)
종교	0 (0.0)	1 (8.3)	5 (2.6)	2 (7.1)	1 (4.3)	6 (3.0)	1 (3.6)	0 (0.0)	7 (3.2)	2 (9.5)	0 (0.0)	9 (3.9)	0 (0.0)	0 (0.0)	9 (4.0)
정보	6 (23.1)	0 (0.0)	45 (23.4)	4 (14.3)	0 (0.0)	49 (24.9)	6 (21.4)	1 (14.3)	54 (24.8)	1 (4.8)	1 (12.5)	54 (23.4)	1 (10.0)	3 (20.0)	52 (23.0)
음악	5 (19.2)	4 (33.3)	14 (7.3)	1 (3.6)	0 (0.0)	15 (7.6)	0 (0.0)	1 (14.3)	14 (6.4)	0 (0.0)	1 (12.5)	13 (5.6)	0 (0.0)	0 (0.0)	13 (5.8)
오락	3 (11.5)	1 (8.3)	14 (7.3)	3 (10.7)	3 (13.0)	14 (7.1)	2 (7.1)	0 (0.0)	16 (7.3)	0 (0.0)	0 (0.0)	16 (6.9)	0 (0.0)	2 (13.3)	14 (6.2)
영화	0 (0.0)	2 (16.7)	32 (16.7)	4 (14.3)	5 (21.7)	31 (15.7)	4 (14.3)	2 (28.6)	33 (15.1)	2 (9.5)	1 (12.5)	34 (14.7)	0 (0.0)	4 (26.7)	30 (13.3)
스포츠	0 (0.0)	0 (0.0)	9 (4.7)	2 (7.1)	2 (8.7)	9 (4.6)	1 (3.6)	0 (0.0)	10 (4.6)	3 (14.3)	0 (0.0)	13 (5.6)	0 (0.0)	0 (0.0)	13 (5.8)
보도	0 (0.0)	0 (0.0)	2 (1.0)	0 (0.0)	0 (0.0)	2 (1.0)	0 (0.0)	0 (0.0)	2 (0.9)	0 (0.0)	0 (0.0)	2 (0.9)	0 (0.0)	0 (0.0)	2 (0.9)
만화	3 (11.5)	0 (0.0)	5 (2.6)	0 (0.0)	0 (0.0)	5 (2.5)	0 (0.0)	0 (0.0)	5 (2.3)	0 (0.0)	0 (0.0)	5 (2.2)	0 (0.0)	0 (0.0)	5 (2.2)
드라마	3 (11.5)	1 (8.3)	7 (3.6)	2 (7.1)	2 (8.7)	7 (3.6)	4 (14.3)	1 (14.3)	10 (4.6)	0 (0.0)	2 (25.0)	8 (3.5)	1 (10.0)	1 (6.7)	8 (3.5)
대상	0 (0.0)	0 (0.0)	3 (1.6)	2 (7.1)	0 (0.0)	5 (2.5)	0 (0.0)	0 (0.0)	5 (2.3)	1 (4.8)	0 (0.0)	6 (2.6)	0 (0.0)	0 (0.0)	6 (2.7)
교육	1 (3.8)	0 (0.0)	17 (8.9)	3 (10.7)	4 (17.4)	16 (8.1)	2 (7.1)	0 (0.0)	18 (8.3)	3 (14.3)	0 (0.0)	21 (9.1)	2 (20.0)	1 (6.7)	22 (9.7)
교양	4 (15.4)	2 (16.7)	17 (8.9)	3 (10.7)	6 (26.1)	14 (7.1)	8 (28.6)	1 (14.3)	21 (9.6)	9 (42.9)	3 (37.5)	27 (11.7)	6 (60.0)	4 (26.7)	29 (12.8)
게임	0 (0.0)	0 (0.0)	11 (5.7)	0 (0.0)	0 (0.0)	11 (5.6)	0 (0.0)	0 (0.0)	11 (5.0)	0 (0.0)	0 (0.0)	11 (4.8)	0 (0.0)	0 (0.0)	11 (4.9)
총계	26	12	192	28	23	197	28	7	218	21	8	231	10	15	226

주1: ( )안은 각 열의 총계에서 차지하는 %를 나타냄.
주2: 데이터 채널은 제외함
자료: 방송통신위원회, 『방송산업실태조사보고서』 각 연도의 자료를 토대로 구성하였으며, 자료 보완을 위해서 각 PP의 홈페이지 참고

2. MPP의 성장과 시장 집중도

1) MPP 중심의 시장구조

현재 국내 케이블TV 산업은 소수의 MPP를 중심으로 구성되어 있다. 국내

최대의 MPP를 구성하고 있는 CJ E&M, 그리고 지상파방송 계열의 3개 MPP들이 시장의 주축을 이루고 있다. 온미디어를 합병한 CJ E&M은 영화산업에서 배급부문에서의 영향력을 바탕으로 6개의 영화 채널을 운용하고 있으며, 음악채널을 비롯하여 만화, 오락, 게임, 드라마, 취미 채널 등 다양한 인기 채널들을 운용하고 있다. 지상파 계열의 PP들은 자사 지상파 방송 프로그램과 재구성을 통해 드라마 채널을 중심으로, 스포츠, 영화채널에 진출하고 있다. 스포츠 채널은 많은 장비와 인력이 필요하여 지역 네트워크 등을 운용하는 지상파 방송국 이외에는 진입하기 어려운 시장이어서 지상파 방송사들이 과점하고 있었지만, 2009년 IPTV가 출범한 이후 SPOTV와 같이 독자 PP가 운영하는 스포츠 채널들이 새롭게 등장하고 있는 추세이다.

<표 4-3>을 보면 2009년 CJ에서 온미디어를 인수 합병한 이래로 CJ의 채널수가 크게 증가하였으며, 이에 따라 다른 지상파 계열 MPP들은 여러 장르에 걸쳐서 자신들의 채널 포트폴리오를 확장해 나가는 것을 볼 수 있다. 2009년 SBS는 정보에서 2개 채널, 오락에서 1개 채널, 게임에서 1개 채널을 추가하였으며, MBC 역시 교양, 드라마 채널을 1개 채널씩 추가하였고, KBS도 교양 채널을 1개 추가하였다. 온미디어를 합병하면서 갑자기 채널수가 늘어난 CJ는 2009년 이래로 가장 많이 보유하고 있던 채널인 영화채널을 조금씩 줄여나가고 있는 추세이다.

한편 2011년 SBS에서 어린이 채널을 보유하자 2012년에는 KBS 역시 어린이 채널을 보유한 것을 확인할 수 있는데, 이처럼 MPP들은 자신들의 채널 포트폴리오를 구성할 때 경쟁 사업자들의 눈치를 보는 것을 알 수 있다.

〈표 4-3〉 주요 MPP의 장르별 채널수 변화

2013	정보	오락	영화	교양	만화	드라마	취미	게임	음악	어린이	스포츠	총계
CJ	2	2	8 (+2)	1	1	1	2	2	32 (+14)	–	–	51 (+16)
SBS	3 (+1)	2	–	–	–	–	–	1	1	1	2	10 (+1)
MBC	–	1	–	2	–	1	–	–	1	–	1	6
KBS	–	2 (+1)	–	1	–	1	–	–	–	1	1	6 (+1)

2012	정보	오락	영화	교양	만화	드라마	취미	게임	음악	어린이	스포츠	총계
CJ	2	2	6 (–2)	1	1	1	2	2	18 (–14)	–	–	35 (–18)
SBS	2	2	–	–	–	–	–	1	1	1	2	9 (–2)
MBC	–	1	–	2	–	1	–	–	1	–	1	6
KBS	–	1	–	1 (–1)	–	1	–	–	– (–1)	1 (+1)	1	5 (–1)

2011	정보	오락	영화	교양	만화	드라마	취미	게임	음악	어린이	스포츠	총계
CJ	2	2 (–2)	8 (–2)	2	1 (–1)	1	2	3	32 (–1)	–	–	53 (–6)
SBS	3	1	–	–	–	–	–	1	1 (+1)	1 (+1)	4	11 (+2)
MBC	–	1	–	2	–	1	–	–	1	–	1	6
KBS	–	1	–	2 (+1)	–	1	–	–	1 (+1)	–	1	6 (+2)

2010	정보	오락	영화	교양	만화	드라마	취미	게임	음악	어린이	스포츠	총계
CJ	2	4 (+1)	10 (–1)	2 (+1)	2	1	2	3 (–1)	33 (+1)	–	–	59 (+3)
SBS	3	1	–	–	–	–	–	1	–	–	4	9
MBC	–	1	–	2	–	1	–	1	–	–	1	6
KBS	–	1	–	1 (–1)	–	1	–	–	–	–	1	4 (–1)

2009	정보	오락	영화	교양	만화	드라마	취미	게임	음악	어린이	스포츠	총계
CJ	2 (+1)	3	11 (+7)	1	2 (+1)	1 (+1)	2 (+1)	2 (+2)	32	–	– (–1)	56 (+12)
SBS	3	1	–	–	–	–	–	1	–	–	4	9

	(+2)	(+1)				(−1)		(+1)				(+3)
MBC	–	1	–	2 (+1)	–	1 (+1)	–	1	–	–	1	6 (+2)
KBS	–	1	–	2 (+1)	–	1	–	–	–	–	1	5 (+1)

2008	정보	오락	영화	교양	만화	드라마	취미	게임	음악	어린이	스포츠	총계
CJ	1	3	4	1	1	–	1	–	32	–	1	44
온미디어	1	–	8	–	1	1	1	1	–	–	–	13
SBS	1	–	–	–	–	1	–	–	–	–	4	6
MBC	–	1	–	1	–	–	–	1	–	–	1	4
KBS	–	1	–	1	–	1	–	–	–	–	1	4

주1: 홈쇼핑 채널은 제외하였음
주2: ( ) 안은 전년도 대비 증가 혹은 감소한 채널수를 의미
자료: 방송통신위원회, 『방송산업실태조사보고서』, 각 연도.

2) PP 산업의 시장집중도

PP 시장에서 시장참여자별 집중도를 매출액 기준으로 살펴보면, 시장집중도가 점점 높아지고 있는 것을 살펴볼 수 있다. <표 4－4>를 통해서 PP 산업의 시장집중도 추이를 살펴보면, 2005년 주요 MPP 사업자가 전체 PP 시장 매출액의 35.7% 정도를 점유하였으나, 그 비중이 점차 증가하여 2011년도에 이르러서는 전체 PP 시장의 61.5%를 차지하면서 전체 PP 매출액의 절반을 넘어설 정도에 이르렀다. 하지만 그 이후 주요 MPP 사업자의 전체 PP 시장 매출액 점유율은 점차 줄어들고 있는 추세에 있다.

〈표 4－4〉 매출액 기준 PP 산업의 시장집중도 변화

(단위 : %)

지배주주		2005	2006	2007	2008	2009	2010	2011	2012	2013
주요MPP 합		35.7	38.9	45.4	46.7	59.7	60.0	61.5	56.5	53.4
	CJ	12.5	14.9	17.9	20.8	27.1	26.5	26.2	27.1	25.6
	온미디어	12.2	12.3	13.5	11.1					
	SBS	4.7	4.9	5.9	6.3	14.3	16.5	19.4	15.5	15.7

	MBC	4.3	4.7	5.6	5.4	11.0	10.1	9.4	7.5	7.5
	KBS	2.0	2.0	2.4	3.1	7.3	7.0	6.5	6.4	4.6

주: 홈쇼핑 채널은 제외하였음
자료: 방송통신위원회, 『방송산업실태조사보고서』, 각 연도.

〈표 4-5〉 MPP의 매출액 분포, 2013년 현재

(단위: 천원)

지배주주	운영채널	운영채널 수	PP 사업자법인	매출액
CJ	tvN, Mnet, XTM, XTM(IPTV용) O'live, 채널 CGV, 투니버스	7	씨제이이앤엠㈜	439,554,915
	CatchOn, Catch On Plus, Catch on Demand, SuperAction, OCN, OCN series, On Style, Story On	8	㈜오리온시네마네트워크	193,824,203
	온게임넷	1	㈜온게임네트워크	20,763,136
	바둑TV	1	㈜바둑텔레비전	16,962,835
	National Geographic Channel	1	씨제이엔지씨코리아㈜	6,474,772
	중화TV	1	㈜인터내셔널 미디어지니어스	4,727,948
	OZIC 음악채널(30개)	30	씨제이파워캐스트㈜	855,690
	KM	1	㈜케이엠티브이	605,831
CJ 합계		50	-	684,021,136 (25.6)
SBS	SBS GOLF	1	㈜에스비에스골프	36,364,778
	SBS MTV, 니켈로디언	2	에스비에스 바이아컴(유)	12,541,193
	SBS CNBC	1	㈜에스비에스 비즈니스네트워크	22,879,944
	SBS Sports	1	(유)에스비에스 스포츠	49,113,268
	SBSFunE	1	㈜에스비에스 이플러스	24,058,507
	SBS플러스	1	㈜에스비에스 플러스	92,176,200
	게임파크, SBSi데이터방송	2	㈜에스비에스 콘텐츠허브	181,389,964
	SBS 교통정보 데이터 방송(Data)	1	㈜에스비에스	-

SBS 합계		10	-	418,523,855 (15.7)
MBC	MBC SPORTS PLUS	1	㈜엠비씨스포츠	48,663,175
	엠비씨뮤직, MBC 드라마넷, 엠비씨라이프, 엠비씨에브리원	4	㈜엠비씨플러스 미디어	150,056,670
	엠비씨넷	1	㈜지역엠비씨 슈퍼스테이션	1,765,511
MBC 합계		6	-	200,485,355 (7.5)
중앙일보	JTBC	1	㈜제이티비씨	89,132,361
	QTV	1	중앙미디어 큐채널(유)	25,579,736
	J Golf	1	중앙방송㈜	44,502,291
	카툰네트워크	1	중앙애니메이션(유)	6,947,668
중앙일보 합계		4		166,162,056 (6.2)
한국방송공사	KBS Prime, KBS N Sports, KBS Drama, KBS Joy, KBS W, KBS 키즈	6	(주)케이비에스엔	123,705,556 (4.6)
한전케이디엔(YTN)	YTN, YTN사이언스, YTN웨더	3	(주)와이티엔	96,170,311
	포드라이브(4Drive)(Data)	1	(주)와이티엔디엠비	-
한전케이디엔(YTN) 합계		4		96,170,311 (3.6)
티브로드	스크린, 패션앤, 채널뷰, 씨네프, 드라마큐브	5	㈜티캐스트	38,010,116
	폭스채널, FX, FOXlife	3	㈜티브로드 폭스코리아	23,964,324
	e채널	1	㈜이채널	21,041,716
	챔프	1	㈜챔프비전	4,728,332
티브로드 합계		10	-	87,744,488 (3.3)
매일경제신문사	MBN	1	㈜매일방송	78,256,463
	Mmoney	1	㈜엠비엔미디어	7,467,818
매일경제신문사 합계		2	-	85,724,281 (3.2)
조선일보	TV조선	1	(주)조선방송	71,554,574

	비즈니스앤	1	(주)디지털조선일보	4,644,349
조선일보 합계		2	-	76,198,923 (2.9)
씨앤앰	코미디TV, 드라맥스, Y-STAR, 라이프앤, 더드라마	5	㈜씨유미디어	67,451,954
	에이엑스앤(AXN)	1	에이엑스앤코리아(유)	6,143,263
씨앤앰 합계		6		73,595,218 (2.8)

주1: 2013년 말 기준임
주2: 매출액 구성은 방송 수신료 수익, 광고수익, 프로그램 판매수익, 상품판매수익, 비영리사업수익, 기타사업수익의 합으로 되어있다.
주3: 전체 PP 매출액의 2% 이상을 차지하는 PP만 제시하였음
주4: 홈쇼핑 채널은 제외하였음
주5: ( )안은 전체 PP 매출액의 비중을 나타냄
주6: 한국교육방송공사는 지상파방송 겸업 사업자로 방송사업매출을 지상파 방송사업매출로 분류하기 때문에 MPP 방송사업매출에는 포함시키지 않음.
자료: 방송통신위원회, 『방송산업실태조사보고서』

PP 산업의 매출액 집중도를 주요 MPP 사업자별로 살펴보면 <표 4-5>와 같다. 홈쇼핑 채널을 제외할 경우, 가장 큰 MPP인 CJ가 전체 PP 매출액의 25.6%를 차지하면서 매출액 기준 1위 사업자이고, 그 뒤를 지상파계열의 MPP들과 종합편성채널 계열의 MPP들 및 YTN, 티브로드 등의 MPP들이 뒤따르고 있다.

3) 장르별 경쟁과 시청점유율

우리는 <표 4-2>에서 장르별 채널의 진입과 퇴출, 그리고 채널 수의 분포를 살펴보았다. 이렇게 장르에 따라 채널 수가 다르게 나타나는 이유는 기본적으로 장르별로 진입비용과 시장의 크기가 다르기 때문이다. 장르별 진입 비용은 장르별로 콘텐츠의 생산기술 및 유통방식에 의존하는 반면, 수요의 크기는 케이블TV 시청자들의 선호분포에 의존한다. 시청자들의 선호가 크다는 것은 다른 조건이 동일하다면 시청률이 높다는 것을 의미하고 이는 광고비의 증가로 이어진다(수신료 수입이 낮은 상황에서). 시청률은 PP들의 수입을 결정

할 것이다. 따라서 소비자의 선호분포에 따른 장르별 수요의 크기는(진입 및 운영비용이 동일하다면) 경쟁하는 채널의 수와 채널별 시장점유율을 결정할 것이다. 따라서 소비자의 선호가 높은 장르, 예컨대 영화 장르에는 많은 수의 채널들이 분포하는 것이다. 이에 반해 정보 장르에 채널수가 많이 분포하는 것은 선호분포에 따른 수요의 크기라기보다는 공급측면에서의 진입비용과 생산 및 유통비용이 낮은 것에 기인한다. 그러나 공급측면에서 제도적 진입장벽, 많은 고정비용, 지적재산권 등의 진입장벽이 있는 경우에는, 채널별 수요의 크기와 채널 수와의 관계는 강하지 않을 수도 있다.

다른 한편으로, 장르에 대한 소비자의 시청률 분포는 시청자의 선호분포에 의해서 단순히 결정되지는 않는다. 장르별 시청률 분포는 다채널 프로그래밍의 수요와 공급에 의해서 내생적으로 결정된다. 장르 간 채널들의 질적 수준의 차이에 의해서 소비자 채널 선택은 선호분포와는 달리 나타날 수도 있을 것이다. 예컨대, 장르 내 채널 간 경쟁으로 어느 특정 장르의 질적 수준이 다른 장르에 비해서 상대적으로 높은 경우, 여기에 속한 채널들의 시청 점유율은 (장르에 대한 시청자의 선호분포보다) 높을 수도 있을 것이다.

<표 4－6>은 2015년 현재 한국 케이블TV 시청자들이 주로 시청하는 상위 20개 채널의 장르별 분포를 나타내고 있다. 유료방송시장에서는 현재 종합편성채널이 가장 높은 일일 평균 시청량을 보이고 있으며 그 다음으로는 오락장르, 드라마, 영화, 보도 장르 순으로 나타나고 있다. 개별 채널로는 MBN, 채널 A, TV 조선, JTBC등의 종합편성채널들이 상위 5위 내에 포진되고 있고, 오락채널에 해당하는 tvN이 4위에 올라 있는 것이 특징이다.

〈표 4-6〉 상위 20위 채널의 장르별 분포 현황(2015년 1월 ~ 12월 일일 평균 시청시간 기준)

(단위, 분 : 초)

장르	채널명	시청시간	합계
종합편성	MBN	22:55	77:02
	TV조선	19:25	
	채널 A	19:55	
	JTBC	14:47	
오락	tvN	16:03	26:51
	MBC every1	03:51	
	코미디TV	03:06	
	KBS JOY	03:51	
영화	OCN	05:13	16:12
	채널 CGV	04:06	
	Dramax	03:36	
	Super Action	03:17	
스포츠	MBC SPORTS+	05:25	12:38
	SBS SPORTS	03:49	
	KBS N SPORTS	03:24	
보도	YTN	08:25	16:11
	연합뉴스 TV	07:46	
드라마	MBC드라마넷	08:09	20:09
	KBS DRAMA	06:27	
	SBS Plus	05:33	

주: 유료가구 대상 수도권 기준
자료: 닐슨 내부자료

제2절. PP 산업의 시장성과

1. PP 산업의 매출액 구조 변화

1) 단체 수익분배와 수신료 수입

<표 4－7>은 PP 산업의 매출액 구조를 년도 별로 살펴본 것인데, 이를 통해서 PP 산업의 변화를 좀 더 깊이 이해할 수 있다. 먼저, 매출액 규모로 계산한 PP 산업의 시장규모는 등록제 시행이 이루어진 2000년도 이후 급격히 증가하고 있는 것을 볼 수 있다. 이는 RO의 SO 전환과 함께 SO 가입자가 증가하고, 이와 함께 PP 산업의 진입장벽 완화로 채널 수가 급격히 증가하면서 나타난 현상이다.

<표 4－7>을 보면, 1990년대 중반 PP의 수신료 수입이 매년 큰 폭으로 증가하고 있는 것을 볼 수 있다. 그러나 1999년대 하반기에 들어서면서 수신료 수입은 규모면에서 오히려 큰 폭으로 감소하였고, 2000년도의 PP의 수신료 수입규모는 5백9억 원으로 1998년도의 수신료 규모인 4백8십6억 원을 겨우 넘어서는 정도이다.

〈표 4－7〉 PP의 매출액 구성 변화 (1996~2013)

(단위: 백만원, %)

구분	1996	1997	1998	1999	2000	2002	2003	2004
수신료 수입	19,488 (10.7)	39,158 (17)	48,641 (23.3)	36,704 (18.2)	50,983 (16.7)	91,198 (13.3)	115,493 (17.6)	177,029 (20.8)
광고수입	105,275 (57.9)	115,698 (50.4)	87,999 (42.1)	109,640 (54.5)	174,087 (54.6)	252,877 (37.0)	312,287 (47.5)	373,223 (43.7)
프로그램 판매수입	57,090 (31.4)	74,915 (32.6)	72,426 (34.6)	55,006 (27.3)	5,512 (1.8)	20,584 (3.0)	6,157 (0.9)	9,226 (1.1)
상품판매					75,325	17,274	7,530	22,808

수입						(2.5)	(1.1)	(2.7)
비영리수입					(24.6%0	302,104 (44.2)	215,472 (32.8)	27,882 (3.3)
기타사업 수익								243,618 (28.5)
합계	181,853 (100)	229,771 (100)	209,066 (100)	201,350 (100)	305,907 (100)	684,037 (100)	656,939 (100)	853,787 (100)

구분	2005	2006	2007	2008	2009	2010	2011	2012	2013
수신료 수입	157,255 (11.1)	200,614 (11.2)	260,907 (12.7)	298,421 (14.2)	350,492 (13.0)	401,965 (13.2)	438,253 (9.6)	567,459 (10.9)	658,343 (11.6)
광고수입	547,721 (38.6)	691,801 (38.8)	854,572 (41.6)	874,725 (41.7)	754,804 (28.0)	968,036 (31.7)	1,148,414 (25.1)	1,252,705 (24.1)	1,261,983 (22.2)
협찬수입	–	58,037 (3.3)	75,801 (3.7)	64,716 (3.1)	61,047 (2.3)	78,429 (2.6)	76,157 (1.7)	199,093 (3.8)	201,776 (3.5)
프로그램 판매수입	19,503 (1.4)	31,990 (1.8)	40,528 (2.0)	39,346 (1.9)	38,088 (1.4)	40,730 (1.3)	64,555 (1.4)	84,471 (1.6)	107,313 (1.9)
방송시설임대 수입				9,447 (0.45)	6,406 (0.24)	5,297 (0.17)	2,726 (0.06)	11,510 (0.22)	8,805 (0.2)
행사수입	13,072 (0.9)	4,346 (0.2)	39,032 (1.9)	20,923 (1.0)	7,559 (0.3)	8,999 (0.3)	12,297 (0.3)	11,510 (0.2)	26,563 (0.5)
상품판매 수입				1,310 (0.1)	–	–	28 (0.0)	608 (0.0)	–
비영리수입	46,847 (3.3)	25,163 (1.4)	–	–	–	–	–	–	–
기타방송사업 수입				138,736 (6.6)	103,100 (3.8)	164,654 (5.4)	183,882 (4.0)	210,283 (4.1)	199,709 (3.5)
기타사업 수익	634,208 (44.7)	771,813 (43.3)	785,702 (38.2)	650,219 (31.0)	1,376,645 (51.0)	1,382,321 (45.3)	2,643,192 (57.8)	1,860,078 (35.8)	3,232,576 (56.7)
합계	1,418,606 (100)	1,783,764 (100)	2,056,542 (100)	2,097,844 (100)	2,698,141 (100)	3,050,431 (100)	4,569,505 (100)	5,193,196 (100)	5,697,068 (100)

주1: 홈쇼핑 채널과 데이터 전용 채널의 매출은 제외함
주2: ( )안은 PP 산업의 전체 매출액에서 차지하는 비중을 나타냄
주3: 『방송산업실태조사보고서』의 방송관련 수입만 반영하여 재구성하였음
주4: 2001년도 PP 매출액 구성 자료는 타 년도와 비해 통계수집 체계의 일관성을 결여하여 포함하지 않음
자료: 1996년: 한국방송진흥원, 『방송영상산업통계백서』, 1997년 이후: 방송통신위원회, 『방송산업실태조사보고서』 각 연도

1997년부터 1999년대까지 볼 수 있는 PP의 수신료 수입 감소는 1999년경에 등장한 티어링 제도와 SO와 PP 사이의 계약제도의 변경에 기인한다. 티어

링 제도와 PP의 수신료 수입을 이해하기 위해서는 채널의무 송신제와 SO와 PP의 단체계약을 이해해야 한다. 먼저, 채널의무 송신제는 1995년 케이블TV 도입 시에 허가된 모든 PP의 경영 안정 및 시청자의 다양한 채널 접근 보장 차원에서 모든 SO가 모든 PP들의 채널을 의무적으로 송출하도록 하는 제도였다. 따라서 모든 SO가 단일 소비자 이용 약관으로 모든 가입자에게 동일 서비스를 동일 가격으로 제공하였다. 그러나 2000년대 들어 위성방송과 IPTV의 도입으로 수신료 수입은 꾸준히 증가하고 있다.

다음은 SO와 PP 간의 수익배분 구조인데 SO와 PP 간의 단체계약에 의한 수익배분구조였다. SO와 PP 간의 이러한 단체수익배분구조는 2000년까지 지속되었는데, SO협의회와 PP협의회 간 단체계약을 통하여 SO의 총 수신료 수입액의 일정 부분(그 당시는 32.5%)을 PP협의회에 일괄 분배하고, PP들은 개별 PP의 시장성과와 큰 관계없이 수신료 수입을 배분받았다.[33] 따라서 그 당시 가입자가 월 수신료로 지불하였던 1만 5천원 중에서 PP에게는 4,875원(32.5%)이 배분되었다. 이러한 단체 계약 형태는 2000년까지 유지되었지만 2001년 일부 계별계약 형태로 변환되었고 2002년부터는 완전 개별 계약의 형태로 바뀌게 되었다.

결국, SO의 가입자가 증가하면서 SO의 수신료 수입은 증가하게 될 것이고, 수신료 수입의 일정 비율을 배분받게 되는 PP의 수신료 수입은 증가하였던 것이다. 이는 매출액 구성 비율을 그림으로 나타낸 [그림 4-1]에서 수신료 수입 비중이 1998년까지 지속적으로 증가한 것에서 확인할 수 있다.

33 PP 간의 수익배분은 일률적으로 배분하는 것을 기본으로 하여 PP별 방송시간에 따라 차등을 두거나, PP의 시청률에 따라 차등을 두는 비중을 늘리는 등 점차 시장기능을 도입하는 방향으로 제도변경이 이루어졌다(손창용 · 여현철, 2003). 2001년에는 다양한 방법으로 시장기능을 도입하려고 시도하였고 결국 2002년부터 개별 PP의 시장성과에 따른 배분으로 바뀌게 되었다.

[그림 4-1] PP 산업의 매출액 비중 추이

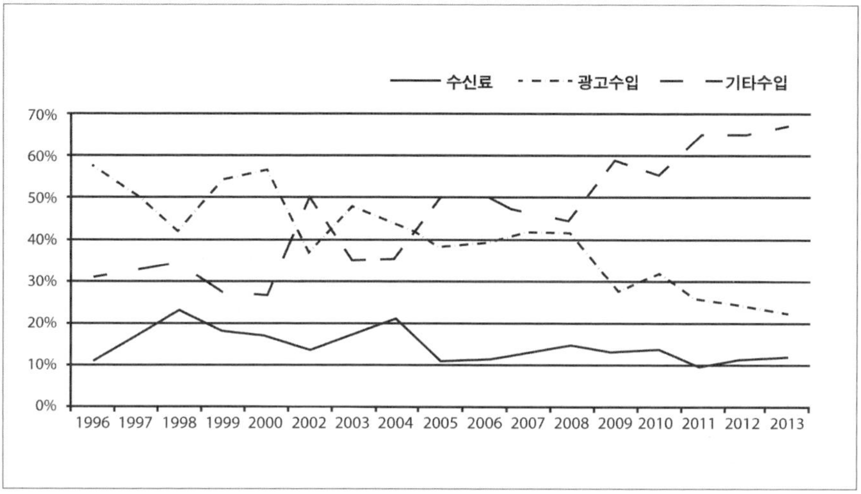

주: 기타수입은 수신료 수입과 통상적인 광고수입을 제외한 프로그램 판매수익, 상품판매수익, 기타수익 등을 포함한다.
자료: 1996년: 한국방송진흥원, 『방송영상산업통계백서』, 1997년 이후: 방송통신위원회, 『방송산업실태조사보고서』 각 연도

SO와 PP의 단체계약 형태는 PP 간의 경쟁 제약, PP 등록제로 인한 다수 PP들의 경쟁심화, 지역별 차별적 프로그램 제공의 필요성 등의 문제가 제기되면서 2002년부터는 SO와 PP 간 개별 계약이 전면적으로 이루어졌다.

2) 채널 티어 제도와 수신료 수입

[그림 4-1]에서 볼 수 있듯이 1998년에서 2002년까지 PP의 수신료 수입 비중이 감소하는 것은 이 기간 중 광고수입이 상대적으로 증가하는 것과 관련이 있으나, 더욱 중요한 요인은 채널 티어 제도의 도입과 수신료 수입의 상대적 감소 때문이다. RO에 대한 SO의 효과적인 경쟁을 위해 도입된 채널 티어 제도는 1999년 초, 부산, 경남 지역을 중심으로 먼저 도입되었다. SO들은 전 채널 의무송신 패키지인 기본형(월 15,000원) 이외에 국민형(3,000원 내외), 보급형(5,000원 내외), 가족형(6,000원 내외) 등 다양한 패키지를 제공하였다.

이러한 다양한 패키지는 기본형보다는 매우 낮은 가격 수준이었으며, 이는 RO에 대한 경쟁압력을 행사하기 위해 불가피한 선택이었다.

전채널 의무 송신에 따른 고가의 서비스 강매는 결국 낮은 티어로의 가입자 전환을 가져왔고, 티어제도가 도입된 1999년부터 SO 유료가구 수의 절반 이상이 기본형보다 낮은 티어에 가입하였다. 우리는 이 시기부터 PP의 수신료 수입 비중이 감소하기 시작한 것을 눈여겨보아야 한다. 이에 따라 가입자당 수신료 수입은 1/2 이하로 급감하게 되었다. 물론 가격의 하락은 가입자의 증가로 이어졌다. 또한 RO의 SO 전환으로 종합유선 가입자는 큰 폭으로 증가하였으나, 대부분 전환 가입자들은 중계유선방송서비스와 유사한 보급형 티어에 가입되었다. 즉, 경쟁권역에서 두 개의 SO가 상호 경쟁하게 되면서 가격을 낮은 수준으로 유지할 수밖에 없었고, PP에 대한 수익 분배는 제한적일 수밖에 없었다. 결국, 케이블TV 유료방송 가입자 수가 증가함에도 불구하고 PP의 수신료 수입은 비례하여 증가하지 않은 것이다. 이는 소비자에게 검증받지 못한 많은 신규 PP들이 시장에 진입하였지만, 이들은 수신료와 광고수입에 의존하기 보다는 기타수익[34]에 의존하였기 때문에, 1998년에서 2002년까지 PP의 수신료 수입이 차지하는 비중은 상대적으로 정체해 있었다는 사실과 관련이 있다. 2000년 중반을 넘어서면서 PP들의 수익구조에서 가장 높은 비중을 차지하는 것이 기타수익이라는 점도 주목할 필요가 있다. 최근까지 PP 수신료 수입의 절대량은 증가하였지만 광고수입이나 기타수입까지 포함한 전체 매출액에 대비한 수신료 수입 비중은 과거와 비교하여 별반 차이를 보이고 있지 못하다는 점도 국내 PP산업의 특징이라 하겠다.

34 기타수익은 상품판매수익, 비영리 수익, 기타사업 수익 등을 포함한다.

3) SO와 PP 간 수신료 분배

(1) 채널 티어 제도와 PP 수신료 분배비율

RO의 SO 전환이 지속되면서 낮은 저가 티어의 가입자 비중은 증가하였다. <표 4 - 8>에서 볼 수 있듯이 기본형보다 낮은 티어에 가입하는 가구 비율은 2000년 63.4%에서 2004년 80%로 증가하였다. 이는 신규 케이블TV 가입자 뿐 아니라, RO 전환 가입자가 저가 티어에 가입하면서 나타난 현상이다. 결국, 케이블TV 가입가구의 대부분이 저가 티어에 속해있다고 할 수 있는데, 이러한 구조는 PP에게 적절한 수익배분이 이루어질 수 없게 만들었다.

〈표 4 - 8〉 PP의 수신료 수입과 티어 가입자와의 관계

(단위: 수입, 백만원)

구분	PP 총수입	PP 수신료 수입	SO 총가구	SO 유료방송 가구수	SO 기본형 가입가구	SO 티어가입 가구	SO 총 수입	SO 수신료 수입	수신료 PP분배 비율
1996	181,853	19,488 (10.7%)	1,536,160	502,874 (32.7%)	502,874 (32.7%)	-	85,668	81,208 (94.8%)	24.0%
1997	229,771	39,158 (17%)	2,529,782	825,075 (32.6%)	825,075 (32.6%)	-	159,469	115,846 (72.6%)	33.8%
1998	209,066	48,641 (23.3%)	1,002,866	829,403 (82.7%)	829,403 (82.7%)	-	199,610	144,103 (72.2%)	33.8%
1999	201,350	36,704 (18.2%)	1,955,889	1,794,798 (91.7%)	878,622 (44.9%)	916,176 (46.8%)	236,035	175,272 (74.3%)	20.9%
2000	305,907	50,983 (16.7%)	3,086,267	2,887,845 (93.6%)	932,526 (30.2%)	1,955,319 (63.4%)	364,224	200,511 (55.1%)	25.4%
2001	635,518	52,691 (8.3%)	5,603,814	5,376,120 (95.9%)	858,289 (15.3%)	4,517,831 (80.6%)	547,897	275,782 (50.3%)	19.1%
2002	684,037	95,833 (14.0%)	6,911,514	6,614,417 (95.7%)	1,270,310 (18.4%)	5,344,107 (77.3%)	788,698	381,332 (48.3%)	20.9%
2003	669,974	112,559 (16.8%)	9,401,606	8,966,532 (95.4%)	874,554 (9.3%)	8,091,978 (86.1%)	1,074,954	516,805 (48.1%)	13.2%
2004	853,787	177,029 (20.8%)	11,724,055	11,341,777 (96.7%)	1,957,691 (16.7%)	9,384,086 (80.0%)	1,347,948	655,050 (48.0%)	15.0%

2005	1,418,606	157,255 (11.1%)	13,876,533	13,612,356 (98.1%)	1,421,989 (10.2%)	12,190,367 (87.8%)	1,581,807	741,585 (46.9%)	12.6%
2006	1,783,764	200,614 (11.2%)	14,067,681	13,765,713 (97.9%)	1,737,940 (12.4%)	12,027,773 (85.5%)	1,846,748	843,801 (45.7%)	14.6%
2007	2,056,542	260,907 (12.7%)	14,533,965	14,250,169 (98.0%)	2,493,387 (17.2%)	11,756,782 (80.9%)	2,135,834	998,036 (46.7%)	17.0%
2008	2,097,844	298,421 (14.2%)	15,013,227	14,802,694 (98.6%)	4,727,126 (31.5%)	10,075,568 (67.1%)	2,401,820	1,095,310 (45.6%)	21.5%
2009	2,698,141	350,492 (13.0%)	15,053,855	14,755,798 (98.0%)	5,538,399 (36.8%)	9,217,399 (61.2%)	2,525,226	1,148,039 (45.5%)	26.1%
2010	3,050,431	401,965 (13.2%)	14,858,247	14,665,374 (98.7%)	5,549,312 (37.3%)	9,116,062 (61.4%)	2,637,424	1,173,735 (44.5%)	27.2%
2011	4,569,505	438,253 (9.6%)	14,777,993	14,523,816 (98.3%)	5,344,803 (36.2%)	9,179,013 (62.1%)	2,813,873	1,202,466 (42.7%)	26.8%
2012	5,193,196	567,459 (10.9%)	14,798,725	14,568,926 (98.4%)	4,662,183 (31.5%)	9,906,743 (66.9%)	3,159,097	1,207,466 (38.2%)	32.2%
2013	5,697,066	658,343 (11.5%)	14,745,192	14,737,884 (99.5%)	5,285,325 (35.8%)	9,452,559 (64.1%)	3,426,639	1,166,329 (34.0%)	40.0%

주1: 홈쇼핑 채널 제외
주2: 수신료 PP 분배비율(1996~2001)=(PP 수신료 수입/SO 수신료 수입)*100
주3: 수신료 PP 분배비율(2002~2013)=((PP 수신료 수입−스카이라이프 수신료 PP분배액)/ (SO 수신료 수입)*100
주4: 현재 2014년 방송시장경쟁상황평가 발표 이전이기 때문에 2013년 수신료PP분배비율에 대한 정확한 수치산정이 불가능함
자료: 방송통신위원회, 『방송산업실태조사보고서』, 방송통신위원회, 『방송시장경쟁상황평가』 각 연도의 자료를 토대로 구성

그러나 2002년 이후 PP에 대한 수익 분배율이 지속적으로 감소하고 있는 것은 짚고 넘어가야 할 것이다. 전 채널 의무전송제와 단체 수익분배를 실시하였던 1998년까지는 SO의 PP에 대한 수신료 분배 비율이 30% 이상을 유지하였으나, 1999년 채널 티어 제도가 도입된 이후, SO 수신료의 PP 분배비율은 20%대로 낮아졌다. 그러나 이 비율조차도 RO의 전환이 마무리된 2003년에는 13.2%로 최저 수준을 나타낸 후, 2004년 14.9%로 다소 증가하였으나 2000년 상반기 전체 평균보다는 낮은 수준을 보이고 있다.

SO가 PP에게 지급하는 프로그램 사용료의 수신료 대비 지급비율이 지나치게 낮다는 문제를 해결하기 위해, 방송통신위원회는 2008년 말 SO 재허가

심사 시 '수신료 25% 이상의 PP프로그램 사용료 지급 및 매 반기 별 PP 프로그램 사용료 지급현황 제출'을 허가 조건에 포함시켰다. 이러한 규제로 인해 PP 프로그램 사용료의 평균 지급률이 2009년에 수신료 대비 25% 이상으로 증가하였으며, 2013년에 이르러서는 40%의 평균 지급률을 기록하였다.

2000년대 중반은 케이블TV 산업에서 큰 의미를 갖는 시기이다. 이 시기에는 SO의 RO 통합이 완결되면서 케이블TV 산업구조가 안정화기 시작하였다. 또한 경쟁권역의 SO에 대한 기업결합이 확산되고, SO의 MSO화도 빠른 속도로 진행되어 가고 있다. 케이블TV 산업의 구조가 안정화되어 가고, 집중화되어 가면서 SO와 PP의 수익분배가 어떻게 이루어질 것이고, 수익분배 결과가 PP 산업에 미치는 효과를 살펴보는 것은 매우 흥미로운 작업이 될 것이다.

(2) PP의 크기와 수신료 수입 비중

SO와 PP 간 적절한 수신료 분배비율을 일률적으로 규정하기는 어렵다. 수신료 분배비율은 기본적으로 프로그래밍의 생산 및 유통기술, PP의 시청율, 그리고 PP의 협상력에 의존할 것이다. 2000년도 중반까지의 추이를 볼 때 SO의 수신료 수입이 큰 폭으로 증가하고 있음에도 불구하고 PP에 대한 수신료 수입 분배비율이 감소하고 있는 것은 다른 조건이 동일한 가운데 상대적으로 SO의 협상력이 증가하고 있었음을 의미한다. SO의 협상력의 지나친 증가로 인해 방송시장 전체의 시장균형이 무너질 수 있다는 판단 하에 방송통신위원회는 2008년 말 SO 재허가 심사 시 '수신료 25% 이상의 PP 프로그램 사용료 지급 및 매 반기 별 PP 프로그램 사용료 지급현황 제출'규제를 시행하였다. 규제 시행 이후 수신료 PP 분배비율을 25% 이상으로 높임으로써 SO와 PP 간의 수신료 분배율을 어느 정도 적정한 수준으로 규정하였지만, 2012년도에 들어 SO와 PP 간의 수신료 분배율이 32.2%를 기록하며 점점 PP들의 협상력이 커지는 추세인 만큼 이러한 규제가 향후 지속적으로 유지가 되어야 할지에 대해서는 고민이 필요할 것이다.

한편 PP에 대한 낮은 수준의 수신료 수입 분배가 SO의 독점적 시장구조와 MSO의 협상력에 기초하고 있으므로, PP들도 MPP를 형성하여 MSO에 대응하는 모습이 나타나고 있는 것을 알 수 있다. 그렇다면, MPP의 형성은 PP의 수신료 수익 분배에 영향을 미치는가? 이상우 · 이인찬(2005)은 개별 SO의 수신료 수입이 각각의 PP에 대해 어떻게 분배되는가에 대한 통계를 구할 수 없는 상황에서 MPP와 개별 PP의 전체 수입에서 수신료 수입이 차지하는 비율을 비교분석함으로써 PP의 크기가 수신료배분에 미치는 효과를 간접적으로 살펴보았다.

〈표 4 - 9〉 수신료 수입과 광고수입이 차지하는 비율의 차이

2004년	MPP	PP
N	45	87
수신료 수입 비율	28.6 *	19.7
광고수입 비율	50.1 *	38.3
광고+수신료 수입 비율	78.7 **	57.9

주1: 홈쇼핑 제외, 총수입이 0인 PP는 제외
주2: * $p<.1$, ** $p<.01$
자료: 방송위원회 (2004), 『방송산업실태조사보고서』

2004년 현재 PP의 총 수입에서 수신료와 광고가 차지하는 비율은 90% 유의 수준에서에서 MPP가 독립 PP보다 높은 것으로 나타났고, 수신료와 광고수입의 합이 전체 매출액에서 차지하는 비율은 99% 유의 수준에서 MPP가 PP보다 높은 것으로 나타났다. 이러한 결과는 PP 시장에서 높은 시장지배력을 가지고 있는 MPP가 수신료와 광고수입에 대부분의 수입을 의존하고 있는 반면, MPP를 제외한 대부분의 독립 PP들은 수신료 수입 비중이 낮다는 것을 의미한다.

물론 광고수입은 PP의 SO 전송률(carriage percent)과 시청률에 의존한다.

따라서 MPP이기 때문에 단독 PP보다 광고수입의 비율이 높다고 단순히 결론짓기는 어렵다. 그러나 <표 4－6>에서 살펴본 바와 같이, 시청률 상위 20위내에 속한 대부분의 채널들이 MPP 계열의 채널이라는 것은 결국 MPP 계열의 채널들이 단독 PP보다 시청률이 높음을 의미하고 따라서 상대적으로 광고수입이 높다고 할 수 있다. 뿐만 아니라, 시청률이 높은 경우, 다른 조건이 동일한 가운데 PP의 수신료 수익분배비율도 높을 수 있다. 최근의 데이터를 가지고 동일한 분석을 수행할 필요가 있으나 2004년 이후 방송산업실태조사보고서의 데이터가 위와 같은 형식으로 정리되어 있지 않기 때문에 최근 데이터에 기반한 분석은 불가능하다.

2. 위성방송, IPTV, 케이블TV의 경쟁과 PP 산업

1) 위성방송, IPTV, 케이블TV에 대한 PP의 전송

케이블TV와 위성방송, 그리고 IPTV는 각 매체의 기술적 특성에 기초하여 소비자에게 가격과 서비스 구성을 제시하면서 경쟁하고 있다. 또한 이들은 어느 정도의 콘텐츠 차별화를 통해 경쟁하고 있다. 먼저, 케이블TV 또는 위성방송에 채널을 송출되고 있는 채널수는 2004년 6월 총 140개였다. 이중에서 케이블TV에 송출되는 채널수는 109개이고, 위성방송에 송출되는 채널 수는 88개였다. 위성방송이 기술적으로 더 많은 채널을 전송할 수 있는 데에 반해 위성방송에 송출되는 채널의 수가 케이블TV SO들에게 송출되는 채널의 수보다 적었다. 이는 케이블TV와 위성방송의 가입자 기반의 차이 때문에 케이블TV 업계의 압력에 저항할 수 없는 PP들의 입장이 반영된 것이었다. 케이블TV 업계의 PP에 대한 압력은 케이블TV에만 전송하는 채널의 수가 50개이고, 두 매체에 모두 전송하는 채널이 59개인 것을 통해서도 잘 알 수 있다. 한편, 위성방송에만 전송하는 채널은 대부분 PPV 또는 프리미엄 채널들이었다. 이러한 양상은 IPTV가 도입된 이후 점차 변화되고 있다. 2014년 현재, 케이블TV, 위성방송, IPTV에서 송출되고 있는 채널수는 총 191개였으며, 이중 케이블 TV에서 송출되고 있는 채널수는 169개, 위성방송에서 송출되고 있는 채널수는 113개, IPTV에서 송출되고 있는 채널수는 142개로 나타났다. 또한 과거 위성방송에서만 방영되던 PPV 또는 프리미엄 채널들은 대부분 IPTV로 넘어갔고, 현재 위성방송에서만 방영되는 하나의 채널은 시범적으로 운영 중인 3D채널이다. 또한 선택할 수 있는 플랫폼이 과거 2개에서 3개로 늘어난 만큼 케이블TV와 위성 혹은 위성과 IPTV, 케이블TV와 IPTV에서만 방영되는 채널들이 등장했다.

〈표 4-10〉 케이블TV와 위성방송에 송출되는 채널 현황, 2004년 vs. 2014년

2004	케이블TV	위성방송
케이블TV에만 전송하는 채널 수	50개(35.7%)	-
위성방송에만 전송하는 채널 수	-	29개(20.7%)
케이블TV와 위성방송 모두 전송하는 채널 수	59개(42.1%)	
합 계	109개(77.9%)	88개(62.9%)

2014	케이블TV	위성방송	IPTV
케이블TV에만 전송하는 채널 수	38개(19.9%)	-	-
위성방송에만 전송하는 채널 수	-	1개(0.5%)	-
IPTV에만 전송하는 채널 수	-	-	13개(6.8%)
케이블TV + 위성	10개(5.2%)		
케이블TV + IPTV	27개(14.1%)		
위성 + IPTV	8개(4.2%)		
케이블TV와 위성방송, IPTV에 모두 전송하는 채널 수	94개(49.2%)		
합 계	169(88.5%)	113(59.2%)	142(74.3%)

자료: 방송통신위원회 『방송산업실태조사보고서』

한편, 2004년 현재 케이블TV에 전송 중인 시청률 상위 20위 내의 채널들 중, 위성방송에 송출되지 않는 채널이 4개나 되었다. 케이블TV는 90%에 가까운 가입자 기반을 가지고 위성방송의 시장침투를 막으려 하고 있고, 이러한 전략가운데 가장 대표적인 것 중의 하나가 인기 있는 프로그래밍의 위성방송 송출을 시장력을 이용하여 제어하는 것이었다. 그러나 2014년 현재 케이블TV 시청률 상위 20위 채널들 중 위성방송이나 IPTV에 제공되고 있지 않은 채널은 '코미디 TV' 1개에 불과하다.

〈표 4-11〉 케이블TV 시청률 상위 20위 채널들의 위성방송 송출 현황 (2014년 현재)

	케이블TV	위성방송	IPTV
시청률 상위 20위 채널 수	20개	19개	19개

자료: 방송통신위원회. 『방송산업실태조사보고서』.

2) 위성방송, IPTV, 케이블TV의 PP 수신료 분배 비율

케이블TV와 위성방송, IPTV간의 경쟁은 PP 산업에서 활발한 시장진입으로 나타났다. 위성방송이 방송을 시작한 해인 2002년에는 59개의 PP가, 2003년에는 24개가, 2004년에는 62개가 신규로 PP 시장에 진입하였다. 그 뒤 2005년부터 어느정도 안정기로 접어들었으며 IPTV가 도입된 이후 2009년도에는 11개의 신규 PP가 진입하였고, 2011년도에는 종합편성채널 4개가 신규로 진입하며 2012년에 이르러 데이터채널을 포함할 경우 총 191개의 채널이 송출되고 있다.

그렇다면 케이블TV와 위성방송, IPTV 간의 경쟁은 PP의 수신료 수입에 어떠한 영향을 미칠 것인가? 이 3개의 전송매체가 PP에게 분배하는 수신료 비율은 어떠한 차이를 가지고 있는가?

우선, 위성방송, IPTV, 그리고 케이블TV가 PP에 분배하는 수신료의 비율은 상당한 차이를 보이고 있다. <표 4-12>를 통해서 케이블TV와 위성방송,

IPTV의 PP에 대한 수신료 분배비율을 비교해 보면, 케이블TV보다는 비교적 고가인 위성방송과 IPTV의 경우, 수신료 수입의 40% 정도를 PP에게 배분하고 있으며, 케이블TV의 경우 PP에 대한 수신료 분배비율이 2008년에 이르러 처음 20%를 돌파(21.5%)한 후, 계속 20%대 후반(26.1~27.2%)을 유지하다가 2012년 32.2%로 30%대에 최초로 진입하였다. 2000년 중반으로 접어들면서 케이블TV와 위성방송과의 경쟁이 심화되는 과정에서도 케이블TV의 PP에 대한 분배비율은 오히려 낮아지고 있었고, 이러한 문제점을 해결하기 위한 정부의 규제와 더불어 거대 MPP의 등장으로 인하여 2013년 현재 PP들은 SO로부터 40%대 수준의 수신료 수익을 배분받고 있다.

〈표 4-12〉 케이블TV와 위성방송의 PP 수신료 배분 비율 비교

(단위: 억원)

	2010	2011	2012	2013
케이블TV 수신료 수입	11,758	12,025	12,075	11,663
케이블TV의 수신료 PP 분배금액	3,194 (27.2%)	3,219 (26.8%)	3,886 (32.2%)	4,660 (40.0%)
위성방송 수신료 수입	2,977	3,217	3,546	3,801
위성방송 수신료 PP 분배금액	1,164 (39.1%)	1,256 (39.0%)	1,425 (40.2%)	1,440 (37.9)

자료: 방송통신위원회, 『방송시장 경쟁상황 평가보고서』

5장.

유료TV 시장에서 플랫폼과 콘텐츠의 파이나누기

최근 들어 미디어 시장은 플랫폼을 중심으로 한 콘텐츠 산업 생태계가 구축되면서 플랫폼 사업자와 콘텐츠 사업자들 간의 수익배분 이슈가 그 어느 때보다 주목을 받고 있다. 음원을 다운로드 받거나 스트리밍하면서 음악을 즐기는 풍토가 일반화되면서 음원콘텐츠의 수익을 어떻게 배분할 것인지의 문제가 발생하였고, 애플의 아이폰 출시와 함께 나타난 애플리케이션 플랫폼 사업자와 개발자 사이의 수익배분 문제 역시 여전히 미디어 업계에서는 중요한 관심거리이다. 애플 앱스토어의 경우에는 하나의 애플리케이션이 판매될 경우, 개발자가 수익의 70%를 가지고 애플은 30%를 갖도록 되어 있는 구조이고, 음원의 경우에는 스트리밍 또는 다운로드가 이루어질 때 플랫폼 사업자가 저작권자에게 건당 음원 전송 사용료를 지급하는 구조인 것으로 알려져 있다. 한편, 국내 유료TV 사업자들은 총 수신료의 최소 25% 이상을 PP에게 지급하도록 되어 있고, 지상파방송사업자에게는 유료TV 가입자당 280원에 해당하는 돈을 매월 지급하고 있다.
적자생존의 법칙이 지배하는 치열한 미디어 시장 환경에서 플랫폼 사업자와 콘텐츠 사업자 간 수익배분을 둘러싼 갈등이 나타나는 것은 당연하다. 콘텐츠 사업자들은 콘텐츠 사업자들에게 충분한 몫이 지급됨으로써 콘텐츠 사업자들의 제작유인이 높아지고, 이는 양질의 콘텐츠 제작으로 이어져 플랫폼 사업자들의 성장에도 도움이 되는 선순환 구조가 나타날 수 있음을 주장하고 있다. 반면, 플랫폼 사업자 입장에서는 콘텐츠 사업자와 소비자를 연결시켜 주는 접점으로서 마케팅, 소비자 모집 및 관리, 패키징 등 다양한 업무에 들어가는 비용이 만만치 않은데 지나치게 많은 돈이 콘텐츠 사업자에게 분배될 경우, 그 피해는 소비자에게 전가될 것이고, 그렇게 되면 소비자들은 비싼 플랫폼을 떠나게 될 것이고 결국 미디어 산업 전체의 파이가 작아질 수 있다고 주장할 수 있다. 유료TV 시장에서 콘텐츠 사업자들과 플랫폼 사업자들의 주장들 중 누가 옳은지에 대해서는 판단이 쉽지 않다. 5장에서는 유료TV 시장에서 나타나고 있는 콘텐츠 사업자들과 플랫폼 사업자들 간의 수익배분 문제에 대한 다양한 시각들이 소개되어 있고, 경제학적 관점에서 이 문제를 보다 과학적으로 해결하기 위한 방법들이 기술되어 있다. 5장을 읽어보게 되면 현재 국내 미디어 산업에서 나타나고 있는 플랫폼 사업자들과 콘텐츠 사업자들 간의 수익배분 이슈에 대한 본질을 파악할 수 있게 될 것이고, 그 해결방안에 대한 답을 얻을 수 있을 것이다.

최근 들어 미디어 시장은 플랫폼을 중심으로 한 콘텐츠 산업 생태계가 구축되면서 플랫폼 사업자와 콘텐츠 사업자들 간의 수익배분 이슈가 그 어느 때보다 주목을 받고 있다. 5장에서 다루고자 하는 유료방송플랫폼 사업자들과 콘텐츠 사업자들(지상파 채널이나 PP 채널들) 사이의 지상파재송신료나 PP 채널 사용대가와 관련된 문제뿐만 아니라, 음원이나 다양한 애플리케이션 이용으로 발생하는 수익을 콘텐츠 사업자와 플랫폼 사업자들 간에 어떻게 배분할까에 대한 문제는 미디어 업계에 종사하는 사람들이라면 누구나 한두 번쯤은 들어봤을 논쟁거리다. 음원을 다운로드 받거나 스트리밍하면서 음악을 즐기는 풍토가 일반화되면서 음원콘텐츠의 수익을 어떻게 배분할 것인지의 문제가 발생하였고, 애플의 아이폰 출시와 함께 나타난 애플리케이션 플랫폼 사업자와 개발자 사이의 수익배분 문제 역시 여전히 미디어 업계에서는 중요한 관심거리이다. 애플 앱스토어의 경우에는 하나의 애플리케이션이 판매될 경우, 개발자가 수익의 70%를 가지고 애플은 30%를 갖도록 되어 있는 구조이고, 음원의 경우에는 스트리밍 또는 다운로드가 이루어질 때 플랫폼 사업자가 저작권자에게 건당 음원 전송 사용료를 지급하는 구조인 것으로 알려져 있다. 한편, 국내 유료TV 사업자들은 총 수신료의 최소 25% 이상을 PP에게 지급하도록 되어 있고, 지상파방송사업자에게는 유료TV 가입자 1당 280원에 해당하는 돈을 매월 지급하고 있다.

영상콘텐츠 플랫폼 시장의 경쟁력은 여러 가지 요인들에 영향을 받는데, 그 중 가장 중요한 요인들 중의 하나가 인기 콘텐츠를 제공하는 것이다. 우리나라를 비롯하여 전 세계적으로 지상파방송사들의 콘텐츠는 그 어떤 콘텐츠보다도 경쟁력이 높기 때문에 지상파콘텐츠가 제공되지 않는 플랫폼은 시청자들로부터 외면을 당하기가 쉽다. 특히 우리나라의 경우, 지상파방송사들은 그 어떤 채널사업자들에 비견되지 않을 정도로 압도적인 콘텐츠 경쟁력을 보유하고 있다. 이러한 상황에서 대부분의 플랫폼들은 지상파콘텐츠의 수급에 역량을 집중하고 있고, 이를 인지한 지상파방송사들은 자신들의 콘텐츠를 이용하는 대가, 즉 지상파재송신 비용을 지속적으로 높여가고 있다. 신규 매체들의 진입으로 과거에 비해 광고수입의 감소를 경험하고 있는 지상파방송사들로서는 줄어든 수입을 지상파재송신 수입으로부터 충당하고 있는 것이다. 이러한 문제는 비단 국내시장에서만 발생하는 것이 아니다. 미국도 재송신 동의(re-transmission consent)제도가 도입된 이후 지상파 재송신료가 높아지면서 유료TV사업자들과 지상파방송사들 간 재송신료 문제를 둘러싼 갈등이 높아지고 있는 상황이다.

그렇다면 지속적으로 증가하고 있는 지상파재송신 비용이 적정한 수준인가에 대한 문제를 고민해볼 필요가 있다. 유료TV사업자들은 치솟고 있는 지상파재송신 비용을 가입자들에게 전가시킬 수밖에 없다고 불만을 터뜨리고 있고, 이렇게 되면 유료TV요금의 상승으로 이어질 수밖에 없다고 주장한다. 이러한 주장에 따르면, 유료TV요금의 상승은 유료TV가입자들의 이탈로 이어질 수 있고, 이는 결국 유료TV사업자와 지상파방송사 모두가 원치 않는 결과를 낳게 될 것이다. 또한 지상파방송사와 유료TV사업자들 간 지상파재송신 협상이 깨지기라도 하면 유료TV를 통한 지상파방송 시청이 중단될 수밖에 없고, 이는 소비자들의 피해로 이어질 것이다. 실제로 2013년 미국의 일부 지역에서 CBS 채널이 한 달여 동안 제공되지 않았던 사례는 바로 지상파방송국과 케이블TV 사업자 간 지상파재송신 분쟁이 해결되지 못한데서 비롯되었다. 유료 플랫폼 사업자들과 일반 PP 채널 사업자들 간의 수익배분 문제도 여러 해 동안 지속되어 왔다. 과거 케이블TV가 유일한 유료TV 플랫폼이었던 시절에는 PP와 케이블TV 간의 힘의 균형은 케이블TV에 집중되었다. PP가 시청자를 만날 수 있는 유일한 수단은 케이블TV였기 때문에 케이블TV 사업자들의 수신료 수익 중 PP가 차지하는 비중은 상당히 낮을 수밖에 없었다. 수신료를 받지 않을지라도 케이블TV에 전송되면서 가입자를 만날 수 있는 기회를 얻을 수 있었던

PP 사업자들은 광고수익을 통해 사업을 영위해 나아갈 수 있었다. 따라서 케이블TV 사업자들이 PP에게 제공해 주는 수신료는 미미한 수준에 머물러 있었다. 유료TV생태계적 관점에서 채널사업자의 성장은 케이블TV 사업자의 가입자 기반 확대에 가장 큰 영향을 미칠 수 있으므로 정책당국은 케이블TV 수신료 수익의 25% 이상을 PP에게 배분해 주는 정책을 만들어 냈다.

적자생존의 법칙이 지배하는 치열한 미디어 시장환경에서 플랫폼 사업자와 콘텐츠 사업자 간 수익배분을 둘러싼 갈등이 나타나는 것은 당연하다. 콘텐츠 사업자 입장에서는 콘텐츠 사업자들에게 충분한 몫을 지급해 줌으로써 콘텐츠 사업자들의 제작유인이 높아지고, 콘텐츠 사업자들의 제작유인이 높아지면 양질의 콘텐츠 제작으로 이어져 플랫폼 사업자들의 성장에도 도움이 되는 선순환 구조가 나타날 수 있다는 이유로 콘텐츠 사업자들에게 충분한 파이가 나누어져야 한다고 주장할 수 있다. 반면, 플랫폼 사업자 입장에서는 콘텐츠 사업자와 소비자를 연결시켜 주는 접점으로서 마케팅, 소비자 모집 및 관리, 패키징 등 다양한 업무에 들어가는 비용이 만만치 않은데 지나치게 많은 돈이 콘텐츠 사업자에게 분배될 경우, 그 피해는 소비자에게 전가될 것이고, 그렇게 되면 소비자들은 비싼 플랫폼을 떠나게 될 것이고 결국 미디어 산업 전체의 파이가 작아질 수 있다고 주장할 수 있다. 이렇듯 유료TV 시장에서 콘텐츠 사업자들과 플랫폼 사업자들의 주장들 중 누가 옳은지에 대해서는 판단이 쉽지 않다.

콘텐츠 사업자와 플랫폼 사업자 간의 문제는 콘텐츠에 대한 적절한 대가산정 문제뿐만 아니라 인기 콘텐츠에 대한 플랫폼 사업자들의 접근을 공정하게 해주어야 하는가에 대한 문제도 포함된다. 치열한 경쟁환경 속에서 살아남기 위해서 플랫폼 사업자들은 시청자들이 선호하는 콘텐츠를 제공할 수 있어야 하는데, 인기 콘텐츠를 구입하는 비용이 매우 높거나 인기 콘텐츠에 대한 구매 자체가 거부되는 경우 플랫폼 사업자들의 경쟁력은 위축될 수밖에 없다. 과거 위성방송이나 IPTV가 시장에 진입했을 때 가입자 모집에 어려움을 겪었던 이유들 중의 하나가 바로 인기 있는 케이블 채널사업자들로부터 채널구매를 거절당했기 때문이었다는 점은 인기 있는 채널들을 확보하는 것이 얼마나 플랫폼 사업자들에게 중요한지를 보여주는 좋은 예이다. 그러나 모든 플랫폼 사업자들에게 동일한 조건으로 모든 콘텐츠가 제공되도록 강제될 경우에도 문제는 발생한다. 타 플랫폼과 차별화하기 위해 많은 비용과 노력으로 탄생시킨 신규 콘텐츠를 다른 플랫폼 사업자들에게도 동일한 조건으로 판매해야 한다면 혁신적이고 새로운 콘텐츠 제작이 일어날 수 없을 것이다. 어느 정도까지 콘텐츠에 대한 접근을 강제할 것인지, 어느 정도 수준에서 독점적 콘텐츠 판매를 정당화시킬 것인지에 대한 고민 역시 플랫폼과 콘텐츠의 파이나누기 이슈와 관련이 있다. 전체 플랫폼 시장을 일정 정도의 규모 이상으로 키우고 난 후 독점적이고 배타적인 콘텐츠 거래를 허용할 것인지, 아니면 애초에 플랫폼 간 차별화된 콘텐츠 경쟁을 장려할 것인지는 정책당국의 철학과 해당 국가의 시장상황에 따라 달라질 수 있을 것이다.

결국, 중요한 것은 콘텐츠 사업자들의 제작유인을 높이고 유료 플랫폼 사업자들의 가입자 기반도 확대할 수 있는 합리적인 수익배분 방식을 고안해 내고, 콘텐츠 사업자의 투자를 장려함과 동시에 플랫폼 시장의 성장도 촉진할 수 있는 거래환경이 만들어지는 것이다.

5장에서는 국내 유료TV 시장에서 콘텐츠 사업자와 플랫폼 사업자들 사이에 나타나는 갈등구조의 원인과 문제들을 구체적으로 살펴보고, 유료TV 시장의 건전한 생태계 조성을 위한 플랫폼 사업자와 채널 사업자 간의 게임의 룰을 다양한 관점에서 논의해 보기로 한다.

제1절. 유료TV 시장에서 플랫폼/콘텐츠 사업자 간 수익배분 현황

1. 한국

1) 지상파 채널

지상파 채널에 대한 접근거부 이슈는 2002년 위성방송이 도입되면서 시작되었다. 출범 초기 위성방송은 의무재송신 채널인 KBS1과 EBS를 제외한 SBS와 MBC 채널에 대한 전송이 거부되었고, 2005년에 이르러서야 SBS와 MBC와 같은 지상파채널들에 대한 전송이 가능해졌다. 이로 인해 위성방송 사업자들은 가입자 수 모집에 상당한 어려움을 겪었다. 지상파채널에 대한 접근 이슈는 2008년 IPTV가 진입할 때에도 반복되었다. 지상파채널에 대한 높은 재송신료로 인해 지상파방송사업자와 IPTV사업자들 간 협상이 지연되었고, 지상파채널 없이는 가입자 모집에 한계가 있는 국내 현실 때문에 IPTV사업자들은 높은 재송신료를 지급하면서 지상파방송을 재송신하게 되었다.

한편, 그동안 지상파채널을 아무런 대가 없이 재송신해 오던 케이블 사업자들도 최근 들어 지상파방송에 대한 재송신료를 지불해야 한다는 법원판결로 인해 지상파방송사업자들과 심한 갈등을 빚은 바 있다. 사실 케이블TV는 1995년 케이블TV 출범 이후 지상파방송사업자들에게 콘텐츠 사용에 대한 아무런 대가 없이 지상파채널을 재송신해 왔다. 난시청 지역이 많은 우리나라의 특성상 케이블TV를 통한 지상파재송신은 지상파방송사업자들의 시청자 기반을 넓혀주는 효과가 있었기 때문에 지상파방송사업자들로서는 케이블TV 사업자들이 아무런 대가 없이 지상파채널을 송신하는 것에 큰 불만이 없었던 것이다. 그러나 유료방송시장의 경쟁이 치열해지면서 광고시장에서의 입지가 줄어든 지상파방송사업자들로서는 더 이상 케이블TV 사업자들의 무단 지상파재송신을 그냥 두고만 볼 수는 없었다. 여전히 우리나라에서 가장 인기 있는 콘텐츠를 제작하는 지상파방송사업자들로서는 자신들의 콘텐츠를 사용하는 유료방송사업자들로부터 콘텐츠 이용에 대한 대가를 충분히 받음으로써 줄어든 수익을 보충하는 것이 필요했던 것이다. 그러나 케이블TV 사업자들은 지상파방송 재송신이 지상파방송사업자들의 가입자 기반을 확대하는데 기여했을 뿐만 아니라 지상파방송사업자들이 해결했어야 할 난시청 문제를 해결해주었으며 공익적 프로그램을 가급적 많은 사람들에게 전송해 줌으로써 보편적서비스 제공에 기여해 왔음을 근거로 지상파방송사업자들의 채널이용 대가 요구를 거부하였다. 결국, 지상파방송사들은 케이블TV 사업자들이 디지털 지상파채널을 재송신할 경우 더 이상 대가를 지불하지 않는 행위를 묵고하지 않을 것임을 천명하였고, 급기야 법원에 저작권 침해 소송을 제기하기에 이르렀다.

소송에서 주된 쟁점사항은 콘텐츠 저작권, 난시청 해소의 책임성, 지상파콘텐츠의 전송비용, 지상파콘텐츠 전송으로 인한 혜택 등이다. 지상파가 소유한 콘텐츠의 무단 사용은 더 이상 적절하지 않다는 데에는 양측이 대체로 동의하는 바이나, 지상파재송신으로 인해 지상파 및 케이블TV 사업자들이 얻은 혜택을 비용으로 환산할 경우 누가 더 큰 이익을 얻었고 그에 대한 보상이 어떻게 이루어져야 하는가에 대해서는 양측이 서로 다른 입장을 내세웠다.

난시청 해소 관련하여 지상파방송사와 케이블TV 사업자들은 서로 상반된 입장을 보였다. 지상파방송사들은 케이블TV의 재송신이 없어도 지상파방송 주파수는 전국 대부분의 지역에 도달이 가능함을 주장하였고, 일부 난시청 지역이 있기는 하나 현재의 지상파방송들의 재원으로는 스스로 해결이 어렵기 때문에 난시청 해소를 위한 지역민방의 재원마련이 절심함을 주장하고 있다. 반면, 지상파방송사들의 난시청 환경개선 노력이 어느 때보다 필요하나 지상파방송사들은 난시청을 방치하고 있기 때문에 지상파방송사들의 직접수신 환경 개선을 의무화하는 내용을 법으로 제정하거나 모든 지상파방송사들의 채널을 의무재송신 채널로 지정해야 한다는 의견도 나오고 있다(채수웅, 2013, 4, 5). 케이블TV 사업자들의 주장에 따르면, 지상파방송사가 자력으로 난시청을 해소하기 위해서는 현재보다 훨씬 많은 수의 송신소와 중계소가 필요하나 지상파방송사의 재정 여건상 쉽지 않기 때문에 지상파방송사들이 케이블TV 사업자들로 하여금 방송선로를 구축하게 하였고 케이블TV 사업자들이 구축한 방송선로를 통해 지상파방송사들의 난시청이 해소되고 있다. 그럼에도 불구하고 지상파방송사들은 케이블TV 사업자들이 구축한 방송선로에 대한 비용을 전혀 지불하지 않았는데, 이는 케이블TV 사업자들이 지상파방송사에게 지불해야 할 재송신료와 지상파방송사들의 난시청 해소를 위해 케이블TV 사업자들이 구축한 방송선로 비용, 그리고 이를 통한 지상파방송의 전국적 송신료를 서로 청구하지 않기로 한 묵시적 합의에 기인한다는 주장도 소송에서 쟁점이슈로 부각된 바 있다. 만일 현재 지상파재송신이 중단된다면 케이블TV 사업자들이 지상파재송신을 위해 구축한 방송선로 투자비용도 회수되지 못한다는 점도 케이블TV 사업자들이 소송에서 제기한 내용이다. 따라서 현재 통신사업자 및 인터넷사업자들이 지급하는 망 이용대가와 유사한 방식으로 지상파방송사들의 케이블TV 이용대가를 지불하게 해야 한다는 논거도 도출될 수 있다. 예를 들어, 지상파방송사들은 케이블TV 사업자들이 송출하는 전체 채널들 중 지상파 채널이 차지하는 시청점유율에 해당하는 만큼의 비용을 케이블TV 사업자들에게 전송료의 명목으로 지불할 수 있다. 또는 현재 SBS가 지역민방들에게 지급하는 전파료를 계산하는 방식으로 지상파방송사 광고수익의 일부를 케이블TV 사업자들에게 전송료 명목으로 지불하는 방식도 고려해 볼 수 있다.

지상파방송을 재송신함으로써 케이블TV 사업자들이 얻었던 또는 현재 얻고 있는 혜택을 금전적 가치로 환산해 봐야 한다는 주장도 제기되었다. 즉 케이블TV 설립 이후 현재까지 케이블TV 사업자들이 지상파방송의 재송신으로부터 얻은 이익이 지상파방송사에게 반환되어야 한다는 것이다. 예를 들어, 케이블TV 사업자들은 지상파재송신으로부터 보이지 않는 가입자 유치 효과가 있었을 것이고, 지상파채널들 사이에 홈쇼핑 채널들을 배치함으로써 홈쇼핑 시청률이 올라가고 이에 해당하는 만큼의 대가를 홈쇼핑 사업자들로부터 얻었을 것이기 때문에 이에 해당하는 만큼의 대가가 지상파방송사들에게 지불되어야 한다는 것이다. 또한 지상파재송신으로부터 발생한 케이블TV의 시청자 유발효과가 다른 전문채널 유치 및 광고효과를 유발했을 수 있기 때문에 이에 대한 대가도 지상파방송사들에게 반환되어야 한다는 논리가 도출될 수 있다.

이러한 내용들에 기반한 수차례의 법원소송이 이어졌으며 법원은 결국 지상파방송사업자들의 손을 들어주었다. 즉, 법원은 향후 케이블TV 사업자들이 디지털 지상파채널을 재송신하려면 지상파방송사들의 허가를 득한 후에야 가능할 수 있음을 명백히 하였다(김은령, 2013, 2, 19). 따라서 케이블TV 사업자들은 앞으로 디지털 지상파채널을 재송신할 경우 지상파방송사업자들이 요구하는 콘텐츠 사용료를 지불해야 한다.

국내에 존재하는 모든 콘텐츠들 중에 가장 강력한 경쟁력을 가지고 있는 지상파채널들은 유료TV사업자들에 대해 가격협상력을 가질 수 있고, 이로 인하여 국내 유료TV 시장은 유료 플랫폼 사업자들이 지상파콘텐츠 확보에 상당한 비용을 지불할 수밖에 없는 구조이다.

2) 유료채널

우리나라의 PP 사업자들은 자본금, 종사자 수, 인력, 성과 측면에서 영세규모의 사업자들이 상당한 비중을 차지하고 있기 때문에 경쟁력 확보를 위한 적극적 투자가 어려운 문제를 가지고 있다. 2012년 현재 PP의 평균 자본금은 168억 원(홈쇼핑, 데이터 채널 제외)이나, MPP나 MSP, 종편 4사를 제외하면 일반 PP의 평균자본금이 약 40억 원에 불과할 정도로 규모가 영세한 PP가 전체 PP의 상당한 비중을 차지하고 있다. 이러한 환경에서 유료TV사업자들과

PP 간의 거래가 불균등하게 이루어질 수밖에 없다. 즉, 플랫폼 사업자(SO, 위성방송, IPTV)와 PP 간 불공정한 관계형성에 따른 불합리한 수신료 배분구조가 형성되어 있다고 하겠다. 더욱이 대부분의 유료TV 가입자들이 저가의 상품에 가입되어 있기 때문에 PP는 수신료 수익을 배분받는 데에 한계를 가질 수밖에 없다.

플랫폼 사업자와 PP 간의 수신료 배분비율이 어느 수준에서 이루어지는 것이 적정한가를 일률적으로 규정하기는 어렵다. 최근 들어 SO의 수신료 수입이 큰 폭으로 증가하고 있음에도 불구하고 PP에 대한 수신료 수입 배분비율이 감소하고 있는 것은 다른 조건이 동일한 가운데 상대적으로 SO의 협상력이 증가하고 있음을 의미한다. 더욱이 방송통신위원회의 개입에도 불구하고 플랫폼 사업자들에 대한 회계기준이 미흡하고, 플랫폼 사업자들이 부당한 거래조건을 제시하고, PP에 대한 불투명한 평가 등으로 인해 PP에 대한 불공정한 수신료 배급이 여전히 일어나고 있다. SO와 위성방송 사업자는 방송법에 따라 '재산상황'을 제출하여야 하고, IPTV사업자는 IPTV사업법에 따라 회계를 구분(방송과 통신)하여 '영업보고서'를 제출하고 있으나, 플랫폼사업자와 PP 간 수신료 배분을 위한 매출액 구분이 모호하기 때문에 적정한 수신료를 지급하고 있는지를 판단하기가 어렵다. 또한 플랫폼사업자와 PP 간 거래 시, 플랫폼 사업자의 우월적 지위를 이용한 부당한 거래조건을 제시할 경우 PP 사업자는 이를 받아들일 수밖에 없는 구조이다. 마지막으로 수신료 배분비율을 결정하기 위해 PP별 평가를 수행할 때, 플랫폼사업자의 PP에 대한 평가결과가 PP에게 공개되지 않거나 플랫폼 사업자가 자의적 기준을 적용하여 PP를 평가하여 수신료 배분비율을 결정하기 때문에 배분비율에 투명성과 공정성이 결여되어 있다고 볼 수 있다.

2. 미국

1) 지상파 채널

(1) 지상파 채널 접근 관련 규제

미국은 지역 지상파방송국들을 보호함으로써 지역성 및 다양성이 확보될 수 있다는 논거 하에 케이블TV 사업자들이 지역 지상파방송채널을 의무적으로 재송신해야 한다는 규제를 도입했다. 의무전송 규제의 탄생배경과 목적은 국가들마다 다소 차이가 있지만, 미국에서 이 제도가 도입된 근본적 목적은 지상파 채널들이 의무재송신 규제를 통해 가급적 많은 사람들에게 시청할 수 있게 함으로써 사회의 민주적 다양성이 성취될 수 있으리라는 가정에 기반한다 (The Cable Television Consumer Protection and Competition Act of 1992, §§ 614 and 615)[35].

보다 구체적으로 미국은 1992년 케이블 텔레비전 가입자 보호 및 경쟁법 (Cable Television Consumer Protection and Competition Act of 1992)을 통해 지상파재전송을 위한 채널용량 및 재전송에 대한 보상 규정을 신설하였다. 채널이 12개 이상이 되는 케이블TV 사업자는 전체 채널의 3분의 1을 지역방송 재전송을 위해 할당해야 한다. 미국 지상파재송신 제도에서 흥미로운 점은 지상파방송사업자가 케이블TV 사업자에게 재송신 동의(re-transmission consent)라는 선택을 통해 지상파재전송에 대한 보상을 가능하게 하였다는 점이다. 즉, 지상파방송사업자들이 다채널방송사업자들(Multichannel Video

---

35 1997년 3월 케이블방송의 의무재송신이 이슈로 제기되었던 Turner Broadcasting System, Inc. vs. FCC (1997)의 판결에 따르면, 지상파방송은 케이블이나 위성과는 달리 무료로 일반대중에게 제공되는 매체이고 다양한 의견, 사상, 표현이 제공되는 중요한 매체이기 때문에 지상파 방송의 생존이 유지되도록 하기 위한 국가적 노력이 필요함을 강조하고 있다.

Programming Distributors)들과의 거래에서 3년 주기로 의무재전송(must carry)과 재전송 동의(re-transmission consent) 중 하나를 선택할 수 있다는 점이다. 만일 지상파방송사업자들이 의무재전송을 선택하게 되면 해당 지역의 다채널유료방송사업자들은 반드시 해당 지상파채널을 전송해야 하는 의무를 지니게 된다. 그러나 이 경우, 다채널유료방송사업자들이 지상파방송사업자들에게 지불하는 대가는 미미한 수준에 그친다. 반면, 지상파방송사업자들이 재전송동의를 선택할 경우에는 지상파방송사업자들과 지상파채널을 전송하려는 다채널유료방송사업자들 간 채널대가를 둘러싼 협상이 일어나게 된다. 따라서 인기 지상파채널을 전송하려는 다채널유료방송사업자들은 상당한 대가를 지불해야 하는 경우도 생기게 되고, 협상이 불발되면 해당 지상파채널의 전송은 이루어질 수 없게 되는 경우도 있다. 1992년 법제정 이후 지상파방송사업자들은 의무재전송 제도를 선택하거나 재전송동의를 신청하더라도 재전송대가를 직접 요구하기 보다는 재전송의 대가로 자신이 보유하고 있는 케이블 채널을 함께 전송해줄 것을 요구하는 방식이 일반적이었다. 그러나 최근 들어 광고료 수입의 감소를 만회하고자 하는 지상파방송사업자들은 지상파재전송 대가를 인상하는 경우가 많아졌고 재전송료 또한 급격히 인상시키면서 다채널유료방송사업자들과의 갈등이 증폭되고 있다.

한편, 위성방송의 경우, FCC는 1999년 11월, 위성수신촉진법(SHVIA)을 개정하여 다채널 시장에서 경쟁을 촉진시키고 지역시장을 보전한다는 정책목표아래 위성방송의 지역방송 신호 재송신을 조건적으로 허용하였다. 조건부 재송신 규정에 따르면, 위성방송이 1개의 지역방송을 재송신하면, 해당지역시장의 지역방송을 모두 재송신하도록 하는 일명 ‘carry one, carry all’ 규칙을 제정하였다.

디지털 지상파방송채널의 재송신과 관련해서 FCC(2001)는 2001년 1월, 케이블 시스템을 통한 디지털 지상파방송 재전송에 관한 규칙을 발표하였다.

이에 따르면, 디지털 전환 기간에 디지털과 아날로그를 동시에 방송하는 상업 TV 방송국은 아날로그 신호에 대해서는 의무재송신이나 재전송동의 가운데 하나를 선택할 수 있으며, 디지털 신호에 대해서는 재전송 동의를 선택할 수 있다는 것이다. 반면, 디지털방송만을 전송하는 상업TV 방송국은 재전송 동의나 의무재송신 가운데 하나를 택할 수 있고, 디지털방송만을 전송하는 비상업 방송국은 의무재송신 자격이 주어진다. 새로 설립된 디지털 방송국 또는 디지털방송을 시작하는 방송국은 방송 개시 전 60일부터 방송 개시 후 30일 사이에 언제나 재전송 동의와 의무재송신 가운데 선택할 수 있으며, 의무재송신을 선택했을 경우 케이블사업자는 이로부터 90일 이후에 의무재송신을 시작해야 한다.

(2) 지상파 채널에 대한 대가 산정 분쟁

치열한 경쟁 환경에서 수입이 줄어들고 있는 지상파방송사들이 재전송료를 인상하면서 지상파방송사들의 재전송료 수입은 급격히 증가하고 있다. 지상파방송사들이 재송신료를 인상하고 있는 가장 중요한 이유는 지상파방송의 시청률이 저하되면서 광고수입이 급감하고 있기 때문에 이를 보전해야 하기 때문이다. 즉, 최근 광고주들이 선호하는 연령대인 18-49세 시청층이 지상파로부터 이탈하고 있는 것이다. 미국의 시청률 조사기관인 닐슨에 의하면, NBC를 제외한 모든 지상파방송사들의 18-49세 시청자층이 급격히 줄어들었고, FOX의 경우에는 본방송 시청률이 전년대비 18% 정도 감소한 것으로 나타났다 (KCA, 2013).

시청률 감소로 인한 광고수익의 손해를 만회하기 위해 미국의 지상파방송사들은 유료TV사업자들로부터 지상파 재송신료를 급격히 인상하고 있는 것으로 알려졌다. 2015년 현재 NBC가 유료TV사업자들로부터 거두어들인 재송신료 수입은 5억달러로 추산되고, CBS는 10억 달러에 이르는 것으로 알려졌다

(Farrell, 2015, 9, 9)[36]. 유료TV사업자들이 지상파방송사들에게 지불할 재송신료는 2019년까지 98억 달러까지 치솟을 것으로 예측된다(Frankel, 2016, 1, 14). 천정부지로 치솟고 있는 지상파재송신료는 많은 유료TV사업자들의 부담을 가중시키고 있고, 이러한 부담이 결국 소비자들에게 전가될 가능성도 점쳐지고 있다.

문제는 지상파방송사들이 요구하는 재전송료가 급격히 증가하면서 유료TV사업자들과의 갈등이 깊어지고 있다는 것이다. 급격히 인상된 재송신료 비용을 충당하기 어려운 케이블TV 사업자들은 이를 수용하기가 어렵다는 입장을 내세웠고, 이로 인해 양측의 갈등이 깊어지면서, 급기야 지상파채널신호가 케이블TV에서 나오지 않게 된 것이다. 미국의 경우, 지상파방송사들과 유료TV사업자들 간의 갈등으로 인한 지상파채널의 송출중단 사태는 최근 들어 급격히 증가하고 있다. 2010년 8건에 불과했던 지상파채널의 송출중단 사태는 2014년 94건으로 높아졌고, 2015년에는 193건에 이를만큼 양 사업자들 간 지상파재송신료를 둘러싼 갈등은 고조되고 있다(Frankel, 2016, 1, 14). 예를 들어 2010년, 뉴욕과 필라델피아 지역의 케이블TV회사인 케이블비전(Cablevision)에서 해당지역의 지상파채널인 ABC채널의 송출이 21시간 동안 지연된 사건이 발생하였다. 이는 케이블비전과 ABC채널을 제공하는 지역방송국과의 재송신료 협상이 결렬되었기 때문이다. 2013년에는 미국의 인기 지상파방송사인 CBS와 미국 제2위 케이블TV 사업자인 타임워너(Time Warner) 간 지상파재송신료 협상이 깨지면서 CBS채널이 타임워터가 케이블 서비스를 제공하고 있는 8개 지역(뉴욕, 로스엔젤레스, 달라스 등)에서 제공되지 않는 사건이 발생하였다. 공개된 자료에 의하면 CBS는 기존 가입자당 0.65불에서 가입자당 2불로 재송신료를 100% 인상할 것을 요구하였고 타임워너는 이를 받아들이지

36 CBS의 재송신료 수입은 2020년 20억 달러에 이를 것으로 예측된다.

않은 것이다(Gustin, 2013, 8, 6). 또한 CBS가 소유하고 있는 케이블 채널들인 Showtime, TWC, Flix 등도 타임워너의 케이블TV채널에서 나오지 않게 되었을 뿐만 아니라[37], 타임워너를 이용해 인터넷 서비스를 이용하고 있는 소비자들은 타임워너의 케이블 가입자가 아니라고 하더라도 cbs.com을 통한 CBS 시청이 제한된 바 있다. 2015년에는 역대 가장 많은 지상파방송국의 채널들이 유료TV방송에 대한 전송을 거부한 사건이 발생하였다(Frankel, 2015, 8, 25). 미국 79개 지역에서 129개의 지상파방송국을 보유한 싱클레어 (Sinclair) 그룹은 미국 3위의 유료TV사업자인 디시 네트워크(Dish Network)에 대한 지상파방송 채널 전송을 중단한 것이다. 보도에 따르면, 싱클레어 그룹은 지상파재송신에 대한 조건으로 향후 보유하게 될 케이블 채널들의 전송을 디시 네트워크에게 요구했는데, 디시 네트워크가 이를 거부하면서 재송신협상이 깨졌고, 결국 싱클레어 소유의 지상파방송 채널들이 디시 네트워크에서 방송되지 않는 사태로까지 발전했던 것이다.

미국에서 재송신료 인상에 대한 지상파와 유료TV사업자들의 주장은 서로 상반된다(Farrell, 2013. 8. 2). 유료TV사업자들 측에서는 만일 지상파방송사의 요구대로 재송신료 비용을 인상해줄 경우, 다른 지상파채널들도 향후 협상에서 재송신료 인상을 요구하게 될 것이고, 결국 인상된 채널 사용료 가격은 시청자들에게 전가될 수밖에 없다고 주장한다. 반면, 지상파방송사 측에서는 미국에서 가장 인기 있는 지상파 채널의 사용료에 대한 정당한 대가를 요구하는 것임을 강조하고 있다. 보다 재미있고, 수준높은 프로그램을 제공해 온 것에

37 타임워너 가입자들 중 Showtime과 TWC 와 같은 채널들을 이미 구매한 시청자들은 이들 채널이 타임워터 케이블에 나오지 않게 된 이후부터에 해당하는 금액을 반환받게 된다. 그러나 CBS채널이 나오지 않는것에 대해서는 아무런 반환금이 제공되지 않는데, 이는 CBS채널이 가장 저렴한 베이직 패키지에 포함되어 있기 때문이다. 베이직 패키지에 포함되어 있는 채널들의 경우, 해당 채널이 패키지에서 빠지더라도 이에 대한 보상이 이루어지지 않는 것이 일반적이다. 왜냐하면 패키지 자체가 시청자들에게 가치를 제공하는 것이지 개별채널 하나하나가 시청자들에게 가치를 제공하는 것이 아니라고 간주되기 때문이다.

대한 정당한 대가를 요구하는 것은 당연하고 향후에도 보다 고품질의 서비스를 제공하기 위해 투자가 필요하다는 입장이다.

이러한 가운데 미국에서는 치솟고 있는 지상파 재송신료를 피해가려는 다양한 전략들도 나타나고 있다. 에어리어(Aereo) 서비스는 지상파 신호를 잡을 수 있는 작은 안테나를 핵심 데이터센터(main data center)에 수천 개 설치해 놓고, 이용자들로 하여금 이들 중 하나의 안테나를 일별 또는 월별로 빌려서 지상파방송을 스트리밍으로 시청할 수 있게 해주는 새로운 유형의 서비스를 제공하였다(Richmond, 2013, 4, 2). 한 달에 8불을 지불하고 있는 에어리어 서비스 가입자들은 하나의 안테나를 배정받게 되고 인터넷을 통해 지상파채널을 시청할 수 있게 되는 것이다. 문제는 에어리어가 지상파방송사들에게 프로그램 사용료를 지불하지 않았다는 것이다. 에어리어는 지상파방송사업자들로부터 서비스 중지소송을 당했으나, 법원은 두 차례의 판결에서 에어리어의 손을 들어주었다. 법원이 에어리어의 손을 들어준 이유는 에어리어가 작은 크기의 안테나 시스템을 통해 지상파 프로그램을 개별 가입자에게 제공해 주는 스트리밍 방식은 공연(public performance)에 해당되지 않기 때문에 지상파방송사들이 주장하는 저작권 침해에 해당되지 않는다는 것이다. 에어리어사가 안테나를 소유해서 지상파방송을 재송신하는 것이 아니기 때문에 지상파 네트워크에 재송신료를 지불할 필요가 없다는 것이다. 미국 법원에서 지상파채널을 무단으로 이용하는 에어리어의 손을 들어준 것은 향후 유료TV사업자들이 에어리어와 계약할 경우, 지상파재송신료를 지불할 필요가 없어졌음을 의미한다는 해석까지도 나왔다(Winslow, 2013, 04, 11). 그러나 2014년 6월 대법원은 에어리어사의 지상파재송신이 공연(public performance)이므로 지상파방송사의 저작권을 침해하는 것으로 판결하면서 에어리어는 더 이상 지상파방송을 무단으로 제공할 수 없게 되었다.

미국 제2의 유료TV사업자인 DirecTV(위성방송 사업자)도 최근 증가하는 지상파재송신료를 피하기 위해 시청자들이 지상파 시그널을 수신할 수 있는 안테나를 자신들이 보유하고 있는 셋탑박스와 연결시켜 사용할 수 있는 방안을 강구하고 있는 것으로 알려졌다(Farrell, 2013, 5, 15). 미국 최대 위성방송사업자의 이같은 움직임은 최근 급격히 증가하고 있는 지상파재송신료에 대응하기 위한 유료TV사업자들의 다양한 움직임들 중의 하나로 평가할 수 있을 것이다.

지상파재송신 분쟁이 지속되면서 최근 들어서는 지상파재송신료 협상이 원활히 이루어지도록 하기 위한 정책당국의 개입이 필요하다는 요구가 나오고 있다. 예를 들어, CBS와 타임워너의 재송신료 분쟁으로 CBS의 시청이 어렵게 된 뉴욕 시의회는 청문회를 통해 양 사업자를 몰아붙이면서 FCC의 개입을 요구하였다. 공공의 이익을 위해 정부는 할 수 있는 모든 수단을 동원해서 양측의 분쟁이 해결될 수 있도록 노력해야 한다는 것이다(Eggerton, 2013, 8, 8). 미국 FCC 위원장(Julius Genachowski)도 미국 의회에서 지상파재송신 관련 이슈를 해결하기 위한 의회의 협조를 요구한 바 있다. 2014년 8월, 미국의 상원무역위원회(Senate Commerce Committee)에서 제기된 소위 '지역선택(local choice)'논란도 지상파재송신료 분쟁을 해결하기 위해 미국 정책당국이 고안해낸 방안들 중의 하나이다. '지역선택'이란 각 지역의 케이블 가입자들이 지상파채널 시청을 원할 경우, 해당 지상파 채널을 케이블 패키지에 포함시켜 지상파채널에 대해 별도로 돈을 지불하도록 하자는 것이다(Eggerton, 2014, 8, 9). 이 때, 케이블TV 사업자들은 지상파채널을 다른 케이블 채널과 묶어서 판매하지 말아야 하고, 시청자들이 개별 지상파채널 구매여부를 결정하도록 해야 한다. 지상파채널에 대한 수신료는 지상파방송사들이 정하게 하고 시청자들은 자신들의 수요와 지상파방송사들이 제시한 수신료를 고려해서 최적의 선택을 하리라는 가정이 깔려 있다. '지역선택'이 채택되는 경우, 지상파방송사와 케이블TV 사업자들 간의 재송신료 분쟁은 사라지게 된다. 케이블TV 사업자는 단지 지상파채널 시청을 원하는 가입자들에게 지상파채널을 전송해주고 가입자들의 지상파수신료 납부를 대행해 주는 역할만 담당하기 때문이다. 이는 각 지역에 존재하는 모든 지상파방송사들의 채널들이 더 이상 케이블TV를 통해 해당 지역에 전송되지 않을 수 있음을 의미한다. 물론, 지상파방송사들이 의무재송신을 선택할 경우에는 해당 지상파채널들은 케이블TV에 의해 재송신되어야 한다. 그러나 지상파방송사들이 의무재송신을 선택하지 않고, 콘텐츠 사용에 대한 가치를 받고자 한다면 시청자들이 스스로 그 가치를 평가해서 지상파채널의 시청여부를 결정하게 된다는 것이다. 만일 이 제안이 받아들여진다면 시청자들은 더 이상 지상파방송사들과 케이블TV 사업자들 간 재송신료 분쟁으로 인해 갑자기 지상파채널을 볼 수 없는 사태에 직면하지 않아도 된다는 장점이 있다. 또한 현재는 여러 개의 지상파채널을 묶음으로 구매하기 때문에 개별 지상파채널들의 가치가 얼마인지 알려져 있지 않으나, 지역선택이 현실화될 경우 개별 지상파채널에 대한 시청자들의 가치가 제대로 드러날 것이다. 비록 지역선택이 2014년 상원무역위원회 논의에서 더 이상 고려하지 않기로 결정되었으나, 지상파재송신료 관련한 분쟁이 사라지지 않을 경우 지역선택 도입 방안은 매년 반복될 것으로 보인다. 앞으로 미국에서 지상파재송신료 분쟁으로 인한 정책당국의 개입이 어떻게 전개될 것인가를 지켜볼 필요가 있을 것이다.

2) 유료채널

미국의 유료방송시장에서는 PP와 MVPD 사업자들 간 채널가격이 자율적 협상에 의해 산정되는데, 일반적으로 MVPD 사업자들은 가입자 1인당 월 채널사용료를 산정해서 가입자 수에 비례한 금액을 PP 진영에 지급하고 있다. 최근 들어, 인기 채널을 보유한 유료채널사업자들은 MVPD 사업자들에 대한 채널사용료를 지속적으로 인상시키고 있다. 예를 들어, 미국의 인기 스포츠 채널인 ESPN의 가입자 1인당 채널사용료는 2006년 현재 3.3달러에서 2012년 현재 5.04달러, 2014년 현재 6.04달러로 인상되었다(SNL Kagan, 2012, 10, 5; Fung, 2014, 8, 11).

미국의 유료방송시장에서 유료채널 사용료가 인상되고 있는 이유는 콘텐츠 제작비용이 높아지고 있고 프리미엄 콘텐츠 확보를 위한 투자비용이 확대되고 있기 때문이다. 2012년 현재 미국 내 PP 사업자들의 30분 드라마 1개 에피소드 제작비용은 평균 150만-200만 달러 수준인 것으로 알려져 있다(KCA, 2013). 넷플릭스나 유튜브 등 온라인비디오서비스 사업자들 역시 거액의 제작비용을 투자해 독창적 콘텐츠 제작에 초점을 맞추고 있는 현실에서 경쟁력을 갖추기 위해서는 고품질의 프리미엄 콘텐츠 제작이 필수적이다. 또한 미국은 스포츠 중계권료가 급격히 증가하면서 유료채널사업자들이 스포츠 중계권료 확보를 위해 투자하는 비용 역시 증가하고 있다. 따라서 미국 유료채널사업자들의 콘텐츠 투자액은 인상될 수밖에 없고 이를 보전하기 위해서 다채널유료방송사업자들에게 높은 채널사용료를 요구하고 있는 것이다[38].

3. 유럽

유럽에서는 1999년 커뮤니케이션리뷰가 발표되면서, 의무송신이라는 개념이 처음으로 등장하였다. 이에 따르면, 공공에게 라디오나 TV 방송을 제공할 목적으로 전자커뮤니케이션 네트워크를 소유한 사업자는 특정 라디오나 방송 채널을 전송할 의무가 부여된다. 의무송신 규제의 적용을 받는 전자커뮤니케

38 2014년 현재, 미국의 인기 케이블 채널들이 유료방송사업자들로부터 받는 월별 가입자당 수신료는 ESPN이 6.04달러, TNT가 1.48달러, 3net가 1.37달러, NFL network가 1.22달러, 디즈니채널이 1.21달러, FOX News가 0.99달러 등으로 알려져 있다(Fung, 2014, 8, 11).

이션 네트워크 사업자는 네트워크 용량을 고려하여 합리적이고, 투명하며, 비차별적인 조건으로 적절한 보상을 받을 수 있도록 정부가 보장하며, 이 경우, 전송사업자가 채널사업자로부터 전송비용을 받아야 한다고 되어 있다(이상우, 2009).

유럽연합의 의무송신 제도는 2002년에 제정된 보편적서비스 지침 제31조1항에서 보다 포괄적으로 다루고 있는데, 동 조항은 "상당한 수의 최종 사용자들이 라디오 및 텔레비전 방송을 수신하기 위한 목적으로 이용하고 있는 전자커뮤니케이션네트워크를 제공하는 사업자에게 의무송신이 부과되며, 이는 명백히 정의된 공익을 성취하기 위해 필요한 경우에, 비례적이고, 투명하게 부과되어야 하며, 이에 대한 성과를 판단하기 위해 정기적으로 검토하여야 한다"고 명시되어 있다 (이상우, 2009). 유럽연합의 의무송신제도의 목적은 특정 라디오 및 텔레비전 방송채널의 전송을 위해 공중에게 라디오 또는 텔레비전 방송을 제공할 수 있는 전자커뮤니케이션네트워크 사업자에게 의무재송신 의무를 부과하는 것이다.

그러나 디지털 기술의 발달로 다양한 전송매체들의 등장이 이루어지고 있고 디지털 환경에서 전송매체들은 과거 아날로그 기술의 채널용량 부족을 상당 부분 해결해 주고 있다. 디지털 케이블이나 IPTV 등은 수백 개의 채널제공이 가능하기 때문에 시장에 존재하는 대부분의 채널들을 제공할 수 있다. 이러한 환경에서 현재의 의무송신 규제가 타당한 것인가에 논란이 유럽연합에서 본격적으로 제기되고 있다. 의무송신규제가 과거 아날로그 환경에서 제한된 전송사업자들과 이로 인한 채널용량의 부족에 기인했다는 사실을 고려해 본다면, 다양한 전송사업자들이 등장으로 채널용량의 문제가 충분히 해결될 것으로 보이는 있는 최근의 기술 환경 하에서는 이용자들에게 매력적인 콘텐츠 제공이 필요한 전송사업자들을 중심으로 논의가 진행되어야 한다는 것이다. 즉, 케이블방송과 위성방송, 그리고 향후 등장하게 될 신규 방송서비스 매체들에게 경쟁력 있는 채널들을 제공할 수 있도록 보장해 줌으로써 신규매체의 안정적 시장진입과 경쟁력을 제고 할 수 있도록 하는 의무제공제도의 필요성이 부각되었고, 실제로 의무제공 제도를 채택하는 국가들이 증가하고 있다 (OECD, 2007). 의무제공이란 전송사업자들이 요청할 경우, 해당 콘텐츠 사업자들은 자신들의 채널들을 반드시 요청한 전송사업자들에게 제공해야 한다는 것이다. 이는 경쟁력 있는 채널들이 신규 유료매체에서 제공되지 않는다면, 신규매체의 성장은 현실적으로 불가능하다는 인식에 근거하고 있다. 사실 의무전송제도나 의무제공 규제는 상반된 것처럼 보이나 공통의 목적을 가지고 있다. 의무전송제도가 공익적이고 다양한 채널들의 제공을 보장해 줌으로써 다양성이라는 방송규제의 목적을 추구하고 있는 반면, 의무제공제도도 다양한 전송사업자들의 출현을 촉진시킴으로써 방송의 다양성을 추구하고 있다는 점에서 두 제도는 동일한 목적을 공유하고 있다고 볼 수 있다.

한편, 최근 영국에서도 미국 방식의 재송신동의 제도를 도입해야 한다는 이슈가 제기되고 있다(Clancy, 2014, 9, 14). 한 컨설팅 보고서에 따르면, 영국의 공공방송사들은 프로그램 제작에 연간 48억 달러 정도를 투자하고 있는 것으로 알려져 있는데, 유료TV사업자들로부터 재송신료를 받게 되면 영국의 프로그램 제작산업을 활성화시키는데 더욱 기여하게 될 것이라고 주장하였다. 이러한 데이터를 근거로 영국의 공공서비스 방송사들 중의 하나인 ITV는 정책당국에게 미국식의 재송신료제도 도입을 강력히 주장하고 있다.

제2절. 유료TV 시장에서의 배타적 채널 거래

1. 배타적 프로그램 거래행위에 대한 이론적 연구들

국내 다채널 유료방송시장에서는 케이블TV, 위성방송, IPTV 등의 주요 플랫폼 사업자들이 치열한 경쟁을 벌이고 있다. 다채널 유료방송시장에서 플랫폼 사업자의 경쟁력은 가격, 품질, 서비스 등으로 나누어 볼 수 있다. 누가 더 저렴한 가격에 고품질의 콘텐츠를 소비자들이 만족할만한 수준의 서비스와 함께 제공할 수 있는가가 플랫폼 사업자의 경쟁력이 될 것이다. 그런데 국내 유료방송시장은 케이블TV가 도입된 초기부터 낮은 요금이라는 인식이 굳어졌고, 현재까지도 많은 시청자들은 유료방송에 대해 높은 비용을 지불하기를 꺼려하고 있는 실정이다[39]. 따라서 국내 케이블TV 사업자들은 대체로 5,000-7,000원 정도의 저렴한 요금에 인기 있는 채널들을 패키징해서 판매하는 전략을 취하고 있고, 위성방송과 IPTV 사업자들도 가격규제로 인해 케이블TV 사업자들보다는 다소 높지만 다른 국가들에 비해서는 상당히 저렴한 요금구조를 형성하고 있다. 결국, 현재 유료방송사업자들이 취할 수 있는 전략은 더 이상 가격을 내리기 보다는 다른 사업자들과 차별화된 콘텐츠를 제공하거나 이동통신, 전화, 초고속인터넷 서비스와 유료방송을 묶어서 결합서비스로 제공하는 것이다. 유료방송사업자들의 결합판매 관련한 내용은 6장에서 자세히 다루고 있기 때문에, 여기서는 플랫폼 사업자들의 콘텐츠 차별화전략에 대해서만 초점을 맞추기로 한다. 특히 수직적으로 결합된 플랫폼 사업자들이 자신들이 보유하고 있는 인기 채널들을 경쟁 플랫폼 사업자들에 제공하지 않을

39 국내 유료방송시장이 저가의 요금구조가 형성된 이유들은 1장에 자세히 기술되어 있다.

유인이 있는지, 있다면 그 이유는 무엇인지를 다양한 관점에서 살펴보도록 하겠다.

1) 수직결합과 시장봉쇄

수직적 결합과 배타적 거래에 대한 논의들은 상류와 하류 시장이 과점의 상태에 놓여 있을 때, 시장에 참여하는 기업들의 전략적 상호관계를 분석하는 데 초점이 맞추어져 있다(Salinger, 1988; Ordover, Saloner, & Salop, 1990; Hart & Tirole, 1990). 이들 연구들은 대체로 상류와 하류시장에 각각 두개의 기업들만이 존재하는 상황을 가정한 뒤, 이 기업들의 전략적 상호작용 하에서 배타적 거래로 인한 수직적 봉쇄가 균형에서 발생할 수 있음을 보여주고 있으며, 한 결합기업에 의한 수직적 봉쇄에 대해 다른 상하류 기업들도 수직적 봉쇄로 대응할 수 있음을 보여주고 있다(Ordover, Saloner, & Salop, 1990).

계약이론(contract theory)에 기반하여 수직적 결합을 분석한 연구는(Hart & Tirole, 1990), 시장의 불확실성으로 인하여 상, 하류 기업들 간에 중간재의 품질이나 가격 등에 대한 사전적인 계약을 작성하기가 불가능한 상황에서 수직적 결합은 이윤배분(profit sharing)에 대한 계약과 유사함을 강조한다. 이 연구에서는 상류와 하류기업이 독립적으로 존재하는 상황에서 이윤배분에 대한 계약이 체결된다고 하더라도 개별 기업의 경영진은 불필요한 비용을 지출하거나, 자신의 이윤을 적게 보고할 유인을 갖게 된다는 점에서 수직결합은 이점을 갖고 있다. 그러나 수직적 결합으로 인해 결합기업의 하위 부문의 경영진들은 제품 개발 등의 독자적인 이윤증가 노력을 소홀히 할 수도 있다는 점에서 수직결합은 문제점을 가지고 있기도 하다.

Chang(1992)은 수직적인 시장구조 하에서 개별 기업들이 배타적 계약에 대한 의사결정을 마친 뒤 자신의 산출량을 결정하는 상황에서 기업들은 “수인의 딜레마”에 직면하게 되며, 시장균형은 완전한 배타적 계약(두 개의 수직적으로 결합된 기업이 나타나는 상황)으로 나타나게 됨을 보였다. 즉, 배타적 계약이 존재하지 않는 것이 모두에게 있어 최선의 상황이지만, 어느 한 쪽이 배타적 계약을 맺을 때 다른 일방이 큰 손해를 보게 됨으로 인해서 균형에서는 두 개의 배타적 계약이 존재하게 된다는 것이다.

방송서비스는 상류의 독점적인 콘텐츠를 이용하여 하류의 플랫폼 사업자들이 이용자에게 방송서비스를 제공하는 전형적인 수직적 구조라고 볼 수 있다. 예를 들어, 채널과 플랫폼을 모두 소유하고 있는 케이블TV 사업자들이 경쟁플랫폼 사업자들인 위성방송이나 IPTV사업자들에 대해 자신들이 보유하고 있는 채널의 배급을 거부함으로써 다채널 유료방송플랫폼 시장에서의 경쟁적 우위를 확보하겠다는 전략은 상류시장에서 강력한 시장지배력을 가지고 있는 사업자들이 행사할 수 있는 전형적인 수직적 제한으로 볼 수 있다. 혹은 지상파방송사업자들이 자신들과 수직적으로 결합되어 있는 방송채널사용사업자들에게만 독점적으로 콘텐츠를 제공함으로써 지상파 계열의 방송채널사용사업자들이 유료채널 시장에서 경쟁적 우위를 지켜나가고 있는 것도 전형적인 수직적 결합을 통한 콘텐츠의 배타적 거래행위에 해당한다고 하겠다.

워터만(Waterman, 1993)은 케이블TV 사업자(SO에 해당)와 케이블 네트워크(PP에 해당) 간의 수직적 결합이 최종 생산물의 가격을 낮추는 긍정적인 측면도 있지만, 경쟁사를 배제시키는 효과가 있음을 주장하였다. 또한 수직적으로 결합된 기업은 그렇지 않은 기업에 비하여 경쟁관계에 있는 케이블 네트워크를 적게는 3%부터 많게는 54%까지 덜 제공하는 하향적 봉쇄(downstream foreclosure)를 한다는 사실을 입증한 연구도 있었다(Chipty, 2001). 한편, 케이블 TV의 수직적 통합이 경쟁 케이블 네트워크를 배제시키거나, 경쟁 케이블 네트워크에 대해서 상대적으로 불합리한 가격을 제시할 수 있음을 보인 연구도 있었다(Waterman & Weiss, 1996).

케이블 TV의 수직적 통합을 수용자 복지 차원에서 분석한 연구에 의하면,

수직적 통합으로 인해 케이블TV의 가격 및 프로그램의 다양성 측면에서는 긍정적인 역할을 할 수 있는 반면, 수직적 통합에 의한 시장지배력으로 인하여 케이블 TV산업의 비효율성 및 비경제성 그리고 프로그램의 다양성이 줄어들 수도 있다고 주장하였다(Ahn & Litman, 1997). 또 다른 연구는 수직적으로 통합된 케이블 네트워크들은 상대적으로 낮은 가격에 프로그램을 제공할 수 있기 때문에 경쟁 케이블 네트워크들의 가격도 낮추는 효과를 가져올 수 있고, 이는 소비자 복지의 증진에 이바지할 수도 있다고 주장하였다(Sibley & Weisman, 1998). 한편, 워터만(Waterman, 1995)은 수직적으로 결합되어 있는 기업에 의한 시장봉쇄는 수직적으로 결합되어 있는가의 문제가 아니라 케이블 사업자가 프로그램 배급 단계에서 수평적 결합에 의해 가지고 있는 시장지배력에 의해 영향을 받는다고 주장하였다.

조은기(2004)는 프로그램이나 채널 사용에 대한 배타적 권리문제는 저작권 사용이 시장에서 공정하게 거래된다고 가정할 경우, 아무런 후생손실이 발생하지 않는다고 주장하였다. 또한 배타적 권리를 통하여 채널 출범 시에 수반되는 리스크를 분산시킬 수 있는 기능을 할 수 있기 때문에, 채널 사용에 대한 배타적 권리 자체를 문제 삼는 것은 옳지 않다고 주장하였다. 결국, 프로그램을 공급하는 분야(PP)와 분배창구(SO) 간의 수직적 결합은 그 자체로서 문제가 되는 것은 아니라는 주장이다. 예를 들어, 소수취향의 프로그램을 제공하는 특화된 장르의 PP는 SO와 수직적으로 결합되어 있기 때문에 시장에 존재할 수 있다. 안정된 SO의 분배창구를 통하여 대중적이지는 않지만 특화된 콘텐츠의 제작을 시도할 수 있는 것이다. 문제는 SO가 자신이 직접 소유하고 있는 PP에 우선적으로 채널을 배정하고, 경쟁관계에 있는 PP를 배제시키는 경우에 발생한다. 또한 수직적으로 결합되어 있는 SO와 PP가 경쟁매체인 위성방송 사업자와의 경쟁에서 우위를 점하기 위하여 자신이 소유하고 있는 PP를 위성방송 사업자에게 제공하지 않거나 비싼 가격에 제공함으로써 매체간의 공정경쟁에 문제를 일으킬 수 있다. 그러나 이러한 경우에도 불공정 거래에 대한 규제를 가함으로써 해결이 가능하기 때문에 여전히 SO와 PP의 수직적 결합은 큰 문제가 된다고 보기는 어렵다. 결국, 수직적으로 통합되어 있는 채널을 경쟁적인 다채널서비스 사업자에게 공급하는 것을 봉쇄하거나, 특정 사업자가 자신이 가지고 있는 시장에서의 지배력을 이용하여 불공정하게 특정 채널에 대한 배타적 권리를 요구하는 경우에 문제가 발생하게 된다. 이 경우 특정 채널에 대한 배타적 권리의 문제에 대한 규제는 시장지배력이 남용되었는가에 대한 문제로 귀결될 수 있다.

요약해 보면, MSO의 시장봉쇄 전략은 두 가지 차원에서 진행될 수 있는데, 첫째는 자신과 수직적 결합관계에 있지 않은 PP를 자신의 채널에서 배제시키는 방법과, 둘째는 경쟁적인 다채널방송서비스 사업자가 특정 PP의 프로그램에 접근하는 것을 봉쇄해 버리는 방식이다(조은기, 2004). 그러나 MSO에 의한 시장봉쇄 효과가 실질적으로 나타나기 위해서는 MSO가 분배창구에서 상당한 지배력을 가지고 있어서 특정 PP가 MSO의 서비스 지역에 접근하는 것이 불가능한 경우 상당한 손실을 가져올 때 나타난다. 이는 분배창구에서 상당한 지배력을 가지고 있는 MSO가 특정 PP로 하여금 자신과 경쟁관계에 있는 다채널방송사업자에게 프로그램을 제공하지 말라고 요구할 경우, 특정 PP는 이 요구를 거부할 수 없기 때문이다. 그러나 SO와 PP의 수직적 결합으로부터 나타나는 부정적인 영향은 불공정한 거래를 제한하는 규제나 MSO의 제한 등과 같은 규정을 통해서 어느 정도 해결할 수 있다.

2) 수직결합과 소비자 잉여

유료TV 산업에서 수직적 결합이 소비자 잉여에 미치는 영향에 대해서도 많은 연구들이 있었다. 케이블TV 사업자와 채널사업자 간의 수직적 결합은 신규 채널의 진입을 저해함으로서 채널시장의 다양성을 훼손한다는 연구결과는 수직적 결합이 소비자 잉여에 부정적 영향을 미칠 수 있음을 보여준다(NTIA, 1988). 싱어와 시닥(Singer & Sidak, 2007)도 수직적으로 결합된 케이블TV 사업자들은 플랫폼 시장에서의 가격을 상승시키고 채널의 다양성을 훼손시킬 수 있음을 주장했다.

그러나 수직적 결합과 소비자 잉여 간에는 아무런 연관성이 없다는 연구결과도 있다. 케이블TV 사업자들은 자신과 수직적으로 결합되지 않은 케이블 채널들을 차별화할 아무런 이유가 없을 뿐만 아니라(Klein, 1989), 차별적으로 대할 아무런 유인도 없다는 연구도 존재한다(Waterman & Weiss, 1996). 더구나 수직적으로 결합된 케이블TV 사업자들은 신규채널에 투자함으로써 케이블 채널 시장의 다양화에 기여한다는 주장도 있다(Ahn & Litman, 1997). 또한 수직적으로 결합된 케이블TV 사업자는 독립 케이블TV 사업자에 비해 성과가 높고 소비자 잉여에도 긍정적 영향을 주는 것으로 밝혀졌는데, 이는 수직적 결합으로 인한 효율성 증가가 수직적 결합으로 예상되는 부정적 측면을 상쇄함을 의미한다(Chipty, 2001).

3) 배타적 거래행위에 대한 게임이론적 분석[40]

나성현·이상우(2007)는 게임이론에 근거하여 유료방송시장에서의 배타적 거래행위를 분석한 바 있다. 그들은 다채널 방송시장을 프로그램을 생산하여 이를 배급자에게 공급하는 채널사업자(Program Provider, 이하 PP)와 이들 다수의 PP로부터 프로그램을 공급받아 이를 최종소비자에게 제공하는 케이블TV, 위성TV, IPTV 등의 다채널비디오프로그램 배급사업자(Multichannel Video Programming Distributor, 이하 MVPD)로 구분하고, PP와 MVPD간의 거래가 이루어지는 시장을 상류시장(upstream market), MVPD와 최종소비자

40 게임이론적 분석결과는 나성현, 이상우(2007)의 논문에 나온 내용을 인용하였다.

간의 거래가 이루어지는 시장을 하류시장(downstream market)으로 분류하였다. 유료방송 시장의 이원적인 시장구조 속에서 상류의 PP와 하류의 MVPD 간의 수직적인 결합은 콘텐츠 제작과 배급에 있어 보다 효율적인 경영을 가능하게 해주는 수단이 될 수 있는 반면, 한 시장에서 지배력을 가지고 있는 결합기업이 다른 시장에서 타기업에 대한 차별적 행위를 할 수 있는 기회를 제공하게 된다. 이와 같은 차별적 행위는 그 형태에 따라 콘텐츠 차별(content discrimination)과 전송망(conduit discrimination) 차별로 구분할 수 있는데, 콘텐츠 차별은 결합기업이 자신의 콘텐츠제작 부분을 보호하기 위하여 자신의 배급망을 통한 상대 PP의 콘텐츠 전송을 거부하는 형태의 불공정행위를 말하며, 전송망 차별은 결합기업이 자신의 배급부분을 보호하기 위하여 경쟁기업에 대해 자신의 콘텐츠제공을 거부하는 형태의 불공정행위를 말한다.

나성현 · 이상우(2007)의 논문은 전송망 차별에 초점을 맞추어 결합기업의 경쟁기업에 대한 프로그램 제공거부 또는 배타적 거래가 기업들의 이윤 및 사회후생에 미치는 영향을 게임이론을 사용해 분석하였고 그 결과는 다음과 같다.

첫째, 다채널 방송시장이 복점(duopoly) 상태일 경우 결합MVPD의 배타적 거래는 프로그램을 제공받지 못하는 경쟁MVPD의 이윤을 감소시킨다. 이는 배타적 거래가 경쟁MVPD의 다채널 방송의 질을 감소시키고 이것이 시장에서의 경쟁력 약화로 이어지기 때문이며, 이때 경쟁MVPD 이윤은 자신이 제공받지 못하는 핵심적 프로그램이 더 높은 가치를 지닐수록 더 많이 감소하게 된다. 또한, 핵심적 프로그램의 광고단가의 상승도 경쟁MVPD의 이윤을 감소시키는데, 이는 결합MVPD가 더 많은 광고수입을 올리기 위하여 시장점유율을 높일 목적으로 시청료를 인하하게 되고, 이로 인해 경쟁MVPD도 자신의 시청료를 인하해야 하기 때문이다.

둘째, 결합MVPD의 이윤은 경쟁MVPD에 대한 프로그램 제공에 따라 증가할 수도 있으며, 이 경우 이윤의 증가분은 프로그램 제공에 따른 수입, 광고

수입의 증가로 이루어진다. 이는 경쟁MVPD에 대한 프로그램 제공에 따라 프로그램 제공대가와 광고수입으로 구성되는 결합MVPD의 콘텐츠 제작부문의 수입 증가가 시장점유율의 감소에 따른 유통부문의 수입 감소보다 클 수 있다는 것을 의미한다. 또한, 다른 모든 조건이 일정하다면 결합MVPD의 이윤은 프로그램 제공대가가 클수록, 광고단가가 클수록 프로그램 제공에 따라 커지게 된다.

셋째, 결합MVPD의 경쟁MVPD에 대한 프로그램 제공은 오히려 소비자 잉여를 감소시킬 수도 있다. 이는 다음과 같은 이유에 따라 프로그램 제공 후 두 MVPD의 시청료가 모두 상승할 수도 있기 때문이다. 첫째, 경쟁MVPD의 경우 프로그램 제공에 따른 대가가 시청료에 반영되어 시청료를 인상하게 되며, 이에 따라 균형에서 경쟁MVPD를 선택하게 되는 소비자들의 경우 채널 증가에 따른 편익의 증가보다 시청료의 인상과 거래비용에 따른 후생 감소가 큰 경우가 발생할 수 있다. 둘째, 결합MVPD의 경우 프로그램 제공에 따라 자신이 생산하는 콘텐츠가 모든 소비자들에게 제공되고 이에 따라 자신의 콘텐츠 제작 부문이 벌어들이는 광고료 수입이 시청료에 관계없이 일정하게 결정되므로 프로그램 제공 전과 같이 광고수입을 증가시키기 위해 시청료를 인하하려는 유인이 더 이상 존재하지 않게 된다. 또한, 시청료의 인상에 따른 소비자 잉여의 감소는 다른 모든 조건이 동일하다면 프로그램 제공대가와 광고단가가 클수록 더욱 심각하게 나타나게 된다.[41]

이상의 결과를 바탕으로 나성현·이상우(2007)는 신규매체의 도입 시 프로그램 제공에 대한 정책적 시사점을 도출하였다. 이들은 미국에서 시행되었던 프로그램 접근규칙을 우리나라에 도입시키게 되면, 핵심적 프로그램이 신규매

41 이와 같은 결과는 거래비용이 없는 상황($t = 0$)인 상황에서는 성립하지 않는다. 거래비용이 없는 상황에서 프로그램 제공에 따른 두 다채널 방송의 동질화는 두 다채널 방송의 경쟁 정도를 크게 심화시키고 이에 따라 시청료도 큰 폭으로 하락하게 된다.

체에게 제공됨으로써 신규 매체의 이윤이 증가될 것이라고 주장하였다. 신규 사업자의 원활한 투자비용 회수가 가능해질 것이고, 장기적으로 새로운 기술방식을 이용한 신규매체의 다채널 방송시장에 대한 진입을 촉진시킬 수 있으며, 이에 따른 경쟁 활성화로 인해 소비자들의 후생도 증가할 수 있을 것이기 때문이다. 또한, 프로그램 제공거부가 신규 매체에 대한 진입장벽으로 작용할 수 있기 때문에, 결합 MVPD의 거래거절(또는 배타적 거래)이 장기적으로 다채널 방송시장에서의 지배력을 유지하기 위한 수단이 될 수 있다고 주장하였다. 그러나 프로그램 접근규칙에 따라 이미 다채널 방송시장에서 활동하던 결합 MVPD의 이윤이 감소할 수 있다는 점은 프로그램 접근규칙의 적용에 있어서 신중을 기해야 함을 의미하며, 이와 같은 경우 프로그램 접근규칙의 한시적인 적용이 필요함을 주장하였다.

마지막으로 프로그램 제공에 대한 대가가 과도하게 책정될 경우 이것이 시청료 상승으로 이어져 단기적으로는 오히려 소비자 잉여가 감소하게 될 수도 있기 때문에 프로그램 접근규칙으로 인해 다채널 방송시장 경쟁 활성화에 따른 장기적인 소비자 후생 증가가 기대되는 경우라 하더라도 그것이 시청료와 소비자 후생에 미치는 단기적인 영향에 대한 검토가 필요함을 지적하였다.

4) 필수설비 이론

다매체 다채널 환경이 도래하면서 인기 있는 콘텐츠의 배급이 매체의 경쟁력에 중요한 요인으로 인식되기 시작하면서 콘텐츠의 배타적 거래를 금지하고 콘텐츠의 개방을 지지하는 논리를 통신시장에서의 필수설비 접근 논리에서 찾고자 하는 시도가 이루어진 바 있다.

필수설비를 보유한 시장 지배적 사업자가 경쟁사업자에게 정당한 이유 없이 시설의 제공을 거부하거나 차별적인 조건을 제시한다면 이를 불법적인 것으로 규제한다는 것이 필수설비 개방의 원리이다. 결국 필수설비의 개방원리란 필수설비에의 접근을 의무화하는 것으로, 필수설비와 관련된 불공정거래행위를 단속하고 독점적으로 보유하고 있는 시설을 경쟁사업자에게 개방할 의무를 부여함으로써 경쟁을 촉진하는 방안이라고 할 수 있다.

(1) 필수설비의 개념과 필수설비에 의한 시장차단

광의의 필수설비(essential facility)란 발전시설, 가스공급시설, 금융, 통신 네트워크, 항만 도로 등의 기간설비를 이르는 것으로 해당 설비를 이용하지 않고는 경쟁업체가 사실상 시장에 진입할 수 없는 것들을 가리킨다.

필수요소를 보유하고 있는 지배적 사업자가 자신이 속한 시장에서의 시장지배력을 주변시장으로 확장할 의도를 가지고, 자신이 보유하고 있는 필수요소에 대한 접근을 거부하는 행위는 시장차단(market foreclosure)의 한 가지 방법이다. 필수요소를 보유하고 있는 기업은 다양한 행위를 통하여 시장차단을 시도하려고 한다(Tirole, 1988). 첫째, 필수요소를 보유하고 있는 상류기업이 일부 하류기업들과 수직적으로 결합하여 다른 하류기업들의 필수요소 접근을 거부할 수 있다. 둘째, 규모의 경제나 범위의 경제가 존재하는 시장의 경우, 필수요소를 보유하고 있는 지배적 기업이 동종시장에서 경쟁하고 있는 타 기업들과의 협력을 거부함으로써 시장을 차단할 수 있다. 셋째, 수직적 결합이 현실적으로 어려운 경우, 필수요소를 보유하고 있는 상류시업은 특정 하류기업과 배타적 거래관계를 형성함으로써 시장차단의 효과를 얻을 수 있다. 넷째, 필수요소를 보유하고 있는 기업은 다양한 가격차별화 전략을 통하여 특정 하류기업에게 보다 유리한 가격을 제공함으로써 간접적인 형태의 배타적 거래관계를 형성할 수 있다.

정부는 필수설비를 통한 시장차단을 막기 위하여 다양한 형태의 규제를 가할 수 있다. 첫째, 필수설비를 모든 사용자가 공유할 수 있도록 하는 정책을 통하여 수직적 결합에 의한 시장차단의 효과를 방지할 수 있다. 둘째, 필수설비를 보유하고 있는 기업을 구조적으로 분리함으로써 시장차단의 효과를 막는 방안도 있다. 문제는 수직적으로 결합되어 있는 기업을 강제로 분리할 경우 수반할 수밖에 없는 큰 거래비용의 발생문제를 심각하게 고려해야 한다. 셋째, 필수설비에 접속하는 비용을 생산비용과 연계하여 규제함으로써 시장차단의 효과를 줄일 수 있다. 문제는 정부가 생산비용에 대한 정보를 정확히 파악할 수 없는 경우에 발생하게 되는데, 이 때 정부는 거래에서 배제된 기업들로부터 생산비용에 대한 정보를 얻을 수 있다. 넷째, 정부는 필수설비에 대한 사용료를 규제하는 대신에 하류기업들이 일정량의 필수설비를 사용할 수 있도록 보장하는 정책을 수행할 수 있다. 다섯째, 상류기업과 하류기업의 거래계약을 공개하도록 함으로써 상류기업이 특정 하류기업에게 배타적으로 행사하는 특혜를 막을 수 있다. 여섯째, 필수설비를 보유하고 있는 기업이 가격차별화를 시도할 수 없도록 제도적으로 막을 수 있다. 그 밖에도 상류시장과 하류시장에서의 경쟁상황에 차이가 있는 경우, 상류시장과 하류시장의 위치를 바꾼다거나 필수설비에 대한 사용료를 여러 기업들이 연계하게 하는 등의 다양한 방안들이 있다.

(2) 필수설비에 대한 규제

미국은 필수설비의 원리가 적용되기 위해서 만족해야 하는 요건을 4가지로 정리하고 있다(정연준, 2002). 첫째, 독점기업에 의해 필수설비가 통제되어야 한다. 이 때, 경쟁사업자가 단순히 불편함이 있거나 경제적인 손실이 있다는 사실만을 입증하는 것만으로는 부족하며, 해당 필수설비를 사용하는 것 이외에는 대안이 없다는 것이 증명되어야 한다. 둘째, 경쟁기업은 실질적으로 필수설비를 복제할 수 없으며, 셋째, 독점기업은 경쟁기업이 자신의 설비를 사용하는 것을 거부하는지의 여부이다. 이 경우 경쟁기업은 필수설비를 보유하고 있는 독점기업과 하향시장(downstream market)에서 경쟁관계에 있어야 한다. 넷째, 독점기업은 경쟁기업에게 필수설비를 제공할 수 있는 능력이 있어야 한다. 즉, 필수설비를 보유하고 있는 독점기업은 설비를 제공할 여력이 있어야 하며, 그렇지 않은 경우에는 정당한 접근거부로 인정될 수 있다.

미국의 경우, 필수설비에 대한 판례는 Sherman 법 제2조(독점, 독점기도 등)와 Sherman 법 제1조(경쟁 제한적 계약, 결합 및 공모금지)에 근거하고 있다. 미국의 판례를 살펴보면, 일반적으로 필수설비를 보유하고 있는 기업이 정당한 사유 없이 경쟁사업자의 설비접근을 거부하여 하부시장에서도 독점을 유지하려는 경우에 Sherman 법 위반에 해당한다고 다루고 있다.

한편, 어떠한 기업이 필수설비를 보유하고 있다는 사실에서 독점력을 추론하기 위해서는 실제로 이 설비로부터 배제된 기업이 시장에서의 존립가능성이 희박하다는 점을 입증하여야 한다. 또한 미국이나 EU를 비롯한 국가들에서 필수설비에 대한 접근거부를 정당화할 수 있는 사유로는 접근거부 자체가 경쟁촉진적이거나 경쟁을 옹호하는 경우이다. 또한 필수설비에의 접근을 허용 시 투자보상이 감소하거나 필수설비의 용량이 한계에 다다른 경우, 필수설비에의 접근으로 인하여 기업의 평판 및 서비스의 질이 저하되는 경우에도 정당한 접근거부의 사유가 될 수 있다.

(3) 콘텐츠시장에서의 필수설비 접근법

방송시장에서 콘텐츠에 대한 필수설비 접근론은 상류의 독점적인 콘텐츠를 보유한 콘텐츠 사업자(채널 사업자)가 하류의 서비스 제공사업자(플랫폼 사업자)에 대하여 자신이 가지고 있는 콘텐츠에 대한 접근을 통제함으로써 하류시장의 서비스 제공에 있어서 경쟁의 우위를 유지하려는 행위로 이해하는데서 출발한다[42].

---

42 이에 반하여 콘텐츠에 대한 필수설비 접근은 지적재산권으로 이해되어야 한다는 주장도 제기되고 있다(노

콘텐츠에 대한 필수설비 접근의 사례는 미국의 다채널 시장에서 여러 차례 제기된 바 있다. 미국에서는 기존의 케이블TV 사업자들이 자신들의 사업권역 내에서 서비스를 제공하려는 경쟁플랫폼 사업자들에 대하여 콘텐츠에 대한 접근을 거부함으로써 독점을 유지하고 있다는 사실에 대해 반독점법 소송이 제기된바 있다. 소송의 핵심사항은 인기 있는 콘텐츠 혹은 프로그램이 필수설비인가에 대한 문제와 기존의 케이블TV 사업자가 인기 있는 케이블 네트워크와 독점적 계약을 체결한 것이 반독점법에 위반되는가에 대한 문제로 요약된다.

미국의 대표적인 케이블 네트워크 사업자인 ESPN과 TNT는 다채널비디오 프로그램 배급업자들 중의 하나인 공시청안테나(Satellite Master Antenna Television, 이하 SMATV)가 다채널비디오프로그램 배급시장에서 생존하기 위해 제공해야 할 필수설비 임에도 불구하고, SMATV에 대해 프로그램 제공을 거부하였기 때문에 Sherman 법 제2조에 근거한 반독점법에 해당한다는 이유로 기소되었다. 법원은 이를 판단하기 위해, 필수설비 원칙의 세 번째 사항을 적용하였는데, 필수설비 원칙의 세 번째 요건은 경쟁기업이 필수설비를 보유하고 있는 독점기업과 하향시장(downstream market)에서 경쟁관계에 있어야 한다는 것이다. 이를 판단하기 위해서 기소자인 SMATV와 케이블 네트워크사업자인 ESPN(혹은 TNT)이 하향시장에서 경쟁관계인가를 분석하였는데, 법원은 ESPN과 TNT는 프로그램을 공급해주는 시장에 속해 있는 반면, SMATV는 프로그램을 전송해 주는 시장에 속해 있기 때문에, SMATV와 ESPN(혹은 TNT)을 동일한 시장에서 경쟁하고 있는 사업자로 간주할 수 없음을 분명히 하였다. 따라서 ESPN은 경쟁자에게 필수설비를 거부했다고 보기 어렵다고 결론지어졌다[43]. 이에 대한 항소에서는 TNT가 기존의 케이블 사업

기영, 2004).

43 *767 F. Supp. 1062 (D. Colo. 1991), aff'd, 964 F.2d 1022 (10th Cir.), cert, denied, 113 S. Ct. 601 (1992).*

자와 독점적 프로그램 배급계약을 체결함으로써 필수설비에 해당하는 TNT 채널에 대한 SMATV의 접근권을 거부했음이 제기되었다[44]. 그러나 법원은 케이블 사업자가 TNT 채널을 제공하는 시장에서 독점을 획득하기 위해 TNT와 공모했다고 보기는 어렵다고 판단했다. 그 중요한 이유로는 만일 TNT가 케이블 사업자에게 필수설비에 해당하고 케이블사업자가 TNT와 독점적 계약을 체결한다면, TNT는 케이블 사업자에게 TNT 채널을 이용하는 대가로 상당한 가격을 요구할 가능성이 있기 때문이다[45].

기존의 케이블 사업자들이 경쟁하고 있던 지역에 새롭게 진출한 케이블 오버빌더(cable overbuilder)는 기존의 케이블 채널들과 케이블 사업자들이 자신들에게 프로그램 제공을 거부한 행위에 대하여 필수설비의 접근을 방해했다는 이유로 소송을 제기하였다[46]. 소송의 주된 이유는 기존의 케이블사업자들과 몇 개의 인기 있는 케이블 채널들이 독점적인 계약을 체결함으로써 새롭게 진입한 케이블 사업자가 생존하는데 필수적인 채널들에 대한 접근이 거부되었다는 것이었다. 그러나 법원은 이를 기각하였는데, 그 이유로는 새롭게 진입한 케이블 오버빌더가 사업을 하기에 충분한 채널들을 이미 확보하고 있었을 뿐만 아니라, 접근이 거부된 Learning Channel이나 ESPN의 Sunday Night Football과 같은 채널들이 없이도 새롭게 진입한 사업자가 시장에서 생존하고 있었기 때문이었다.[47]

Storer Communications는 Montgomery 시의 92%에 해당하는 지역에서 케이블서비스를 제공하는 사업자였다. 이 지역에 새롭게 진출한 케이블 오버빌더는 TNT와 ESPN(두 채널은 NFL 경기를 중계하는 유일한 채널들이었음)

---

44 *TV Communications Network, Inc. v. Turner Network Television, Inc., 964 F.2d 1022 (10th Cir.), cert. denied, 113 S. Ct. 601 (1922).*

45 *Id. at 1026*

46 *789 F. Supp. 760 (S. D. Miss. 1992), aff'd, 986 F.2d 1418 (5th Cir. 1993).*

47 *Id. at 778 n.12.*

에 대해 장기적인 채널 배급 계약을 체결하려고 하였다. 그러나 TNT와 ESPN은 Storer Cable Communications과 이미 독점적 계약을 체결한 상태였고, 따라서 케이블 오버빌더에게 자신들의 채널 공급을 거부하였다. NFL 경기를 제공할 수 있는 유일한 채널들인 TNT와 ESPN에의 접근이 거부된 케이블 오버빌더는 Storer Communication과 TNT, ESPN에 대하여 Sherman 법 제1조의 불법적인 거래 봉쇄, 제2조의 불법적인 독점의 명목으로 기소하였다[48]. Futurevision 과 Turner 케이스에서와는 달리, 법원은 NFL 경기를 대체할만한 채널이 없기 때문에 TNT와 ESPN의 채널 접근 거부는 케이블 오버빌더에 대한 시장봉쇄를 가능하게 할 만큼 큰 힘을 가지고 있다고 간주하였다. 또한 법원은 Storer Communication은 케이블 시장에서의 독점력을 유지하기 위한 의도된 목적을 가지고 TNT와 ESPN과 독점적 계약을 체결한 것으로 판단하였다. 결국 Sherman 법의 제1조와 제2조를 모두 위반한 것으로 간주되어 Storer Communication의 독점적 계약은 불법으로 결정되었다.

2. 배타적 프로그램 거래행위에 대한 실증분석 연구들

유료TV 시장에서 배타적 거래행위가 어떻게 일어났는가를 살펴본 실증연구는 이상우·박민수(2007)의 연구가 대표적이다. 이들은 케이블TV 사업자들의 채널전송 관련 데이터에 기반하여 케이블TV 사업자들의 채널거래 행위의 유형을 분석하고 이에 기반한 채널거래 정책의 방향을 제시한 바 있다. 이들의 연구는 케이블TV 시장에서의 채널거래 현황을 실증데이터에 기반해 분석한 최초의 연구라는 점에서 의미가 있다. 지면의 제약때문에 이들이 사용한 실증

48 *826 F. Supp. 1338 (M. D. Ala).*

분석 방법론 및 결과는 생략하고 여기서는 시사점만을 기술하기로 한다[49].

케이블TV 시장에서 배타적 거래행위 관련한 이상우·박민수(2007)의 연구는 수직적으로 결합된 국내 케이블 사업자들(MSP)이 위성방송에 대해서만 차별적으로 배타적 프로그램 거래를 하고 있는지 여부를 살펴보고 이를 통해 위성방송에 대한 배타적 프로그램 제공이 정당한 개별 사업자들의 이윤 극대화 행위가 아닐 수 있음을 보이고자 하였다. Probit모형을 이용한 회귀분석 결과, SO의 프로그램 전송여부를 결정하는 데 영향을 미치는 것은 PP의 시청률과 독립PP 여부 같은 PP의 경쟁력에 국한될 뿐, SO-PP 간 수직결합 여부나 SO의 경쟁여부, 또는 SO 소유 PP와 동일한 장르인지의 여부와 같은 요인들이 전송확률을 결정하지 않음을 보여주었다. 즉, 국내의 수직적으로 결합된 케이블 사업자들은 위성사업자에게는 자신들의 채널전송을 거부하고 있으나, 케이블 사업자들에게는(경쟁관계에 있는 케이블 사업자들에게도) 비배타적으로 자신들의 채널을 전송해 주었다는 것이다.

만약 MSP가 이윤극대화를 위해 위성방송에 프로그램을 제공하지 않는다면 마찬가지 이유로 동일지역에서 경쟁하고 있는 SO들에게 자신들이 소유한 질 높은 채널들의 전송을 거부할 유인이 충분히 존재한다고 볼 수 있다. 그런 점에서 케이블 사업자들 간에는 배타적 거래가 일어나고 있지 않다는 사실은 흥미로운 결과이다. 이는 과거에 케이블 사업자들이 통신자본에 기반한 이질적 매체인 위성방송 사업자들의 경쟁력을 약화시키기 위해 경쟁력 있는 PP의 전송을 거부했었음을 보여준다.

한편, 수직적으로 결합된 케이블TV 사업자들이 상호채널 전송전략을 통해 시장에서의 우위를 점해 나아가고 있다는 연구들도 꾸준히 진행되어 왔다. 이

49 비록 이들의 연구가 2005년 데이터를 가지고 수행되었으나, 방법론적 측면에서의 가치는 여전히 유효하고 연구결과의 시사점이 매우 흥미롭기 때문에 유료방송시장에서 배타적 거래행위 관련 후속연구에 도움이 될 것이다.

는 수직적 결합 사업자들 간 상호전송(reciprocal carriage) 전략을 통해 독립 케이블 채널들에게 불이익을 줄 수 있음을 의미한다.

상호전송 전략이란 수직적으로 결합된 케이블TV 사업자들이 서로 공모하여 상대방이 소유한 케이블 채널들을 자신들의 케이블TV에 우호적으로 전송해주는 전략이다. 이것이 문제가 되는 이유는 수직적으로 결합된 거대 MSO들이 상호전송 전략을 취하게 되는 경우 독립 케이블 채널들이 전송될 가능성은 그만큼 줄어들기 때문이다. 최근 들어 디지털 기술의 발달로 채널을 전송할 수 있는 네트워크 용량제한의 문제가 줄어들면서 상호전송의 문제는 사라질 것이라는 예측도 나오고 있다. 그러나 상호전송 전략은 다양한 형태로 진행될 수 있다. 예를 들어, 수직적으로 결합된 SO A가 수직적으로 결합된 케이블TV 사업자 B의 채널들을 가입자 기반이 가장 넓은 티어에 포함시켜주는 대가로 수직적으로 결합된 케이블TV 사업자 B역시 A가 소유한 채널들을 가장 가입자 기반이 넓은 티어에 포함시켜 가입자들에게 제공함으로써 두 사업자들은 상호이익을 추구할 수 있다. 기존 연구에서도 수직적으로 결합된 케이블TV 사업자들이 상호전송 전략을 활용하여 자신들의 신규 채널들을 성공적으로 시장에 진입시켰거나 기존 채널들을 안정적으로 전송시키는 등의 행위를 해 왔음이 드러났다(Ahn & Litman, 1997).

우리나라에서도 수직적으로 결합된 케이블TV 사업자들의 시장봉쇄 행위나 상호전송 전략이 일어나고 있는지를 실증적으로 살펴본 연구가 있다(Lee & Kim, 2011). 이 연구는 국내 케이블TV 사업자들 간의 채널전송 현황에 대한 실증적 자료를 수집하여 수직적으로 결합된 MSO들이 수직적으로 결합되지 않은 MSO들에 비해 수직 결합된 MSO들의 채널들을 전송하는 경향이 높다는 가설과 수직 결합된 케이블TV 사업자들이 자신들이 소유한 채널들과 동일 장르의 채널들을 전송하는 경향이 낮다는 가설 등을 실증적으로 분석하였다. 추가적으로 이상우 외(Lee & Kim, 2011)의 연구는 수직적으로 결합된 MSO들이 수직적으로 결합되지 않은 MSO들에 비해 수직적으로 결합된 타 MSO들의 채널들을 전송하는 경향이 높다는 가설이 맞는지를 측정하였다.

이 연구에서는 개별 케이블TV 사업자들의 채널전송 자료를 수집하여 다음과 같은 이항선택모형(binary-choice model)을 측정하였다.

$$carriage_{ij} = I[\beta \times vipp_{ij} + \gamma \times compp_{ij} + \delta \times ctrl_{ij} + \varepsilon_{ij} > 0]$$

이 모형의 종속변수($carriage_{ij}$)는 케이블TV 사업자 i가 채널 j를 전송했는지의 여부를 측정하는 더미변수로서 전송했다면 1, 전송하지 않았다면 0으로 표시된다. $vipp_{ij}$는 케이블TV 사업자 i와 채널사업자 j가 수직적으로 결합되어 있으면 1, 그렇지 않으면 0으로 표시되는 더미변수이다. 따라서 $vipp_{ij}$의 회귀계수가 정적(+)으로 유의미하게 나온다면 SO i는 자산과 수직적으로 결합된 채널 j를 우호적으로 전송함을 의미한다. $compp_{ij}$는 채널 j가 SO i가 소유하고 있는 채널들과 동일 장르라면 1, 그렇지 않으면 0으로 표시되는 더미변수이다. 따라서 만일 수직적으로 결합된 케이블TV 사업자들이 자신들이 소유한 채널과 경쟁관계에 있는 채널들(동일 장르에 속한 채널들)을 덜 전송한다면 $compp_{ij}$의 회귀계수는 부정적(-)으로 나타날 것이다. $ctrl_{ij}$는 케이블TV 사업자들이 어떤 채널을 전송할 것인지의 여부(carriage)에 영향을 줄 것이라 예상되는 통제변수들을 나타내는데, 케이블TV 사업자들이 서비스를 제공하는 지역에서 15세-65세 연령대의 인구가 차지하는 비중($lyoung_i$), 케이블TV 사업자들이 서비스를 제공하는 지역의 경쟁현황($compete_i$), 케이블TV 사업자들의 채널용량($lcapacity_i$), 케이블TV 사업자들의 가입자 수($lsub_i$), 채널의 서비스 개시일(lpp_age_j), 채널의 시청률($rating_j$), 케이블TV 사업자들이 서비스를 제공하는 지역의 가구 수(lfamilyi) 등이 이에 해당한다.

한편, 케이블TV 사업자들의 상호전송 현황을 분석하기 위한 연구모형은 다음과 같다.

$$carriage_{ij} = I[\beta \times rc_{ij} + \delta \times ctrl_{ij} + \varepsilon_{ij} > 0]$$

여기서 rcij는 상호전송여부를 측정하는 변수인데, 케이블TV 사업자 i가 수직적으로 결합된 MSO이고 채널 j가 다른 수직적으로 결합된 MSO에 의해 제공되는 채널이라면 1로 표기된다. 따라서 만일 수직적으로 결합된 MSO가 독립채널에 비해 수직적으로 결합된 MSO의 채널들을 전송하는 경향이 높다면 이 변수의 회귀계수는 정적(+)으로 나타날 것이다.

2008년도 102개 케이블TV 사업자들의 채널전송현황 자료를 위의 2가지 모형에 기반하여 분석한 결과 수직적으로 결합된 케이블TV 사업자들은 자신들과 수직적으로 결합되어 있는 채널들을 전송하는 경향이 높았고 자신들과 수직적으로 결합된 채널과 경쟁관계에 있는 채널들을 덜 전송하는 것으로 나타났다. 또한 수직적으로 결합된 케이블TV 사업자들끼리는 상대방이 소유한 채널들을 상호전송해주는 것으로 드러났다[50].

50 연구모형과 연구결과에 대한 자세한 설명은 Lee & Kim (2011)을 참고하기 바란다.

3. 한국과 미국의 사례들[51]

1) 한국

전 세계적으로 유료TV사업자들은 자신의 플랫폼을 통해 인기 채널들이 전송될 수 있도록 인기 채널 확보에 전력을 다하고 있다. 시청자가 유료TV사업자를 선택하는 기준은 유료TV사업자가 시청자가 원하는 채널들을 얼마나 많이 제공하고 있는가이다. 따라서 기존 유료TV사업자들뿐만 아니라 유료TV 시장에 새롭게 진입하는 플랫폼 사업자들도 시청자들이 선호하는 인기 채널들을 가급적 많이 확보하기 위해 노력한다. 문제는 인기 있는 채널들을 확보하는 것이 생각보다 쉽지 않다는 것이다.

언뜻 생각해 보면, 채널 사업자의 입장에서는 자신의 채널을 가급적 많은 플랫폼을 통해 배급하는 것이 유리하다. 자신의 채널을 전송하는 플랫폼들이 늘어나면 광고기반의 확대로 광고수입이 증가할 수 있고, 채널을 전송하는 플랫폼 사업자들로부터 받는 채널사용료도 증가할 수 있기 때문이다. 그러나 채널사업자의 입장에서 채널을 판매할 플랫폼 사업자를 선택하는 문제는 그리 간단하지 않다. 예를 들어, 수직적으로 결합되어 있는 채널사업자와 플랫폼 사업자를 고려해 보자. 채널 사업자의 입장에서는 앞서 설명한 바와 같이 가급적 많은 플랫폼 사업자들에게 채널을 공급해 줌으로써 광고기반을 확대하고 채널사용료 수입을 극대화하는 것이 유리할 수 있지만 채널 사업자가 특정 플랫폼 사업자와 수직적으로 결합되어 있는 경우에는 일이 좀 더 복잡해질 수 있다. 채널사업자는 자신의 이익뿐만 아니라 수직적으로 결합된 플랫폼 사업자의 이익도 동시에 고려해야 하기 때문이다. 특히 채널사업자가 시장에서 상당한 경쟁력을 보유하고 있다면 더더욱 일은 복잡해진다. 유료TV 플랫폼의 경쟁력이

---

51 채널 접근 관련 해외 사례는 이상우(2009)의 내용을 수정 보완한 것임을 밝힌다.

인기 채널을 얼마나 많이 확보하고 있는가에 달려 있다면, 특정 플랫폼 사업자와 수직적으로 결합된 채널사업자는 자신과 결합된 플랫폼 사업자에게만 채널을 공급해 줌으로써 시장에서 경쟁 플랫폼 사업자들의 경쟁력을 떨어뜨리려는 유인이 생길 수 있다. 미국에서도 이러한 문제로 인해 FCC가 개입하는 상황으로까지 번진 바 있고, 우리나라에서도 방송통신위원회가 분쟁조정을 위한 개입에 나서거나 공정거래위원회가 배타적 프로그램 거래를 막기 위한 조치를 취한 사례도 있다. 그러나 우리나라는 미국과 달리 수직적으로 결합된 사업자들 간의 배타적 거래행위보다는 SO 전체와 위성방송(또는 IPTV) 간의 배타적 채널거래 행위가 보다 큰 사회적 문제로 불거진 바 있다. 위성방송은 출범 초기, 인기 있는 유료채널에 대한 접근이 거부되었는데, 온미디어의 투니버스, 슈퍼액션, MTV 등이 2003년부터 스카이라이프에 대한 송출중단을 선언했고, CJ미디어가 2003년 Channel CGV, 2005년 m.net과 올리브 네트워크의 위성송출을 중단하면서 유료 채널의 배타적 거래에 대한 이슈가 쟁점화되었다. 위성방송은 출범초기부터 지상파채널과 인기 있는 유료채널에 대한 접근에 어려움을 겪으면서 가입자 확보가 쉽지 않았고, 이로 인하여 최근까지도 적자에 시달려온 경험을 가지고 있다.

한동안 잠잠하던 유료채널에 대한 접근거부 이슈는 2008년 CJ미디어의 인기 채널인 tvN이 위성방송에 대한 송출을 중단하면서 또다시 쟁점화되었다. 비록 현재는 tvN의 위성방송 송출이 이루어지고 있지만 약 6개월 동안 위성방송과 tvN과의 채널전송 관련한 논란이 지속된 바 있다.

2009년에 이르러서는 신규매체인 IPTV의 등장과 함께 인기 채널들에 대한 접근이슈가 다시 쟁점화되기 시작하였다. 특히 2011년 공정거래위원회는 티브로드, CJ헬로비전, 씨앤앰, HCN, 큐릭스 등 5개 MSO(복수종합유선방송) 사업자가 담합해 PP(프로그램 공급) 사업자인 온미디어가 IPTV(인터넷유료방송)와 계약하지 못하도록 방해한 사실을 적발하고 총 97억3천만 원의 과징금을 부과하고 티브로드와 CJ헬로비전 등 2개사에 대해 검찰 고발조치를 취했다(김하나, 2011, 5, 15). 이 사건은 경쟁플랫폼인 IPTV에서 인기 채널들이 나오지 못하게 함으로써 IPTV사업자들의 가입자확보를 지연시키려는 케이블TV 사업자들의 담합행위를 제재한 사건이다. 공정위는 5개 MSO가 IPTV에 채널을 공급한 온미디어 채널을 자신들의 플랫폼에서 각각 축소하거나 고급형 상품에만 포함시킴으로써 온미디어 채널의 가입자기반을 축소시켰음을 지적하고, 이러한 담합행위가 다른 채널사업자들로 하여금 학습효과를 일으키게 함으로써 IPTV사업자들의 채널수급을 어렵게 만드는 것으로 이어졌음을 제재의 이유로 들었다.

유료TV 시장에서 배타적 채널거래는 이해당사자들 간의 상업적 거래이므로 정책당국의 개입이 정당화되지 않을 수 있으나, 플랫폼 시장의 활성화가 장기적으로 채널사업자들의 성장으로 이어져 유료TV 시장 전체에 긍정적 영향을 미친다면 정책당국의 일시적 개입으로 신규 플랫폼사업자들이 인기 유료채널에 대한 접근권을 보장해 주는 것이 적절할 수도 있다.

2) 미국

(1) 프로그램 접근규제의 도입과 철폐

미국의 경우, 1992년 이전에는 유료채널의 배타적 거래행위를 금지하는 제도는 없었기 때문에 법원소송을 통해 배타적 거래행위의 문제를 해결하는 것이 일반적이었다(이상우, 2006). 독점적 프로그램 거래행위에 대한 법원판결은 일관된 결과를 제시하지는 않았지만, 독점적 콘텐츠 제공의 정당성을 인정하는 사례가 많았다. 이는 독점적 프로그램 거래행위가 반경쟁적 폐해보다는 경쟁을 촉진시키고 효율성을 높일 수 있는 결과를 가져올 수 있다는 인식에 기인한다. 그럼에도 불구하고 FCC가 1992년 수직적으로 결합된 케이블 사업자의 독점적 프로그램 거래행위를 금지하는 프로그램 접근규정(program access rule)을 제정하였다는 것은 시사하는 바가 크다. 프로그램 접근규정의 논거는 프로그램 접근규정을 통해서 프로그램 배급시장의 경쟁이 활성화될 수 있고 이는 다시 장기적 측면에서 프로그램 공급시장의 성장에도 도움이 된다는 것이다.

프로그램 접근규정도입의 배경을 보다 구체적으로 살펴보면, 1992년 이전에 거의 모든 케이블 사업자들은 다채널 비디오프로그램 배급시장에서의 지역적 독점을 누리고 있었다. 거의 완전한 지역독점 하에 있는 케이블 산업의 시장성과를 걱정한 미국 의회는 1992년 "케이블 텔레비전 소비자 보호 및 경쟁에 관한 법(Cable Television Consumer Protection and Competition Act of 1992)"을 제정함으로써, 케이블 텔레비전 서비스의 가격, 조건, 기타 운용에 관련한 규제를 가하였다[52]. 또한 이 법에서는 수직적으로 결합된 케이블 사업자와 프로그램 공급업자들의 반경쟁적 행위에 대한 금지조항을 추가함으로써 다채널 비디오프로그램 배급시장에서의 경쟁을 활성화하고자 하였다.

의회는 이러한 문제를 해결하기 위해 두 가지 방안을 제시하였다. 첫째, 경쟁이 없는 경우 발생할 수 있는 케이블 사업자에 의한 부당한 행위를 막기 위해 소비자보호에 대한 규제나 요금규제를 적용하는 것이다. 둘째, 다채널 비디오프로그램 배급시장에서의 경쟁을 증진시키기 위해 기존 케이블 사업자들에게 여러 가지 의무를 부과하는 것이다. 다채널 비디오프로그램 배급시장에서 경쟁을 증진시키기 위한 하나의 방안이 바로 프로그램 공급업자들과 프로그램 배급업자들 간 독점적 계약을 금지시킴으로써 다채널 비디오프로그램 배급시장에 진입한 신규 사업자가 생존을 위해 필수적이라고 고려되는 프로그램에

52 1992년 제정된 케이블법에서 의회는 케이블 사업자들이 경쟁이 거의 없는 지역독점의 시장구조를 바탕으로 하여 소비자, 경쟁관계에 있는 소규모 다채널 비디오프로그램 배급업자, 수직적으로 결합되지 않은 프로그램 공급업자들에 대해 부당한 시장지배력을 행사할 수 있음을 걱정하였다.

자유롭게 접근하게 해 주는 것이다[53]. 의회의 이러한 결정은 두 가지 판단에 근거한다. 첫째, 케이블 사업자들에 의한 수직적 결합과 수평적 결합의 증가는 케이블 사업자들과 프로그램 공급업자들, 그리고 기존의 케이블 사업자들과 경쟁 다채널 비디오프로그램 배급업자들 간의 힘의 불균형을 유발시킬 수 있다[54]. 이러한 힘의 불균형은 다채널 비디오프로그램 배급시장에서의 경쟁을 저해하고 이는 소비자 선택의 제약으로 이어질 것이다. 둘째, 다채널 비디오프로그램 배급시장에 새롭게 진입한 신규사업자들은 수직적으로 결합된 프로그램 공급업자들의 프로그램(특히 위성에 의해 제공되는 프로그램: satellite delivered programming)에 대한 접근이 어렵다면 기존의 케이블 사업자와 효과적으로 경쟁할 수 없다는 판단이다. 결국, 프로그램 접근규칙은 다채널 비디오프로그램 배급시장에서의 시장성과를 높이기 위해 케이블 프로그램 채널에 대한 비차별적인 접근을 보장함으로써 다채널 비디오프로그램 배급시장에서의 진입을 촉진시키는 것이 필요하다는 판단에 기인한다. 또한 프로그램 접근규칙은 프로그램 공급시장의 활성화에도 기여할 수 있는데, 이는 다채널 비디오프로그램 배급시장에서의 경쟁이 일어나게 되면 프로그램 공급업자들이 자신들의 채널을 판매할 시장이 확장될 수 있기 때문이다.

53 의회는 케이블사업자에 의해 서비스가 제공되지 않는 지역의 경우, 수직적으로 결합된 프로그램 공급업자와 케이블사업자 간의 독점계약을 원천적으로 금지하는 조항을 만들었고(47 U. S. C. 548(c)(2)(C)), 케이블에 의해 서비스가 제공되는 지역의 경우에는 공공의 이익에 기여한다는 것을 입증하는 경우를 제외하고 수직적으로 결합된 프로그램 공급업자와 케이블사업자 간의 독점계약을 금지하는 조항을 만들었다(47 U. S. C. 548(c)(2)(D). 여기서 독점적 계약이 "공공의 이익" 에 기여하고 있는지를 판단하기 위해 FCC는 5가지의 요인들을 고려하고 있다. 첫째, 독점적 계약이 다채널비디오 프로그램 배급시장의 경쟁 증진에 기여하고 있는가? 둘째, 독점적 계약이 케이블 이외의 다채널비디오프로그램 배급업자들과의 경쟁에 어떠한 영향을 미칠 것인가? 셋째, 독점적 계약으로 인하여 새로운 케이블 프로그램의 제작과 배급을 위한 자본투자가 증가할 것인가? 넷째, 독점적 계약으로 인하여 다채널비디오프로그램 배급시장에서의 프로그램 다양성이 높아질 것인가? 다섯째, 독점적 계약이 얼마동안 지속될 것인가? 수직적으로 결합된 케이블 사업자들은 프로그램에 대한 독점적 계약을 체결하기에 앞서 위에서 열거한 5가지 요인들에 기반한 공익성 기준검사를 통과해야 한다.

54 1992 Cable Act 2(a)(2).

물론 미국도 독점적 프로그램 거래가 합리적 비즈니스 행위임을 인정하고 있기 때문에 프로그램 접근규정은 한시적이어야 한다는 점을 강조하고 있다. 따라서 미국의 프로그램 접근규정에는 MVPD 시장이 치열한 경쟁구조로 전환되는 경우, 동 규정이 폐지될 것임을 명시하고 있다. 그러나 미국은 2007년 MVPD 시장에 대한 경쟁평가 결과 아직 유효경쟁 환경에 도달하지 못했다고 판단하고 2012년까지 프로그램 접근규정의 연장을 결정하였다. 2012년에 프로그램 접근규정의 폐지여부를 분석한 FCC는 더 이상 프로그램 접근규정이 미국 유료방송시장에서 불필요하다고 결론지었고, 이때부터 수직적으로 결합된 거대 케이블TV 사업자들은 독점적 채널거래라는 새로운 마케팅 수단을 확보하게 되었다.

한편, 유럽연합은 경쟁법을 통해 프로그램 접근 관련한 문제들을 해결하고 있다. 유럽연합은 2002년 전자커뮤니케이션네트워크와 서비스에 대한 규제지침 수립을 통해 이미 접근규제 지침(access directive)이 존재한다. 이에 따르면, 상당한 시장지배적사업자(SMP)가 존재하는 경우, 접근규제를 통해 콘텐츠 접근이슈를 해결하라고 규정되어 있다.

요약해 보면, 유료TV 시장의 경쟁이 불충분하다고 판단되는 시점에서 미국은 유료방송시장의 활성화를 위해 경쟁력 있는 채널의 배타적 거래를 금지하는 정책을 도입했으나, 유료방송시장에 충분한 경쟁이 일어나고 있다고 판단되는 시점에서는 플랫폼 사업자들 간 독점적 채널거래를 인정해 주었다는 점에서 시사하는 바가 크다. 결국, 미국 사례는 시장의 경쟁상황을 평가하면서 시장상황에 맞게 탄력적인 채널거래 정책을 채택해 왔음을 보여준다.

(2) 배타적 거래의 사례

2012년 인기 채널들(Nickelodeon, MTV, and Comedy Central, BET, Spike 등)을 보유하고 있는 바이어컴은 위성방송 사업자인 DirecTV에게 30% 수준

의 채널사용료 인상을 요구했으나 DirecTV는 이를 거부하고 26개 바이어컴의 채널송출을 중단한 바 있다. 결국, DirecTV가 바이어컴 측에 20% 인상된 채널사용료를 지급하기로 합의하고, 향후 7년의 계약기간 동안 매년 한 자릿수 수준으로 프로그램 사용료를 인상해 주기로 결정하였다. 미국의 대표적 MSO들 중의 하나인 케이블비전(Cablevision) 또한 인기 채널들을 보유하고 있는 대표적 MPP인 바이어컴(Viacom)을 상대로 강압적 채널패키지 거래를 요구했다는 이유로 소송을 걸었다. 바이어컴은 케이블비전에게 바이어컴이 보유한 인기 채널을 전송하려 한다면 바이어컴이 보유한 14개의 덜 인기 있는 채널들도 함께 제공하라고 강요했다는 것이다. 케이블비전에 따르면, 바이어컴이 보유한 인기 채널들(Nickelodeon, MTV, and Comedy Central, BET, Spike 등)을 전송하려면 바이어컴이 보유한 비 인기 채널들(Palladia, MTV Hits, and VH1 Classic 등)을 반드시 전송하도록 강요받았다는 것이다. 만일 케이블비전이 바이어컴이 요구하는 방식으로 채널을 전송할 경우, 대다수 케이블비전 가입자들은 원하지 않는 채널들을 강제로 시청하게 되는 것이고 바이어컴의 비인기 채널들을 전송하지 않았으면 전송되었을 많은 채널들이 케이블비전에서 제공되지 못하는 것이기 때문에 케이블비전과 케이블비전 가입자들에게 심한 손해를 입히게 된다는 점을 강조하고 있다. 케이블비전은 이와 같이 바이어컴이 보유한 인기 채널을 확보하기 위해서 필요하지도 않은 14개의 채널을 번들로 구매해야 했기 때문에 불필요한 비용을 지불했다는 점을 강조하고 있다. 이에 대해 바이어컴은 케이블비전이 2개월여의 채널협상 결과가 만족스럽지 않자 재협상하려는 전략이라고 비판하였다.

제3절. 지상파재송신 대가 산정 방안에 대한 기존 연구들

지상파재송신료 관련 기존 연구들의 핵심은 재송신으로 인한 편익과 비용을 누구에게 어떤 방식으로 배분하는가의 문제에 대한 해결방안으로 귀결된다.

지상파방송사와 유료방송플랫폼 간 자발적 수익배분 거래 가능성에 대한 관련 경제학적 연구결과는 다음과 같이 적용된다. 만약, 거래 당사자 중에서 한 주체만이 프로그램 가치에 대해 사적정보를 가지는 경우 최적의 거래가 이루어질 수 있다. 단, 프로그램 가치에 대한 정보를 가지지 않은 주체와 사적정보를 보유한 주체 사이에 최적의 거래가 이루어지기 위해서는 수익배분 거래의 협상력이 정보보유주체에게 주어져야 한다. 예컨대, 프로그램 가치에 대해 정보를 가지지 않은 주체가 일방적 거래(take-it-or-leave-it)를 제안할 경우에는 최적의 거래가 이루어질 수 없다. 즉, 효율적인 프로그램 거래를 달성하기 위해서는 정보가 없는 주체로부터 협상력을 제거하는 것이 간단한 해결책이 된다. 예컨대 미국에서는 지상파방송사에 재송신형태에 대한 선택권을 부여하고 있다(변상규, 2009).

그러나 프로그램의 가치에 대해 양측 모두가 사적 정보를 가지게 되면 누가 거래의 협상력을 가져가더라도 최적의 거래계약이 이루어질 수 없다는 연구결과가 존재한다. 예컨대, 지상파방송이나 IPTV 사업자가 자신의 유형 즉, 프로그램의 사적가치를 알게 되면 프로그램 거래에 따른 수익이 어떤 비율로 이루어지던 이들의 자발적 참여가 보장되지 않기 때문이다. 사적정보를 가지고 쌍방거래에 참여하는 주체들은 상대방에게 자신의 참값을 숨김으로써 더 큰 이득을 보려하기 때문에 양측에 이러한 위장을 제거할 수 있는 정보지대(informational rent)가 주어져야 하는데 쌍방이 요구하는 정보지대의 합이 거래로 실현되는 이득을 초과하기 때문에 최적의 거래가 이루어질 수 없다는 주장도 있었다(Myerson & Satterthwaite, 1983). 따라서 이 경우에는 협상으로의 자발적 참여가 아닌 강제적 참여(compulsory participation) 또는 협조적 게임의 해가 해결책이 될 수 있다.

지상파방송사와 유료방송플랫폼 간 수익배분과 관련한 경제학적 연구법으로는 (협조적) 게임이론이 있다. 비용 또는 수익의 배분문제를 샤플리밸류(한계주의적 입장), 중핵(평등주의적 입장), 비용격차법을 통해 해결하는 접근법이다.[55] 예를 들어, 이상규(2008), 염수현·박민성(2010)은 협조적 게임의 한 해결법인 샤플리밸류를 이용하여 지상파방송사와 유료방송플랫폼 간 수익배분 방식을 제시하였다.

현재까지 지상파재송신 대가산정 관련 국내연구들은 게임이론 접근법을 이용한 협조적 해결방안을 제시하는 연구와 지상파재송신의 사업자 매출에 대한 기여도를 형량화하는 연구로 나누어볼 수 있다. 전자는 경제학적 모형의 수립을 통해 지상파재송신이 창출하는 사적 또는 사회적 총 편익과 비용을 관련 사업자 간에 적정하게 배분하는 방안을 다루는 연구이다. 후자는 각 사업자가 지상파재송신으로 누리게 되는 매출 증분 중 타 사업자 역할의 기여분을 이용 가능한 현실자료들의 수집 및 가공을 통해 수치화하는 연구이다.

1. 지상파재송신의 순편익 배분 연구

순편익 배분 연구들은 지상파재송신으로 인한 사적 순편익 또는 사회적 순편익을 계산하고 협조적 게임이론 또는 컨조인트 설문 등을 통해 대가 산정을

55 공항건설비용배분, 다목적댐건설비용배분, 광역상수도비용배분 등 유사한 수익배분의 문제를 게임이론에 의해 접근한 연구들이 다수 존재한다.

제시하고자 하였다(이상규, 2008; 염수현·박민성, 2010; 박동욱 외, 2011; 변상규, 2009).

이상규(2008)는 IPTV의 원활한 상용화를 위하여 지상파방송사와 IPTV 사업자 간 지상파방송 재송신 대가 산정방식을 제안하였다. 두 사업자군 간 대가 산정 협상이 원활하지 못한 문제에 주목하여, 이용대가 산정을 내쉬(Nash)의 협상문제(bargaining problem)로 모형화하였다. 연구의 목표는 지상파 재송신으로 인해 지상파방송사와 IPTV 사업자에게 각각 발생하는 이득과 비용을 모두 고려하여 이를 두 사업자에게 적절하게 배분하는 방법을 찾는 것이었다. 이를 위하여 먼저 협상의 기준점을 찾고자 IPTV 사업자가 지불해야 하는 최소지불용의가격과 지상파방송사가 받아야 하는 최대수취용의가격을 도출하였다. IPTV의 최소지불용의가격은 지상파방송사가 IPTV 재송신 이전에 누리던 수익을 보장받는 최소가격으로서 IPTV가 지상파 재송신을 할 경우 지상파 방송사가 추가적으로 부담해야하는 비용(IC)에서 지상파 방송사의 추가적인 수입(IR)을 뺀 가격으로 정의하였다. 한편, 지상파 방송사가 IPTV 사업자에게 받고자 하는 최대수취용의가격은 IPTV 사업자가 생존할 수 있는 최소이윤(경제적이윤=0)만을 제외하고 거둬들일 수 있는 최대가격으로서 IPTV가 지상파 재송신을 할 경우 추가적으로 얻을 수 있는 수익(IR)에서 지상파 채널을 구입하기 위해 지불한 가격(P)을 차감한 것으로 정의하였다. 이 연구는 최소지불용의가격과 최대수취용의가격을 샤플리밸류로 계산하고 적절한 배분방식으로 지상파 재송신으로 인해 지상파방송사와 IPTV 사업자에게 발생하는 이득과 비용을 서로에게 동일하게 배분하는 방식을 제시하였다.[56] 또한, 시장현황 자료를 통해 내쉬협상모형을 이용한 재송신 대가산정 수치를 구체적으로 예시하였다.

염수현·박민성(2010)은 플랫폼과 PP 간 방송채널 거래가격의 산정과 관련

---

56 지상파 재송신 대가는 '(지상파재송신으로 발생하는 IPTV의 증분수입 + 지상파의 증분비용)/2'

하여 협상모형과 샤플리밸류를 이용한 대가산정방식들을 제시하였다. 기존의 연구에서 다루지 않았던 '지상파 방송의 별도 제공 여부', '홈쇼핑 및 기타 유료방송 채널과의 외부효과' 등을 추가적으로 고려하였고 구체적인 대가 산정 방식들을 제시하였다. 또한, 산정방식에 대한 정책적 시사점을 제시하고자 재송신 거래에 관한 원칙과 고려사항들을 여러 가지 해외 사례를 통해 살펴보았다.

〈표 5-1〉 플랫폼과 PP 거래 유형별 대가 산정 (염수현 · 박민성, 2010)

시나리오	프로그램 대가 산정 방법
1 platform – 1 PP	$\frac{1}{2}\times\frac{[(\text{수신료수입}+\text{플랫폼광고수입}-\text{플랫폼비용})-(PP\text{광고수입}-PP\text{비용})]}{\text{수신료수입}}$
1 platform – 2 PP's (1 채널 only)	$\frac{1}{2}\times[(\text{수신료수입}+\text{플랫폼광고수입}-\text{플랫폼비용})-(PP\text{광고수입}-PP\text{비용})-m]$ 단, m은 협상결렬시 경쟁PP와 협조 기대수익
1 platform – 2 PP's (2 채널)	한계공헌을 이용하여 샤플리밸류 계산 티어구성여부, 의무형채널 여부, 가격규제 여부의 조합에 따라 다양한 사례 제시

우선 지상파 방송만을 제공하는 패키지가 존재할 경우와 지상파 방송에 유료방송채널이 묶여서 제공되는 패키지만 존재할 경우를 비교했을 때 지상파 방송만을 제공하는 패키지가 존재할 경우보다 그렇지 못할 경우 지상파 재송신료가 더 높아야 된다고 주장하고 있다. 또한 홈쇼핑 채널이 포함되어 송출 수수료 수익을 얻는 경우 지상파 방송이 포함된 유료방송 패키지의 홈쇼핑 채널 송출 수수료 수익과 지상파 방송이 포함되지 않고 유료방송채널만 제공되는 패키지의 홈쇼핑 채널 송출 수수료 수익을 비교하여 전자가 더 크다면 지상파 재송신료가 더 높아야 한다는 결론을 내놓았다. 그러나 지상파 방송이 유료방송을 통해 재송신 되지 않을 경우 지상파 방송사의 비용으로 작용할 수 있는 커버리지 확대 및 전송품질 개선에 소요되는 비용만큼 재송신료가 줄어들어야 된다고 주장하고 있다.

이수일(2009)의 연구는 규제기관이 재송신 대가 산정방식을 제시해야 할 경우를 대비하여 디지털 지상파 채널이 유료방송을 통해 재송신됨에 따라 발생하는 사회적인 순편익을 지상파와 유료방송서비스사업자 간에 적절하게 배분할 것을 제안하였다. 특히, 지상파 채널들의 재송신 대가 산정의 목적이 디지털 전환 비용을 보전하는 데에 있다면 재송신 대가는 디지털상품만을 대상으로 하는 것이 바람직하다고 주장하고 적정한 산정방식을 예시하였다.[57]

사회적인 순편익은 사회적 편익에서 사회적 비용을 뺀 값으로 정의된다. 사회적 편익은 광고수입과 같은 지상파 방송사의 편익(IR_{tv}) 및 유료방송수신료 수입과 같은 유료방송서비스사업자에게 귀속되는 편익(IR_{cable})으로 구성된다. 사회적 비용은 디지털 지상파 채널을 재송신하기 위한 지상파 방송사의 추가적인 비용(IC_{tv})과 유료방송사업자들이 추가적으로 부담하는 비용(IC_{cable})으로 구성된다. 따라서, 디지털 지상파 방송을 재송신함에 따라 나타나는 사회적 순편익은 $[(IR_{tv}-IC_{tv})+(IR_{cable}-IC_{cable})]$로 계산된다.

사회적 순편익의 배분은 사회적 순편익의 부호에 따라 결정할 것을 주장하였다. 사회적 순편익의 크기는 지상파채널의 광고수입과 유료방송서비스사업자가 책정하는 수신료의 수준에 의존하기 때문에 양(+) 또는 음(-)의 값을 취할 수 있기 때문이다. 만약 지상파 채널 재송신으로 인한 사회적 순편익이 양의 값이라면 이러한 사회적 순편익을 양측에 반분하는 방식으로 재송신 대가(p)[58]를 산정하는 것을 제시하였다. 한편 지상파 채널 재송신으로 인한 사회적 순편익이 음의 값을 갖는다면, 양측의 협상을 통해 재송신 대가를 산정하는 것이 불가능하므로 정부의 개입이 필요하다고 언급하고, 다만 정부가 지상파의

57 지상파 재송신 관련 정책에 있어서 방송채널의 공급과 전송이 수직 결합한 사업자에 의해서 이루어질 경우에는 별다른 규제가 필요하지 않겠지만, 수직적으로 분리된 경우에는 각 부문에서의 경쟁 여부에 따라 차별적인 규제가 필요할 것을 우선 지적하였다.

58 $p=[(IR_{cable}-IC_{cable})-(IR_{tv}-IC_{tv})]/2$ 혹은 $[(IR_{tv}-IC_{tv})-(IR_{cable}-IC_{cable})]/2$

디지털 전환에 따른 비용을 보전해 줄 필요는 있으나 완전히 보전해줄 경우 지상파의 비용절감에 대한 유인이 사라지므로 전년도의 비용 절감율에 비례하여 할당하는 등의 구체적인 보전방식이 고려되야 할 것이라고 주장하였다.

박동욱 외(2011)의 연구는 디지털 전환과정에서 재송신 갈등을 해결하고자 디지털 지상파채널을 케이블사가 재송신함에 따라 케이블사가 지상파방송사업자에게 지급해야할 재송신 대가를 산정하였다. 특히, 재송신으로 사회적 순편익이 발생하는 난시청지역과 그렇지 않은 비(非)난시청지역을 구분하여 차별화된 배분방식을 제시하였다[59].

한편, 케이블사업자는 지상파 채널을 방영함에 따라 Q톤 광고비율을 적용한 광고송출 비용(일반적으로 유료방송채널의 광고 시간 중 20%가 케이블방송사에게 할애됨)을 잃게 되므로 케이블사가 얻는 광고송출비용을 지상파에 대한 대가에서 빼도록 하였다. 다만 지상파 채널 인근에 있는 홈쇼핑채널 송출수수료가 더 높아지는 지상파 인접대역 효과를 감안하여 케이블방송사는(지상파인근) 홈쇼핑채널로부터 발생하는 순편익의 일부를 지상파 재송신 대가에 포함할 것을 주장하였다.[60]

위 설명들을 토대로 디지털 지상파채널을 재송신함으로써 얻을 수 있는 사회적 편익들을 정리하면 아래의 표와 같다.

---

59 만약 난시청지역에서 유료방송사업자가 디지털케이블 채널을 재송신하지 않는다면 시청자들이 지상파 채널을 시청할 수 없기 때문에, 그만큼 지상파의 광고수익은 떨어질 것이며, 유료방송사업자 입장에서도 지상파채널의 점유율을 감안하면 그만큼 시청자들의 유료방송가입이 줄어들 것이기 때문에 수신료가 감소할 것이다. 한편, 비난시청지역에서는 시청자들이 지상파 전파를 직접 수신해서 볼지 혹은 유료방송채널에 가입해서 볼지에 대한 선택만 있을 뿐 추가적인 사회적 편익은 존재하지 않는다고 가정한다. 이 경우에는 재송신 대가는 지상파 채널에 대한(일반 PP 수준의) 프로그램사용료, 케이블의 광고수입 기회비용, 케이블의 홈쇼핑 수입을 종합적으로 고려하여 결정할 것을 제시하였다.

60 구체적으로 홈쇼핑채널 등급을 S, A, B등급으로 나누고(S는 2개 지상파채널과 인접, A는 1개 지상파채널과 인접, B는 지상파채널과 인접하지 않은 경우) B등급 이상의 송출 수수료 분을 모두 지상파 인접대역 효과로 간주하고 이를 반분하는 것을 재송신 대가로 제시하였다.

〈표 5-2〉 디지털 지상파재송신의 사회적 편익 (박동욱 외, 2012)

	난시청 지역	직접수신 가능지역
지상파방송사의 편익	A:난시청률*광고협찬수익(1-전파료율)[61]*디지털케이블 TV 가입자/TV등록대수	C:(1-난시청률)&디지털케이블수신료*20%*PP대비 지상파점유율[62]
케이블방송사의 편익	B:(난시청률*디지털케이블 수신료*지상파시청점유율)-(난시청률*디지털케이블 송출 비용*지상파가 차지하는 대역폭[63])	D:(1-난시청률)*광고협찬수익*20%배분[64]
홈쇼핑 기여	E:S등급 개수*(S급 송출수수료-B급송출수수료)+A등급 개수*(A급 송출수수료-B급송출수수료)	

또한 위 표를 바탕으로 지상파 방송사에게 케이블사가 지급해야할 재송신 대가 P를 $P=\frac{B-A}{2}+(D-C)+\frac{E}{2}$ 와 같이 제시하였다.

변상규(2009)는 지상파채널 재송신의 후생효과를 분석하여 해당 미디어 간 공정경쟁을 위해 적절한 대가 산정 협상 기준을 제시하고자 하였다. 다양한 뉴미디어가 출시되는 다매체 시대에서 높은 시청률을 가진 지상파 채널의 재송신이 유료방송 매체들의 경쟁력을 강화시키고 있는 가운데, 지상파채널이 재송신됨으로써 유료방송 가입자들이 얻게 될 편익을 후생적 관점에서 정량적으로 평가하였다. 계량적인 분석을 위해 진술선호(stated preference)에 기반한 컨조인트(conjoint) 방법으로 가상의 유료방송시장을 상정하고 실험연구를 진행하였다. 연구결과, 지상파채널 재송신에 대한 유료방송 가입가구 당 월 효용

61 지상파 광고수익은 지상파 키스테이션과 지역방송국이 제작비와 전송료 형태로 배분되며, 전파료를 지역방송이 채널을 전송하는 대가로 광고수익에서 지급받는 몫이라고 본다면 키스테이션에게 배분되는 나머지의 몫이 제작비로 간주될 수 있다.

62 일반적으로 PP사에게 지급하는 케이블사의 수신료 비율은 20%이지만 여기서 PP 대비 지상파채널의 시청점유율을 곱하므로써 지상파채널의 인기도를 감안한 산정식을 제시하였다.

63 지상파 채널을 송출하기 위한 모든 비용들 중 지상파 채널만을 위한 송출비용을 계산하기 위해서 지상파가 차지하는 대역폭을 고려하였다.

64 일반적인 Q톤광고비율

증가 효과는 총 12,803원(/월)으로, 유료채널 80개(월 100원)에 대비하여 월등한 경쟁력이 있는 것으로 나타났다. 의무재송신 채널들의 후생효과는 시청료 납부액의 79%로 산정되어 의무재송신 대가 면제는 타당한 것으로 판단하였다. 의무재송신이 아닌 타 지상파채널의 효과는 연 4,501억 원으로 산정되었다. 이를 기반으로 유료방송사업자가 지상파를 재송신함으로써 창출하는 광고효과 증대분을 정량화한다면, 이 값을 지상파채널의 후생효과의 화폐적 가치에서 차감하여 저작권 대가 협상의 기준으로 사용해야 한다고 제시하였다.

2. 지상파재송신의 매출기여도 형량화 연구

매출기여도 형량화 연구들은 지상파방송의 재송신동의를 위해서는 양자 간 합의에 의해 자율적으로 결정된 금액으로 프로그램 저작권을 보상한다는 원칙을 전제로 이를 위하여 지상파방송 프로그램 저작권 대가 협상의 기준점을 찾고자 하였다.

이기태(2011), 안종철 · 이기태 · 최성진(2011)은 지상파 재송신을 통해 케이블TV사와 지상파방송사 양 측이 상대방 수익에 기여하는 정도를 산업 데이터를 통해 실증적으로 산출하는 간단한 분석틀을 제시하였다. 이들은 지상파 콘텐츠의 재송신 가격을 결정하기 위하여 두 사업자 군의 상호 공헌도를 측정하였는데, 우선 지상파방송 수익에 대한 케이블TV의 공헌도는 다음과 같이 세 가지 방법으로 측정하였다.

시나리오 1-1

당해 지상파광고수익*난시청률*케이블점유율(케이블가구수/전체유료 플랫폼가구수)

시나리오 1-2
가구당 지상파방송광고효과액*난시청률*케이블가구수

시나리오 2
지상파방송광고수익*케이블플랫폼에서의 지상파방송의 시청점유율
단, 난시청률=73.78%

한편, 케이블방송 수익에 대한 지상파콘텐츠의 공헌도는 다음과 같이 측정하였다.

가입가구수*수신료*케이블에서 지상파시청점유율*12

분석결과 시나리오1-1의 경우 지상파 방송사의 수익은 2005년 1조 3,921억 원에서 2015년 7,640억 원으로 감소하고 2005년부터 2015년까지 평균 1조 580억 원의 수익이 발생하는 것으로 예측되었다. 시나리오1-2에 따르면 2005년 1조 2,668억 원에서 2015년 7,627억 원으로 감소하고 2005년부터 2015년까지 평균 1조 186억 원의 수익이 발생하는 것으로 예측되었다. 시나리오 1-1과 1-2는 차이는 단순히 케이블 점유율의 모수에 있으므로 수익 예측에서 큰 차이가 없으며 또한 1-1의 예측치가 항상 크게 나타날 수밖에 없다. 그리고 시나리오2에 따르면 2005년 1조 6,137억 원에서 2015년 8,683억 원으로 감소하고 2005년부터 2015년까지 평균 1조 2,573억 원의 수익이 발생하는 것으로 예측되었다. 또한 이 논문의 저자는 2010년부터의 지상파 방송사의 수익 감소는 지상파 방송의 TV광고수익이 정체되기 때문으로 주장하고 있다.

반면, 케이블SO들의 지상파 재송신으로 얻는 수익은 2005년 5,129억 원에서 2015년 1조 2,352억 원으로 매년 증가하며 2005년부터 2015년까지 평균

9,276억 원의 수익이 발생하는 것으로 나타났다. 그로 인해 어느 시점부터는 케이블 SO가 지상파사업자에 비해 비교 우위에 서는 것으로 나타났지만, 지상파사업자의 입장에서는 다른 IPTV를 비롯한 여러 신규 플랫폼이 등장함에 따라 이들로부터의 재송신 수익이 점차 증가할 것이기 때문에 지상파의 재송신으로 얻는 총 수입의 합계는 줄어들지 않을 것으로 예상하였다.

홍종윤 · 정영주(2012)는 합리적인 지상파 재송신 대가 수준을 실질적으로 알아보고자 지상파방송사와 유료방송 플랫폼사업자의 경제적 손익을 추정하기 위한 요인들의 선정 및 계산식을 도출하고, 실제 데이터에 기반해서 재송신으로부터 발생하는 양 사업자의 이익형량을 계산하였다. 이 연구에서는 기존의 대가 산정 연구에서 논의된 요소들을 종합하여 수익요소와 비용요소를 구분하였다. 수익요소에는 지상파 방송사의 '광고수익 증가', 유료방송 플랫폼사업자의 '수신료수익 증가', '홈쇼핑 수수료 증가'를 설정하였다. 비용요소로는 재송신으로 인한 비용적 측면을 고려한 '재송신송출 비용'을 설정하고 유료방송 플랫폼사업자가 소요하는 별도의 네트워크 투자 및 관리 비용, 설비 비용 등을 산정요소에 포함하였다. 2008년~2010년 실제 데이터를 적용하여 지상파 방송사와 유료방송 플랫폼사업자 간의 손익을 이익형량한 결과, 지상파 방송사와 케이블 SO 간의 이익형량 규모는 2008년 3,125원, 2009년 1,644원, 2010년 1,385원 수준이었고, 지상파 방송사와 위성방송 간의 이익형량도 2008년 2,267원, 2009년 1,073원, 2010년 1,833원 수준으로 지상파 방송사가 유료방송 사업자보다 더 많은 이익을 얻는 것으로 나타났다. 그러나 연구자들은 이러한 이익형량의 결과는 고정적인 것이 아니며, 향후 얼마든지 변동할 것으로 예상하였다. 케이블 SO 및 PP의 성장에 따라 지상파 광고 매출액이 감소하고 있고, 케이블 SO의 가입자당 방송수신료 수익을 높아지는 등 시장상황이 변화하고 있기 때문이다. 따라서 이 연구에서 제시한 대가 산정 방식을 적용할 경우 시장상황의 변동에 따른 사업자 간 경쟁을 유연하게 반영할 수 있다고 주장하였다.

〈표 5-3〉 이익형량의 수익과 비용요소 (홍종윤 · 정영주, 2012)

	지상파 방송사	유료방송 플랫폼사업자
수익	A:난시청 해소를 통한 광고수익 증가 =연간 지상파광고수익*난시청율	B:가입자 확대를 통한 수신료 증가 =가구당 ARPU*지상파 시청점유율 ※가구당 ARPU =(기본채널 수신료수익+유료채널 수신료수익+VOD 수익)/유료TV 가구수 C:홈쇼핑 송출수수료 수익 증가 =지상파 채널 인접시 송출수수료-지상파 채널 비인접시 송출수수료
비용		D:위성방송의 재송신 비용 =위성중계기 임차료+전송망 사용료 ※케이블은 별도의 비용이 없음

3. 기존 연구들에 대한 평가

지상파재송신에 따른 사회적 편익에 관하여 순편익 배분연구, 매출기여도 형량연구 모두 지상파방송사와 유료방송플랫폼의 편익을 대상으로 하고 있다. 광고주의 지상파 광고시간대에 대한 지불의사나 유료방송 가입을 위한 지불의사가 각각 광고료와 수신료에 반영되어 있다는 전제이다. 그러나 변상규(2009)는 비록 설문조사결과를 이용하였음에도 지상파 프로그램의 후생효과를 시청자의 지불의사로 측정하고자 하였다.

사회적 편익의 적정한 배분방식에 관해서는 순편익 배분연구와 매출기여도 형량연구가 차별적 접근을 보이고 있다. 순편익 배분 연구들은 협조적 게임이론에 따른 샤플리밸류를 계산하고 있는데 뉴미디어의 역사적 등장순서를 수용하기 보다는 개별 미디어의 등장 순서를 랜덤하게 처리하여 지상파 프로그램의 재송신 편익을 확률적 기대값으로 계산한다. 반면, 매출기여도 형량연구들은 뉴미디어의 역사적 등장순서를 전제로 산업자료 또는 회계자료를 이용하여 협상 상대방의 추가매출에 대한 기여도를 계산하여 협상의 기준점(threat point)을 도출하고 있다. 이를 간단한 수식으로 예시하면 다음과 같다. 지상파 광고매출을 x, 플랫폼 수입을 y라 할 때 순편익배분연구는 지상파방송과 유료 플랫폼의 몫을 각각 $\alpha(x+y)$, $(1-\alpha)(x+y)$로 산정하는 반면 매출기여도 형량연구는 각각 $(1-\gamma)x+\beta y$, $(1-\beta)y+\gamma x$로 산정한다. (단, α는 샤플리밸류, β, γ는 지상파의 기여도, 유료 플랫폼의 기여도)

순편익 배분연구는 게임이론적 틀을 적용한 배분의 적정성에 강점을 가지고 있는 반면 대용변수로 사용하는 산업자료, 회계자료의 활용이 미흡하다는 약점이 있다. 한편, 매출기여도 형량연구는 자료의 활용이라는 측면에서는 상대적 강점을 보유하고 있으나 기여도 산정식에서 확률적 문제점을 노출한다.

안종철 · 이기태 · 최성진(2011), 홍종윤 · 정영주(2012)는 매출기여도 형량에 있어 공통된 산정식을 도입하고 있다. 즉, 유료방송플랫폼의 지상파방송 광고매출에 대한 기여도 산정의 경우 지상파광고수입에 난시청비율, 플랫폼가입점유율을 곱하고 있다. 지상파 프로그램의 유료방송매출에 대한 기여도 산정의 경우 수신료에 지상파시청점유율을 곱하여 산정한다.

〈표 5-4〉 지상파재송신을 통한 기여도 산정법 비교

연구	유료방송기여 산정식	지상파기여 산정식
이기태 (2011) 안종철·이기태·최성진 (2011)	1) 지상파광고수입 ×케이블TV 점유율(a) ×난시청비율 2) 가구당지상파광고효과 ×케이블TV 가입가구(b) ×난시청비율 3) 지상파광고수입 ×케이블에서 지상파채널 시청점유율	케이블가입가구 ×수신료 ×케이블에서 지상파채널 시청점유율 ×12
홍종윤·정영주 (2012)	지상파광고수입×난시청비율	플랫폼가입가구 ×수신료

		×플랫폼에서 지상파채널 시청점유율 지상파인접시홈쇼핑송출수수료 −지상파비인접시홈쇼핑송출수수료 ▽(위성중계기임차료 +전송망사용료)

주) (a)케이블가입/유료방송가입
(b)케이블가입가구/전체가구
(c)채널시청대가 = {수신료*PP수신료분배율/PP시청점유율}*(1+케이블영업이익률)

산정공식의 논리를 조건부확률의 개념에서 접근해보자. 지상파광고 매출액은 지상파시청 시청자에 비례하여 발생하는 것이므로 이중 유료방송의 기여도는(플랫폼과 관계없이) 지상파를 시청하는 전체 시청자 중 유료방송플랫폼을 이용하여 시청하는 비중이 된다. 이를 조건부확률로 표현하면, 지상파를 시청하는 시청자(T)가 있을 때 난시청지역(D)이고 이때 유료방송플랫폼을 이용(F)하는 경우의 확률은 $P(D \cap F|T)$로 표현된다. 이를 베이즈룰에 따라 계산하면 다음과 같다.

$$P(D \cap F|T) = \frac{P(D \cap F)P(T|D \cap F)}{P(D \cap F)P(T|D \cap F) + P(D^C \cap F)P(T|D^C \cap F) + P(D \cap F^C)P(T|D \cap F^C) + P(D^C \cap F^C)P(T|D^C \cap F^C)}.$$

그러나 기존 형량화 공식에서는 $P(D) \times P(F)$를 적용하고 있는데 이는 $D \cap F$와 T가 독립이고 또 동시에 D와 F가 독립사건이라는 강한 가정을 전제로 한다. $D \cap F$와 T가 독립이려면 모집단의 지상파 시청률이 난시청지역에서 유료플랫폼에 가입한 집단의 지상파 시청률과 일치해야 한다.[65] D와 F가 독립이려면 모집단 중 유료방송가입률과 직접수신이 불가능한 집단 중 유료방송가입률이 일치해야 한다.[66]

65 $D \cap P$가 T가 독립사건이려면 $P(T) = P(T|D \cap P)$이 성립해야 한다.

조건부확률의 개념을 이기태(2011)의 케이블TV의 지상파광고매출 기여도 산정법에 적용하여 설명해보자. 케이블의 기여도를 난시청율과 가입률의 곱으로 대용하는 논리는 난시청지역 시청자 중 유료방송을 통해 지상파를 시청하는 시청자들 덕에 지상파 광고매출 증가가 일어난다는 것으로 난시청지역이 넓을수록 또 유료방송가입자가 많을수록 유료방송에 의한 지상파광고노출이 커짐을 고려한 것이다. 지상파 직접수신 비율이 저조함에 따라 광고주들은 케이블 등 유료 플랫폼에 의한 노출을 고려하여 광고를 의뢰하기 때문이다.

이제 시청자가 케이블(C), 위성(S), IPTV(I)를 통해 또는 직접수신(N)을 통해 저작권 대상 지상파 프로그램(T)을 시청한다고 할 때, 지상파를 시청하는 전체 시청자 중 케이블TV를 통해 시청하고 있을 확률은 조건부확률 $P(C|T)$로 표현된다. 이때 논의의 편의상 케이블TV, 위성TV, IPTV, 직접수신은 교집합이 없는 배타적 사건으로 가정하자. 즉, 시청자들은 하나의 플랫폼만으로 지상파를 시청한다고 가정한다: $P(i)\cap P(j)=\varnothing \ \ (i,j=C,S,I,N,\ i\neq j)$. 플랫폼의 배타적 이용 가정하에서 $P(C)+P(S)+P(I)+P(N)=1$이 성립하게 된다. 베이즈룰에 따르면 다음과 같이 계산된다:

$$P(C|T)=\frac{P(C)P(T|C)}{P(C)P(T|C)+P(S)P(T|S)+P(I)P(T|I)+P(N)P(T|N)}$$

그런데, 이기태의 공식 1-1 은 $P(C|T)$ 대신 $\frac{P(C)}{P(C)+P(S)+P(I)}$, 공식 1-2는 $\frac{P(C)}{P(C)+P(S)+P(I)+P(N)}$을 계수로 적용하는 셈이다.

한편, 케이블 플랫폼에서 지상파채널 시청점유율을 계수로 삼는 공식 2는 $P(C|T)$ 대신 조건부확률 $P(T|C)$를 적용하는 것이다. 따라서 공식 2는 $\frac{P(C)}{P(C\cap T)+P(S\cap T)+P(I\cap T)+P(N\cap T)}=1$을 암묵적으로 가정하고

---

66 D와 P가 독립사건이려면 $P(P)=P(P|D)$ 이 성립해야 한다.

있는 셈이다. 이때, $\frac{P(C)}{P((C\cup S\cup I\cup N)\cap T)}=\frac{P(C)}{P(T)}=1$이므로 $P(C)=P(T)$가 성립하는데, 케이블TV 가입비율과 지상파 시청률을 동일시하는 셈이다.

케이블방송 수익에 대한 지상파콘텐츠의 공헌도 산정에서도 케이블에서 지상파시청점유율을 사용하고 있다. 만약 시청자가 지상파(T), 비지상파(T^C), 기타서비스(O)를 이용하기 위해 케이블(C)을 신청했다고 볼 때 케이블 가입자가 지상파시청 목적일 확률은 조건부확률 $P(T|C)$을 의미한다. 이때, 베이즈룰에 의하면 다음과 같이 표현된다:

$$P(T|C)=\frac{P(T)P(C|T)}{P(T)P(C|T)+P(T^C)P(C|T^C)+P(O)P(C|O)}.$$

예컨대, 설문조사 결과에 따르면 대체적으로 케이블가입목적이 지상파인 비율이 측정된 지상파시청점유율보다 크게 나타나고 있다. 여기서는 수신료가 채널시청대가와 송출대가로 구성된다고 가정하고 채널시청대가에만 지상파시청점유율을 적용하고 송출대가에는 대역폭 비중을 적용하였다. 채널시청대가 산정에 있어 PP에게 지급되는 당시 25% 분배율을 적용함으로써 지금의 기준으로 볼 때 매우 보수적인 대가를 산정했다. 이렇게 도출된 송출대가 공식은 다음과 같이 일반화된다:

$$\text{송출대가}=\text{총수신료}\times[1-\frac{A}{B}(1+C)].$$

(단, A는 PP 수신료분배비율, B는 PP 시청점유율, C는 영업이익률)

위 산정공식처럼 사후적으로 송출대가를 구하게 되면 비음의 송출대가를 위해서는 $B\geq A(1+C)$가 성립해야한다. 즉, 현실에서처럼 특정 수준의 영업이익률을 선 목표로 할 때 PP에 대한 수신료 분배비율은 PP의 시청점유율을 따라가지 못하는 현상이 나타난다. 또한, 영업이익률이 높을수록 송출대가가 작아져 수신료 중 채널시청대가가의 비중이 커지는 현상이 나타난다.

홍종윤 · 정영주(2012)는 플랫폼 점유율 없이 난시청비율만을 곱하고 있는데 유료 플랫폼에 의해 난시청비율이 모두 해소된다는 접근법으로 '특정플랫폼가입비율*난시청비율'법의 연장선에 있다. 한편, 광고매출은 특정기간동안 측정되는 유량(flow)변수로 플랫폼의 기여도 역시 유량변수이어야 한다. 그런데 난시청비율이나 플랫폼가입비율은 특정시점에서 측정하는 저량(stock)변수이므로 적정성에 대한 논란의 여지가 있다.

제4절. 유료TV 시장의 건강한 생태계 마련을 위한 방향

지상파방송채널에 대한 접근 문제가 국내에서 지속적으로 반복되는 이유는 지상파채널의 높은 경쟁력에 기인한다. 국내에서 지상파방송채널에 대한 접근에 모든 유료매체들이 사활을 걸고 있는 이유는 그만큼 지상파방송채널의 영향력이 높다는 것을 의미한다. 일각에서는 새로운 매체는 새로운 채널로 경쟁하는 것이 바람직하다는 전제 하에 새로운 매체는 기존 채널에 의존하지 말고 새로운 채널 개발에 초점을 맞추어야 함을 강조한다. 그러나 우리나라에서 지상파채널에 대한 제공 없이 신규채널만으로 다채널방송서비스 사업을 시작한다는 것은 현실적으로 어렵다. 문제는 지상파방송채널에 대한 접근이 이루어진다고 하더라도 지상파방송채널에 대한 가격협상이 제대로 이루어지기가 어렵다는 것이다. 이는 지상파 채널이 일반 유료채널에 비해 강력한 경제적 지대(rent)가 존재하기 때문에 지상파방송사에 의해 협상가격이 결정될 가능성이 높기 때문이다(이상우 · 김창완, 2008). 경제적 지대란 유사하나 품질의 차이가 있는 서비스(재화)에 대한 보상(가격)의 차를 의미한다. 지상파채널은 일반 유료채널에 비해 현저히 높은 시청률과 채널인지도로 인해 채널의 가치가 상당히 높기 때문에 이에 해당하는 높은 채널사용료를 요구하게 된다. 유료TV사업자들은 강력한 경제적 지대가 존재하는 지상파채널의 요구를 거부하기가 어렵고, 지상파채널에 대한 높은 채널사용료를 지불한 유료TV사업자는 시청자에게 그 부담을 전가시킬 가능성이 높다.

여기서 한 가지 생각해볼 문제가 있다. 만일 현재 지상파방송사들이 요구하고 있는 채널사용료에 대한 가격이 시장에서 결정된 것이라면 사회적으로 효율적인 방식에 의해 채택되었기 때문에 큰 문제가 없을 것이다. 그러나 지상파 방송사들의 가격 협상력이 과거부터 독점적 주파수를 사용하면서 얻게 된 특혜에서 비롯되었다면 지상파사업자들이 요구하는 재송신료 가격에는 다소 거품이 있다고 볼 수도 있다. 경제학적으로 지상파채널사업자들이 보유한 경제적 지대가 추가적 생산 가치를 발생시키지 않는다면 이러한 경제적 지대는 사회적으로 비효율적인 측면이 있다고 볼 수 있는 것이다(Goldfarb, 2007). 이는 지상파채널에 대한 높은 프로그램 사용료는 결국 시청자들에게 전가될 수밖에 없기 때문이다.

그러나 유료TV를 비롯한 다양한 온라인비디오서비스 사업자들의 출현으로 지상파방송사업자들의 광고수입이 지속적으로 감소하고 상황에서, 지상파방송사들은 경영효율성을 높임과 동시에 고품질의 콘텐츠를 지속적으로 제공할 수 있는 능력을 보유해야 한다. 과거에 비해 수익이 줄어드는 상황에서 지상파방송사업자들이 제작한 콘텐츠에 대해 적정한 가격을 지불받지 못한다면 지상파방송사업자들의 콘텐츠 제작 능력은 저하될 가능성도 있다. 따라서 지상파콘텐츠에 대한 적정한 재송신료 대가를 산정할 수 있는 과학적 모델의 개발이 필요할 것이다.

한편, 유료채널들에 배타적 거래행위 또는 높은 채널사용료 문제는 어떻게 해결하는 것이 바람직한가? 유료TV사업자들의 경쟁력은 누가 우수한 콘텐츠를 보유하고 있는가에 의해 결정될 것이므로 콘텐츠에 대한 배타적 권리의 확보는 유료TV사업자들의 입장에서 보면 생존을 위한 전략적 행위라고 할 수 있다. 또한 유료채널은 그야말로 사적재화에 해당한다. 사적재화의 거래에 정책당국이 나서서 이래라 저래라 할 명분도 없다. 따라서 유료채널에 대한 거래는 시장에 맡기는 것이 타당할 것이다. 그러나 만일 핵심적 채널에 대한 배타적 거래행위로 인해 신규 플랫폼 사업자들의 진입이 억제되거나 경쟁하고 있는 플랫폼 사업자가 시장에서 퇴출된다면 이야기는 달라진다. 만일 이러한 상황에서 유료채널에 대한 거래를 시장에 맡기게 되면 진입이 억제된 신규 플랫폼 사업자나 퇴출될 위험에 놓이게 된 경쟁플랫폼 사업자가 발생할 가능성이 높아질 것이다. 사업자 간의 갈등을 해결하기 위한 법원소송은 상당한 시일이 소요될 것이고, 이 기간을 견디지 못한 사업자는 시장에서 퇴출될 것이기 때문이다.

미국의 사례를 고려해 보더라도 프로그램의 접근과 관련한 문제는 일반 경쟁법으로 해결하기 보다는 이와 관련한 구체적인 법령을 도입하는 것이 효율적일 수 있다. 미국이 프로그램 접근규칙을 제정한 가장 큰 이유들 중의 하나는 수직적 봉쇄가 가져오는 정적(static)인 관점에서의 경제적 효율성에도 불구하고 새로운 기술을 가진 사업자들이 유료TV 시장에 활발히 진입하게 함으로써 장기적(dynamic) 관점에서 유료TV 시장의 성과를 높일 수 있으리라는 기대였다는 점을 상기할 필요가 있다.

그러나 유료TV 플랫폼 간의 경쟁이 치열해져 가면서 플랫폼 사업자들이 취할 수 있는 가장 효과적인 방법은 독점적 콘텐츠를 확보하는 것이다. 인기 콘텐츠를 확보한 플랫폼 사업자들은 경쟁플랫폼 사업자들에게 인기 콘텐츠를 제공하지 않는 전략을 취함으로써 플랫폼 시장에서의 경쟁력을 확보할 수 있다. 독점적 콘텐츠 거래 전략은 1990년대 이전부터 미국의 유료방송시장에서 일반적으로 나타났던 현상이다. 미국 정부는 플랫폼 시장에서의 경쟁력을 확보하기 위해 독점적 콘텐츠를 확보하는 전략을 플랫폼 사업자들이 취할 수 있는 합리적인 선택으로 간주하였기 때문에 이에 대한 특별한 규제를 두지 않았다. 만일 독점적 콘텐츠 거래가 신규 플랫폼 사업자들의 진입을 제약하는 등 플랫폼 시장의 경쟁에 부정적인 영향을 미친다고 판단된다면 진입이 저해된 플랫폼 사업자가 법원소송을 통해 해결하도록 했다. 그러나 1992년에 이르러 미국의 FCC는 프로그램 접근규칙(program access rule)을 제정함으로써 수직적으로 결합된 사업자들이 자신들이 소유한 콘텐츠를 경쟁플랫폼 사업자들에게 제공하지 않는 행위를 법으로 금지하기에 이르렀다. 1992년 당시만 하더라도 미국 대부분의 유료TV 시장은 케이블TV 사업자들에 의해 독점화되었었기 때문에 미국 정부로서는 유료TV 시장의 활성화가 주요 정책목표가 될 수밖에 없었다. 유료TV 시장의 활성화를 위해서는 유료TV 시장으로의 진입이 활발히 이루어져야 하는데, 그 전제조건이 인기 콘텐츠에 대한 접근이 누구에게나 이루어지도록 하는 것이라고 판단한 것이다.

20년 동안 지속되었던 프로그램 접근규칙은 2012년 FCC에 의해 폐지되었다. 2012년 현재 미국 유료TV 시장의 경쟁상황을 분석해 본 결과, 프로그램 접근규칙이 필요 없을 정도로 미국의 유료TV 시장은 경쟁이 활성화되어 있다고 판단한 것이다. 따라서 앞으로 미국의 유료TV사업자들은 자신들이 확보한 인기 콘텐츠를 경쟁사업자들에게 제공할 의무가 없다. 결국, 플랫폼 사업자들 간의 독점적 인기 콘텐츠 확보 및 제공 전략은 치열해질 것으로 예측된다.

최근 미국의 인기 OTT 사업자인 넷플릭스(Netflix)의 독점적 콘텐츠 투자 사례는 치열한 미국의 유료TV 시장에서 살아남기 위한 유료 플랫폼 사업자의 모습을 여실히 보여준다. 2007년 당시 약 1,000여개의 영화와 TV 프로그램을 확보하여 스트리밍 방식의 비디오 서비스를 시작한 넷플릭스는 2013년 현재 미국 전역에서 2,900만명의 가입자들에게 수만 편의 영화와 TV프로그램을 제공하고 있는 OTT 사업자로 성장했다. 그러나 단지 프로그램을 전송하는 플랫폼 사업자로서는 경쟁력이 없다고 판단한 넷플릭스는 "하우스 오브 카드(House of Cards)"라는 TV드라마를 제작해서 넷플릭스에서만 제공하였고[67], 2016년부터 미국 헐리우드 영화사인 와인스타인(Weinstein Co.)이 제공하는 영화를 넷플릭스 가입자들에게만 독점적으로 제공한다는 계약을 체결하였다(Adgate, 2013, 8, 30). 연간 3천만 불에 이르는 비용이 소요될 것으로 보이는 와인스타인 영화사와의 독점적 계약은 미국 유료TV 플랫폼 시장에서의 인기 콘텐츠 확보 경쟁이 얼마나 치열한지를 보여준다.

결국, 치열한 경쟁 환경에서 유료 플랫폼 사업자들이 살아남기 위해서는 독점적 콘텐츠 확보가 중요한데, 유료TV 시장의 경쟁 환경이 독점적 콘텐츠에 대한 거래가 합리적이라고 판단할 만큼 성숙해 있는가에 대한 판단이 중요하다. 이를 위해서는 국내 유료TV 시장의 환경을 면밀히 검토해 보고, 플랫폼 간 독점적 콘텐츠 제공 (또는 배타적 채널 제공)이 전체 유료TV 시장의 건전한 생태계를 조성하는 기여할 수 있을 것인가에 대한 고민이 있어야 할 것이다.

마지막으로 고려되어야 할 사항은 유료TV사업자와 채널사업자 간 적정 프로그램 사용료 배분의 문제이다. 만일 유료TV사업자들이 채널사업자들에게 적정한 프로그램 사용료를 지불하게 되면 채널사업자들은 이를 프로그램에 재투자함으로써 채널의 질이 향상되고 채널의 시청률이 높아질 것이다. 이로 인해 유료TV사업자들이 이용자들로부터 벌어들이는 수입이 증가하게 된다면 다시 채널사업자들에게 적절한 보상이 지급되고 채널사업자들은 보다 경쟁력 있는 프로그램을 만들게 되는 바람직한 선순환 구조가 형성될 것이다. 이러한 선

67 "하우스 오브 카드"는 미국 텔레비전 분야 최고 권위를 자랑하는 에미상에서 최우수 감독상을 수상하는 등 콘텐츠 경쟁력을 인정받은 작품이다.

순환 구조가 제대로 작동하는 경우 증가된 제작비가 시청자들이 선호하는 프로그램 제작으로 이어질 것이기 때문에 소비자들의 이익은 증가할 것이다. 그러나 채널사업자들의 증가된 수익이 프로그램 재투자로 이어질 것인가에 대해서는 의문의 여지가 있다. 또한 선순환 구조가 제대로 작동된다는 가정 하에 유료TV사업자들이 채널사업자들에게 지불하는 프로그램 사용료가 과다하게 책정될 경우 이러한 비용부담은 결국 소비자들에게 전가될 수밖에 없다. 따라서 채널사업자에게 돌아가는 프로그램 사용료가 증가함으로써 발생하는 프로그램 제작유인 증가효과와 소비자 부담증가 효과 간의 관계를 실증적으로 분석해 보는 것이 중요할 것이다.

시청자들과의 접점을 형성하는 플랫폼 사업자들의 수가 증가한다는 것은 좋은 일이다. 우리나라처럼 소수의 플랫폼 사업자들이 시장을 지배하고 있는 상황에서 다양한 플랫폼 사업자들의 진입은 그만큼 플랫폼 시장의 경쟁을 치열하게 만들 것이고 이는 장기적으로 채널사업자들이나 콘텐츠 사업자들에게 긍정적 영향을 미칠 것이다. 스마트미디어 시대의 도래로 활발해지고 있는 플랫폼 시장의 활성화를 위한 정책당국의 고민이 시작되어야 할 때이다. 콘텐츠 강국으로 도약할 수 있는 기회를 제대로 살릴 수 있는 중요한 시점임을 명심하고 모두의 지혜를 모아야 할 것이다.

6장.

소비자 수요에 대응한 유료TV 비즈니스 모델의 변화

유료TV 서비스의 전통적 비즈니스 모델은 소위 채널 티어링 전략을 통해 채널의 종류나 수에 따라 다양한 상품을 구성하여 각 상품별로 차별화된 가격을 부과하는 것이다. 이 때, 유료TV사업자는 각 티어별로 채널을 어떻게 구성할 것인지, 각 티어의 가격을 어떻게 책정할 것인지, 채널 티어링을 하는 과정에서 PP와의 협상은 어떻게 가져갈 것인지 등에 대해 지역별 특성을 고려하여 적절한 전략을 도출한다. 그러나 최근 들어 시청자들은 원하지 않는 채널들을 수십 개씩 묶어 놓은 상품에 비싼 돈을 지불하기 보다는 자신들이 원하는 채널들을 스스로 선택해서 저렴한 비용에 유료TV 서비스를 즐길 수 있는 상품구성을 요구하고 있다. 이러한 움직임은 넷플릭스나 훌루와 같은 스마트미디어 사업자들의 등장으로 촉발되었다고 볼 수 있다. 만일 이러한 현상이 지속된다면 전통적 유료TV사업자들은 새로운 비즈니스 모델을 찾아야 할 것이다. 가입자를 기반으로 한 수신료 수익이 상당한 비중을 차지하고 있는 유료TV사업자들로서는 가입자들의 이러한 요구가 유료TV의 수입 저하에 직접적으로 영향을 미칠 것임을 걱정하지 않을 수 없다. 한편, 스마트 기기가 확산됨에 따라 젊은 시청자 층을 중심으로 전통적인 TV 시청이 감소되고 새로운 기기를 통한 능동적 영상콘텐츠 시청에 대한 수요가 증가하고 있다. 이는 시청자들이 언제 어디서든 콘텐츠를 소비할 수 있는 방식을 선호하게 될 것임을 의미한다. 이러한 환경에서 유료TV 사업자들은 고객의 선호 및 시청방식에 맞게 콘텐츠 상품을 구성할 수 있는 준비가 되어 있어야 한다. 6장에서는 전통적 유료TV사업자들의 비즈니스 모델을 간단한 경제학적 모형을 통해 소개한 후, 스마트미디어 환경에서 변화되고 있는 전통적 유료TV사업자들의 비즈니스 전략을 살펴볼 것이다. 6장을 읽게 되면, 유료TV사업자들이 변화하는 미디어 환경에 대응하기 위해 도입하고 있는 새로운 서비스 전략들을 이해할 수 있고, 이러한 전략들이 스마트미디어 환경에서 과연 적절한지에 대해 고민해 볼 수 있는 기회를 갖게 될 것이다.

요즘에는 거실에 온 가족이 모여서 함께 TV를 시청하는 광경을 찾아보기가 쉽지 않다. 가족 구성원들은 제각기 자신들이 선호하는 기기를 통해 자신들이 원하는 프로그램을 시청하고 있는 것이다. 심지어 TV가 없는 가구도 조금씩 증가하고 있는 추세이다. 지난 2013년 3월, 닐슨(Nielsen, 2013)은 '제로 TV(zero TV)'라는 개념을 소개하였다. 제로TV 가구는 TV수상기가 아예 없거나 있더라도 TV를 통해 방송서비스를 이용하지 않는 가구를 의미한다. 이 보고서에 의하면, 미국에서 스마트폰, 태블릿PC, PC 등의 스마트 기기로 방송프로그램을 시청하는 제로 TV 가구 수가 2007년 201만 가구였으나, 2013년에는 501만 가구[68]로 약 2.5배가 증가하였다고 밝히고 있다[69].

제로TV가구가 증가하는 이유들 중의 하나는 젊은 층일수록 TV 이외에 다른 기기로 방송프로그램이나 동영상 콘텐츠를 소비하는 경향이 두드러지기 때문이다. 즉, 아직까지는 TV가 동영상 콘텐츠를 소비하는 가장 주된 단말이기는 하지만, 언제 어디서나 원하는 콘텐츠를 이용할 수 있는 서비스에 대한 수요가 증가하면서 다양한 기기를 통한 동영상콘텐츠 이용에 대한 수요가 높아지고 있는 것이다. 특히, 연령대별로 방송프로그램을 시청하는 기기에 조금씩 차이가 감지되고 있다. 미국의 연령대별 방송프로그램 시청기기를 살펴보면, 18-30세 연령대의 66%가 TV수상기를, 19%가 컴퓨터를, 12%가 스마트폰과 스마트패드를 이용하는 것으로 나타났다(Baumgartner, 2014, 10, 14). 35-54세 연령대의 경우에는 방송프로그램을 보는 주매체로 TV수상기를 이용하는 비율이 훨씬 더 높지만(84%), PC를 사용하는 비율이 10%, 스마트폰이나 스마트패드를 사용하는 비율도 5%에 이르는 것으로 나타났다.

이를 반영하듯, 서비스 제공자와 상호작용하면서, 시간적, 공간적 제약이

---

68 이는 미국 전체 가구 수의 약 5%에 해당한다고 한다.
69 제로TV 가구들은 주로 35세 이하의 젊은 층, 무자녀 가구, 1인 가구 등인 것으로 조사되었다.

없이 융합 콘텐츠를 이용할 수 있는 똑똑한 미디어 서비스를 일컫는 말로 '스마트미디어서비스'라는 용어가 자주 사용되고 있다(김정훈 · 김승윤, 2013). 스마트미디어서비스는 기기적인 측면과 서비스적인 측면에서 두루 사용될 수 있는 개념이다. 스마트폰, 태블릿 PC, 스마트 TV 등을 통해 제공되는 서비스도 스마트미디어서비스라고 볼 수 있고, 인터넷을 통해 미디어 서비스를 즐길 수 있는 온라인비디오서비스도 스마트미디어서비스에 포함될 수 있다. 이제 소비자들은 스마트미디어를 이용하여 시간과 공간의 제약 없이 동영상 콘텐츠를 쉽게 이용할 수 있게 된 것이다.

이렇게 스마트미디어를 이용한 동영상서비스 시청이 선호되는 데에는 1) TV프로그램을 이용자가 언제 어디서나 원하는 시간에 볼 수 있고(56%), 2) 편리하고(52%), 3) 광고를 보지 않을 수 있고(38%), 4) 몰아보기와 같은 시청 행태가 가능하고(35%), 5) 유료TV보다 저렴한 비용(29%) 등이 주요 이유들로 나타났다(Baumgartner, 2014, 10, 14).

한편, 젊은 사람들은 한 번에 여러 가지 일을 하는 것에 너무도 익숙해져 있기 때문에 좀처럼 TV 시청에만 집중하기가 쉽지 않다. 예를 들어, 미국의 시청자들은 실시간으로 TV 시청을 하는 도중 다양한 스크린을 통해 여러 가지 활동들을 하고 있는 것으로 나타났다. 이들 중 이메일을 체크하는 경우가 가장 많은 것으로 나타났고 그 다음이 소셜미디어 이용, 전화걸기, 인터넷 검색, 온라인 쇼핑 등의 순으로 나타났다(eMarketer, 2014, 10, 6). TV 시청 중에 일어나는 이러한 행동들은 TV프로그램과는 전혀 상관이 없는 행동들이기 때문에 TV를 켜놓은 상태라 하더라도 TV는 더 이상 사람들의 주목을 독점하는 스크린이기보다는 여러 가지 다양한 스크린들 중의 하나에 불과할 수 있다는 해석도 가능하다.

결국, 그 정도를 가늠하기는 어려우나, 동영상 콘텐츠에 대한 소비자들의 이용행태가 TV에서 다른 기기로, 실시간에서 비실시간으로, TV만의 시청에서

TV 시청과 함께 다양한 미디어 행위의 결합 형태로 점차 변화하고 있는 추세인 것은 확실해 보인다.

사업자들도 TV 시청패턴의 변화에 대응하기 위한 다양한 서비스 모델과 수익모델을 시도하고 있다. 개방성을 특징으로 하는 인터넷망을 활용하기 때문에 기존에 망(네트워크)을 가진 사업자나 할 수 있었던 플랫폼 사업을 콘텐츠 제작자, 기기 제조사, 인터넷 서비스 사업자 등도 할 수 있게 된 것이다. 그만큼 TV 비즈니스의 경쟁이 치열해진 것이다.

만일 이러한 현상이 보편화될 경우, 전통적인 TV 비즈니스 모델은 더 이상 유지되기 어렵고 따라서 새로운 방식으로 변화되어야 할 것이다. 이미 발빠른 사업자들은 새로운 TV 비즈니스 모델을 개척해 나아가기 위해 다양한 실험들을 진행 중이다. TV, 인터넷, 전화 등을 다양한 방식으로 결합해서 판매하고 있고, 유료TV의 상품구성 시 이용자들의 수요를 반영한 다양한 실험들이 진행 중이며, TV 시청과 함께 동반되는 시청자들의 다양한 니즈를 충족시켜줄 수 있는 비즈니스 모델들이 지속적으로 나오고 있다.

본 장에서는 스마트미디어 환경 하에서 변화하고 있는 TV 시청패턴을 살펴보고, 이로 인해 유료TV의 비즈니스 모델이 어떻게 변화되고 있는지를 분석할 것이다. 즉, 과거 유료TV사업자들의 비즈니스 모델의 특성을 살펴보고, 스마트미디어 환경에 대응하기 위해 유료TV의 비즈니스 전략이 어떻게 바뀌고 있는지를 분석해볼 것이다. 그리고 유료TV 비즈니스 모델의 변화 과정에서 발생할 수 있는 문제들을 점검해볼 것이다.

제1절. 스마트 기기의 등장과 TV 시청패턴의 변화

최근 들어 TV를 보유하고 있음에도 불구하고 스마트미디어 기기를 주시청 기기로 이용하는 가구 비율이 점차 늘어나고 있다. 이러한 현상은 10, 20대의 젊은 층이나 1인 가구에서 특히 강하게 나타나고 있다. 최근 조사에 의하면, 10대의 경우 스마트 기기를 주 시청 기기로 사용하는 비율이 무려 61.8%에 이르는 것으로 나타났다(김정훈·김승윤, 2013). 또한 1인 가구의 스마트 기기 이용률은 43%로 상당히 높게 나타났는데, 1인 가구는 TV수상기 자체를 구매하지 않는 경우가 늘고 있기 때문에 스마트 기기의 이용률은 지속적으로 높아질 전망이다. 우리나라의 경우, 2015년 현재 스마트폰으로 집에서 TV를 보는 비중이 10대 60.6%, 20대 59.5%, 30대 55.9%, 40대 60.7%, 50대 47.7% 등으로 나타났다는 점도 스마트 기기를 통한 TV 시청이 점차 보편화되고 있음을 보여준다(정용찬, 2016).

스마트 기기의 영향력이 높아짐에 따라 사람들의 영상콘텐츠 시청패턴에도 변화가 일어나고 있다. 우선, 스마트 기기는 가족과 함께 보는 매체로서의 전통적 TV개념을 바꾸어 놓고 있다. 가족과 다른 프로그램을 보고 싶거나 혼자서 프로그램을 보고 싶을 때 스마트 기기를 이용해서 얼마든지 TV 시청이 가능해진 것이다. 사람들의 삶이 점차 개인화되어 가면서 TV 시청방식도 이에 맞게 변화되고 있는 것이다. 둘째, 스마트 기기는 언제 어디서나 영상콘텐츠를 시청하고 싶은 욕구를 충족시켜 주기에 충분하다. 밖에서 일을 하다가 잠시 짬이 나거나 집이나 직장으로 출퇴근 시, 보고 싶었던 드라마나 뉴스를 실시간으로 볼 수도 있고 세간에 화제가 되는 영상도 다운받아 시청할 수 있다. 셋째, 스마트 기기의 이용확대는 기존 TV 시청시간에 변화를 가져올 수 있다. 특이한 점은 스마트 기기의 이용확대로 전통적 TV 시청시간이 감소할 수도 있고 증가할 수도 있다는 것이다. 최근 조사에 따르면 저연령 계층에서는 스마트 기기 때문에 TV 이용시간이 감소했다고 응답한 사람의 비율이 33%로 나타난 반면, 증가했다고 응답한 사람의 비율도 27%로 나타났다(김정훈·김승윤, 2013). 2015년 현재 TV 이용자들의 50% 이상이 하루에 적어도 한 번은 스트리밍 방식의 주문형 비디오 서비스를 이용하고 있다는 결과는 TV 서비스 이용방식이 과거의 리니어서비스 시청방식에서 스트리밍 시청방식으로 급격히 변화하고 있음을 보여준다(Ericsson, 2015). 또한 2015년 현재 1주일에 6시간 정도는 스트리밍 방식으로 TV 프로그램이나 영화를 시청하고 있다는 결과는 2011년 동일한 조사에서 2.9시간에 불과했다는 결과와 비교해 볼 때 스트리밍 시청량이 급격히 증가하고 있음을 짐작케 한다. 특히 젊은 세대에서는 스트리밍 시청방식을 선호하고 있는 것으로 나타났는데, 18-34세 연령층에서는 비디오 시청의 53%를 스마트폰, 스마트패드, 노트북으로 이용하고 있는 것으로 나타났다. 그러나 실시간으로 TV를 시청하는 방식도 여전히 높은 것으로 나타났는데, 특히 프리미엄 콘텐츠나 스포츠, 실시간 이벤트와 같은 프로그램에 대해서는 실시간 시청방식을 선호하는 것으로 나타났다. 실시간 시청방식을 선호하는 비율은 연령대에 따라 상당한 차이를 보였는데, 예를 들어 60-69세 연령층의 82%는 매일 실시간으로 TV를 시청하는 반면, 16-34세 연령층에서는 60%만이 매일 실시간으로 TV를 시청하는 것으로 나타났다.

다양한 스마트 기기의 활성화로 인한 N 스크린 서비스의 확산은 분명 전통적 TV산업에 위협임에 틀림없다. 전통적 유료TV 산업이 위축되는 주요 원인으로는 시청자들이 점차 새로운 형태의 서비스를 채택할 것이라는 점을 들고 있다. 미국의 브로드밴드 가입자들 중 많은 사람들이 점차 유료TV 가입을 중단하고 있는 현상이 목격되고, 이들 중 아예 한 번도 유료TV에 가입해본 적이 없는 사람들의 비율도 높아지고 있다는 것이다. 유료TV가입을 중단한 가장 중요한 이유는 유료TV 서비스의 높은 가격으로 나타났고, 그밖에 훌루(Hulu)

와 같은 무료 OTT 서비스의 존재도 유료TV가입을 중단하게 만든 이유로 나타났다. 다른 조사에서도 TV프로그램을 온라인을 통해 시청하는 가구가 증가하면서 연간 0.9%씩 TV 시청률이 감소하고 있음을 보여주고 있다(IBIS World, 2012).

스마트폰과 스마트 패드 판매가 급격히 높아지면서 모바일 TV 시청인구가 증가하고 있다는 점도 전통적 TV 시청에는 부정적 영향을 미칠 수 있다. 에릭슨 소비자연구소(Ericsson Consumer Lab)는 전 세계 1만 5천 명에 대한 설문조사 결과를 발표했는데, 설문에 응한 72%의 사람들이 다양한 장소에서 다양한 모바일 기기들을 통해 TV를 시청하는 것으로 나타났다(Marek, 2013, 8, 28). 이 연구결과에 따르면 미국에서는 약 25%의 시청자들이 전통적인 TV 시청방식(채널패키지 방식)에 대한 지출을 증가시킨 반면, 24%의 시청자들은 전통적 TV 시청방식에 대한 비용을 줄인 것으로 드러났다.

한편 VOD 시청방식은 전 연령대에서 인기가 높은 것으로 나타났는데, VOD 이용률이 2011년 61%에서 2013년 63%로 증가하였고 65세 이상의 연령대에서도 VOD 이용률이 40%로 급격히 증가한 것으로 나타났다. 물론 젊은층에서의 VOD 시청방식이 상대적으로 높은 것으로 나타났는데, 35세 이하 시청자들의 80%는 일주일마다 온라인을 통해 TV프로그램과 영화를 시청하는 것으로 나타났고, 45세 이하 시청자들의 25% 이상이 태블릿을 통해 일주일마다 TV프로그램과 영화를 시청하는 것으로 나타났다(O'Halloran, 2013, 9, 19).

리니어(linear) 방식의 전통적인 채널시청 패턴은 조만간 시청자들로부터 외면받을 수 있다는 주장까지도 제기되고 있다(Dickey, 2013, 01, 30). 앞으로 5년 이내에 월 수신료를 지불하는 전통적 유료TV 시청방식은 시청자들에게 상당한 거부감을 줄 수 있다는 것이다. 이는 시청자들이 원하는 콘텐츠를 원하는 장소에서 보기를 바랄 것이고 이를 충족시켜주려는 플랫폼들이 지속적으로 증가하고 있기 때문이다. 소비자들이 선호하는 TV 시청방식에 대해서도 조사했는데, 광고가 없는 시청경험, HD급의 화질, VOD, 단순한 사용자 인터페이스, 개별채널 구입 방식(a la carte TV), 개인화된 앱, 다른 카메라 앵글 경험, 양방향 TV 경험 등의 순서로 조사되었다. 결국 스마트미디어 환경에서의 소비자들은 사업자들에 의해 패키지화된 채널들을 실시간으로 시청하는데서 벗어나 광고를 보지 않고 자신이 원하는 시간에 원하는 콘텐츠를 다양한 경험을 하면서 즐길 수 있기를 바란다는 것이다.

반면, 스마트미디어 환경 하에서도 전통적 TV 산업은 유지될 것이라는 주장들도 여전히 많다(Spangler, 2013, 2, 20). 미국의 유명한 컨설팅 업체인 PWC의 보고서에 따르면 적어도 향후 5년간 소위 '코드커팅'은 큰 문제가 되지 않으리라는 점을 강조하고 있다(Spangler, 2013, 2, 20). 비록 일부 소비자들은 코드커팅에 동참하고 있고 어떤 소비자들은 처음부터 케이블이나 위성, IPTV와 같은 유료TV에 가입하지 않는 경우도 있지만, 이러한 현상이 기존 유료TV사업자들에게 주는 영향은 미미할 것이라는 것이다.

에릭슨 연구소에서 최근 발표한 보고서에서도 코드커팅이 증가하고 있는 것은 사실이나, 전통적 TV 시청방식에 의존하는 시청자들이 여전히 더 많다는 결과가 나와 있다(Baumgartner, 2013, 8, 29). 이 보고서는 전 세계 TV 시청자들을 대상으로 TV프로그램 시청행태를 분석하였는데, 2013년 현재 83%의 응답자가 전통적 TV를 시청하고 있는 것으로 나타났다. 특히 응답자들 중 36%는 실시간 스포츠 중계를 시청하는 것이 상당히 중요하다고 답했을 만큼 리니어 방식의 시청방식이 장르에 따라서는 여전히 중요한 방식인 것으로 드러났다. 또 다른 연구에서도 코드커팅을 거부한 사람들이 전통적 케이블TV를 시청하는 가장 중요한 이유들로 실시간 뉴스 시청(75%), 신규 TV 프로그램 시청(66%), 실시간 스포츠 중계(59%)등이 나타났음을 강조하고 있다(O'Halloran, 2013, 9, 19).

코드커팅이 일어나고 있지 않다는 또 다른 증거로는 케이블TV에 가입하지 않고 서비스를 시청하는 사람들이 전체 TV 시청자들의 5% 미만이라는 통계 결과이다(O'Halloran, 2013, 9, 19). 이 연구에서는 사람들이 케이블TV 시청을 중단한 이유가 케이블TV 서비스에 지불해야 하는 비용 때문인 것으로 나타났다. 이 연구에 따르면, 케이블TV서비스 시청을 중단한 사람들은 대체로 저가 상품을 시청하는 사람들이었기 때문에, 케이블 TV사업자들의 입장에서 잃어도 그리 아깝지 않은 가입자들이었다는 것이다. 전통적인 TV 시청방식에 의해 동영상 콘텐츠를 소비하는 사람들의 수가 생각만큼 줄어들고 있지 않다는 연구결과도 전통 미디어와 스마트미디어와의 직접적 경쟁관계가 아직까지는 나타나고 있지 않음을 의미한다(Frankel, 2014, 8, 21). 전 세계 인터넷 이용자들을 대상으로 수행한 TV 시청방식에 대한 설문조사 결과에 따르면, 미디어 소비 시간의 23%를 전통적 TV 시청에 사용하는 반면, 온라인을 통한 TV 시청은 미디어 소비시간의 0.7%밖에 차지하고 있지 않다.

넷플릭스의 시청자들이 상대적으로 전통적 TV를 더 많이 시청하고 있다는 통계도 스마트미디어가 기존 매체를 대체할 것이라는 전망과 상충된다(Lafayette, 2013, 7, 29). 한 연구결과에 따르면, 넷플릭스 가입자와 비가입자를 대상으로 전통적 TV 시청량을 비교한 결과 그 차이가 미미한 것으로 드러났다. 넷플릭스 시청자들은 프리미엄 드라마에 대한 선호가 상당히 강하기 때문임을 그 이유로 밝혔다. 동 보고서에 따르면, 넷플릭스 시청가구들은 넷플릭스를 시청하지 않은 가구들보다 HBO를 85%나 더 시청하는 것으로 나타났다.

스마트미디어의 등장은 분명 시청자들의 전통적 TV 시청방식에 변화를 가져왔음이 분명하다. 그러나 TV 시청방식의 변화가 기존 방송사업자들이나 광고주들에게 부정적 영향을 미칠 것인지 아니면 새로운 기회로 작용할 것인지는 잘 따져보아야 할 것이다. 또한 시청자들의 동영상 콘텐츠 이용패턴이 변화하고 있는 것은 사실이나, 스마트미디어서비스와 기존의 리니어 서비스가 대체관계인지, 보완관계인지를 주의 깊게 살펴볼 필요가 있다. 그러기 위해서는 스마트미디어서비스의 시장을 어디까지 포함시켜야 할 것인지, 어떤 방법에 의해 시장획정을 할 것인지, 시장획정 이후에는 어떤 형태의 규제를 적용할 것인지 등에 대한 구체적인 분석이 수행되어야 할 것이다.

제2절. 전통적 유료TV 산업에서 채널 번들링(Bundling)

국내 케이블TV 사업자들은 출범 초기 유료채널인 캐치원을 제외한 29개 모든 채널을 기본채널로서 공급하도록 강제되었다. 즉, 29개 모든 채널을 하나의 패키지로 묶어서 단일가격으로 판매하도록 강제되었다. 또한 기본채널에 대한 시청료는 모든 SO들이 동일하게 15,000원으로 책정하고, 이 때 발생한 시청료 수익 15,000원은 SO, PP, NO 간에 각각 52.5%, 32.5%, 15%씩 나누어 갖는 균등분배 방식을 취하도록 규제되었다.

그러나 이러한 전 채널 의무전송방식은 PP로 하여금 좋은 프로그램을 제작할 유인을 낮추게 하고 시청자들이 선호하는 채널을 선별적으로 선택할 수 있는 선택권을 결여시켰다는 점에서 비판을 받았다. 또한 종합유선방송 출범 초기 강력한 경쟁매체였던 중계유선방송에 대한 가격경쟁력 열위로 인해 종합유선방송사업자들의 경영수지 악화를 초래했다는 비판도 잇따랐다. 이러한 문제를 해결하기 위해 도입된 것이 채널 티어링 제도이다. 채널 티어링이란 경제학에서 사용되는 번들링(bundling)[70]의 일종으로 케이블TV 사업자들이 수익을 극대화하기 위해 취하는 가격 및 제품 차별화 전략이라고 하겠다.

70 번들링은 묶음판매라고도 한다.

이 절에서는 경제학에서 사용되는 번들링의 개념에 대해 자세히 분석해 보고, 번들링 전략이 케이블TV 산업에서 어떻게 활용되고 있는지 살펴보도록 하겠다.

1. 번들링의 정의

우리는 기업들이 2개 또는 그 이상의 재화를 묶어서 한 가격에 판매하는 현상, 즉 번들링을 자주 목격한다. 번들링은 일반적 상품시장에서 많은 기업들이 취하고 있는 익숙한 판매전략이다. 음식점에서 여러 음식들을 코스메뉴로 묶어서 판매한다거나, 병원에서 여러 가지 의료서비스를 묶어서 판매한다거나 통신회사에서 유선전화, 이동전화, 인터넷 서비스를 한 가격에 묶어서 판매하는 행위가 번들링의 예에 해당한다.

번들링은 크게 순수번들링(pure bundling)과 혼합번들링(mixed bundling)으로 구분이 가능하다. 순수 번들링이란 개별 제품을 따로따로 판매하지 않고 반드시 번들제품으로만 판매하는 형태이다. 예를 들어 여성정장 투피스(재킷과 스커트)를 재킷과 치마로 구분한 가격으로 판매하지 않고 하나의 가격으로 묶어서 판매하는 경우가 순수 번들링에 해당된다. 혼합 번들링이란 번들제품과 함께 이를 구성하는 개별 제품도 동시에 판매하는 행위를 의미한다. 이 경우, 번들제품의 가격은 구성 상품의 가격을 합한 것보다 저렴하므로 소비자들에게는 번들제품으로 구매하는 것이 매력적으로 보일 수 있다. 혼합 번들링의 대표적 사례는 마이크로소프트사가 판매하는 MS 오피스(MS Office) 제품이다. MS 오피스는 MS 워드(Word), MS 엑셀(Excel), MS 액세스(Access), MS Powerpoint(파워포인트) 등으로 구성되어 있는데, 소비자는 MS 오피스(Office)를 구성하고 있는 각 소프트웨어를 별도로 구입할 수도 있고, MS 오피스

(Office)라는 이름으로 이들 소프트웨어의 개별가격의 합보다 싼 값에 한 제품으로 구입할 수도 있다. 음식점에서 개별 요리를 별도로 판매하기도 하지만 이들을 묶어 세트 요리로 판매하는 행위, 통신회사에서 시내전화, 시외전화, 이동전화, 초고속인터넷서비스를 하나씩 별도의 가격으로 구매할 수도 있지만 이들을 묶어 한 가격으로 보다 저렴하게 구매하는 행위도 혼합 번들링의 대표적 사례들이다.

2. 번들링의 이유

기업들이 번들링 행위를 하는 이유는 시장지배력 전이, 생산 및 유통에서의 비용절감이나 재화 간의 보완관계(Lewbel, 1985) 등이 대표적이다.

번들링을 통해 한 시장에서의 독점사업자는 경쟁적 시장으로 독점력을 전이한다는 시장지배력 전이 유인이 번들링의 중요한 이유로 제기되고 있다. 예를 들어, 가격규제를 받는 기업이 사실상 가격 인상을 위해 종상품(tied product)을 높은 가격으로 끼워서 판매함으로써 주상품(tying product)을 보조해줄 수 있다는 것이다. 그러나 시장지배력 전이 가설은 시카고 학파의 단일시장 지배력 가설(single monopoly theory) 및 가격차별화 이론에 의해 반박당하기도 했다. 시카고 학파의 주장에 따르면, 한 시장의 독점사업자가 결합판매를 통해 경쟁적 시장으로 독점력을 전이할 수 있으나 그럴 유인이 존재하지 않는다는 것이다(Director & Levi, 1956).

결합판매를 통해 마케팅 및 생산 차원에서 규모의 경제에 따른 비용절감이 가능하고 이용자 입장에서도 단품가격보다 저렴한 가격에 결합상품 이용이 가능하다는 주장도 여러 학자들에 의해 제기되었다. 특히 소비자들을 대상으로 한 설문조사 분석 결과, 결합상품의 가입이유가 가입에 따른 요금할인과 통합요금

고지서의 이용 가능(김창완 외, 2010), 결합할인에 따른 비용절감, 하나의 사업자만을 상대함으로 인한 편리성, 통합고지서의 이용(Ofcom, 2010) 등으로 밝혀졌다는 것은 이용자 측면에서 결합상품을 이용하는 이유를 잘 보여준다.

재화에 부여하는 유보가격이 다른 소비자 유형별로 각기 다른 가격을 부과함으로써 더 많은 소비자 잉여를 빼앗아오려는 가격차별화의 일종으로 번들링을 설명하는 연구도 있다(Adams & Yellen, 1976; McAfee, McMillan & Whinston, 1989). 즉, 결합판매를 통해 이질적 수요를 동질화시켜 소비자 잉여를 생산자 잉여로 전환한다는 것이다. 예를 들어, 케이블TV 시장에서는 다양한 채널들의 결합상품이 제공됨에 따라 소비자들의 이질적 잉여가 동질화되면서 가격차별화 효과가 있음이 실증적으로 밝혀지기도 했다(Crawford, 2008; Crawford & Yurukoglu, 2012).

그밖에 번들링은 소비자들의 상품 선택을 단순화시켜 불필요한 탐색비용을 감소시켜주거나(예, 통신서비스나 금융서비스) 보완재 상품과의 묶음판매로 비용을 줄여주는 혜택도 제공해 준다. 이러한 경우, 번들링은 사회적으로 효율적일 수 있다. 예를 들어, 자동차 내 오디오 시스템을 조립하여 번들로 판매하는 경우 각 구매자마다 조립비용, 부품가격 탐색 비용 등을 절약할 수 있으며 부품 간 호환성을 확보할 수 있어 효율성 제고 효과가 나타나게 된다. 또한 오른쪽 구두와 왼쪽 구두를 하나의 상품으로 묶어 판매하거나, 컴퓨터를 미리 조립하여 중앙처리장치와 메모리, 하드 디스크, 사운드 카드를 하나로 묶어 판매하는 것은 각각의 부품을 개별적으로 판매하는 것보다 비용이 훨씬 적게 들기 때문에 사회적으로 효율적이다.

반면, 결합판매로 인해 소비자들은 높은 전환 비용(Klemperer, 1987, 1995)의 문제에 직면할 수 있다. 소비자가 기존 사업자로부터 타 사업자로 전환하려는 경우, 이용자가 부담해야 하는 다양한 비용들이 높으면 전환이 어려워지는 현상이 발생하게 되는데, 이와 같이 높은 전환비용으로 인한 소비자 고착화 현상은 이용자의 자유로운 사업자 선택을 어렵게 하고 시장경쟁에 부정적 영향을 미칠 수 있다. 전환비용의 사례로는 새로운 사업자가 제공하는 서비스의 내용 및 조건을 조사하는데 소요되는 비용, 새로운 이동전화회사를 이용하기 위한 단말기 구입비, 고객센터 등 새로운 회사의 서비스 제공 환경에 적응하기 위한 비용, 새로운 서비스 계약 체결을 위해 소요되는 비용, 계약해지에 따르는 위약금, 이전 계약에 적용되었던 장기 약정 할인 등이다. 이러한 전환비용을 활용하여 사업자들은 이미 확보된 가입자들에게 높은 가격을 책정할 유인이 존재하게 된다. 방송통신결합서비스 이용에 대한 소비자 행태를 분석한 연구에 따르면(김창완 외, 2013), 이동전화서비스와 초고속인터넷서비스의 경우, 결합사용자가 비결합사용자보다 전환을 어렵게 느끼고 있고, 과거에 결합으로 이동전화나 초고속인터넷서비스를 이용하던 소비자는 서비스 전환을 어렵게 인식하고 있는 것으로 나타났다. 또한 이동전화 변경 시 발생하는 장애요인은 서비스 변경에 따른 여러 혜택의 상실, 이통사 변경에 따른 단말기 교체비용의 부담 등으로 밝혀졌다. 이는 결합서비스를 이용하고 있는 소비자들이 사업자를 변경하고자 할 때 다양한 측면에서의 전환비용을 경험하고 있음을 의미한다.

3. 독점기업의 번들링 전략과 사회후생

독점 기업의 번들링은 사회 전체의 후생뿐 아니라 소비자 후생을 높일 수도 있고, 특별히 경쟁을 제한하는 행위가 아닐 수도 있다. 이 경우는 경쟁 중립적(competitively neutral)이라고 볼 수 있으므로, 규제 당국이 경쟁 정책적 차원에서 특별한 관심을 기울일 필요가 없다. 이하에서는 번들링이 사회전체의 잉여를 유지 또는 증가시키면서 독점기업의 이윤을 증대시킬 수 있는 가능성을 보여주는 사례들을 보여준다.

〈표 6-1〉 일반 상품에서의 번들링 사례 1

	상품 A의 가치	상품 B의 가치
Type 1 소비자	100	60
Type 2 소비자	60	100

주: Type 1과 Type 2의 소비자들은 각각 100명이라고 가정

<표 6-1>의 경우, 어떤 시장에서 독점기업이 상품A와 상품B를 생산해서 판매하고, 이 상품에 대한 지불가치가 다른 2가지 형태의 소비자(Type 1 소비자와 Type 2 소비자)가 존재한다고 가정한다. 소비자들은 각 형태별로 100명씩 총 200명의 소비자들이 존재한다고 가정한다. 각 형태의 소비자들이 상품A와 상품B에 대해 평가하는 지불가치는 <표 6-1>과 같다. Type 1 소비자들은 상품 A에 대해서 100원의 지불가치가 있는 반면, 상품 B에 대해서는 60원의 지불가치를 가지고 있다. Type 2 소비자들은 상품 A에 대해서는 60원의 지불가치를, 상품 B에 대해서는 100원의 지불가치를 가지고 있다.

번들링이 불가능하면, 독점 기업은 상품 A와 B를 각각 60원에 팔아 총 24,000원의 수익을 올리는 전략을 취할 것이다. 만일 독점기업이 상품 A를 100원에 판매하게 된다면 Type 2 소비자가 구매를 포기할 것이고, 상품 B를 100원에 판매하게 된다면 Type 1 소비자가 구매를 포기하게 될 것이기 때문에, 이 경우 독점사업자가 상품A와 상품B의 판매로부터 거두게 되는 총 수익은 20,000원으로 줄어들 것이다. 따라서 독점사업자는 자신의 수익을 극대화하기 위해 상품A와 상품B를 모두 60원에 판매하는 전략이 최선이다. 반면, Type 1 소비자는 상품 A에 대해 100원의 지불가치가 있었는데 60원에 판매되므로 구매 후에 40원의 잉여를 누리게 되고, Type 2 소비자도 상품 B에 대해 100원의 지불가치를 가지고 있었는데 60원의 저렴한 가격에 판매되므로 40원의 잉여를 누리게 된다. 따라서 독점사업자가 상품A와 상품B를 60원에 판매할 때, Type 1과 Type 2 소비자들은 상품A와 상품B 구입 후 각각 4,000

원씩 총 8000원의 소비자 잉여를 누리게 된다.

수익 극대화를 위한 독점기업의 상품가격: 상품 A=60원, 상품 B=60원
독점기업의 상품판매 총수익: 60원×100명×2+60원×100명×2=24,000원
상품 구매 후 소비자 잉여=Type 1 소비자(40원×100명=4,000원)+
Type 2 소비자(40원×100명=4,000원)=8,000원

이 때 번들링이 가능해 진다면, 수익 극대화를 위한 독점기업의 가격전략은 달라진다. 즉, 독점기업은 상품 A와 상품 B를 묶은 번들상품을 160원에 판매하여 32,000원의 수익을 올리는 전략을 취하게 된다. 이 경우, 소비자들은 자신들이 상품 A와 상품 B에 대한 지불가치를 제대로 지불하고 구매하게 되므로 소비자 잉여를 전혀 누리지 못하게 된다. 즉, 독점기업이 상품 A와 상품 B를 개별 판매할 때 누렸던 소비자 잉여가 없어지게 되는 것이다. 반면, 독점기업은 개별 판매 때보다 4,000원의 추가수익을 올리게 되므로 사회 전체적인 총 잉여에는 변화가 없다[71].

수익 극대화를 위한 독점기업의 상품가격: 상품 A와 B의 번들링 가격=160원
독점기업의 상품판매 총수익: 160원×100명×2=32,000원
상품 구매 후 소비자 잉여=Type 1 소비자(0원)+Type 2 소비자(0원)=0원
개별판매로부터 번들링으로 변화 시 사회 총잉여의 변화=소비자 잉여의 변화+생산자 잉여의 변화=(0원-8,000원)+(32,000원-24,000원)=0

71 번들링으로부터 얻은 독점기업의 이윤증가는 개별판매 시의 소비자 잉여가 전화된 것이다.

〈표 6-2〉 일반 상품에서의 번들링 사례 2

	상품 A의 가치	상품 B의 가치
Type 1 소비자	130	60
Type 2 소비자	60	130

주: Type 1과 Type 2의 소비자들은 각각 100명이라고 가정

<표 6-2>의 사례는 사례 1과 다른 조건은 동일하나 각 소비자들이 상품 A와 상품 B에 대해 가지고 있는 지불가치만 다른 경우이다. Type 1 소비자는 상품 A에 대해서 130원의 지불가치가 있는 반면, 상품 B에 대해서는 60원의 지불가치를 가지고 있다. Type 2 소비자는 상품 A에 대해서는 60원의 지불가치를, 상품 B에 대해서는 130원의 지불가치를 가지고 있다.

번들링이 불가능한 경우, 독점기업은 상품 A와 B를 각각 130원에 팔아 총 26,000원의 수익을 얻게 된다. 이 경우, Type 1 소비자는 상품 A만, Type 2 소비자는 상품 B만 구입하게 되고, 두 소비자 모두 자신의 지불가치에 해당하는 비용을 지불했기 때문에 소비자 잉여는 누리지 못하게 된다.

수익 극대화를 위한 독점기업의 상품가격: 상품 A=130원, 상품 B=130원
독점기업의 상품판매 총수익: 130원×100명+130원×100명=26,000원
상품 구매 후 소비자 잉여=Type 1 소비자(0원)+Type 2 소비자(0원)=0원

이 때 번들링이 가능해 지면, 독점 기업은 상품 A와 상품 B를 묶은 번들상품을 190원에 판매하여 총 38,000원의 수익을 올리고, 소비자들은 자신의 지불가치에 해당하는 비용을 지불한 셈이 되므로 소비자 잉여를 전혀 누리지 못하게 된다. 따라서 번들링이 가능해 지면 개별판매에 비해 독점기업의 이윤은 12,000원이 증가하게 되는 반면, 소비자 잉여는 변화가 없으므로 사회 총 잉여는 12,000원만큼 증가하게 된다.

수익 극대화를 위한 독점기업의 상품가격: 상품 A와 B의 번들링 가격=190원
독점기업의 상품판매 총수익: 190원×100명×2=38,000원
상품 구매 후 소비자 잉여=Type 1 소비자(0원)+Type 2 소비자(0원)=0원
개별판매로부터 번들링으로 변화 시 사회 총잉여의 변화=소비자 잉여의 변화+생산자 잉여의 변화=(0원-0원)+(38,000원-26,000원)=12,000원

〈표 6-3〉 일반 상품에서의 번들링 사례 3

	상품 A의 가치	상품 B의 가치
Type 1 소비자	130	60
Type 2 소비자	60	100

주: Type 1과 Type 2의 소비자들은 각각 100명이라고 가정

<표 6-3>은 사례 1이나 2와 다른 조건은 동일하나 각 소비자들이 상품 A와 상품 B에 대해 가지고 있는 지불가치만 다른 경우이다. Type 1 소비자는 상품 A에 대해서 130원의 지불가치가 있는 반면, 상품 B에 대해서는 60원의 지불가치를 가지고 있다. Type 2 소비자는 상품 A에 대해서는 60원의 지불가치를, 상품 B에 대해서는 100원의 지불가치를 가지고 있다.

번들링이 불가능한 경우, 수익 극대화를 목적으로 하는 독점기업은 상품 A를 130원, B를 60원에 팔아 총 25,000원의 수익을 얻게 된다. 이 경우, Type 1 소비자는 두 상품 다 구매하나 자신의 지불가치와 동일한 비용을 지불하였기 때문에 추가적 잉여를 누리지 못하는 반면, Type 2 소비자는 상품 A가 자신의 지불가치보다 높게 책정되었기 때문에 구입하지 않고 상품 B만을 60원에 구입하여 40원의 잉여를 누리게 된다.

수익 극대화를 위한 독점기업의 상품가격: 상품 A=130원, 상품B=60원
독점기업의 상품판매 총수익: 130원×100명+60원×100명×2=25,000원

상품 구매 후 소비자 잉여=Type 1 소비자(0원)+Type 2 소비자(40원×100명=4,000원)=4,000원

이 때, 번들링이 가능해지면, 독점 기업은 A와 B를 묶은 번들상품을 160원에 판매하여 32,000원의 수익을 올리게 된다. 이 경우, Type 1 소비자는 두 상품에 대한 자신의 지불가치 190원보다 저렴한 160원을 지불하게 되므로 번들상품 구입으로부터 30원의 잉여를 누리게 된다. 반면, Type 2 소비자는 두 상품에 대한 자신의 지불가치에 해당하는 비용을 지불하게 되므로 추가적 잉여를 더 이상 누리지 못하게(개별 판매에 비해 소비자 잉여가 감소) 된다.

수익 극대화를 위한 독점기업의 상품가격: 상품 A와 B의 번들링 가격=160원
독점기업의 상품판매 총수익: 160원×100명×2=32,000원
상품 구매 후 소비자 잉여=Type 1 소비자(30원×100명=3,000원)+Type 2 소비자(0원)=3,000원
개별판매로부터 번들링으로 변화 시 사회 총잉여의 변화=소비자 잉여의 변화+생산자 잉여의 변화=(3,000원-4,000원)+(32,000원-25,000원)=6,000원

위의 세 가지 사례는 순수 번들링이 사회 총 잉여를 증가 또는 유지하면서 독점 기업의 이윤을 높일 수 있는 가능성을 보여준다. 이 세 가지 사례의 공통적인 특징은 두 상품에 대한 소비자의 지불용의가 음의 상관관계(negative correlation)를 가진다는 것이다. 즉, Type 1 소비자는 상품 A에 대한 가치가 높은 반면, 상품 B에 대한 가치는 낮고, 반대로 Type 2 소비자는 상품 A에 대한 가치가 낮은 반면, 상품 B에 대한 가치는 높다. 이와 같이 두 상품에 대한 소비자의 지불 용의가 음의 상관관계를 가지면, 개별 상품에 대한 소비자의 가치는 소비자마다 많이 다르더라도, 번들상품에 대한 소비자의 가치는 큰 차이

가 없어지게 된다. 따라서 번들상품의 판매는 개별판매 때 발생하는 소비자들의 이질성을 줄여 주어 독점 기업으로 하여금 더 높은 이윤을 얻게 만들어 주는 것이다.

극단적인 경우로 두 상품에 대한 소비자의 지불 용의가 완벽한 음의 상관관계를 가지는 경우(사례 1에 해당), 소비자들의 지불 용의의 합에 해당하는 번들상품을 판매하여 소비자 잉여를 완전히 이윤으로 흡수하게 되는 것이다.

만일, 두 상품에 대한 소비자의 지불 용의가 매우 강한 양의 상관관계(positive correlation)를 가지는 경우에는(상품 A에 대한 지불의사가 높은 사람이 상품 B에 대한 지불 용의도 높게 되는 경우), 번들상품의 판매를 통해 소비자들이 가지는 지불용의의 합의 차이를 줄이는 효과가 없어지게 된다. 결국, 순수 번들링이 가격차별을 통해 기업의 이윤을 증가시키는 경우는 하나의 상품에 대한 지불용의는 높으나 다른 상품에 대한 지불용의는 낮은 소비자들이 많은 경우, 즉, 두 상품에 대한 소비자들의 지불의사가 음의 상관관계를 가지는 경우라고 할 수 있다.

4. 유료TV 시장의 채널 티어링 전략

유료TV사업자들이 채널 상품을 제공하는 방식은 일반 산업에서의 번들링 전략과 유사하다. 유료TV 산업에서의 번들링 전략은 다양한 채널들을 어떻게 구성해서 팔 것인가의 문제이기 때문에 채널 티어링 전략이라고 부른다. 즉, 채널 티어링이란 유료TV에서 제공되는 여러 채널들을 몇 개의 묶음으로 분류하여 서로 다른 가격에 소비자에게 판매하는 것을 의미한다. 이 때 각 묶음들은 해당 묶음에서 제공되는 프로그램 종류나 가짓수, 가격 등에 의해 차별화된다. 즉, 유료TV사업자는 채널 티어링을 통해 자신이 판매하고자 하는 다수의 채널들을 몇 개의 형태로 묶고, 그것을 가입자에게 차등된 가격으로 판매하는 것이다.

유료TV사업자는 각 티어를 구성하는 채널을 어떻게 구성할 것인지, 각 티어의 가격을 어떻게 책정할 것인지, 채널 티어링을 하는 과정에서 PP와의 협상은 어떻게 가져갈 것인지 등 상당히 복잡한 사안들을 종합적으로 고려해야 한다(조은기, 1997). 단지 시장에 존재하는 채널들을 나열해 보고 이리 저리 묶어보는 수준의 것이 아니라 해당시장의 규모와 해당시장 소비자의 선호도를 복합적으로 고려하여 수익을 극대화할 수 있는 채널 조합과 각 조합의 가격전략을 도출해내야 하는 것이다. 예를 들어, 소비자들의 수요를 반영해야 하는 경우에는 유료TV사업자가 제공하는 채널들을 크게(지상파방송을 제대로 시청할 수 없기 때문에 유료TV에 가입하는) 난시청 수요의 충족, 다수 취향 채널들에 대한 수요, 마지막으로 소수 취향 채널들에 대한 수요를 만족시켜 주는 채널들로 구성할 것이다. 이는 지상파재전송 채널들로 이루어진 하위티어로 난시청 수요를 흡수하고 하위티어에 다수 취향의 유료채널을 결합하여 유료채널에 대한 가입자 규모를 확대한 후, 마지막 단계에서 다양한 시청자들의 수요를 만족시켜줄 수 있는 소수취향의 유료채널들을 여러 가지 방식으로 티어링하면서 유료TV사업자의 수익을 극대화할 수 있기 때문이다.

미국의 경우 케이블TV에 대한 가입율이 20%가 넘지 않은 시점까지 소수취향의 유료채널들은 거의 존재하지 않았고 대체로 지상파채널들과 다수취향의 유료채널들 몇 개로 운영되었다는 것은 케이블TV 산업에서 채널 티어링 전략의 시사점을 보여준다. 미국은 1980년 케이블 홈패스율이 43%에서 1985년 홈패스율이 71%로 증가하면서 가입자 수도 1900만에서 3600만명으로 증가했는데, 이 기간동안 소수취향의 유료채널수는 19개에서 41개로 대폭 증가하였다(조은기, 1998). 1995년 소수취향의 유료채널들의 수는 급기야 102개로 대폭 증가하게 되었고, 소비자의 저항 없이 유료채널들에 대한 수신료를 인상하고 다양향 채널 티어의 구성도 가능해졌다. 이는 지상파나 다수취향 유료가입자들을 안정적으로 확보한 후에야 소수취향 유료채널들의 성장과 다양한 채널 티어링의 형성이 가능했음을 의미한다.

또한 유료TV사업자들의 채널 티어링 전략에 따라 공급되는 상품의 질과 가격은 소비자의 지불의사에 상당한 영향을 미친다. 그러나 반대로 성공적 유료TV 채널 티어링이 가능하려면 잠재적 수요자들의 수요곡선이 정확히 파악되어야 한다. 수요자들의 수요곡선에 따라 각 티어로부터 발생하는 수익의 양이 결정되기 때문이다. 일반적으로 특성 상품에 대한 수요곡선은 대체제의 존재 여부, 상품에 대한 소비자들의 지불의사, 그리고 가격탄력성에 영향을 받는다. 따라서 유료TV의 티어링 전략은 해당 유료TV가 제공되는 지역의 소비자 특성과 시장경쟁구조 등을 정확히 파악한 후 이루어져야 한다.

우료TV 산업 내에서 이루어지는 채널 티어링 전략을 보다 쉽게 이해하기 위해 몇 가지 사례를 살펴보기로 한다.

〈표 6-4〉 유료TV 시장의 채널 티어링 모델 1

	시청자 1	시청자 2
채널 A	10,000원	6,000원
채널 B	3,000원	9,000원

유료TV사업자가 시청자 1과 2에게 채널 A와 B를 제공하고, 소비자가 지불할 수 있는 최고가격은 <표 6-4>와 같다고 가정하자(편의상 소비자 집단의 크기는 각각 1사람이라고 가정한다). 채널 A와 B가 개별적으로 판매될 경우, 독점 케이블TV 사업자가 수익을 극대화하기 위해서는 채널 A에 대해 6,000원, 채널 B에 대해 9,000원의 가격을 책정해야 한다. 이 때 독점사업자가 거두어들이는 총 수익은 21,000원이 된다(6,000원×2명+9,000원).

반면, 채널 A와 B가 번들상품으로 판매될 경우, 독점 케이블TV 사업자는 번들상품 가격을 12,000원으로 책정함으로써 자신의 수익을 극대화하게 된다. 번들상품 가격을 12,000원으로 책정할 경우, 시청자 1과 2는 모두 번들상품을 구매할 것이고 이 때 케이블TV 사업자들이 거두어들이는 총 수익은 24,000원이 된다. 앞서 설명한 일반상품에서의 번들링 전략과 마찬가지로 여기서도 번들상품 제공을 통해 독점 케이블TV 사업자의 총 수익은 증가하게 되는데 이는 두 채널 간의 최대 지불가격 사이에 음의 상관관계가 존재하기 때문이다. 결국, 유료TV사업자가 전체 채널을 단일가격에 제공하지 않고[72] 채널 티어링 전략을 취하는 이유는 전자보다 후자가 보다 큰 수익을 발생시키리라 판단하기 때문이다. 이 때 중요한 것은 유료TV사업자가 서로 다른 질(quality)을 가진 다양한 상품을 이질적인 선호체계를 가지고 있는 소비자들에게 다양한 조합으로 묶어 차별적인 가격으로 판매함으로써 수익을 극대화하는 전략을 취해야 한다는 것이다. 따라서 케이블TV의 채널판매 전략은 경제학에서 말하는 가격 및 제품차별화 전략의 모든 유형이 복합적으로 섞여있다고 볼 수 있다.

〈표 6-5〉 유료TV 시장의 채널 티어링 모델 2

	시청자 1	시청자 2	시청자 3	시청자 4	채널별 지불의사 합계
채널 A	10,000원	6,000원	6,000원	4,000원	26,000원
채널 B	3,000원	9,000원	10,000원	2,000원	24,000원
채널 C	7,000원	3,000원	2,000원	9,000원	21,000원
전 채널에 대한 지불의사	20,000원	18,000원	18,000원	15,000원	

주: 특정 시청자 집단 하나가 1개 채널을 소비했을 때 1단위의 효용이 발생한다고 가정한다.

<표 6-5>는 유료TV 시장에 3개의 채널이 존재하고 4개의 시청자 집단이

72 국내 케이블TV 출범시에는 모든 채널을 단일가격에 판매하도록 규제되었었다.

각 케이블 채널에 대해 상이한 최대 지불가격을 가지는 경우의 사례이다. 예를 들어, 시청자 1은 채널 A, B, C에 대해 각각 지불할 수 있는 최대 금액이 10,000원, 3,000원, 7,000원이고, 따라서 채널 A, B, C 전 채널에 대해 지불할 수 있는 최대 금액은 20,000원이 된다. 한편, 채널 A에 대해 시청자 1, 2, 3, 4는 각각 10,000원, 6,000원, 6,000원, 4,000원의 지불의사를 가지고 있고, 따라서 모든 시청자집단이 채널 A를 시청할 경우 채널 A가 거두어들이는 수익은 총 26,000원이 된다.

우선 유료TV사업자가 채널들을 번들링하지 않고 각 채널에 대해 개별가격을 책정하여 판매하는 경우를 생각해 보자. 이 경우, 독점 케이블TV 사업자는 수익을 극대화하기 위해 채널 A, B, C에 대해 각각 6,000원, 9,000원, 7,000원의 가격을 부과할 것이다. 이 때 독점 케이블TV 사업자의 총 수익은 50,000원이 되고(6,000원×3명+9,000원×2명+7,000원×2명), 총 7개의 채널이 시청자들에게 시청되었기 때문에 7단위의 효용이 발생하게 된다. 시청자들이 자신의 최대 지불가격보다 얼마나 저렴하게 구입했는가를 살펴보면, 소비자 1은 4,000원, 소비자 2는 0원, 소비자 3은 1,000원, 소비자 4는 2,000원씩 자신의 최대 지불가격보다 저렴하게 구입하게 된다.

3개의 채널을 모두 번들로 공급하는 것이 가능해진 경우, 독점 케이블TV 사업자는 15,000원의 가격을 책정함으로써 수익을 극대화하는 전략을 취할 것이다. 이 경우, 케이블TV 사업자의 총 수익은 60,000원(15,000원×4명)이 되고, 12개의 채널이 모두 시청자들에 의해 시청되게 되므로 총 효용은 12단위가 된다. 이 경우 소비자 1은 5,000원, 소비자 2는 3,000원, 소비자 3은 3,000원, 그리고 소비자 4는 0원의 소비자 잉여를 누리게 되므로 소비자 잉여의 총합은 11,000원이 된다. 결국, 채널 번들링이 가능해지면서 소비자 잉여는 4,000원(11,000원-7,000원), 생산자 잉여는 10,000원(60,000원-50,000원)씩 증가하게 되므로 총 사회적 후생은 14,000원이 증가하게 된다. 채널을 시청하는 단위로 측정되는 소비자 효용도 5단위(12단위-7단위)가 증가하게 된다.

그런데 유료TV사업자들은 모든 채널을 하나의 번들로 묶어서 판매하는 방식을 취하지는 않는다. 어떤 지역의 케이블TV 사업자들은 3개의 채널 티어 상품을 제공하고 있고, 어떤 지역에서는 5개 이상의 채널 티어 상품도 판매되고 있다. 또한 지역별로 각 채널 티어 상품에 포함되는 채널들의 종류도 제각각이다. 그렇다면 케이블TV 사업자들은 왜 단일 번들상품을 판매하지 않고 다양한 채널 번들상품을 판매하는 것인가? 정답은 수익 극대화를 위해서다.

이를 좀 더 쉽게 이해하기 위해 <표 6-5>의 사례를 계속해서 살펴보도록 하자. <표 6-5>의 사례에서 우리는 독점 케이블TV 사업자가 채널 번들링이 가능해지면서 수익이 증가되는 모습을 살펴본 바 있다. 그렇다면 케이블TV 사업자들이 단일 번들상품이 아닌 2개의 채널 티어를 구성하여 각 묶음별로 차별화된 가격으로 판매하는 경우를 고려해 보자. <표 6-5>를 보면, 소비자의 지불의사가 가장 낮은 채널은 채널 C임을 알 수 있다. 이 때, 채널 C를 9,000원의 가격으로 개별 판매하고, 채널 A, B, C를 묶어서 18,000의 가격으로 판매하는 2개의 채널 티어 전략을 생각해 보자[73]. 이 경우, 시청자 1, 2, 3은 18,000원의 가격에 채널 A, B, C가 포함되어 있는 상위티어를 구매할 것이고, 시청자 4는 채널 C만 포함되어 있는 하위티어를 구매하게 될 것이다. 이렇게 2개의 채널 티어 전략을 구사하게 될 때, 독점 케이블TV 사업자의 총 수익은 63,000원이 될 것이고(18,000원×3명+9,000원×1명), 총 10개의 채널이 시청자들에게 판매되었으니 10단위의 효용이 발생했다고 볼 수 있다. 소비자 잉여의 경우, 시청자 1은 2,000원, 시청자 2는 0원, 시청자 3은 0원, 시청자 4도 0원의 잉여를 발생시킴으로써 총 2,000원의 잉여가 발생하였다.

73 9,000원의 가격에 판매되는 채널 티어를 하위티어, 18,000원의 가격에 판매되는 채널 티어를 상위티어라 볼 수 있다.

채널 A, B, C가 단일 번들로 판매되었을 때와 비교해 보면, 총 수익이 3,000원(63,000원-60,000원) 증가했고 소비자 잉여는 9,000원(2,000원-11,000원) 감소했으며, 소비자 효용은 2단위(10단위-12단위) 감소하였고, 소비자 잉여와 생산자 잉여를 합친 사회적 후생 역시 6,000원 감소했음을 알 수 있다.

결국, 독점 유료TV사업자들이 다양한 채널 티어링 전략을 취하는 이유는 바로 개별 판매나 단일 번들링에 비해 다양한 소비자들의 지불의사를 고려하여 자신들의 수익을 극대화할 수 있기 때문이다. 문제는 채널 티어링 전략을 취함으로써 독점 유료TV사업자의 수익은 증가한 반면, 소비자 잉여나 소비자 효용, 사회적 후생은 모든 감소했다는 것이다.

그러나 이러한 결과만을 가지고 채널 티어링이 소비자 잉여를 감소시켜 궁극적으로 소비자에게 바람직하지 않은 결과를 초래한다고 단정지을 수는 없다. 예를 들어 각 채널을 생산하는데 $20 이상의 비용이 소요된다고 가정하는 경우, 개별 혹은 단일 번들링에 의한 채널 판매로부터 기대할 수 있는 수익은 존재하지 않기 때문에[74] 채널 제작에 대한 유인이 사라지고, 결국 채널 A, B, C는 시장에 존재하지 않을 것이다. 그러나 채널 티어링을 할 경우 $63의 수익을 올릴 수 있기 때문에 채널 A, B, C는 시장에서 생산될 수 있다. 결국, 채널 티어링의 도입은 채널 티어링이 없었을 경우 시장에 존재할 수 없는 채널들의 제작을 가능하게 해 주고, 이러한 채널들에 대한 시청자들의 접근을 가능하게 해 줄 수 있다. 다른 한편으로 채널 티어링을 함으로써 질 높은(또는 가격이 높은) 프로그램이 소비자들에게 제공될 수 있음을 시사한다. 또한 채널 티어링이 이루어짐으로써 상대적으로 지불의사가 낮게 표시된 채널 C도 제공될 수 있다는 장점도 있다.

74 채널제작비용이 채널판매수익보다 높기 때문에 채널제작은 이루어지지 않는다.

〈표 6-6〉 채널 판매방식별 공급자 기대수익 및 소비자 잉여, 채널구성 비용

	유료TV사업자 수익	소비자 잉여	소비자 효용	채널당 프로그램 제작비용
개별 판매	50,000원	7,000원	7,000원	1,667원 (=50,000원/3)
단일 번들링	60,000원	12,000원	11,000원	2,000원 (=60,000원/3)
채널 티어링	63,000원	10,000원	2,000원	2,100원 (=63,000원/3)

<표 6-6>에서 보듯이 단일 번들링에 의한 채널 공급은 소비자 총 효용과 소비자 잉여에서 채널 티어링보다 월등한 후생을 소비자에게 제공하지만 상대적으로 질이 낮은 프로그램을 제공할 가능성이 높다는 것을 시사한다. 즉, 단일 번들링으로 제공될 경우, 채널당 제작비용은 2,000원 정도가 되고, 채널 티어링으로 제공될 경우, 채널당 제작비용은 2,100원으로 100원 정도의 제작비용이 증가하게 된다[75].

결국, 유료TV사업자의 채널 티어링은 일반적 산업에서 독점기업의 가격차별과 달리 소비자 후생에 기여할 수 있다는 것이다. 그렇다면 정부에 의한 유료TV가격의 규제는 불필요한 사회적 비용을 높일 수 있다. 케이블TV의 가격이 지나치게 낮게 되면 프로그램의 평균생산비용을 충당시킬 수 없게 되고 따라서 프로그램의 생산이 이루어지지 않게 된다. 채널 티어링의 도입은 이러한 문제를 해결해 줄 수 있다는 것이다. 즉, 채널 티어링의 도입으로 채널 티어링이 없었을 때 시장에 존재할 수 없었던 소수자 프로그램을 시장에 등장시키게 되는 것이다.

75 물론, 채널제작사들이 자신들의 수익에 기반하여 채널제작에 투자한다는 가정이 성립되어야 한다.

5. 아 라 카르테 (A la carte) 서비스

최근 들어 미국의 유료TV 시장에서는 시청자들이 10불에서 50불 사이의 저렴한 채널들로 구성된 티어에 가입하는 경향이 지속적으로 높아지고 있다. 이로 인해, 2010년에 비해 2014년 미국 상위 40위 내의 인기 채널들은 약 3%의 가입자(약 320만 명) 기반을 잃은 것으로 나타났다(Frankel, 2014, 10, 10). 특히, ESPN이나 TNT와 같은 인기 채널들은 최근 4년 동안 4% 이상의 가입자 규모가 이탈한 것으로 나타났다. 이러한 현상은 유료TV를 완전히 해지한 가입자들이 늘어나고 있는 이유도 있지만, 기존 가입자들이 소수 채널들로 구성된 저렴한 상품으로 이동하고 있다고도 볼 수 있다. 미국은 2014년 현재, 지상파 채널을 포함한 소수 채널로 구성된 상품을 이용하는 가입자들이 유료TV 전체 가입자 수의 약 12%를 차지하는 것으로 나타났는데, 몇 년 전까지만 하더라도 이 상품의 이용률은 8-10%정도에 불과했다(Hagey & Ramachandran, 2014, 10, 9).

미국의 지상파 방송인 FOX와 인기 케이블 채널인 USA를 만들었고 현재는 미국 미디어/인터넷 기업인 IAC(InterActiveCorp) 회장인 베리 딜러(Barry Diller)는 최근 한 인터뷰에서 미국의 케이블TV 시청자들은 조만간 현재와 같이 번들화된 케이블상품을 구매하는 것이 경제적으로 합리적이지 않음을 깨닫게 될 것이라고 주장한 바 있다(Kovach, 2014, 12, 4). 최근 미국의 지상파 네트워크인 CBS와 유료 영화채널인 HBO가 월 수신료를 받고 온라인에서 직접 서비스를 제공하는 등, 개별 채널사업자들이 케이블TV와 같은 플랫폼 사업자를 거치지 않고 가입자들에게 직접 채널을 판매하고 있다는 사실은 딜러의 주장을 뒷받침한다.

시청자들은 원하지 않는 채널들을 수십 개씩 묶어 놓은 상품에 비싼 돈을 지불하기보다는 자신들이 원하는 소수 채널만을 저렴한 비용에 구매하기를 원한다. 넷플릭스와 훌루가 미국에서 시장점유율을 높여가고 있는 중요한 이유가 바로 이것이다. 넷플릭스와 훌루를 통해 미국의 시청자들은 저렴한 가격에 원하는 상품을 시청할 수 있기 때문에 더 이상 원하지도 않는 수십개의 채널을 묶어서 판매하는 기존 케이블 상품에 가입할 이유가 없어지는 것이다.

이러한 현상은 시청자들이 지상파 채널과 같은 가족 중심의 채널들로 구성된 보다 저렴한 상품으로 이동하고 있음을 의미한다. 만일 이러한 현상이 지속된다면 미국 유료TV사업자들에게는 큰 걱정거리가 아닐 수 없다. 가입자를 기반으로 한 수신료 수익이 가장 큰 비중을 차지하고 있는 유료TV사업자들은 가입자들의 저가 상품 선호현상이 유료TV수입 저하에 직접적으로 영향을 미치기 때문에 이러한 현상이 일어나는 원인을 밝히고 해결하는데 촉각을 곤두세우고 있다. 이러한 현상이 촉발되기까지에는 여러 원인들이 복합적으로 얽혀 있겠으나, 유료TV사업자들이 소유하고 있었던 콘텐츠들이 넷플릭스와 같은 경쟁 사업자의 플랫폼을 통해서도 제공되면서 시청자들의 유료TV 상품가격에 대한 인식에 변화가 일어났다는 점도 중요한 원인들 중의 하나이다. 사실, 수직적으로 결합된 케이블TV 사업자들은 자신들이 소유한 채널을 넷플릭스에게 판매하면서 콘텐츠 판매로 인한 수익을 높여 왔다. 문제는 상대적으로 가격이 저렴한 넷플릭스를 통해서도 충분히 재미있는 콘텐츠 경험을 할 수 있다는 걸 시청자들이 깨달았다는 것이다. 즉, 시청자들은 유료TV를 통해서는 저렴한 가격으로 지상파 위주의 대중적 콘텐츠만을 이용하고, 넷플릭스를 통해서 영화나 기타 다양한 흥미를 제공해줄 수 있는 콘텐츠를 이용하는게 효용이 높다고 판단했을 수 있다. 만일 이러한 현상이 지속될 경우, 시청자들은 서비스를 우선적으로 선택하고, 일부 부족한 콘텐츠를 전통적 유료TV의 저가 상품을 통해 보완하는 방식을 택할 수도 있다.

그러나 반대의견도 만만치 않다. 만일 모든 케이블 채널들이 케이블이나 IPTV와 같은 플랫폼을 통하지 않고 직접 시청자들에게 판매될 경우 그 가격은 지금보다 훨씬 증가하리라는 주장이다(Bond, 2014, 11, 20). 이러한 주장에 따르면, 2014년 현재 미국 전체 채널사업자들의 광고수입이 40억 불 정도 되는데, 만일 현재와 같은 채널 판매방식이 붕괴될 경우 채널사업자들은 비슷한 수입을 어디선가 충당해야 한다. 이를 위해 채널사업자들은 시청자들에게 직접적으로 판매하는 채널수신료를 높일 수밖에 없을 것이다. 채널사업자들의 수입은 플랫폼 사업자들로부터 받는 채널사용료와 광고수입을 통해 충당되는데, 이러한 수입을 결정짓는 중요한 데이터들인 시청률, 채널사용료, 광고수입, 그리고 기타 자료들을 통해 분석해 본 결과, 만일 채널들이 개별적으로 판매될 경우에 채널사업자들이 시청자들에게 부과해야 하는 수신료는 지금보다 훨씬 더 증가한다는 것이다. 예를 들어, 타임워너가 제공하는 11개 채널들(TBS, TNT, CNN 등)의 가격은 25불, 바이어컴이 제공하는 25개의 채널들(MTV, Nickelodeon, BET 등)은 25불, 디즈니가 제공하는 4개의 채널들(Disney Channel, Disney Junior, ABC Family 등)은 22불 등으로 높아질 것이라는 주장이다. 이러한 분석들은 수십 개의 채널들을 묶어서 판매하는 방식이 당분간 유지될 수 있다는 주장을 뒷받침해 주는 증거들이다. 결국 승부는 가격에서 결정될 것이다. 소비자들이 개별 채널들을 하나하나 구입했을 때의 가격이 비싸다고 느껴진다면 아 라 카르테 방식의 채널 구매는 시장에서 환영받지 못할 것이다(Snider, 2014, 10, 14).

한편, 전통적 유료TV와 스마트미디어서비스를 모두 이용하고 있는 미국의 시청자들을 대상으로 설문조사를 수행한 결과[76], 이들 중 22%는 앞으로 동영상 시청방식을 변경할 예정인 것으로 조사되었다(O'Halloran, 2015, 2, 6). 예를 들어 수십개의 채널을 묶어서 시청해 왔던 다채널 시청가구의 22%는 다채

76 미국의 TV 시청가구들 중의 약 1/3은 전통 유료TV와 스마트미디어 서비스 등을 함께 시청하는 멀티플랫폼(multi-platform)가구이기 때문에 멀티플랫폼 가구의 TV 시청행태를 조사하는 것은 향후 TV 시청방식의 변화를 예측해 보는데 중요한 참고자료가 될 것이다.

널 시청방식을 더 이상 유지하지 않을 생각인 것으로 조사되었고(cord-cutting), 현재 다채널 TV 시청을 하고 있지 않은 가구의 25%는 향후 다채널 TV 시청을 할 예정인 것으로 조사되었다. 이는 다채널 유료방송서비스를 시청하는 가구나 스마트미디어서비스를 이용하는 가구 모두 현재 이용하고 있는 서비스에만 만족하는 것이 아니라 여러 TV 시청방식을 고려하고 있음을 의미한다. 다채널 유료방송서비스와 스마트미디어서비스 모두 각각의 매력이 있기 때문이다. 가장 흥미로운 조사 결과는 다채널 서비스와 스마트미디어서비스를 모두 사용하고 있는 시청자들의 상당수가 실시간 지상파방송서비스를 중단할 준비가 되어 있지 않다고 답했다는 것이다. 그 이유로 75%의 응답자들은 지상파 네트워크를 시청하는 것이 다채널유료방송에 가입한 가장 중요한 이유이기 때문이라고 답했고, 66%의 응답자들은 지상파방송에서 주시청시간대에 제공되는 드라마와 코미디 프로그램을 포기할 수 없기 때문이라고 답했다. 그러나 같은 조사에서 밝혀진 흥미로운 결과로는, 전체 응답자들 중의 12%가 향후 자신들이 원하는 채널들 위주의 패키지를 구성할 때 현재 독립적으로 온라인을 통해 제공되거나 제공될 예정인 HBO, Showtime, 그리고 CBS채널들 중 적어도 하나의 채널을 포함시킬 것이라고 답했다는 것이다. 이는 이들 3개 채널이 향후 독립적 채널로서 시청자들에게 어느 정도 매력을 갖추고 있음을 의미한다.

기존의 채널 사업자들이 플랫폼을 통하지 않고 독립적으로 스트리밍 서비스를 제공하는 방식으로 점차 이동하게 되면 전통적인 다채널 실시간 시청방식을 고수하는 플랫폼 사업자들은 과거에 비해 분명 어려움을 겪겠지만, 시청자들은 여전히 지상파 네트워크에서 제공되는 실시간 프로그램과 프리미엄 콘텐츠를 쉽게 시청할 수 있는 전통적 TV 시청방식에 매력을 느끼고 있기 때문에 아직까지는 어떤 방식의 TV 제공방식이 대세가 될지 예측하기가 쉽지 않다.

결국, 여러 가지 TV 시청방식들을 고심하고 있는 TV 시청자들을 끌어들이기 위해서 사업자들은 다양한 방식의 TV경험을 실험해 보는 것이 중요할 것이다. 기존 유료TV사업자들은 유료TV의 가격에 민감한 소비자들과 한 번도 유료TV에 가입한 적이 없는 소비자들을 대상으로 다양한 결합상품을 저가에 제공하는 방식을 실험해 보고 'TV Everywhere'전략 등과 같이 전통적 TV 시청을 하는 시청자들의 시청경험을 배가시킬 수 있는 전략들을 지속적으로 고심해야 할 것이다[77]. 소비자들로 하여금 유료TV의 저가 상품을 이용하도록 하는데 성공한다면, 차츰 다양한 수단을 통해 이들을 고가 상품으로 전환시키는 전략을 취해야 할 것이다.

일부 유료TV사업자들은 이미 이러한 전략을 취하고 있는데, 예를 들어 미국 최대 케이블TV 사업자인 컴캐스트는 한 달에 50불의 가격으로 초고속인터넷과 HBO가 포함된 저가 상품을 판매하기 시작했다. 버라이즌도 60불의 가격에 초고속인터넷, 지역방송채널들의 패키지, HBO, Showtime, 그리고 넷플릭스 1년 사용권 등을 판매하고 있다. 특히 버라이즌은 ABC, FOX와 같은 지상파채널들과 CNN, AMC 등의 케이블 채널들을 포함한 35개 채널들을 기본으로 제공하면서 특정 장르에 특화된 7개의 상품군들 중 2개의 상품군(각 상품군은 10개~17개의 채널들로 구성되어 있음)을 추가로 선택하도록 하여 1달에 55불의 가격으로 유료방송을 시청할 수 있는 서비스를 제공하기 시작했다(Seitz, 2015, 4, 17). 심지어 캐나다의 규제기관인 CRTC(Canadian Radio-television and Telecommunications Commission)는 유료방송사업자들에게 월 25달러 이하의 가격에 제공되는 기본형 채널상품을 2016년 3월까지 제공하도록 강제하는 규정을 만들었다(Frankel, 2015, 3, 20). 시청자들이 기본형 채널 이외에 추가적인 채널들을 시청하길 원한다면 개별 채널별로 구매할 수 있도

77 'TV Everywhere'전략 등을 포함하여 전통 미디어 사업자들이 취하고 있는 새로운 전략들은 6장 4절에 자세히 기술되어 있다.

록 하거나 소수 채널들로 구성된 상품이 제공될 수 있어야 한다는 규정도 추가했다.

결국, 전통 유료TV사업자들의 다양한 사업전략에 대응하여 훌루, 넷플릭스, 아마존 등의 사업자들은 전통적 다채널유료방송사업자들이 제공하고 있지 못하는 새로운 이용자 경험을 개발하기 위해 애써야 할 것이다. 특히 인기 콘텐츠를 확보하고 있는 채널 사업자들로서는 플랫폼을 통해서 시청자들과 거래하는 것이 더 이상 유일한 수단이 아니기 때문에 독립된 채널로서 시청자들에게 어떻게 만족감을 줄 수 있을지 지속적인 고민이 필요한 시기이다.

제3절. 방송, 통신(유선/무선), 초고속인터넷의 결합서비스 제공

국내 방송통신 결합상품 가입자 수는 2007년에 허용된 이후 꾸준히 증가하였다. 케이블은 MSO를 중심으로 방송서비스와 인터넷서비스를 위주로 하는 결합상품 판매를 확대하여 2007년 현재 전체 결합상품 가입자의 53.1%를 차지하였으나, 이후 계속 감소하여 2014년 현재 전체 결합서비스 가입자의 17.5%만이 케이블사업자들의 결합서비스일 정도로 케이블사업자들의 결합서비스 가입자 비율이 축소되었다. 결합상품은 출시 초기 케이블 사업자들의 결합상품 가입자를 증가시키는데 기여했으나, 통신사업자들이 본격적으로 결합서비스 제공을 시작한 이후 상황은 역전되기 시작했다. 3절에서는 유료TV 시장에서의 결합상품 현황을 살펴보고, 결합서비스 제공으로 인한 다양한 이슈들을 분석해 본다.

1. 방송통신결합서비스 제공 현황

2009년 말 아이폰 출시 이후 스마트폰 가입자들의 수요를 반영한 결합상품이 출시되었는데, 이때부터 결합서비스 시장의 주도권은 모바일 서비스 제공에 강점을 가지고 있는 통신사업자들이 갖게 되었다. 통신사업자들은 이동전화와 초고속인터넷, 집전화, IPTV등을 묶어서 판매하기 시작한 것이다. 2010년 SKT는 'TB끼리 온가족무료', 'TV끼리 온가족프리' 등의 상품을 출시하였고, 2011년 KT는 '뭉치면 올레' 등의 가족형 할인상품을 출시하기 시작했다. 2011년 하반기부터 케이블TV 사업자들은 MVNO와 묶은 결합상품을 출시하기 시작하였는데, CJ헬로비전의 유선과 이동전화를 결합한 상품이 그것이다.

2013년 현재 결합상품 제공 사업자의 점유율은 KT가 1위, SK브로드밴드가 2위, LGU+가 3위로 KT, SK브로드밴드, LGU+ 등 상위 3개 사업자의 점유율이 80% 이상을 차지하고 있다. 결합상품 제공 상위 5개 사업자의 점유율은 2013년과 2012년도가 동일한데, KT, SK브로드밴드, LGU+, CJ헬로비전, 씨앤앰의 순서다.

케이블TV 사업자들에 의해 제공되는 결합서비스를 이용하는 가입자들의 비중은 전체 결합서비스 시장에서 17% 수준에 불과하다. 사실 케이블TV 사업자들은 개국초기부터 케이블TV 망을 이용한 초고속인터넷 서비스를 두루넷 등 통신사업자를 통해 제공해 왔다. 그러나 MSO 형성이 진전되면서 초고속인터넷서비스를 직접 제공하는 SO의 수가 증가하여 현재는 모든 SO들이 케이블TV와 초고속인터넷서비스, 그리고 전화서비스를 결합하여 판매하고 있다. <표 6-7>은 2014년 현재 MSO들에 의해 제공되는 결합서비스 이용자의 사업자별 비중을 보여준다.

〈표 6-7〉 MSO들의 결합서비스 상품 가입자 현황 (2014년 3월)

(단위: 천명)

구분	전체 가입자 수	결합상품 가입자 수*	비중
CJ헬로비전	3,966	792	20%
티브로드	3,338	658	20%
C&M	2,459	417	17%
HCN	1,393	241	17%
CMB	1,501	107	7%
MSO 합계	12,657	2,215	18%
개별SO	2,085	293	14%
합계	14,745	2,508	17%

*: 결합가입자 수는 방송과 초고속인터넷을 포함한 결합상품 가입자를 의미
자료: 방송통신위원회 (2014)

한편, 통신사업자들인 KT, SK 브로드밴드, LGU+ 등은 IPTV를 포함하여 시내전화, 이동전화, 초고속인터넷서비스 등을 결합판매하면서 결합서비스 시장에서 케이블TV 사업자들을 압도하고 있다. 최근의 결합서비스 시장경쟁이 이동전화에 의해 주도되고 있기 때문에 모바일서비스에서 취약한 케이블TV 사업자들이 결합서비스 시장에서 큰 어려움을 겪고 있기 때문이다. 예를 들어, 통신사들은 제공 가능한 결합상품 패키지가 상당히 다양하나, 케이블TV는 소수에 불과하다는 점도 결합서비스 시장에서 통신사와 케이블TV사의 경쟁력을

〈표 6-8〉 결합서비스 상품 비교

	유선결합	무선결합	유무선 결합
통신사	초고속인터넷 + VoIP 초고속인터넷 + 집전화 초고속인터넷 +VoIP + IPTV 초고속인터넷 + 집전화 + IPTV	M+M M+M+M M+M+M+M M+M+M+M+M	M+초고속인터넷 M+초고속인터넷+VoIP M+초고속인터넷+집전화 M+초고속인터넷+IPTV M+초고속인터넷+집전화 or VoIP+IPTV
케이블TV	케이블TV+초고속인터넷 케이블TV+VoIP 케이블TV+초고속인터넷+VoIP	X	X

보여주는 단적인 예이다.

2. 방송통신 결합서비스 제공의 문제점

우리나라에서 방송통신 결합상품을 포함한 결합서비스 제공이 본격화된 것은 2007년 정보통신부의 '통신규제정책 로드맵'발표 이후이다. 2000년대 초반까지만 하더라도 KT의 시내전화나 SKT의 이동전화서비스와 같은 인가대상서비스의 결합판매 자체가 금지되어 있었고, 2004년 이용자 이익을 저해하지 않는 경우 모든 통신사업자의 결합판매를 허용하였다. 그러나 이 경우에도 시장지배적 사업자의 인가역무에 대해서는 할인율이 없는 결합상품 출시는 금지되었다. 방송통신결합서비스 판매에 대해 통신부문에서의 지배력이 타 통신 또는 방송시장으로 전이되는 것을 우려하여 오랫동안 인가상품의 결합판매를 당연위법으로 금지해 왔던 것이다.

그러나 2007년 시장지배적 사업자에게도 할인율이 있는 결합상품 출시가 허용되기에 이르렀다. 2007년 당시 통신규제정책 로드맵에서 밝힌 결합판매 규제완화의 취지는 시장자율적 요금인하와 소비자 욕구에 맞는 맞춤형 서비스를 개발하는 것이었다. 2007년도에는 결합판매 가격의 할인율이 10% 이하인 경우 요금적정성 심사를 간소화할 수 있도록 하였고, 2008년도부터 할인율은 20%로 확대되었고 2009년 30%까지 확대되면서 2015년 현재도 30% 할인율이 유지되고 있다.

방송통신결합서비스 제도의 완화는 시장경쟁 활성화를 통한 가계비 부담 완화를 위한 것이 주 목적이었다. 실제로 결합서비스 제도의 완화는 방송통신시장의 경쟁을 촉진시켰고 결합상품 이용자가 급증하는 등의 긍정적인 결과가 나타난 것으로 평가되었다. 하지만, 통신시장의 지배력이 방송시장으로 전이됨으로써 케이블TV 사업자들의 시장점유율이 하락하고 있다는 지적도 제기되었다. 특히, 케이블TV 사업자들은 무선시장의 지배력이 방송시장으로 전이되었고 방송은 무료라는 인식을 고착화시킴으로서 방송시장의 성장에 부정적 영향을 미쳤음을 주장하고 있다. 2009년 IPTV, VOD, 위성방송과 인터넷전화, 초고속인터넷을 함께 판매하는 OTS 상품이 등장하면서 유료방송시장의 저가 가격경쟁이 심화된 측면을 부정할 수 없다. 문제는 저가요금 경쟁이 지속되면 시장 경쟁상황을 악화시킬 수 있다. 경쟁사업자를 시장에서 퇴출시키고 독점화를 심화시킨 이후 저가 요금 책정에 따른 손실을 독점적 가격으로 책정함으로써 보상받을 수 있게 된다. 또한 네트워크 산업의 특성상 퇴출된 사업자의 재진입 또는 신규 진입이 어려운 자연독점성이 있으므로 독점화된 시장을 다시 경쟁 시장화하는 것은 사실상 불가능할 것이다.

이러한 이유로 케이블TV 사업자들은 결합서비스 상품에 대한 요금인하 경쟁이 지속될 경우, PP에게 배분되는 수신료 수익이 감소될 수 있음을 우려하고 있다. 콘텐츠 시장이 열악한 국내 방송시장 환경에서 케이블TV 사업자들과 통신사업자들 간 결합서비스 상품에 대한 저가 경쟁은 PP 사업자에게 지급되는 수신료 인하로 이어질 가능성이 높아질 수 있다는 것이다. PP의 수신료 수익 저하는 콘텐츠 제작 및 투자 유인을 상쇄시키고 이는 국내 방송콘텐츠 시장의 질 저하로 이어질 가능성이 있다. 더욱이 사업자들 간 결합서비스 상품에 대한 치열한 경쟁으로 방송은 공짜라는 인식이 확대될 경우, 소비자들의 콘텐츠 구매 의지를 더욱 떨어뜨려 콘텐츠 시장의 발전에 해가 될 수 있다. 콘텐츠에 대한 지불의사가 전 세계에서 가장 낮은 국가들 중의 하나인 우리나라의 현실을 고려해 볼 때, 저가 콘텐츠 경쟁은 콘텐츠에 대한 소비자들의 지불의사를 더욱 떨어뜨리게 된다는 것이다.

방송콘텐츠 산업은 단기간 성장할 수 있는 산업이 아니라 장기간 관심을 가지고 지속적인 투자를 통해 성장할 수 있는 특성을 가지고 있다. 최근 tvN

이나 OCN 등 케이블 채널만이 제공할 수 있는 특화된 콘텐츠 제공으로 지상파콘텐츠를 위협할 수 있는 콘텐츠들이 지속적으로 등장하고 있는데, 이는 20여년이 넘는 유료방송시장의 역사 속에서 꾸준히 방송콘텐츠에 투자하고 노력한 결과이다. 그러나 방송통신결합서비스로 인한 저가 경쟁이 심화될 경우, 콘텐츠 제작자들에 대한 보상이 제대로 이루어지지 않을 가능성이 높아져 국내 콘텐츠 제작시장의 활성화에 걸림돌로 작용할 가능성이 있다.

그러나 소비자 측면에서 결합서비스의 제공은 나쁠 것이 없다. 저렴한 가격에 전화, 초고속인터넷, 유료방송서비스를 즐길 수 있고 더구나 치열한 경쟁 상태에서 소비자들이 받는 서비스의 질은 높아질 것이다. 결국, 저렴한 가격의 결합서비스 제공으로부터 발생할 수 있는 소비자 후생의 크기와 장기적 측면에서의 전체 유료TV 시장의 경쟁구조 변화를 면밀히 분석하여 결합서비스 정책의 장단점을 파악해볼 필요가 있을 것이다.

요약해 보면, 방송통신결합서비스의 활성화로 인한 긍정적 측면은 발전시키고, 국내 방송콘텐츠 시장의 성장저해와 같은 부정적 측면을 어떻게 해결할 것인가에 대한 고민이 필요한 시점이다. 향후 방송통신결합서비스의 요금경쟁이 치열해진 이후, PP에게 지급되는 프로그램 사용료가 어떻게 변화되었는지에 대한 심층적 분석이 이루어져야 할 것이다. 또한 국내 유료방송시장에서 플랫폼 사업자들 간 저가 요금경쟁이 억제되면, 그에 상응하는 수익이 PP 사업자들에게 적절히 배분될 수 있는 구조인가에 대한 분석 또한 필요하다. 이와 함께 결합서비스의 저가 요금구조가 단기적, 장기적 측면에서 콘텐츠 시장에 미치는 영향에 대한 실증적 분석이 요구된다.

제4절. 스마트미디어 환경에서 유료TV사업자들의 서비스 제공 전략

스마트미디어 환경에서 미디어 이용자들은 전통적 미디어 환경에서 그랬던 것처럼 콘텐츠를 수동적으로 소비하기도 하겠지만, 능동적으로 자신이 원하는 콘텐츠를 찾아서 시청하거나 스스로 미디어 제작에 참여하고 이를 다양한 플랫폼을 통해 다른 사람들과 공유하거나 퍼뜨리는데 한 몫을 담당할 것이다. 따라서 스마트미디어 환경에서는 콘텐츠를 수집하여 시청자들에게 제공하는 플랫폼 사업자의 출현이 쉬워질 수 있다. 특히, 우리나라와 같이 인터넷의 보급률이 높은 국가에서는 플랫폼 사업을 시작하는게 별로 어렵지 않을 것이다.

스마트미디어 환경에서 시청자들을 대상으로 콘텐츠를 제공하는 다양한 플랫폼 사업자들은 서로 간 경쟁자일수도 있지만 상호 보완재로 작용할 수도 있다. 예를 들어 유튜브 이용의 상당량이 마이스페이스나 페이스북 등 소셜미디어를 통해 소비된다면 유튜브와 소셜미디어는 상호 보완관계라 볼 수 있다. 또한 국내 최대의 포털인 네이버를 통해 지상파나 유료 케이블 채널들의 콘텐츠를 시청하는 사람들이 많아지게 되면서 해당 콘텐츠의 화제성이 높아지게 되면 자연스럽게 해당 콘텐츠를 제공하는 지상파방송이나 유료채널의 시청률이 높아지게 될 것이다.

이를 반영하듯, 전통적 미디어 기업들도 새롭게 나타나고 있는 다양한 플랫폼 사업자들을 경쟁자로 보는 관점에서 벗어나 이를 적극적으로 활용하고 있다. TV포털이나 기타 다양한 인터넷 미디어들이 전통적 미디어 기업들의 콘텐츠를 제공하기 시작했을 초기, 전통적 미디어 기업들은 자기들의 콘텐츠가 무단 복제되고 도용됨으로써 발생할 수 있는 수익 감소를 우려했으나 점차 인터넷 포탈을 새로운 수익을 가져다줄 창구로 인식하기 시작하고 이를 적극 활용하기 시작하였다.

사실 신기술이 도입될 때, 전통적 기술을 보유한 기업의 위기감은 신기술의 도입을 저지하는데 상당한 에너지를 사용하도록 만든다. 예를 들어, 음악산업에서 인터넷을 통한 다운로드 방식의 기술이 도입되었을 때, 전통적 음악 유통 기업들은 자신의 저작물이 불법 복제되고 도용되는데 심각한 우려를 표명하였고 인터넷을 통한 음악 유통을 적극적으로 방해하는데 힘을 쏟았다. 그러나 기술의 발전으로 음악 배급방식이 전통적 레코드판이나 CD에서 온라인 다운로드 방식으로 변화하게 되자, 전통적 음악 유통방식을 고집한 기업들은 대부분 망하거나 쇠퇴한 반면, 기술의 변화를 빠르게 인지하고 이에 대처한 기업들은 새로운 환경에서 음악 유통산업의 강자로 자리잡게 되었다. 음악 산업에서의 이러한 교훈을 깨달았는지, 전통적 TV기업들과 영화배급사들은 인터넷을 통한 콘텐츠 배급을 통해 자신들의 콘텐츠에 대한 새로운 수요를 적극적으로 충족시키는데 힘쓰고 있다.

한편, 스마트미디어서비스의 확산에 있어서 가장 고려해야 할 대상은 젊은 시청자 층이다. 코드커팅에 있어서 가장 큰 경쟁자는 새로운 플랫폼 사업자의 등장이 아니라 젊은 시청자들의 시청방식이 변화되고 있다는 사실이다. 유료TV 산업에서 새로운 기술들 간의 경쟁은 과거부터 지속되어 왔다. 케이블, 위성, IPTV 등 새로운 기술들이 등장할 때마다 유료TV 시장의 경쟁은 치열해졌고, 치열한 경쟁 환경은 유료TV 산업의 성장에 기여해 왔다. 위성의 등장으로 케이블 TV사업자들은 더 많은 채널들을 제공해야 했고, 보다 고품질의 화질을 보장하는 디지털로의 전환이 불가피했다. IPTV의 등장은 케이블TV 사업자들로 하여금 보다 높은 속도의 브로드밴드 인프라를 구축하도록 했고, 양방향 VOD서비스의 개발을 촉진시키도록 자극을 주었다. OTT를 중심으로 한 스마트미디어서비스의 등장 역시 기존 유료TV사업자들에게 언제 어디서나 서비스를 제공하는 환경을 구축하도록 자극을 주고 있다.

결국, 스마트미디어 기기가 확산됨에 따라 젊은 시청자 층을 중심으로 전통적인 TV 시청이 감소되고 새로운 기기를 통한 능동적 영상콘텐츠 시청에 대한 수요가 증가할 것이다. 이는 시청자들이 언제 어디서든 콘텐츠를 소비할 수 있는 방식을 선호하게 될 것이고, 따라서 사업자들은 고객의 선호 및 시청 방식에 맞게 콘텐츠를 제작하고 제공할 수 있도록 준비해야 살아남을 수 있음을 의미한다. 본 절에서는 유료TV사업자들이 변화하는 미디어 환경에 대응하기 위해 제공하고 있는 대표적인 서비스 전략들을 살펴보도록 하겠다.

1. 'TV Everywhere'전략

스마트미디어 환경에서 전통적 플랫폼 사업자들(케이블TV, 위성방송, IPTV 등)은 과거에 비해 위기에 직면해 있음은 분명해 보인다. 이제는 케이블TV, 위성방송, IPTV라는 전통적 유료TV 플랫폼을 통해서만 동영상 콘텐츠를 시청할 수 있는 시대가 아니다. 젊은 층을 중심으로 실시간 TV 시청 시간이 감소하고 있고, 다양한 스마트 기기를 활용하여 언제 어디서나 자신이 원하는 콘텐츠를 선택해서 시청하려는 욕구가 증가하고 있다. 그러나 위기는 늘 기회를 만들어낼 수도 있다. 케이블이나 IPTV사업자들은 망을 보유하고 있기 때문에 소비자들의 욕구를 충족시킬 수 있는 서비스 제공이 가능하다. 문제는 기존의 미디어 수익구조 시스템을 단번에 붕괴시키지 않고 어떻게 기존 생태계와 스마트미디어 생태계를 조화롭게 유지하면서 위기를 기회로 변화시켜 나아갈지에 대한 해답을 찾는 것이다.

미국은 스마트미디어 환경에서 전통 미디어 사업자들이 가장 적극적으로 대처해 나아가고 있는 대표적 국가이다. 미국에서는 기존 유료TV사업자들이 가입자 이탈을 방지하기 위해 소위 'TV Everywhere'전략을 구사하고 있는데,

‘TV Everywhere’란 기존의 유료방송서비스의 가입자가 TV, 스마트폰, 태블릿PC 등 다양한 인터넷 연결기기(internet-connected device)로 언제, 어디서나 유료방송사업자가 제공하는 동영상 콘텐츠를 이용할 수 있도록 하는 서비스이다[78]. 넷플릭스와 훌루와 같은 OTT 사업자들의 폭발적 성장으로 인해 위기감을 느낀 미국의 대표적인 유료방송 사업자들은 자신들이 보유한 양질의 방송 콘텐츠를 TV 뿐만 아니라 PC나 모바일 기기에서도 이어서 볼 수 있도록 하는 서비스를 부가적으로 제공함으로써 기존 고객의 이탈을 방지하기 위해 노력하고 있는 것이다(김윤화, 2010; 유선실, 2011). 이러한 전략이 가능한 이유는 인터넷망의 전송 속도가 빨라지고, 디지털 기기의 성능이 향상됨에 따라 동영상 콘텐츠를 TV 뿐만 아니라 컴퓨터나 스마트폰, 태블릿PC 등으로 시청하는 것이 용이해졌기 때문이다.

‘TV Everywhere’서비스는 N-스크린 서비스와 유사한 개념으로 사용되기도 한다(유선실, 2011; 최정석, 2011). N-스크린 서비스란 공통된 운영체계(OS)를 탑재한 다양한 단말기(예: PC, 모바일, 태블릿PC, 스마트TV)에서 공통된 콘텐츠를 끊임없이 이어서 이용할 수 있는 서비스(김윤화, 2010)로, N-스크린 서비스가 실현되면 소비자들은 특정 콘텐츠-예를 들어 영화-를 스마트폰으로 보다가 집에 들어와서는 TV나 PC로 바로 이어서 볼 수 있게 된다. 실제로 미국의 대표적인 케이블TV 사업자인 컴캐스트(Comcast)와 타임워너(Time Warner)는 자신들의 유료TV 가입자들이 TV에서 시청하는 프로그램을 PC를 포함한 모든 인터넷에 접속된 단말기에서도 시청이 가능할 수 있도록 하는 서비스를 2010년부터 본격적으로 제공하고 있다(유선실, 2011; 이경남, 2011;

78 ‘TV Everywhere’는 2009년 6월 타임워너(Time Warner)와 컴캐스트(Comcast)가 자신들의 유료방송 가입자들에게 다양한 기기를 통해 콘텐츠를 제공할 수 있도록 공동 협력하기로 발표한 것에서 유래되었다. 현재는 기존 유료방송사업자들이 자사의 가입자들에게 다양한 기기를 통해 동영상 콘텐츠를 이용을 가능하게 해주는 서비스를 통칭하는 개념으로 사용되고 있다.

황준호, 2010).

바이어컴(Viacom)의 연구에 따르면 'TV Everywhere' 서비스는 시청자들이 TV 시청 경험의 만족도를 높이는데 긍정적인 역할을 하는 것으로 나타났다(Farrell, 2014, 5, 22). 이 연구에 따르면, 'TV Everywhere' 서비스를 이용한 경험이 있는 사람들 중 64%는 이로 인해 TV 시청을 더 많이 하고 있는 것으로 나타났다. 시청자들은 'TV Everywhere' 서비스를 통해 언제, 어디서나 자신들이 좋아하는 콘텐츠를 즐길 수 있을 뿐만 아니라 소셜미디어와 연동해서 다른 팬들과 콘텐츠 경험을 공유할 수도 있다.

하지만 'TV Everywhere' 서비스는 아직까지 큰 성과를 내고 있지는 못하다. 다양한 휴대용 기기를 통한 방송서비스 제공은 사실 시청률에 포함되고 있지 않기 때문에 유료TV사업자들의 광고수익에는 아직까지 큰 기여를 하고 있지 못하기 때문이다. 따라서 유료TV사업자들은 'TV Everywhere' 전략을 홍보하는데 열중하지 않았고, 시청자들 역시 자신들의 휴대용 기기를 통해 어떻게 TV콘텐츠를 시청하는지 모르고 있는 경우가 많다. 또한 휴대용 기기로 콘텐츠를 시청할 경우 나타나는 데이터 로딩과 버퍼링 등의 기술적 문제들이 여전히 해결되어야 할 숙제로 남아있다. 그밖에 'TV Everywhere' 서비스를 이용하지 않는 중요한 이유들로는 이 서비스 이용에 따른 추가적 비용 발생에 대한 걱정이 있고, 왜 서비스를 이용해야 하는지를 이해하지 못하는 사람들이 여전히 많다는 것이다.

최근 들어서는 기존의 유료방송사업자들이 셋톱박스를 이용하여 서비스를 통합해서 제공하거나 독자적인 서비스를 제공해야 한다는 목소리가 높다(Baar, 2015, 4, 6). 한 보고서에 따르면 미국에서 전통적 유료방송시장의 성장률은 향후 5년간 3.7% 정도로 예측된 반면, OTT 서비스의 성장률은 24% 정도로 예측되었을 정도로 미국에서는 OTT 서비스가 무서운 속도로 성장하고 있다(Baar, 2015, 4, 6). 이는 미국의 전통 유료방송사업자들도 독자적인 OTT

서비스를 제공해야만 생존이 가능할 수 있음을 의미한다. 실제로 디시 네트워크(Dish Network)는 Sling TV라는 이름으로 OTT 서비스를 제공하고 있고, 케이블비전(Cablevision)도 HBO가 독자적으로 제공하는 'HBO Now'를 자사 인터넷 가입자에게 제공하고 있다. 케이블TV 사업자인 케이블비전(Cablevision), 암스트롱(Armstrong), 아틀란틱 브로드밴드(Atlantic Broadband), 미디어콤 커뮤니케이션(Mediacom Communication), 미드컨티넨트 커뮤니케이션(Midcontinent Communication), 그리고 와이드오픈웨스트(WideOpenWest)도 자신들의 셋톱박스를 통해 훌루(Hulu) 서비스 제공을 시작하였다(Spangler, 2015, 5, 5). 넷플릭스도 현재 디시 네트워크와 같은 위성방송은 물론 서든린크(Suddenlink), 아틀란틱 브로드밴드, 미디어콤 커뮤니케이션, 미드컨티넨트 커뮤니케이션, RCN 등의 케이블TV 사업자들의 셋톱박스를 통해 서비스 시청이 가능하다. 미국 제5위 유료방송사업자인 버라이즌의 대표는 최근 가진 인터뷰에서 '스스로 파괴하고 혁신하지 않으면 다른 누군가가 붕괴시킬 것이다("If you don't disrupt yourself, someone else will disrupt you.")'라고 말하면서 버라이즌이 급변하는 미디어 환경에서 스스로 파괴하고 혁신해 나아가고 있음을 밝혔다(Marek, 2015, 9, 17). 버라이즌은 현재 FiOS 라는 실시간 유료방송서비스를 제공 중인데, 최근 Go90라는 모바일 서비스를 출시했고, 적은 수의 실시간 채널들을 묶어서 판매하는 '스키니 번들(skinny bundle)'서비스를 제공하고 있다. 버라이즌의 주력 상품인 FiOS와 직접적 경쟁관계가 될 수 있는 Go90와 스키니번들 제품을 출시하였다는 것은 변화하는 젊은 층의 비디오 시청행태에 대응하기 위한 유료방송사업자의 모범적인 사례로 볼 수 있다.

한편, 기존 유료방송사업자들이 추구하고 있는 'TV Everywhere'전략이나 OTT 서비스 전략이 더욱 성공하기 위해서는 젊은 시청자들의 흥미를 이끌어 낼 수 있어야 한다. 즉, 젊은이들이 필요한 콘텐츠를 스스로 선택해서 볼 수 있는 콘텐츠 제공방식이 개발되어야 할 것이다.

특히, 기존의 사업자들과 차별화하기 위해서는 젊은 시청자들이 원하는 새로운 형태의 콘텐츠 제공전략이 필요하다. 단지 기존의 유료방송콘텐츠를 재편집해서 제공하는 서비스가 아니라 새로운 종류의 콘텐츠가 제공되는 서비스 전략이 필요하다. 예를 들어, 디시(Dish)의 슬링 TV(Sling TV)는 대표적인 MCN(Multi-channel network)사업자인 메이커스튜디오(Maker Studio)의 콘텐츠를 전용으로 제공하고 있다. 이는 전통 유료방송시장에서 만들어져 왔던 콘텐츠와 확연히 차별화되는 서비스라고 하겠다. 버라이즌(Verizon)도 최근 드림웍스가 소유한 MCN사업자인 어섬니스 TV(Awesomeness TV)와 제휴하여 200여개의 짧은 동영상 콘텐츠를 제공할 계획임을 밝혔다(Frankel, 2015, 3, 19). 컴캐스트(Comcast)도 메이커스튜디오를 포함한 여러 MCN사업자들과 연합하여 프로는 물론 아마추어 콘텐츠 제작자들로부터 다양한 콘텐츠를 수급받아 가입자들에게 서비스를 제공할 계획임을 밝혔다(Baumgartner, 2015, 8, 17). 스마트미디어 환경에 대응하기 위한 기존 유료방송사업자들의 서비스 전략이 어떻게 진화되어갈지 지켜보는 것은 흥미로운 일이 될 것이다.

2. 세컨 스크린(Second screen)과 소셜TV 전략

소비자들은 TV 프로그램을 시청하면서 해당 TV프로그램과 관련된 내용을 세컨 스크린을 통해 추가적으로 즐기면서 TV 프로그램의 시청경험을 높이고 있다. 엑센추어의 보고서에 의하면, 다양한 기기를 통한 TV 시청 경험이 높아지면서 전통 TV를 통한 TV 시청이 급격히 감소하고 있는 것으로 나타났다(Digital TV net, 2015, 4, 14). 전 세계 TV 시청패턴의 변화를 분석한 이 보고서에 따르면, 거의 모든 연령층에서 TV 시청방식의 변화가 나타나고 있다. 특히 14세에서 17세 연령대에서는 최근 몇 년 동안 TV 수상기를 통해 TV프로그램과 영화를 시청하는 비중이 33% 정도 감소한 것으로 나타난 반면, 노트북을 통한 TV프로그램 시청은 16%, 태블릿을 통한 시청은 12%, 스마트폰을 통한 시청은 9% 정도 증가한 것으로 나타났다. 더욱 흥미로운 사실은 TV 수상기를 통한 TV프로그램을 시청하는 사람들의 약 87%는 스마트폰, 태블릿, 게임 콘솔, 노트북 등의 기기를 TV 시청중에 함께 사용하고 있다는 것이다. 이는 시청자들이 TV 수상기를 통해 제공되는 콘텐츠를 시청하면서 세컨 스크린을 통해 해당 콘텐츠의 시청경험을 높이고 있음을 의미한다. 즉, 시청자들은 TV에서 프로그램을 시청하는 중에 스마트폰이나 태블릿 PC와 같은 다른 기기를 통해 시청하고 있는 프로그램에 직접 참여하면서 TV 시청의 즐거움을 높이고 있다는 것이다.

세컨 스크린의 경험은 기존 TV 시청의 재미를 배가시킬 수 있음은 물론 새로운 광고수익의 기회를 창출시킬 수 있다는 점에서 의미가 있다. 따라서 전통적 TV 사업자, 광고주, 그리고 미디어 기업들은 시청자들의 세컨 스크린 참여를 높일 수 있는 전략을 고민해야 할 것이다. 시청자들이 세컨 스크린 경험을 통해 얻는 만족도가 높아진다면 코드커팅의 위험성도 줄어들게 될 것이다.

이러한 맥락에서 기존 TV사업자들은 소셜TV의 활용을 보다 적극적으로 고민해 보아야 할 것이다. 시청자들은 TV 프로그램을 보면서 해당 프로그램에 대한 자신들의 의견을 표출하고 다른 사람들과 의견을 공유하고 싶어한다. TV를 시청하면서 페이스북, 트위터, 구글과 같은 소셜미디어 플랫폼을 이용하는 행위가 지속적으로 증가하는 이유이다. 최근 들어, TV 프로그램을 시청하다가 해당 프로그램의 소셜미디어 페이지를 방문한다거나, 동일한 프로그램을 시청하고 있는 친구들과 소셜미디어를 통해 해당 프로그램에 대해 대화한다거나 하는 행위들이 점차 일반화되고 있다. 소셜미디어를 적극 활용하는 시청자들의 TV 시청패턴은 광고주들이나 마케터들에게 새로운 수익원 창출의 기회를 제공해줄 것이다.

다양한 미디어에 광고를 노출시킴으로써 상품의 판매를 높이려는 광고주들은 사람들에게 많이 도달하는 프로그램도 중요하지만, 많은 사람들이 관심을 가지고 지켜보는, 사회적 영향력이 높은 프로그램에 자신들의 상품 광고가 노출되기를 원할 것이다. 따라서 TV프로그램 제작자들은 시청자들이 TV를 보면서 세컨 스크린 경험을 즐길 수 있는 프로그램 개발에 노력하고 있다. 그러나 모든 프로그램이 세컨 스크린 경험을 극대화할 수 있는 것은 아니다. 프로그램별로 여기에 어울리는 것이 있고 그렇지 않은 것이 있기 때문이다.

여기서 미국의 주요 방송프로그램에서 활용되었던 세컨 스크린의 사례를 몇 가지 살펴보자. CBS 스포츠닷컴(CBSSports.com)은 지상파 채널인 CBS에서 슈퍼볼 게임이 중계되는 시점에 다양한 각도에서의 중계, 비욘세가 나오는 하프타임 쇼 등 지상파 채널에서는 제공되지 않는 다양한 멀티미디어 경험을 즐길 수 있는 콘텐츠를 세컨 스크린을 통해 제공하였다(Winslow, 2013, 1, 8). 또한 CBS 스포츠닷컴은 슈퍼볼 게임을 중계하는 도중에 PC, 노트북, 태블릿 등 각각의 기기에 최적화된 팝업 비디오 콘솔을 제공하는가 하면, 게임 중에 발생한 여러 가지 상황들을 다시 보거나 되돌려볼 수 있는 DVR 기능, 트위터를 비롯한 다른 소셜미디어를 통해 대화하면서 게임을 즐길 수 있는 기능 등도 제공하였다.

한편, CBS는 실시간 프로그램이 제공되는 중 모든 프로그램에 대해 시청자들이 다양한 소셜미디어 툴에 접근이 가능할 수 있는 아이패드용 앱을 제공한 바 있다(Winslow, 2013, 1,3). 이 앱은 인기있는 드라마들 중 3개 드라마와 실시간으로 연결이 되어, 시청자들이 해당 프로그램을 시청하는 도중 다른 시청자들이나 인기스타들과 채팅할 수 있게 해 주었을 뿐만 아니라, 트위터와 페이스북을 통해 해당 프로그램에 대해 대화하는 경험을 즐기게 해주었다.

폭스(Fox)의 인기 프로그램인 아메리칸 아이돌(American Idol) 제작자는 구글과 페이스북을 통해 해당 프로그램을 홍보하는 동시에 좀 더 많은 시청자들이 프로그램에 참여할 수 있도록 하고 있다(Marvin, 2014, 2, 26). 예를 들어 구글 서치(Google Search)는 시청자들이 프로그램을 보면서 해당 프로그램과 관련된 내용, 해당 프로그램에 나온 출연자나 심사위원에 대해 검색하면 바로 출연자들에게 투표할 수 있는 기능을 제공하고 있다. 페이스북 이용자들은 출연자에게 투표할 때, 그들의 프로필 사진이 방송에 나오는 경험을 하게 된다(페이스북 이용자들이 자신들의 사진이 방송에 나가는 것을 허락했을 경우). 이를 통해 시청자들은 자신들이 직접 쇼에 참여한다는 느낌을 받을 수 있게 되는 것이다.

미국 프리미엄 영화 채널인 쇼타임(Showtime)에서는 제공되는 드라마 시리즈인 홈랜드(Homeland)가 방송되는 동안, 시청자들은 아이패드, 아이폰, 그리고 LG의 스마트TV에서 구현되는 앱(Showtime Sync)을 통해 해당 프로그램의 비디오 클립을 공유할 수 있다(Baumgartner, 2014, 10, 3). 시청자들이 홈랜드의 앱을 이용하게 되면 비디오 클립 공유뿐만 아니라 홈랜드 프로듀서가 실시간으로 제공하는 프로그램에 대한 해설도 들을 수 있고 앞으로 극의 전개가 어떻게 진행될지를 미리 예측해볼 수 있는 경험도 해볼 수 있다.

이처럼 미국에서 활용되고 있는 다양한 세컨 스크린 전략들은 여전히 TV라는 매체에만 의존해서 서비스를 제공하고 있는 국내 유료TV사업자들과는 큰 비교가 된다. 국내 유료TV사업자들도 전통적인 채널서비스 제공에만 머무르지 말고, 시청자들의 세컨 스크린 수요를 파악해 내고 이를 충족시켜줄 수 있는 다양한 전략을 시도해야 할 것이다.

3. “몰아보기(Binge-viewing)” 시청행태와 대응전략

스마트미디어 환경에서 TV 시청패턴의 가장 큰 특징들 중의 하나는 VOD를 통한 몰아보기 시청행태가 급속히 번지고 있다는 것이다. 넷플릭스가 하우스 오브 카드(House of Cards)의 13회를 한 번에 모두 공개하는 전략을 택했던 것은 시청자들이 주말이나 심야에 드라마를 한번에 몰아서 볼 것이라는 예측에 도박을 건 전략이었다. 그 도박은 대성공이었다. 하우스 오브 카드가 시작된 2013년 3분기에만 넷플릭스 가입자가 130만명이나 증가하였고, 이 드라마로 에미상과 골든글로브상을 수상하는 등 넷플릭스의 드라마 제작은 큰 성공을 거둔 것이다. 특히 하우스 오브 카드의 13회 동시 공개 전략은 TV 시청의 권한을 대중에게 돌려줬다는 점과 시청패턴의 변화를 이끌어 냈다는 점에서 역사적으로 기록될만한 사건으로 꼽힌다.

최근 닐슨이 보도한 바에 따르면, 젊은 시청자들의 상당수는 콘텐츠를 몰아서 시청하는 것으로 나타났다(Lafayette, 2013, 9, 18). 즉, 넷플릭스 이용자들의 88%와 훌루플러스 이용자들의 70%가 하루에 3편 이상의 TV 프로그램을 몰아서 시청하는 것으로 나타난 것이다. 특히 1980년대에서 2000년대 초반에 태어난 밀레니얼(Millennial) 세대들(소위 Y 세대라고도 함)은 원하는 시간에 원하는 곳에서 TV 시리즈를 몇 편씩 몰아서 보는 시청 행태에 너무나 익숙해 있기 때문에 몰아보기의 시청행태가 두드러지게 나타난다. 이들은 실시간 TV 시청을 하기보다는 훌루, 아마존 프라임, 넷플릭스를 이용하거나 모바일 기기를 통해 콘텐츠를 스트리밍 방식으로 소비하는 경향이 높다.

또한 전 세계 19개국의 10,500명을 대상으로 조사한 TV 시청행태 조사에 따르면, 80%의 응답자들이 몰아보기(binge-viewing)를 한 경험이 있으며, 14%는 하루에 적어도 한 번 몰아보기 시청을 한다고 응답했다(Baumgartner, 2014, 5, 28). 같은 조사에서 미국과 캐나다의 응답자들만을 대상으로 분석한 결과, 74%가 몰아보기로 제공되는 콘텐츠를 소비한 적이 있다고 하였고, 25-34세의 연령대에서는 4명 중 1명꼴로 한 주에 적어도 한 번 이상 몰아보기 시청을 하는 것으로 나타났다. 이 연구에서는 어떤 기기를 통해 몰아보기를 하는지도 조사했는데, 전통적 TV(47%), 랩탑(24%), 스마트/커넥티드TV(18%), 데스크탑PC(17%), 게임 콘솔(15%), 태블릿(9%)순으로 나타났다. 또한 16%의 응답자들이 전체 TV시리즈를 다운로드 받거나 스트리밍을 통해 볼 수 있는 서비스를 구매할 용의가 있다고 응답하는 등 몰아보기 시청은 사람들의 엔터테인먼트 생활에 중요한 부분을 차지하고 있음을 확인할 수 있다[79].

몰아보기와 같은 시청행태는 스마트미디어 환경에서 지속적으로 증가할 가능성이 높기 때문에 몰아보기 시청행태를 즐기는 사람들의 특성을 분석하는 것은 중요하다. 이와 관련하여 흥미로운 사실이 밝혀진 바 있는데, 일반적으로 몰아보기는 혼자서 즐기는 경우가 많다고 예상될 수 있으나, 실제로는 몰아보기를 즐기는 사람들 중 절반 이상이 여러 명과 함께 시청을 한다는 연구결과가 있다(Crouch, 2013, 12, 18). 몰아보기는 자신이 원하는 시간에 원하는 장소에서 이루어질 가능성이 높기 때문에 일반적으로 혼자서 즐기는 행위로 예상되지만, 여러 명이 함께 할 가능성 또한 높다는 사실은 유료방송사업자들에게 새로운 사업전략을 구상하게 해준다. 몰아보기라는 것이 결국 사람들이 기존에 짜여진 TV 편성표대로 프로그램을 시청하는 것이 아니라 본인이 원하는 시간에 보고 싶은 프로그램을 몰아서 보는 것이기 때문에, 평일에 시간이 없는 사람들은 주말이나 공휴일을 이용해 보고 싶은 프로그램들을 한 번에 몰아보는 경우가 많다. 따라서 "언제", "어떤" 프로그램을 시청하기로 미리 계획을

---

79 하지만 실시간으로 지상파방송을 시청하는 것이 이제 한물간 엔터테인먼트 활동이라고 단정 짓기에는 이르다. 조사 결과, 96%의 응답자들이 하루에 적어도 1시간 이상 지상파 방송 시청을 한다고 하였으며, 미국과 캐나다의 응답자들만을 대상으로 조사한 결과, 93%의 응답자들이 매주 지상파 방송시청을 하며 그 중 82%는 1주일에 1시간에서 5시간까지 지상파 방송을 시청하는 것으로 나타났다.

세우고 이루어질 확률이 크다고 할 수 있다. 이처럼 몰아보기는 계획적으로 이루어질 가능성이 높기 때문에 가까운 사람들과 미리 연락을 해서 함께 시청하게 된다고 유추해 볼 수 있다. 또한 몰아보기를 하게 되면, 프로그램을 시청하는 도중에 소셜TV의 경험을 즐길 수 없다는 단점이 있다. 따라서 몰아보기를 하면서 소셜TV와 같은 경험을 즐기기 위해서는 여러명이 함께 모여서 몰아보기를 하는 것이 유리할 것이다. 즉, 몰아보기는 실시간으로 방송을 시청하면서 경험하는 소셜TV의 즐거움을 얻을 수 없기 때문에, 간접적으로나마 소셜TV의 경험을 충족시키려면 다른 사람들과 함께 모여 대화하면서 보는 방식을 택한다는 것이다.

몰아보기 방식의 시청행태가 확산됨에 따라 유료방송 사업자들은 어떻게 대응해야 할까? 첫째, 현재 방영된 실시간 프로그램의 다음 회를 VOD를 통해 이어볼 수 있도록 하는 것이다. 실제로 컴캐스트와 FX 채널은 시청자들이 현재 방영된 에피소드의 다음 회를 스트리밍 VOD를 통해 실시간으로 이어볼 수 있도록 하는 서비스를 시도한 바 있다(Yu, 2014, 8, 13). 둘째, 시청자들은 평일보다는 주말이나 공휴일에 몰아보기를 즐길 가능성이 높기 때문에 유료방송 사업자들은 공휴일이나 주말에 사람들이 몰아볼 수 있도록 프로그램을 연속으로 2~3편 방영하는 전략도 고려해볼 만하다. 셋째, 시청자들은 TV 뿐만이 아니라 스마트 폰, 태블릿과 같은 모바일 기기, 혹은 온라인 스트리밍 방식을 통해 방송콘텐츠를 시청하는 경우가 많아지고 있기 때문에, 몰아보기가 원활히 이루어지기 위해서는 시청자들이 모바일 기기나 온라인 스트리밍 방식을 통해 언제 어디서나 원하는 프로그램을 시청할 수 있는 환경이 마련되어야 할 것이다. 넷째, 사람들이 몰아보기를 하는 이유들 중의 하나는 다른 사람들과의 대화에서 뒤떨어지지 않기 위해서이다. 이를 역으로 생각해 보면 어떤 프로그램이 현재 많은 사람들의 입에 오르내린다는 것을 소셜 버즈를 활용해 널리 알리면(또는 해당 프로그램에 대한 소셜TV기능을 강화하면) 더 많은 사람들이 해당 프로그램에 대해 관심을 갖게 될 것이고 자연스럽게 해당 프로그램에 대한 몰아보기가 증가할 수 있다.

4. 스마트 광고

이기준(2014)은 스마트 광고를 '기존의 방송광고와 인터넷광고, 그리고 모바일광고가 융합된 스마트 융합광고'로 정의하고, 스마트 광고가 스마트TV, 증강현실, 위치기반, 디지털 사이니지, QR 코드, SNS, 가상광고 등으로 구체화되고 있음을 주목했다. 최세정(2014)도 스마트 광고는 스마트미디어 혹은 스마트 기기를 기반으로 양방향성과 개인화 혹은 맞춤형 특성을 가지고 있을 뿐만 아니라 스마트 모바일 미디어의 확산으로 인한 이동성이 중요하다고 주장하였다. 스마트 광고의 이러한 특성들은 언제, 어디서나, 소비자 개개인의 특성을 고려한 맞춤형 광고를 가능하게 해줄 수 있다는 장점이 있다. 그렇다면 TV를 통한 스마트 광고는 어떻게 전개될 것인가?

앞서 설명하였듯이 N스크린을 통한 미디어 이용이 활발해지면서 소비자들은 다양한 기기를 상호 보완적으로 이용하면서 미디어 소비를 하는데 익숙해져 가고 있다. 이는 광고주의 입장에서 새로운 광고기법이 필요해지고 있음을 의미한다. 예를 들어, 스마트TV를 이용하는 소비자들에게는 소비자들이 시청하는 콘텐츠와 연동된 광고판매 전략이 효과적일 수 있다(최세정, 2014, pp. 153). 스마트TV를 통해 드라마를 시청하는 소비자들은 등장인물이 착용하고 있는 옷이나 소품, 등장인물이 방문하는 장소에 대한 정보를 실시간으로 요청하거나 실시간으로 노출된 광고를 클릭하여 쿠폰을 발행해 주는 광고주 웹사이트나 애플리케이션으로 이동할 수 있다. 물론 소비자들이 원하는 정보를 얻은 경우, 다시 시청하던 콘텐츠로 용이하게 되돌아갈 수 있다.

또한 전통적인 TV광고의 경우 누가 광고를 시청하는지 모르지만, 스마트 미디어 환경에서 광고주들은 누가 광고를 시청하는지 알 수 있기 때문에 시청자들에게 타겟 광고를 할 수 있다. 최근 NBCU(NBC Universal)와 컴캐스트는 'NBCU+ Powered by Comcast'라는 타겟 광고 서비스를 개발하였다. 이 타켓 광고 서비스는 컴캐스트와 NBCU가 합병한 후, 처음으로 내보이는 서비스이다(Lafayette, 2014, 1, 30). 그동안 케이블 업계에서 타겟 광고 전략 시행이 어려웠던 이유는 지역마다 각기 다른 케이블TV 사업자들이 서비스를 제공하고 있어서 타겟 광고를 실행할 만큼 큰 가입자 규모를 확보할 수가 없었기 때문이다. 하지만 NBCU와 컴캐스트의 합병으로 인해 NBCU는 컴캐스트로부터 익명의 고객들에 대한 정보를 받아 이를 로열티 카드 및 지상파 방송, 케이블 네크워크 시청기록을 통해 알 수 있는 기존 고객 정보들과 통합하여, VOD서비스를 이용하는 가구 단위까지 타겟 광고를 내보낼 수 있게 되었다. 또한, 이를 통해 컴캐스트와 NBCU는 광고업자들에게 누가 그들의 광고를 봤는지에 대해 알 수 있도록 하여 광고 효과를 측정하는데 도움을 줄 수 있을 것으로 기대하고 있다. 예를 들어, 고급차를 제조하는 회사가 광고를 하고자 할 때, 그들은 기존에 고급차를 구매했던 적이 있는 사람들의 분포가 많은 지역에만 집중적으로 고급차 광고를 내보낼 수 있다. 즉, 2,000만 명 정도의 컴캐스트 가입자들 안에서 광고업자들은 그들이 판매하고자 하는 물품을 살 만한 고객들만을 대상으로 광고를 내보낼 수 있게 될 것이다.

한편, 광고 건너뛰기 기능을 제공하는 플랫폼 사업자들에 대한 채널 수신료 인상전략도 채널사업자들의 입장에서는 고려해볼 만하다. 실제로 미국에서는 광고 건너뛰기 기능을 제공한 플랫폼 사업자가 채널사업자에게 줄어든 광고수익에 대한 보상으로 채널 수신료를 인상해준 사건이 있었다. 2012년 5월, 디시 네트워크는 오토홉(AutoHop)이라는 서비스를 가입자들에게 제공하기 시작했다. 오토홉이라는 기술은 고객들이 TV 프로그램을 시청할 때 그들이 녹화한 프로그램들의 광고를 건너뛸 수 있도록 하는 서비스이며, 이를 통해 디시 네트워크는 지난 3분기에만 1,400만 가입자를 유치했다. 디즈니는 이처럼 시청자들이 광고를 건너뛸 수 있게 한 오토홉 기술 때문에 디시 네트워크를 상대로 소송을 진행하였으나, 디즈니는 디시 네트워크의 고객들이 ABC 네트워크 프로그램들의 광고를 스킵할 수 있는 것에 동의하는 대신 더 높은 월 가입료(수신료; monthly subscriber fees)를 받는 것에 합의했다(Palmeri & Moritz, 2014, 1, 31).

5. 정책/규제 이슈들

소비자들의 시청패턴 변화와 이에 대응하기 위한 사업자들의 새로운 TV 비즈니스 전략은 소비자들의 입장에서는 반가운 일이 아닐 수 없다. 사업자들의 입장에서도 정체되어 있는 TV비즈니스를 한 단계 업그레이드할 수 있는 좋은 기회라 아니할 수 없다. 그러나 새로운 TV비즈니스가 연착륙하기 위해서는 다양한 정책 이슈들이 해결되어야 한다. 7장에서는 변화하고 있는 소비자들의 TV 시청패턴을 보다 자세히 살펴보고, 이로 인해 나타나고 있는 전통 미디어 사업자들과 스마트미디어 사업자들 간의 갈등과 이를 해결하기 위한 정부정책의 방향 등에 대해 논의하도록 하겠다.

7장.

스마트미디어 환경에서의 경쟁과 규제

현재의 유료TV 시장은 케이블TV, 위성방송, IPTV를 축으로 하는 전통적 유료TV사업자들과 OTT를 축으로 하는 인터넷 기반의 온라인비디오서비스 사업자들이 경쟁하는 구도이다. 미국이나 한국 모두 아직까지는 전통적 유료TV 사업자들에 의해 유료TV 시장이 지배되고 있으나, 미국은 넷플릭스를 중심으로 하는 OTT 사업자들의 시장잠식이 가시화되고 있다. 우리나라의 경우에는 아직까지 OTT 사업자들에 의한 시장잠식은 일어나고 있지 않으나, 전 세계에서 가장 높은 보급률을 자랑하고 있는 인터넷 환경을 고려해 본다면 OTT 사업자들의 성공 잠재력은 높다고 할 수 있다. 7장에서는 전 세계에서 가장 발달된 OTT 시장을 자랑하고 있는 미국의 OTT 서비스 시장 현황을 살펴볼 것이다. 특히 미국 OTT 서비스 시장을 구성하고 있는 사업자들과 각 사업자들이 제공하는 서비스에 대해 자세히 살펴본 후, 미국에서 OTT 시장이 성장하게 된 이유를 구체적으로 분석해볼 것이다. 한편, 다른 국가들에 비해 OTT 시장의 성장이 더딘 우리나라의 OTT 시장 현황에 대해서도 살펴보고, 왜 우리나라는 OTT 시장의 성장이 느린가에 대해 다양한 관점에서 분석해볼 것이다. 또한 실증적 데이터에 기반해서 국내에서 전통적 유료방송서비스와 OTT 서비스 간에 대체/보완 관계를 분석해볼 것이다. 마지막으로 전통적 유료TV 서비스 사업자와 OTT 사업자가 치열한 경쟁을 벌이게 되는 스마트미디어 환경에서 정책당국의 역할에 대해서도 논할 것이다. 7장을 읽게 되면, 전통적 유료TV사업자와 스마트미디어 사업자들 간의 현 경쟁상황과 미래의 경쟁구도를 예측해 볼 수 있을 것이고, 국내 유료TV 시장이 한 단계 도약할 수 있는 전략적/정책적 시사점을 얻게 될 것이다.

전 세계적으로 TV프로그램을 비롯한 동영상 콘텐츠를 TV 뿐만 아니라 컴퓨터, 스마트폰, 태블릿PC 등 다양한 기기로 제공하는 소위 '스마트미디어' 이용이 증가하고 있다[80]. 특히, OTT를 중심으로 한 온라인비디오서비스의 시장규모는 미국을 중심으로 급격히 확장되고 있는 추세이다. 박성우(2014, 6, 23)의 보고서에 따르면, 글로벌 OTT 시장의 매출액 규모는 2018년까지 연간 약 53%의 비율로 성장할 것으로 예측되고 있고, OTT 최대시장인 미국의 전체 OTT 가입자 규모는 매년 14%씩 성장하여 2017년에는 8,130만 명에 이를 것으로 예측된다.

스마트미디어에 대한 소비자 수요 증가와 함께 스마트미디어서비스를 제공하는 사업자들의 형태도 급격히 증가하고 있다. 과거 일정 규모를 갖춘 기업에 의해 방송콘텐츠가 제작되고, 이렇게 제작된 콘텐츠를 그보다 더 큰 규모를 갖춘 소수의 네트워크/플랫폼 사업자들이 TV를 통해 소비자들에게 전송할 수 있었던 시대는 이제 끝나가고 있는 것이다. 누구나 콘텐츠를 쉽고 편리하게 제작할 수 있게 되었고, 이렇게 제작된 콘텐츠를 인터넷이라는 공간에 마련된 플랫폼에 의해 국내뿐만 아니라 전 세계적으로 전송할 수 있게 되었으며, 소비자들은 TV이외의 다양한 단말기를 통해 시간과 공간의 제약 없이 방송콘텐츠를 즐길 수 있는 시대가 도래한 것이다. 특히 미국에서는 업계를 중심으로, 스마트미디어 서비스의 이용이 증가함에 따라 이용자들의 기존 유료방송서비스 이

80 본 장에서 논의될 스마트미디어는 OTT를 중심으로 한 온라인비디오서비스(Online Video Service: OVS)를 의미한다. 본 장에서는 OTT와 온라인비디오서비스라는 용어가 함께 사용되고 있는데, 온라인비디오서비스가 OTT를 포괄하는 보다 넓은 의미에서 사용되고 있다. 과거에는 유튜브(YouTube)나 판도라TV(Pandora TV) 등과 같이 UCC(User Created Content) 중심의 서비스가 온라인비디오서비스의 대부분을 차지했음에 반해, 현재의 온라인비디오서비스는 영화나 TV 프로그램 같은 프리미엄 콘텐츠를 중심으로 제공하는 있는 OTT 서비스가 대세로 자리잡고 있다. 또한 과거의 온라인비디오서비스는 PC라는 하나의 단말기에 국한되어 제공되었음에 반해, 현재의 온라인비디오서비스는 스마트폰이나 태블릿PC, 그리고 스마트TV와 같은 여러 단말기에서 이용 가능한 서비스로 발전해 나아가고 있다. 따라서 최근에는 OTT, 온라인비디오서비스, 스마트미디어서비스 등이 같은 의미로 사용되고 있고, 본 장에서도 이들 서비스들은 전통적 유료TV 서비스와 경쟁관계를 형성하고 있는 OTT 서비스로 이해해주기 바란다.

용이 감소하였다는 주장이 나타나고 있다(FCC, 2012, 2013). 스마트미디어 서비스 이용으로 인해 기존에 가입되어 있던 유료방송서비스의 가입을 해지하는 코드커팅(cord-cutting)이나 유료방송서비스의 요금제를 더 낮은 가격의 요금제로 변경하는 코드쉐이빙(cord-shaving)이 일어나고 있다.

한국에서도 최근 스마트미디어서비스의 시장 규모가 점차 증가하고 있으나, 아직까지는 스마트미디어서비스로 인해 유료방송 및 다른 매체의 이용이 크게 줄어들었다는 연구는 찾아보기 어렵다. 우리나라는 저가의 유료방송 요금이 고착화되어 있고, 불법저작물을 이용하는 사람들의 비율이 미국에 비해 상대적으로 높으며, TV를 중심으로 하는 OTT 플랫폼 시장구축의 미흡 등으로 스마트미디어서비스가 기존 유료방송서비스를 위협할만한 수준에 이르지는 못하고 있다. 그러나 전 세계에서 가장 높은 스마트폰 보급률과 세계 최초의 LTE망을 상용화한 첨단 네트워크를 보유한 우리나라의 경우, 스마트미디어서비스 시장의 성장 가능성은 높다고 할 수 있다.

7장에서는 스마트폰, 태블릿PC, 스마트TV의 보급으로 인한 OTT 서비스 시장의 현황과 규제논쟁들을 미국과 우리나라를 중심으로 살펴보고, OTT 서비스 이용이 확산되고 있는 시기에 전통 미디어와 OTT 서비스 간의 경쟁관계가 어떻게 변화될지 예측해볼 것이다. 또한 스마트 미디어 서비스 시대가 다가오고 있는 환경에서 미디어 시장 전체의 발전을 위한 미래지향적인 미디어 정책방향에 대해서 고민해볼 것이다.[81]

81 7장의 일부 내용은 SBS 문화재단의 2015 미디어 분야 교수해외연구지원 사업의 도움으로 작성되었음을 밝힙니다.

제1절. 온라인비디오서비스 시장의 현황과 규제 이슈들

OTT를 중심으로 한 온라인비디오서비스는 미국을 중심으로 급속히 인기를 더해 가고 있고, 급기야 미국에서는 매년 실시하고 있는 다채널 유료방송시장에 대한 경쟁상황 평가에 온라인비디오서비스를 포함시킴으로써 온라인비디오서비스의 존재를 인정하고 있다.

전통적 유료TV사업자들(케이블TV, 위성방송 등)에게 온라인비디오서비스의 출현과 부상은 위기로 인식되고 있다. 특히 미국과 같이 온라인비디오서비스 시장의 이용이 보편화된 국가들의 경우, 기존 유료TV 가입자들의 유료TV 이탈은 코드커팅(cord-cutting), 코드쉐이빙(cord-shaving), 코드스위칭(cord-switching) 등 다양한 모습으로 진행될 수 있다[82]. 그러나 전통적 유료TV를 시청하는 이용자들이 여전히 많고, 단기간에 전통적 유료TV 서비스가 온라인비디오서비스로 대체되지는 않을 것이라는 전망도 만만치 않다. 이 절에서는 미국과 한국의 온라인비디오서비스 시장을 비교해 보고, 온라인비디오서비스의 등장으로 인한 양 시장에서의 규제 이슈들을 살펴볼 것이다.

1. 미국 온라인비디오서비스 시장의 현황과 규제 이슈들

미국은 매년 유료TV 서비스 시장의 구조와 사업자 동향, 실적을 조사하고

82 최근에 발간된 보고서에 따르면 미국의 전통적 유료TV 가입자 수에는 큰 변화가 없었고, 가입자들의 이용 상품에는 약간의 변화가 있는 것으로 나타났다(Baumgartner, 2015, 8, 18). 이 보고서에 따르면 지난 12개월 동안 미국 유료TV 가입자들의 1/4이 이용하고 있는 상품을 변경한 것으로 나타났는데, 유료TV 가입자들의 11%가 저렴한 가격의 상품으로 변경한 반면 9%는 고가의 상품으로 이동한 것으로 나타났다.

이용자들의 이용행태 변화 등을 종합적으로 분석하고 있다. 미국의 FCC는 지난 2012년 7월, 14차 비디오 프로그램 서비스 시장의 경쟁상황 평가 보고서를 발표하였는데, 흥미로운 점은 온라인비디오서비스를 새롭게 정의하고 언급하기에 이르렀다는 것이다. 다양한 단말을 통한 비디오 프로그램 소비가 늘어남에 따라 과거 틈새 서비스로 인식되던 온라인비디오서비스를 이제 하나의 유료 플랫폼 시장으로 인정한 것으로 보인다. 그러나 FCC는 온라인비디오서비스를 기존 다채널 유료방송서비스에 대한 대체제라기보다는 보완재로 보고 있다. 비록 온라인비디오서비스의 등장으로 인해 다채널유료방송사업자(MVPD)의 가입자가 이탈하거나(cord-cutting), 가입자들이 프리미엄 요금제를 해지하고 낮은 요금제로 전환하는 등(cord-shaving) 온라인비디오서비스가 기존 다채널 유료방송서비스와 대체관계를 형성하고 있다는 주장들이 나타나고 있지만, FCC는 온라인비디오서비스가 아직은 기존 다채널 유료방송서비스 시장에 경쟁위협을 줄만한 존재는 아니기 때문에 유료TV 시장의 경쟁상황 평가에 간략히 언급만 하고 본격적으로 포함시키지는 않았다.

그러나 2014년 10월 미국 FCC의 톰 휠러(Tom Wheeler) 위원장은 '기술진화, 동영상 그리고 미래(Tech transitions, video, and the future)'라는 제목의 블로그를 게재하면서 동영상 콘텐츠 전송기술에 따른 사업자 분류가 더 이상 의미가 없음을 강조했다(Wheeler, 2014, 10, 18). 즉, 케이블TV, 위성방송, IPTV 등 기존 다채널 유료방송서비스 사업자로 분류된 사업자들만이 전송할 수 있었던 실시간 지상파방송과 케이블 채널들에 대해 온라인비디오서비스 사업자들도 같은 조건 하에서 전송할 수 있는 지위가 마련되어야 한다는 것이다. 결국, 휠러는 실시간 동영상서비스를 제공하는 모든 플랫폼 사업자들에게 동일한 지위를 부여해 주고[83], 이들이 지상파채널과 유료채널들에 대해 동등한

83 케이블, 위성, IPTV, 온라인비디오서비스를 제공하는 사업자들에게 모두 MVPD 사업자의 지위를 부여해

조건으로 접근할 수 있게 해줌으로써 신규 온라인비디오서비스 사업자들이 성장할 수 있는 발판을 마련해 주자는 것이다. FCC는 이러한 내용을 중심으로 2014년 말에 '규칙제정공고(Notice of Proposed Rulemaking: NPRM)'를 발표하고 온라인비디오서비스를 통한 실시간 서비스의 분류를 어떻게 할 것인지에 대한 의견을 수렴중이다[84]. 이하에서는 미국의 온라인비디오서비스 제공현황을 OTT 서비스를 중심으로 자세히 살펴보고, OTT 서비스와 전통미디어 간 경쟁심화로 인한 규제 이슈들을 분석해 본다.

1) OTT 서비스 현황

훌루(Hulu)는 2010년 6월, PC 뿐만 아니라 모바일 기기, 블루레이 플레이어(Blu-ray player), 셋톱박스(set-top box) 등으로도 시청이 가능한 월정액 가입자 기반의 유료 서비스인 훌루플러스(Hulu Plus)를 출시하였다[85]. 뉴스 코퍼레이션(News Corporation), NBC 유니버설(NBC Universal), 월트 디즈니(The Walt Disney Company) 등이 조인트 벤처로 참여한 훌루는 지상파 방송 프로그램을 인터넷망을 통해 무료로 제공하여 2007년 출시 초기에 큰 화제가 된 바 있다. 훌루의 경우, ABC, FOX, NBC 유니버셜과 같은 지상파 네트워크의 방송 콘텐츠뿐만 아니라, A&E네트워크(A&E Networks), MGM, MTV 네트워스(MTV Networks), 코미디센트럴(Comedy Central), 내셔널지오그래픽(National Geographic), 파라마운트(Paramount), 소니픽쳐스(Sony Pictures), 워너브라더스(Warner Bros.) 등을 포함한 260개 이상의 콘텐츠 사업자가 제공하는 프리

주자는 것이다.

84 FCC는 새로운 규칙을 제정하기 위해 크게 세 단계를 거치는데, 질의공고(NOI), 규칙제정공고(NPRM), 그리고 보고서 및 명령(R&O) 등이 바로 그것이다. NOI는 통상적으로 새 규칙을 제정하기 위해 의견을 구하는 단계다. 이 단계를 거친 뒤에야 새 규칙을 고지하게 된다. 그 단계가 바로 NPRM이다. NPRM을 한 뒤에는 의견 수렴 단계를 거친다. 몇 개월 동안 수집된 의견과 자료를 최종적으로 정리한 뒤에는 최종 규칙을 확정한다. 그것이 바로 R&O다.

85 훌루 플러스를 출시한 이후에도 광고기반 무료모델인 훌루는 계속 서비스되고 있다.

미엄 콘텐츠를 제공하고 있다. 또한 훌루플러스 가입자들은 훌루의 동영상서비스를 PC 뿐만 아니라 인터넷에 연결된 TV(internet-connected TV), 스마트폰, 태블릿PC 등을 통해서도 이용할 수 있다.

한편, 미국의 지상파 방송사업자로서는 처음으로 CBS가 2015년부터 월 5.99 달러의 가격에 CBS All Access라는 스트리밍 서비스를 제공하기 시작했다. 이 서비스는 다운로드 없이 스마트폰과 태블릿 등 인터넷 접속이 가능한 기기를 통해 CBS의 실시간 방송서비스는 물론 CBS가 과거부터 축적해 온 대부분의 콘텐츠를 스트리밍 방식으로 제공하는 것이다.

미국의 OTT 시장에서 가장 많은 가입자를 보유하고 있는 사업자는 넷플릭스(Netflix)이다. 넷플릭스는 원래 우편을 이용한 DVD 대여 서비스를 제공하는 사업자로 출발하였다가 2016년 현재 미국에서 가장 강력한 온라인비디오서비스 사업자로 성장하였다. 미국 최대의 온라인 DVD 대여 서비스 사업자에서 출발한 넷플릭스는 2007년에 가입자들이 영화나 텔레비전 프로그램을 자신의 컴퓨터로 즉시 볼 수 있는 온라인 스트리밍 서비스를 도입하게 된다. 현재는 우편을 이용한 DVD 대여 서비스는 넷플릭스 사업의 일부분에 불과하고, 스트리밍 동영상서비스가 넷플릭스의 주요 서비스로 제공되고 있다. 넷플릭스는 온라인 DVD 대여 서비스를 제공하면서 축적해왔던 양질의 영화 콘텐츠와 TV 콘텐츠를 바탕으로 매년 꾸준하게 성장하여 2014년 12월 현재 미국 시장 내에서 광고수입 없이 가입자 수익으로만 4조 8천억원이 넘는 수익을 올리고 있다(황태호, 2015, 1, 20).

넷플릭스는 미국뿐만 아니라 전 세계로도 영역을 확장해 나아감으로써, 2015년 7월 현재 캐나다, 남미와 중미, 유럽 등 전 세계 50개국에서 6,500만 명이 넘는 가입자를 확보하고 있다(Shaw, 2015, 7, 16).

[그림 7-1] Netflix 가입자 추이 (2011-2015)

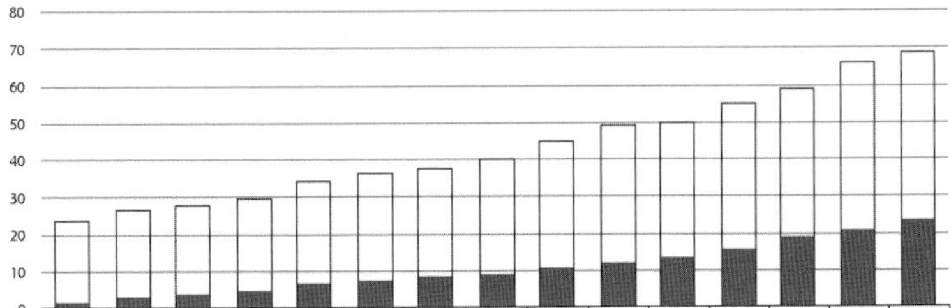

	11Q4	12Q1	12Q2	12Q3	12Q4	13Q1	13Q2	13Q3	13Q4	14Q1	14Q2	14Q3	14Q4	15Q1	15Q2
□ 미국 가입자	21.67	23.41	23.94	27.15	27.15	29.17	29.807	31.092	33.42	35.674	36.244	37.5125	39.3882	42.1453	42.7775
■ 전세계 가입자	1.86	3.07	3.62	4.31	6.12	7.14	7.747	9.188	10.93	12.68	13.8	16.37	19.47	22.59	24.59

(단위: 백만)

자료: Dixon (2014, 7, 21); Shaw (2015, 7, 16)

한편 구글(Google), 페이스북(Facebook), 야후(Yahoo)와 같은 인터넷 서비스 사업자들도 동영상 콘텐츠를 직접 소싱하여 이용자들에게 유료로 서비스하고 있다. 구글의 유튜브(YouTube)는 2005년 2월 출시 초기에 이용자 제작 콘텐츠(UGC; User Gnerated Content) 위주의 포털로 시작되었고, 그 이후 아마추어 또는 전문 콘텐츠 제작자가 제작한 콘텐츠를 제공하기도 하였다. 유튜브는 그동안 동영상 콘텐츠를 이용자들에게 무료로 제공하여 왔으나, 2012년 1월 편당 과금 방식의 영화 대여 서비스를 시작하였다. 페이스북도 2011년부터 워너 브라더스(Warner Bros.)의 'The Dark Knight'를 시작으로 영화 대여 서비스를 시작하였으며, 야후는 2011년 10월부터 TV 프로그램과 고품질 동영상 콘텐츠를 제공하는 서비스인 'Yahoo Screen'을 출시하였다.

아이팟(iPod), 아이폰(iPhone), 아이패드(iPad) 등 디지털 기기 제조사인 애플(Apple)도 편당 과금 방식으로 동영상서비스를 제공하고 있다. 2008년 1월부터 Apple은 'iTunes Movie Rental' 서비스를 통해 이용자가 영화 또는 TV 프로그램을 컴퓨터뿐만 아니라 아이팟, 아이폰, 아이패드, 애플TV 등으로 시청할 수 있도록 대여해주는 서비스를 제공하고 있다. 인터넷으로 DVD를 대여

하는 서비스를 제공하던 넷플릭스(Netflix)는 2007년 컴퓨터, 모바일 기기, TV 등으로 넷플릭스가 보유한 영화를 무제한으로 감상할 수 있는 월정액 방식의 'Watch instantly' 서비스를 시작하였다. 이외에도 온라인 소매사업자인 아마존닷컴(Amazon.com)이 2006년에 TV 프로그램과 영화를 대여·판매하는 서비스인 'Unbox'를, 2008년에 'Amazon Video on Demand'를 시작하였으며, 전자제품 소매사업자인 베스트 바이(Best Buy)도 온라인으로 영화와 TV 프로그램을 구매하는 'Cinema Now'를 서비스하고 있다. 게임 콘솔 개발로 유명한 소니(Sony)와 마이크로소프트(Microsoft)는 각각 플레이스테이션(Playstation)과 엑스박스(Xbox)를 통해 플레이스테이션 네트워크(Playstation Network)와 엑스박스 라이브 마켓플레이스(Xbox live marketplace)를 서비스 중이며, 이를 통해 게임뿐만 아니라 영화 및 TV 프로그램 또한 대여 및 판매 중에 있다. TV 셋톱박스 업체인 부두(Vudu)도 영화를 대여 또는 구매하여 온라인으로 시청할 수 있는 서비스를 제공하고 있다.

한편, 미국에서 가장 인기 있는 케이블 채널사업자들 중 하나인 HBO는 2015년 4월부터 HBO Now라는 온라인 스트리밍 서비스를 월 14.99불에 제공하기 시작했다. 흥미로운 점은 HBO Now는 애플TV를 통해 3개월간 독점적으로 제공되는 계약을 체결하였다는 것이다. 2013년부터 HBO서비스를 앱(app)을 통해 제공해 주는 HBO GO[86] 서비스의 경우, 총 트래픽의 60%가 애플 기기를 통해 발생하는 것으로 나타났기 때문에 HBO Now도 애플TV를 통해 최초로 제공하기로 계약한 것으로 알려졌다[87]. HBO Now를 시청하게 되면, HBO가 보유한 모든 콘텐츠를 스트리밍 방식으로 시청하게 된다.

이와 같이 미국에서는 다양한 사업자들에 의해 OTT 서비스가 제공되고 있

86 HBO GO는 HBO가입자를 대상으로 앱을 통해 무료로 HBO서비스를 제공해 주는 서비스이다.
87 3개월이 지나면 HBO Now는 다른 플랫폼을 통해서도 제공된다.

으며, 이들을 통해 다양한 수익모델이 시도되고 있다. 기존에 망을 소유하지 못해 동영상 콘텐츠 서비스에 진출하지 못했던 사업자들이 인터넷망을 통해 다양한 형태의 동영상 콘텐츠 서비스를 이용자들에게 제공할 수 있게 된 것이다.

〈표 7-1〉 미국 OTT 서비스 사업자별 현황, 2015년 현재

구분	사업자	서비스 이름	서비스 내용	수익모델
콘텐츠 제작자·소유자	ABC, NBC, CBS, FOX	별도 웹사이트(포털)	방송 콘텐츠 일부 제공	광고기반 무료
	CBS	CBS All Access	월 5.99불에 CBS가 보유한 모든 콘텐츠(스포츠 제외)를 스트리밍으로 제공	월정액기반유료
	HBO	HBO Go	HBO 가입자에게 HBO콘텐츠를 실시간으로 제공	무료(HBO가입자限)
		HBO Now	월 14.99불에 HBO의 모든 콘텐츠를 스트리밍으로 제공	월정액기반유료
	Hulu	Hulu	ABC, NBC, Fox 프로그램 VoD 제공	광고기반 무료
		Hulu Plus	다양한 단말에 Hulu.com보다 더 많은 고품질 콘텐츠 제공	월정액 기반 유료
	4대 스포츠 리그(MLB,NFL,NBA,NHL)	별도 웹사이트(포털)	리그경기 실시간, VoD	월정액 기반 유료
	Sony	Crackle	Sony가 보유한 콘텐츠	광고기반 무료
		Playstation Network	영화, TV프로그램 VoD 대여 또는 판매	편당 과금
인터넷 서비스 사업자	Comcast	Stream	월 15불로 ABC, CBS 등 주요 지상파 채널과 HBO를 포함하는 10개 안팎의 채널에대해 실시간 방송 및 VoD 제공	월정액 기반 유료
	Facebook	–	영화 VoD 대여	편당 과금
	Google(YouTube)	YouTube	UGC, 고품질 동영상	광고기반 무료
		YouTube Movies	영화 VoD 대여	편당 과금
	Yahoo	Yahoo Screen	TV 프로그램 VoD	광고기반 무료
제조사	Apple	iTunes	영화 TV 프로그램 VoD 대여 또는 판매	편당 과금
	Vudu	Vudu	영화 TV 프로그램 VoD 대여 또는 판매	편당 과금

	Microsoft	Xbox Live Marketplace	영화, TV프로그램 VoD 대여 또는 판매	편당 과금
DVD사업자	Netflix	Watch Instantly	영화, TV프로그램 VoD	월정액 기반 유료
위성사업자	DISH Network	Sling TV	월 20불에 케이블 또는 위성 가입 없이 ESPN, AMC, CNN 등 주문형 케이블 채널을 스트리밍으로 제공	월정액 기반 유료
소매사업자	Amazon.com	Amazon Instant Video	영화, TV프로그램 VoD 대여 또는 판매	편당 과금
		Amazon Prime	영화, TV VoD, 전자책	연정액 기반 무료
	Best Buy	CinemaNow	영화, TV프로그램 VoD	편당 과금

자료: FCC(2015) 및 각 사 홈페이지의 자료를 토대로 작성[88]

2) 규제 이슈들

미국에서는 OTT 사업자들이 제공하는 실시간 동영상서비스를 기존 다채널 유료방송서비스와 동일한 서비스로 간주해야 할 것인가에 대한 논의가 한창이다. FCC 위원장인 휠러는 실시간 동영상서비스를 제공하는 모든 플랫폼 사업자들에게 동일한 지위를 부여해 주고[89], 이들이 지상파채널과 유료채널들에 대해 동등한 조건으로 접근할 수 있게 해줌으로써 다양한 플랫폼 사업자들이 성장할 수 있는 발판을 마련해 주자는 입장을 지속적으로 제기해 왔다. 휠러의 이러한 주장은 에어리어 서비스에 대한 대법원의 서비스 중지 판결에서 촉발되었다. 미국에서는 기존 케이블TV 사업자들이 수백 개의 채널들을 패키지 상품으로 구성해서 제공해 왔기 때문에 소비자들은 전혀 시청하지 않는 채널들을 강제로 구매할 수밖에 없다는 불만들을 오랫동안 토로해 왔었다(Snider, 2014, 10, 28). 소비자들의 이러한 불만을 해결하기 위해 2012년 시

88 FCC(2015)의 보고서에서는 통신 사업자인 버라이즌(Verizon)의 레드박스인스턴트(Redbox Instant) 서비스가 기술되어 있었으나, 실적 부진으로 인해 2014년 10월 이 서비스는 종결되었다.

89 케이블, 위성, IPTV, OTT를 통한 실시간 동영상서비스를 제공하는 사업자들에게 모두 MVPD 사업자의 지위를 부여해 주자는 것이다.

장에 진입한 에어리어 서비스는 월 8불에 지상파채널들을 포함한 서비스를 온라인 스트리밍 기술을 이용하여 미국 여러 도시의 시청자들에게 제공한 바 있었다. 그러나 지상파방송사업자들에게 콘텐츠 사용료를 지급하지 않고 지상파채널을 재송신할 권한을 가지고 있지 않다는 대법원 판결 이후 에어리어 서비스는 중단되었다. 이 사건에 대해 톰 휠러는 동일한 콘텐츠가 다른 기술에서 제공된다는 이유로 차별적인 규제를 받아야 하는가에 대한 의문을 제기하게 된 것이다.

잠깐 시간을 되돌려 1992년으로 거슬러 올라가 보자. 1992년 당시 케이블TV 사업자들이 독점적 지위를 누리고 있었던 다채널 유료방송시장에 진입한 위성방송은 전송할 수 있는 프로그램의 부족으로 어려움을 겪은 바 있다. 당시 대부분의 인기 있는 케이블 채널들을 케이블TV 사업자들과 수직적으로 결합되어 있었기 때문에 경쟁 서비스인 위성방송에게 제공되지 않았던 것이다. 다채널 유료방송시장의 성장을 도모하고자 의회는 1992년 프로그램 접근규칙을 제정하였고, 이로 인해 위성방송은 케이블TV와 동등한 조건으로 인기 있는 채널들을 확보할 수 있게 됨으로써 지금까지 꾸준한 성장세를 이어왔다.

휠러는 1992년 당시의 상황을 설명하면서 오늘날 OTT 서비스 사업자들의 성장을 위해서 1992년과 같은 조치가 필요하다는 점을 강조한 것이다. 1992년 이후 지금까지 실시간 방송서비스는 지상파방송, 케이블TV, 위성방송, 그리고 통신사업자들이 제공하는 IPTV에 의해서만 주로 제공되어 왔다. 그러나 최근 들어 실시간 방송서비스는 웹을 통해서도 가능해졌고, 실제 여러 사업자들이 온라인을 통해 실시간 방송서비스를 제공하고 있거나 제공계획을 밝히고 있다. 디시 네트워크(DISH Network), 소니(Sony), 디렉 TV(DirecTV), 그리고 버라이즌(Verizon)이 제공 중이고 최근에는 CBS와 HBO가 온라인을 통한 실시간 서비스 제공계획을 밝힌 바 있다. 결국, OTT 서비스 사업자들에게도 실시간 방송채널 제공의 기회가 지금보다 용이해진다면 훨씬 많은 사업자들이 실시간 유료방송시장에 진입할 것이고, 그렇게 되면 소비자들의 사업자 선택 폭은 넓어지게 되는 것이다. OTT 서비스 사업자들은 소비자들의 기호에 맞게 실시간 방송채널들과 VOD 서비스를 다양한 형태의 채널상품을 구성할 것이고, 이는 결국 원하는 채널과 프로그램만을 골라보고 싶어 했던 소비자들의 오랜 갈망을 해소해줄 수 있는 길이 될 수 있다. 휠러가 블로그의 마지막 부분에 썼던 문장은 휠러가 추구하는 법안의 목적을 명확히 설명해 준다. '만일 이러한 법안이 통과된다면, 신규 OTT 사업자들은 소비자들의 기호에 맞도록 지금보다 훨씬 적은 수의 채널과 전문화된 콘텐츠 상품을 구성하여 제공하게 될 것이고, 이로 인해 소비자들의 선택 폭은 훨씬 증가할 것이다…이제는 소비자들이 원하지 않는 채널들에 돈을 지불할 필요가 없어지게 될 것이다(Wheeler, 2014, 10, 18).

2014년 말에 FCC는 실시간 동영상서비스를 제공하는 OTT 서비스 사업자에게 MVPD 사업자의 지위를 부여하는 내용을 담은 '규칙제정공고(Notice of Proposed Rulemaking: NPRM)'를 발표하였다. 이 규칙의 핵심내용은 실시간 동영상서비스를 제공하는 OTT 서비스 사업자들도 기존의 MVPD사업자들과 마찬가지로 지상파방송을 재전송할 수 있고 케이블사업자들이 보유한 채널들에 대해 동등한 접근권을 확보할 수 있다는 것이다. 결국, 휠러의 아이디어는 다양한 플랫폼 사업자들이 지상파채널과 케이블 채널에 대한 접근권을 확보할 수 있게 되면, MVPD 시장에 경쟁이 활성화될 것이라는 믿음에 근거한다. 일각에서는 휠러의 아이디어가 법제화된다면, OTT 서비스 사업자들은 훨씬 다양한 채널상품을 제공할 수 있을 것이라 본다.

그러나 휠러의 제안에 대해 FCC 위원들 중 2명은 다른 의견을 제시하고 있다는 점에서 흥미롭다. 이들의 주장에 따르면, MVPD 사업자들에 대한 규제는 1992년 케이블 법에 근거하고 있는 만큼 너무도 오래된 법률을 따르고 있기 때문에, MVPD에 적용되는 규제를 최근에 도입된 OTT 서비스에 적용함으로써 얻을 수 있는 이익이 없다는 것이다(Dixon, 2015, 7, 19). 예를 들어, OTT 사업자들이 FCC에 의해 MVPD 사업자의 지위를 얻는다고 하더라도 저작권 사무소(Copyright Office)가 OTT 사업자들에게 지역지상파 재전송에 대한 강제허락조항(compulsory license)[90]을 부여하지 않는다면, OTT 사업자들은 지역 지상파채널을 재전송하는데 어려움을 겪을 것이다(Eggerton, 2014, 12, 19). 또한 지역 지상파방송사들이 MVPD의 지위를 얻은 OTT 사업자들에게 지역 지상파채널 전송을 요구하게 되면, OTT 사업자들에게는 지역 지상파방송채널 전송을 위한 협상에 임해야 하는 의무가 주어지게 된다. MVPD의 지위를 얻게 된 OTT 사업자들은 가격, 광고량, 고용 등과 관련된 규제를 받게 될 것이고, 이용자들이 요구 시 각 이용자들의 집에 OTT 서비스가 제공될 수 있도록 선을 연결해주어야 하는 의무도 부과될 수 있다. 더구나 상위 20위 이내의 유료채널들 중에서 11%에 해당하는 3개의 채널들만이 수직적으로 결합된 케이블TV 사업자들이 소유하고 있기 때문에 OTT 사업자들이 MVPD의 지위를 얻지 못하더라도 수직적으로 결합된 케이블TV 사업자들에 의한 배타적 채널거래 위험은 적을 것이다. 현재에도 상위 20위권 내의 대부분의 채널들이 OTT 사업자들에게 제공되고 있는 실정이다. 따라서 OTT 사업자들에게 MVPD 사업자의 지위를 부여해 줌으로써 OTT 사업자들이 얻는 실익이 불분명하다는 것이다. 케이블TV 사업자들도 FCC의 규칙제정공고에 반대하고 있는데, 1992년 케이블TV법에서 정의하고 있는 MVPD사업자는 설비기반 전송망(facilities-based transmission path)을 보유하고 있는 것을 가정하고 있기 때문이다(Eggerton, 2015, 6, 26). 아무런 설비 없이 온라인비디오서비스를 제공하는 OTT 사업자는 기본적으로 MVPD 사업자의 범주에 들어갈 수 없다는

90 강제허락조항이란 미국의 MVPD 사업자들이 지역지상파채널을 전송할 때, 지역지상파채널이 제공하는 개별 프로그램별로 저작권자와 협상할 필요 없이 지역 지상파방송사들과만 협상이 완료되면 지역지상파 방송채널을 전송할 수 있도록 하는 조항이다.

것이 케이블TV 사업자들의 주장이다.

어쨌든, OTT 사업자들에게 MVPD의 지위를 부여해 주는 것을 골자로 하는 규칙제정공고(NPRM)는 의견 수렴을 거친 후, 2015년 가을에 보고서와 명령(Report & Order)의 채택을 위한 투표가 진행될 예정이었으나(Eggerton, 2015, 6, 26), FCC는 2016년 현재까지도 이에 대한 결정을 유보하고 있다.

미국에서 OTT 서비스와 관련하여 쟁점이 되는 두 번째 규제 이슈는 망중립이다. OTT 사업자들이 이용자에게 고화질의 콘텐츠를 제공하려면 이용자의 인터넷망 용량도 충분히 확보가 되어야 하고, OTT 서비스의 콘텐츠도 인터넷망을 통해 문제없이 전송이 되어야 한다. 그러나 현실적으로는 이와 관련하여 몇 가지 문제점이 있다.

우선 인터넷 서비스 제공자(Internet Service Providers: ISP)가 이용자에게 데이터 이용량에 상한선(data cap)을 두거나, 이용량을 기반으로 요금을 부과(종량요금제)하는 것이 OTT 서비스 시장에 안 좋은 영향을 끼칠 수 있다[91]. 이것은 다른 서비스보다 상대적으로 많은 용량을 이용하는 온라인비디오서비스 이용을 줄일 수 있기 때문에 OTT 서비스 사업자들에게 불리한 조치가 될 수 있다. 혹자는 인터넷 서비스 제공자들의 이러한 조치가 자신들이 보유한 유료방송 가입자를 유지하기 위해 OTT의 성장세를 지연시키려는 의도 때문으로 보기도 한다. 또한 다채널유료방송사업자가 자신이 소유하고 있는 인터넷망을 통해 전송되는 OTT 서비스의 전송 속도를 임의로 낮출 수 있는 능력과 유인이 있다는 것도 문제가 될 수 있다. 특히 인터넷망을 소유하고 있는 다채널유료방송사업자가 특정 OTT 서비스를 방해할 목적으로 해당 OTT 서비스의 트래픽에 대해 과도한 전송 대가를 부과할 수도 있기 때문에 OTT 사업자들에게

91 이에 대해 인터넷 서비스 제공자들은 이러한 데이터 관리 정책이 과도한 트래픽 이용을 막고, 네트워크 혼잡을 완화하고, 모든 이용자들에게 적합한 전송 속도를 보장하기 위해 필요한 조치라고 주장하고 있다.

는 큰 문제가 될 수 있다. 미국 제1의 OTT 사업자인 넷플릭스(Netflix)도 컴캐스트(Comcast) 및 버라이즌(Verizon)과의 협상을 통해 넷플릭스 동영상의 속도품질 보장을 대가로 빠른 인터넷회선 계약을 체결한 바 있다.

여기서 망중립성(network neutrality)이슈가 제기된다. 망중립성 원칙은 2003년 콜롬비아 대학교수인 팀 우가 처음으로 사용한 말인데, 모든 네트워크 사업자는 모든 콘텐츠를 동등하게 취급하고 어떠한 차별도 하지 않아야 한다는 뜻이다. FCC는 2010년 오픈 인터넷(Open Internet) 정책을 발표했는데, 이에 따르면 모든 네트워크 사업자들이 제공하는 네트워크를 콘텐츠의 종류 또는 발생되는 트래픽에 따라 차별을 두고 전송해서는 안된다. 이에 대해 미국의 대표적 통신사업자인 버라이즌은 망사업자가 트래픽 과부하를 일으키는 인터넷 사업자들의 인터넷 속도를 늦추거나 끊을 수 있어야 한다며 이를 제재하는 FCC의 권한이 지나치다는 이유로 소송을 제기했다. 망을 소유한 통신사업자가 자사 네트워크에서 서비스되는 구글(Google)이나 넷플릭스, 페이스북(Facebook)에 더 빠른 인터넷 속도를 위한 과금을 요청하거나 접속을 차단할 수 있는 권리를 FCC가 침해했다는 것이 이 소송의 배경이었다.

2014년 1월 미국 연방항소법원은 버라이즌이 미국 연방통신위원회(FCC)을 상대로 제기한 망중립성 원칙 무효소송에서 버라이즌의 손을 들어줬다. 이번 판결에서 미국 워싱턴 연방항소법원은 미국 연방통신위원회(FCC)가 망중립성 원칙에 대해 법적인 효력을 갖지 않는다고 결정했다. 보다 구체적으로 현재 미국 통신법의 산업분류 체계에 따르면 인터넷서비스를 제공해 주는 사업자는 타이틀1(Title 1)으로 분류되어 있는데, Title 1에 분류되어 있는 사업자에 대해서 FCC는 부수적인 관할권을 가지고 있기 때문에 FCC가 인터넷서비스 사업자에 대해 망중립성 원칙을 지키라고 규제하는 것은 FCC의 규제권한 밖의 일이라는 판결이다.

FCC는 이에 대한 대응으로 인터넷서비스 제공 사업을 타이틀2(Title 2)로 분류하겠다는 방안을 제시하였다. 타이틀 2는 유선전화 등의 일반 통신사업자와 같은 공공서비스 영역에 해당되는데, 만일 인터넷서비스 제공 사업이 타이틀 2로 분류된다면 FCC가 인터넷서비스에 대해 엄격한 규제를 할 수 있게 되는 것이다. FCC 의장인 톰 휠러(Tom Wheeler)의 구체적 제안은 인터넷서비스 관련 업무를 크게 2 부문으로 구분하자는 것인데, 1) 카카오톡(Kakao Talk)이나 유튜브(Youtube)와 같은 콘텐츠사업자가 인터넷에 연결되는 부분을 도매사업 2) 이용자들이 인터넷전송사업자들을 통해 원하는 콘텐츠를 이용하는 부분을 소매로 구분하는 방안이다. 이 중 도매부분은 통신법상의 타이틀 2로 분류하여 인터넷전송사업자의 콘텐츠 사업자에 대한 차별적 대우를 FCC가 강력하게 규제하는 반면, 소매부분의 경우 소비자들이 선택하는 속도에 따라 인터넷서비스 제공사업자들이 차별적으로 요금을 부과하는 것을 용인해 준다는 것이다. 이러한 결정은 오바마 대통령이 지속적으로 주장해왔던 망중립성 의지를 반영한 것으로 인터넷 제공서비스가 타이틀 2로 분류되면 인터넷 망사업자는 콘텐츠나 서비스 종류 등에 따라 전송속도를 차별화하고 요금을 차등화하지 못하게 된다. FCC의장에 의해 제안된 이러한 분류방안은 2015년 2월말 FCC 찬반투표를 통해 인터넷 망사업자(ISP)의 인터넷제공서비스를 공익적 서비스(public utility)로 분류하겠다는 원안을 통과시켰다(Ruiz & Lohr, 2015, 2, 26).

미국의 망사업자들은 이 규정을 막기 위해 항소법원에 제소하고 다각도로 반대의견을 피력해 왔다. 망사업자들은 인터넷 제공 사업을 타이틀 2로 규정하게 되면 인터넷망에서의 혁신과 투자가 저해되어 결국 소비자 비용 증가로 이어질 것임을 강조했다. 그러나 2015년 6월 미국 워싱턴 연방순회항소법원은 AT&T, 버라이즌(Verizon) 등이 포함된 통신업계의 'FCC 망중립성 규정'에 대한 가처분신청을 기각하였고, 망중립성 규정은 2015년 6월 12일부터 시행되었다. 그러나 케이블TV와 전화회사들은 망중립성 규정의 적법성에 대한 소송을 지속할 예정이다. 앞으로 FCC의 망 중립성 옹호 결정이 어떻게 흘러갈지 지켜볼 필요가 있다.

2. 국내 온라인비디오서비스 시장의 현황과 규제 이슈들

국내에서도 미국과 같이 지상파 방송사, 케이블TV MSO, 통신사, 인터넷 서비스 사업자 등 다양한 업계에서 온라인비디오서비스를 시장에 내놓고 있다. 기존 방송과 달리 시간적, 공간적 제약 없이 내가 원하는 콘텐츠를 이용할 수 있다는 장점과 자체적인 망을 가지고 있지 않은 사업자도 미디어 서비스를 제공할 수 있다는 매력 때문에 많은 사업자들에 의해서 시도가 된 것이다. 그러나 국내에서는 온라인비디오서비스가 아직까지 성공적이라고 평가하기가 힘들다. 오히려 국내에서 비교적 큰 규모의 사업자들조차도 온라인비디오서비스 시장에서의 수익모델 부재로 고전을 하고 있는 상황이다. 이하에서는 국내 온라인비디오서비스 시장의 현황 및 규제 이슈들을 살펴볼 것이다.

1) 현황

국내 온라인비디오서비스는 2004년 10월 인터넷 방송사업자인 판도라TV(PandoraTV)의 서비스를 시작으로, 현재 지상파 방송사, 케이블 MSO, 통신사, 인터넷 포털이 참여하여 다양한 사업자들이 서비스를 제공하고 있다.

지상파 방송사업자인 MBC와 SBS가 '푹(pooq)', KBS는 'K플레이어(Kplayer)'를 통해 실시간과 VOD TV 다시보기 등을 무료로 제공하였고, 2012년 7월 KBS와 EBS도 참여하면서 푹은 유료로 전환되었다.

CJ헬로비전은 지상파 채널, 케이블 채널(PP)을 중심으로 한 200여 개의 채널과 5만여 개의 VOD를 제공하는 '티빙(tving)'을 2010년 6월부터 서비스하고 있다. 국내에서도 웹에 기반한 온라인비디오서비스는 다음(Daum)과 같은 인터넷 포털이나 판도라 TV(PandoraTV), 곰 TV(GomTV)와 같은 전문 업체에 의해 예전부터 제공되어 왔었지만, TV 프로그램이나 영화와 같은 프리미엄 콘텐츠를 스트리밍 방식으로 제공하는 서비스는 티빙에 의해 본격적으로 제공되기 시작하였다.

SKT는 '호핀(hoppin)'을 야심차게 시작했으나 지원되는 단말기의 제약과 8,000원이라는 가격 때문에 저조한 실적을 기록한 바 있다. KT의 '올레 TV 나우(Olleh TV Now)', LG U+의 'U+ 박스 숏앤(U+BOX Shoot&)' 등과 같은 통신사업자들의 서비스들도 등장했지만 모두 저조한 실적을 나타낸 바 있다.

PC 기반 서비스로 시작된 국내 온라인비디오서비스는 지금은 대부분의 서비스가 모바일을 통해서도 제공되고 있고, 기존의 VOD 스트리밍이나 다운로드 방식뿐만 아니라 실시간 방송 서비스도 제공하고 있다. 푹, K플레이어, 티빙, 현대HCN과 판도라의 에브리원TV, KT의 올레tv나우팩, SK브로드밴드의 Btv 모바일, LG유플러스의 U+ HDTV, 다음의 다음tv팟, 아프리카의 아프리카tv 등이 대표적인 국내 모바일 온라인비디오서비스들이다. 이 중에서 다음tv팟과 아프리카tv를 제외하고는 지상파 방송, 케이블 방송, IPTV 사업자 등 기존의 방송사업자들이 제공하는 서비스라는 특징이 있다.

국내의 온라인비디오서비스 사업자들은 자신들의 역량 및 처한 상황에 따라 폐쇄 또는 개방, 유료 또는 무료 광고 등 다양한 비즈니스 모델을 시도하고 있는 중이다. 예를 들어 KT는 자사가 보유한 막대한 유무선 가입자를 기반으로 자사의 방송통신서비스 가입자에 한해 서비스를 제공하는 폐쇄적인 전략을 취하고 있다. 한편, 콘텐츠 역량을 보유한 '푹', '티빙', '호핀' 등은 유료 모델을 선택하였으나 아직까지 유료가입자의 비중은 높지 않은 것으로 알려져 있다. 2014년 현재 CJ헬로비전의 '티빙'은 690만 명, SK플래닛의 '호핀'이 450만 명, 콘텐츠연합플랫폼의 '푹(pooq)'은 300만명의 가입자를 확보한 것으로 집계되었다(최동현, 2015, 2, 6). 그밖에 이동통신 3사의 모바일 IPTV 가입자 수 580만 명, 에브리온TV(EveryonTV)와 크롬캐스트(Chromecast) 이용자 등을 더하면 전체 OTT 서비스 이용자는 2,250만 명 수준에 이르는 것으로 추산된다(권건호, 2015, 1, 26). 우리나라에서 OTT 서비스가 본격화된지 2-3년밖에 되지 않은 점을 고려해 보면 외형상으로는 놀라운 성장속도라고 볼 수도 있다. 문제는 가입자 대비 유료 가입자 수가 낮아 매출에 대한 기여가 아직까지 높지 않다는 것이다. 푹, 티빙, 호핀 같은 한국의 대표적 OTT 사업자들의 고민이 깊어가는 이유이다. 통신사업자들이 주도하고 있는 모바일 OTT 시장은 결합서비스 제공전략이 시장에서 통하면서 최근 강세를 보여주고 있다. 그러나 우리나라에서는 OTT 서비스의 가입자나 매출액의 규모가 미미하기 때문에 OTT 서비스가 전통 유료방송시장에 미치는 영향력이 아직까지는 우려할만한 수준은 아니다.

2) 규제 이슈들

2014년 정책당국은 OTT 서비스에 대해 네거티브 · 최소 · 자율 규제를 적용한다는 원칙을 발표하였다(윤희석, 2015, 9, 13). 정책당국은 OTT를 중심으로 한 스마트미디어를 차세대 성장 동력으로 육성하기 위해 산업 진흥에 장애가 되는 규제 장벽을 제거하겠다는 의지를 보여준 것이다. 따라서 우리나라의 경우 OTT 서비스를 상용화할 수 있는 사업자라면 누구나 방송 콘텐츠 시장에 뛰어들 수 있게 된 것이다. 기존의 유료방송사업자들은 이 같은 정책당국의 스마트미디어 육성 방안을 환영하면서도 시장 진입에 관한 최소한의 법적 근거를 마련해야 한다고 주장하고 있다. 이들의 주장에 따르면, 검증받지 않은 OTT 사업자가 시장에 난립하면 시청자 피해를 유발하는 것은 물론이고 방송시장 질서를 붕괴시킬 수 있기 때문에 OTT 사업자의 시장진입에 어느 정도의 규제가 필요하다는 것이다.

또한 OTT 서비스가 활성화될 경우, 네트워크를 보유하고 있는 사업자들과 OTT 서비스 사업자들 간 망중립성 분쟁이 높아질 가능성도 제기되고 있다. 망중립성 문제는 TV제조사와 네트워크 사업자, 플랫폼 사업자와 네트워크 사업자 간에 공통적으로 발생할 수 있다. 우리나라의 경우, 티빙이나 푹 등의 플랫폼 사업자들은 아직까지 트래픽 유발이 그리 높지 않아 문제가 되고 있지 않지만, LG전자나 삼성전자가 스마트TV 자체를 OTT로 활용하면서 방송 시장에 진입하고 있기 때문에 망중립성 논쟁이 일어날 가능성이 높다. 스마트TV 내의 OTT 서비스가 일반 TV와 달리 유료 채널 및 유료 콘텐츠를 제공하면서 접속 트래픽을 높일 수 있기 때문이다. 실제로 2012년 KT는 삼성전자의 스마트TV가 과도한 트래픽을 초래한다는 이유로 망을 차단함으로써 삼성전자의 스마트TV 제공을 일시적으로 차단한 바 있다. KT는 과도한 트래픽을 유발하는 서비스를 그대로 방치하면 통신 서비스 품질이 떨어질 수밖에 없음을 차단의 이유로 들었다. 현재 통신사들은 스마트TV를 통해 제공되는 OTT 서비스에 망중립성 원칙을 적용할 것인가에 신중한 태도를 보이고 있다. 아직까지 스마트TV를 통한 OTT 서비스의 정확한 트래픽 수치가 파악되지 않았을 뿐만 아니라, 국제적으로도 망중립성 논의가 어떻게 해결될지 지켜볼 필요가 있다는 입장이다(윤희석, 2015, 9, 13).

망중립성 이슈는 OTT 시장의 활성화와 직접 관련된 문제이기 때문에 우리나라와 같이 OTT 시장의 보급이 저조한 국가들에서는 특히 주목해 보아야 할 이슈이다. OTT 서비스를 제대로 즐기기 위해서는 언제 어디서나 고품질의 콘텐츠를 이용할 수 있는 환경이 마련되는 것이 중요한데, 이러한 환경 마련은 망중립성 이슈와 직접적으로 연결된다. FCC(2012)도 OTT 서비스 제공에 있어 네트워크가 매우 중요한 요소로 작용한다는 점을 강조한 바 있는데, 이에 따르면 OTT 이용자는 고품질의 콘텐츠를 안정적인 네트워크 환경에서 이용하고자 하기 때문에 OTT 제공 사업자들은 고품질의 인기 콘텐츠를 확보하고 이용자들에게 서비스를 안정적으로 제공해줄 수 있는 네트워크 환경을 구축해야 한다는 것이다. 이를 위해서는 국내 소비자들이 OTT 서비스를 통해 주로 이용하는 콘텐츠가 무엇인지, 그리고 그것이 실제 사업자들의 서비스 플랫폼들에서 제대로 제공되고 있는지를 살펴볼 필요가 있다. 또한 OTT 서비스가 주로 이용되는 장소가 어디인지 살펴봄으로써 소비자들이 OTT 서비스의 특성에 맞게 다양한 장소에서 서비스를 이용하고 있는지도 분석해볼 필요가 있다.

박상진 · 신재권(2014)의 연구는 이러한 궁금증에 대한 답을 제시하고 있다. 이 연구에서는 정보통신정책연구원이 제공하는 한국미디어패널조사 자료들 중 2010년부터 2012년까지 전국 2,709명의 미디어다이어리 조사결과를 활용하여 조사에 응한 소비자들이 OTT 서비스를 통해 이용한 콘텐츠 종류를 분석하였다[92]. 또한 이 연구에서는 국내 주요 OTT 서비스 플랫폼인 푹(pooq), 티빙(tving), Btv 모바일(Btv mobile), 곰TV(GomTV)에서 소비자들이 주요 이용하고 있다고 응답한 대표적인 콘텐츠들이 제대로 제공되고 있는지 살펴보았다.

연구결과, 몇 가지 흥미로운 점들이 발견되었다. 우선, 푹은 지상파 채널의 시청률 상위 20위 프로그램의 상당 수를 제공하고 있었으나 다른 사업자들은 상대적으로 적은 수의 프로그램만 제공하고 있는 것으로 드러났다. 티빙은 그나마 최신 프로그램이나 1년 전 프로그램에 대해서 시청률 상위 20위 프로그램 중 12~13개를 제공하고 있는 것으로 나타났지만, 3년 전 프로그램에 대해서는 시청률 상위 20위 프로그램 중 8개만을 제공하고 있었다. 특히 3년 전 프로그램의 경우 SBS, MBC의 프로그램은 거의 제공을 하고 있지 못하였으며 (9편 중 1편), KBS1, KBS2의 프로그램을 중심으로 제공하고 있었다. SK브로

92 박상진 · 신재권(2014)의 연구에서는 지상파채널 프로그램 중 시청률 상위 20개의 프로그램이 각 스마트미디어서비스 플랫폼에서 VOD 형태로 얼마나 제공되는지 비교하였다. 또한 최근에 방영된 콘텐츠뿐만 아니라 오래 전에 방영된 콘텐츠에 대해서도 각 OTT 서비스에 제공이 되고 있는지 알아보기 위해, 1주일 전 시청률 상위 20개 프로그램, 3개월 전 시청률 상위 20개 프로그램, 1년 전 시청률 상위 20개 프로그램, 3년 전 상위 20개 프로그램이 각 스마트미디어서비스 플랫폼에 어떻게 제공되고 있는지 분석해보았다.

드밴드의 Btv 모바일이나 인터넷 서비스 사업자인 그래텍의 곰TV의 경우 시청률 20위 프로그램 중 7~11개 만을 제공하고 있어 푹이나 티빙의 다른 서비스들에 비해 적은 수의 프로그램을 제공하고 있었다. 특히 3년 전 프로그램에 대해서는 제공하고 있는 프로그램이 0~4개 수준으로 매우 적었다.

이 연구가 주는 시사점은 결국 현재 국내에서 제공되고 있는 OTT 서비스들 간에는 지상파 채널 프로그램의 제공 수준에 상당한 차이가 있다는 것이다. 지상파방송 사업자가 설립한 푹 또는 케이블TV 사업자가 출시한 티빙은 비교적 지상파 인기 프로그램들을 충분히 제공하고 있지만, 통신사업자의 Btv 모바일이나 인터넷 서비스 사업자의 곰TV는 이들보다 훨씬 적은 지상파콘텐츠를 제공하고 있었다는 것이다.

한편, 장소에 구애받지 않고 서비스를 이용할 수 있다는 OTT 서비스의 특성에도 불구하고, 이용자들은 OTT 서비스를 주로 가정(집)에서 이용하고 있는 것으로 드러났다. 물론 직장과 교육시설에서도 OTT 서비스가 어느 정도 이용되고 있었지만, 가정(집)에서의 이용이 전체 이용의 74.6%~82.8%에 이를 정도로 OTT 서비스 이용은 대체로 가정(집)에서 이루어지고 있었다. 이는 소비자들이 다양한 장소에서 OTT 서비스를 통한 동영상 콘텐츠를 안정적으로 즐길 수 있을 만큼의 인터넷 환경이 국내에서 아직까지 확보되지 못했기 때문으로 보인다. 대중교통을 타고 다니면서 또는 공공장소에서 와이파이(Wi-Fi)를 이용한 동영상 콘텐츠 시청은 와이파이망이 구축된 특정한 구역(zone)에서만 가능하고, 그나마도 와이파이에 접속한 이용자가 많을 경우에는 혼잡(congestion)으로 인해 원활한 동영상 시청이 쉽지 않을 수 있다. 현재 국내에서 원활한 OTT 서비스를 이용하기 위해서는 이동통신사의 무선 인터넷 서비스(2G, 3G, LTE, 와이브로)를 이용하는 방법이 있으나, 동영상 시청으로 인한 데이터 사용량에 따라 높은 데이터 요금을 지불해야 하기 때문에 요금 부담없이 동영상서비스를 시청하기가 어렵다. 결국, OTT 서비스를 이용하기에는 와이파이망이 불안정하고, 이동통신 무선인터넷을 이용하여 OTT 서비스를 이용하기에는 요금이 비싸다는 문제가 있기 때문에 많은 사람들은 가정에서 OTT 서비스를 이용하는 경향이 높다고 하겠다[93].

이러한 문제를 해결하기 위해 통신사업자들은 특정 요금을 내면 OTT 서비스를 데이터의 제한 없이 이용할 수 있는 패키지를 출시하였다. 예를 들어, SK브로드밴드는 월 9,900원으로 Btv 모바일 이용 시 발생하는 데이터 통화료를 하루 2GB까지 무료 제공하는 Btv 모바일팩을 출시하였으며, KT는 월 5,000원으로 올레 tv 모바일 이용 시 월 6GB까지 무료로 이용할 수 있는 올레 tv 모바일팩을 제공하고 있다. 그러나 무선 인터넷망을 보유하고 있지 않은 지상파 방송사, 케이블TV, 인터넷 서비스 사업자 등은 이용자들의 데이터 부담을 해결해 줄 수 있는 서비스를 출시하지 못하고 있는 실정이다.

요약해 보면, 강력한 콘텐츠를 보유하고 있는 푹이나 티빙은 자신들이 보유하고 있는 콘텐츠를 소비자들이 저가에 이용할 수 있는 환경을 마련해 주기가 어려운 반면, 네트워크 용량에서의 강점을 가지고 있는 통신사업자들은 제공할 수 있는 콘텐츠가 부족하다. 바로 이러한 문제점들이 국내에서 OTT 서비스 시장이 활성화되고 있지 않은 중요한 이유들 중의 하나라고 볼 수 있다. 그렇다면 이 문제들을 해결할 수 있는 방법은 없는가?

---

93 이러한 점에서 최근 미국 최대의 케이블TV 사업자인 컴캐스트의 행보는 부족한 이동통신망에서의 약점을 보완하기 위한 케이블TV 사업자의 노력을 보여준다. 컴캐스트는 현재 미국 최대 수준의 와이파이망을 보유하고 있고, 2015년 현재 뉴욕과 뉴저지에서만 110만개의 핫스팟을 보유하고 있다(Frankel, 2015, 2, 5). 미국의 케이블TV 사업자들은 자신들의 최대 취약점으로 지적되는 이동통신서비스를 도입하기 위해 주파수를 확보하고 이동통신네트워크를 구축하려는 노력을 시도한 바 있으나, 이로 인한 망구축비용이 너무나 높고 설사 망을 구축한다고 하더라도 이동통신시장에서의 경쟁력 확보가 쉽지 않다는 판단 때문에 망 구축을 포기하고 주파수를 매각한 바 있다. 그러나 케이블TV 사업자들은 여기서 포기하지 않고, 모바일 브로드밴드 서비스 제공을 위해 최근 와이파이를 대폭적으로 강화하고 있다. 와이파이는 이동통신망 대비 상대적으로 저렴하고, 초고속인터넷과의 연계해서 사용하는 측면에서도 유리하며, 와이파이용 단말이 지속적으로 확산되고 있고 와이파이망을 통한 VoIP서비스가 확산되고 있다는 점에서 케이블TV 사업자들로서는 매력적인 선택인 것이다. 향후 다가오는 사물인터넷 시대에 대비한다는 측면에서도 컴캐스트의 네트워크 용량 확보 전략은 긍정적으로 평가되고 있다.

우선 인기 콘텐츠를 보유한 사업자와 충분한 네트워크 용량을 가지고 있는 사업자들 간 협력모델을 생각해 볼 수 있다. 푹이나 티빙과 같이 네트워크를 보유하고 있지 않은 사업자들과 네트워크를 보유하고 있는 통신사업자들의 협업모델이 만들어질 수 있다면 국내 OTT 서비스 시장이 새롭게 도약할 가능성이 있다. 5장에서 자세히 다룬 바 있지만, 아직 덜 알려지고 덜 성장한 미디어 플랫폼 시장을 활성화하기 위해서는 파이를 나누는 논의보다는 파이를 키우는 논의에 초점을 모으는 것이 중요하다. 인기 콘텐츠를 보유한 지상파사업자들은 콘텐츠를 제공해 주는 대가로 많은 비용을 요구할 가능성이 높은 반면, 네트워크를 보유한 통신사업자들은 이용자들의 푹 이용으로부터 발생하는 트래픽 요금을 과다하게 측정할 유인이 높을 수밖에 없다. OTT 서비스라는 동일한 시장에서 경쟁하는 사업자들이 이러한 유인을 갖게 되는 것은 당연한 것이다. 그러나 양측의 이기적인 행동은 OTT 서비스 시장의 파이를 키우는데 큰 걸림돌로 작용할 수 있다. 시장의 파이가 어느 정도 형성된 후, 각자의 장점을 활용하여 차별화된 서비스 경쟁을 시도하는 것이 필요한 시기이다.

그럼에도 불구하고 양 측의 협력모델이 시장에서 제대로 작동하지 않는 경우, 정책당국의 개입을 고려해 볼 수 있다. 정책당국의 입장에서는 국내 OTT 서비스가 활성화되기 위해서 양질의 콘텐츠가 다양한 플랫폼을 통해 저렴한 비용으로 제공될 수 있는 시장 환경이 마련되기를 바랄 것이다. 이를 위해서는 OTT 서비스사업자들의 콘텐츠와 네트워크에 대한 접근이 공정하고 합리적인 가격에서 이루어질 수 있는 환경이 마련되어야 한다. 인기 콘텐츠를 보유하고 있는 사업자들은 네트워크에 대한 접근과 이용을, 충분한 네트워크 용량을 보유한 사업자들은 인기 콘텐츠에 대한 접근과 이용을 원활하게 할 수 있는 환경이 마련되어야 한다는 것이다.

물론 아직까지 지상파 방송사가 타 사업자의 OTT 서비스에 콘텐츠를 제공하는 것을 꺼리거나 과도하게 높은 가격을 제시함으로써 콘텐츠의 확보 자체를 제한하는 행위를 하고 있다는 명확한 증거를 찾기는 어렵다. 그러나 업계에서는 지상파 방송사가 타 OTT 서비스 사업자와 콘텐츠 제공 계약을 체결하면서 자사의 OTT 서비스에 공급되는 가격보다 더 높은 가격을 제시한다는 지적이 제기되고 있다(이승엽, 2014). 또한 방송통신위원회의 2011년 망중립성 및 인터넷 트래픽 관리에 관한 가이드라인(2011.12.26)과 2013년 통신망의 합리적 관리·이용과 트래픽 관리의 투명성에 관한 기준(2013.12.4)은 합법적인 OTT 서비스를 차단하거나 타 서비스와 차별하는 것을 금지하고 있다. 따라서 현실적으로 통신사업자가 자신이 가지고 있는 인터넷망을 무기로 경쟁관계에 있는 타 사업자의 OTT 서비스를 제한하기는 어려울 것으로 보인다. 그럼에도 불구하고 2012년 2월, KT는 삼성 스마트TV의 동영상서비스가 과도한 트래픽을 유발하다는 이유로 KT 초고속인터넷(유선인터넷) 가입자들의 삼성 스마트TV 앱스토어(app store) 접속을 차단한 사건이 일어나기도 하였다(이승엽, 2014).

따라서 인기 콘텐츠를 보유하고 있는 사업자가 자기 또는 자기와 수직 결합되어 있는 OTT 사업자와 경쟁관계에 있는 타 사업자에게 콘텐츠를 차별적으로 제공하거나 콘텐츠 제공을 거부·제한하는 행위를 방지하기 위한 제도적 장치가 필요하다고 할 수 있다. 한편 OTT 서비스를 전송하는 통신사업자가 OTT 서비스의 전송을 차단하거나, 전송속도 등의 전송품질을 부당하게 저하시키는 행위도 금지할 필요가 있다.

이러한 상황에서 2015년 FCC가 지지하는 망중립성 방안이 통과되었다는 것은 미국 내에서 강력한 콘텐츠를 가지고 있는 OTT 사업자들에게 큰 힘을 실어줄 것이다. 콘텐츠 사업자들의 입장에서는 전통적으로 유지해 오던 기존 유료TV사업자들과의 콘텐츠 거래를 유지하는 동시에 독자적 플랫폼을 구축하면서 소비자들에게 직접 콘텐츠를 판매하는 방식에 더욱 힘을 쏟을 것으로 보인다. 전통 유료TV사업자들의 입장에서는 과거와 마찬가지로 ESPN이나 터너와 같은 핵심적 콘텐츠 사업자들과 독점적 거래관계를 유지하기를 바랄 것이다. 그러나 많은 전문가들은 콘텐츠 사업자들이 스스로 플랫폼을 구축하거나 스마트 TV, OTT와 같은 플랫폼 사업자들과의 계약을 통해 자신들의 콘텐츠가 더욱 많은 플랫폼을 소비자들에게 판매되는 방식을 추구할 것으로 예측해왔고, 이러한 예측은 조만간 현실화가 될 가능성이 높다. 물론 앞으로 FCC에 대한 망 사업자들의 강력한 소송이 제기될 것으로 보이나, 현재로서는 다양한 형태의 OTT 서비스의 등장이 활발하게 이루어질 가능성이 높다. 잘 되고 있었던 미국의 OTT 시장은 이제 날개 하나를 더 달은 셈이다.

제2절. 국내 OTT 서비스 시장의 성장 가능성

국내의 OTT 시장은 미국과 달리 유료TV 시장에서 아직까지 큰 반향을 일으키지는 못하고 있다. 비록 현재의 OTT 서비스는 케이블TV나 IPTV 같은 기존 유료방송서비스의 보완재 정도로 인식되고 있으나 향후 대체재로 인식되는 순간 코드커팅의 가능성도 존재한다. 중요한 것은 OTT 서비스의 유료가입자 수가 증가해야 한다는 것이다. 우리나라의 경우, 불법콘텐츠의 만연과 유료방송의 낮은 요금체계로 인해 OTT 서비스에 돈을 지불하고 시청하는 것에 대한 거부감이 높다. 실제 공개된 데이터를 보더라도 OTT 서비스의 유료 가입자는 티빙이 60만 명, 푹 23만 명 등으로 전체 가입자 대비 유료 가입자 비율이 10%에도 미치지 못하는 상황이다(권건호, 2015, 1, 26). 그러나 OTT 서비스가 확산되고 있다는 긍정적 신호들도 여기저기서 감지된다. 이 절에서는 전 세계에서 OTT 서비스 시장이 가장 발달된 미국의 사례분석을 통해 미국에서

OTT 서비스 시장이 발달한 이유들을 살펴보고, 국내 OTT 서비스 시장의 성공 가능성을 예측해 보도록 하겠다.

1. 미국 OTT 서비스 시장의 성공 요인

시장 조사기관 액센츄어(Accenture, 2012)에 따르면, 미국인들의 OTT 서비스 요금 지불의향에 영향을 미치는 주요 요인들로는 고화질(35%), 적은 양의 광고(35%), 고품질 동영상 콘텐츠(32%) 등이 있는 것으로 조사되었다. FCC의 2012년도 영상프로그램 시장 경쟁상황평가 보고서에서는 OTT 서비스 간의 경쟁 요소로 콘텐츠 확보, 광고, 다양한 단말을 통한 콘텐츠 제공을 들었다. 위의 두 보고서를 종합해 보면, OTT 서비스의 경쟁력을 결정짓는 요인으로 ①프리미엄 콘텐츠의 확보, ② 다양한 단말을 통한 콘텐츠 제공, ③ 네트워크 용량 확보 등을 들 수 있다.

1) 프리미엄 콘텐츠 확보

이용자들에게 고품질의 동영상 콘텐츠를 제공하기 위해서는 최신 헐리우드 영화와 TV 프로그램을 확보하는 것이 매우 중요한데 OTT 서비스 사업자들에게는 이것이 여의치 않다. 인기 콘텐츠를 많이 확보하고 있는 사업자들이 OTT 서비스 시장으로 진출하는 것은 상대적으로 유리하나, 변변한 콘텐츠가 없이 플랫폼 사업자로서 OTT 서비스 사업에 진입하는 것은 인기 콘텐츠를 확보하기가 어렵고 확보한다고 해도 엄청난 비용을 지불해야 하기 때문에 사업성이 불투명하다. 예컨대 지상파 방송채널과 다수의 콘텐츠 제작사에 의해 건립된 훌루(Hulu)는 고품질의 TV 프로그램의 확보가 용이하기 때문에 OTT 서비스 시장에서 경쟁력 있는 플랫폼 사업자로서의 입지를 갖추기가 상대적으로 유리하다. 반면, 콘텐츠를 소유하고 있지 않은 OTT 서비스 사업자들은 콘텐츠 수급에 엄청난 비용을 지불해야 하는 것도 문제지만, 콘텐츠를 소유하고 있는 사업자가 케이블TV, 위성방송, IPTV, 또는 OTT 서비스 사업자들과 수직 결합되어 있을 경우, 자신들과 경쟁관계 있는 플랫폼 사업자에게 콘텐츠를 아예 공급하려고 하지 않을 것이기 때문에 고품질 콘텐츠 확보에 어려움을 겪게 된다. 즉, 콘텐츠 제작과 플랫폼이 수직 결합되어 있는 사업자가 자사의 콘텐츠를 배타적으로 사용할 경우 이를 제지할 방법이 없기 때문에, 인기 있는 콘텐츠를 확보하지 않은 채 OTT 서비스 시장에 진입한 플랫폼 사업자들은 가입자 모집에 어려움을 겪게 되는 것이다[94].

더욱이 넷플릭스(Netflix)의 가입자가 증가하자 수직적으로 결합된 콘텐츠 사업자들은 넷플릭스에 콘텐츠 제공을 꺼리게 되었다. 2011년 9월, 최신 영화와 TV 프로그램을 공급하던 스타즈(Starz)는 넷플릭스에 콘텐츠 공급을 중단하기로 결정하였고, CW(The CW Television Network)[95] 등의 헐리우드 스튜디오들도 자신들의 DVD 판매와 타 서비스의 VOD 대여 수익 잠식을 우려하여 새로운 콘텐츠를 넷플릭스에 제공하는 것에 부정적인 입장을 취하게 되었다. 결국 넷플릭스는 2011년 10월 막대한 비용을 들여 CW와의 콘텐츠 공급 계약을 체결하였다[96].

콘텐츠 수급에 막대한 비용이 들자 넷플릭스(Netflix)는 2011년 9월 요금제를 변경하고 사실상 요금을 큰 폭으로 인상하게 된다. 기존에는 DVD 대여

---

94 이러한 문제점으로 인해 FCC는 지난 2011년 1월 컴캐스트(Comcast)의 NBC유니버설(NBC Universal) 인수를 승인할 당시, 인수 후 7년 동안 컴캐스트는 NBC유니버설의 콘텐츠를 경쟁 플랫폼 사업자에게도 차별 없이 공급해야 하는는 조건을 부과한 바 있다. 그러나 이 사례를 제외하고는 콘텐츠와 플랫폼이 수직 결합되어 있는 사업자에게 경쟁사업자에 대한 콘텐츠 동등접근을 강제한 사례를 찾아보기는 어렵다. 따라서 콘텐츠 사업자와 수직 결합되어 있지 않은 온라인비디오서비스 사업자에게는 고품질 콘텐츠 확보가 여전히 큰 숙제라 할 것이다.

95 2006년 타임워너와 CBS가 각자 소유의 방송국을 합병하여 설립하였다.

96 정확한 금액은 공식적으로 공개되지 않았으나, 분석가들에 의하면 넷플릭스와 CW의 계약으로 넷플릭스는 약 10억 달러를 CW에 지불하였을 것으로 추정된다(FCC, 2012).

와 OTT 서비스를 통합한 요금제를 운영하였으나 이 둘을 완전히 분리하여 과금하였고, 요금도 실질적으로 60% 가량 인상하였다[97]. 넷플릭스는 2010년 4분기, 2011년 1분기에 16% 이상의 가입자 증가율을 보였었으나 요금제 변경으로 인해 2011년 3분기에는 전 분기(2011년 2분기) 대비 80만 명의 가입자가 감소하였고, 2011년 4분기에는 210만여 명의 가입자가 추가로 감소하였다. 2012년까지도 가입자 감소와 순손실로 어려움을 겪었던 넷플릭스는 이후 지속적인 성장을 하게 된다. 2013년 1분기에 들어서는 순이익이 269만 불을 기록하였는데 이는 2012년 1분기 460만 불의 순손실을 본 것과 대조된다. 가입자 수도 2013년 1분기에 305만의 신규가입자를 유치하였고, 2014년 4분기에 433만 명의 신규 가입자를 유치했다. 2014년 현재 미국 내 3,900만, 전 세계적으로 5,700만 명의 가입자 수를 확보(명승은, 2015, 1, 30)한 넷플릭스는 2015년 1분기 현재 전 세계적으로 6,000만 명이 넘는 가입자를 확보하기에 이르렀다(Steel, 2015, 4, 19).

2) 독점적 콘텐츠 확보 전략

미국의 OTT 서비스 사업자들이 성공할 수 있었던 주요 요인들 중의 하나는 다른 사업자들과 차별화되는 독점적 콘텐츠를 확보하고, 제공하였다는 점이다. 이러한 측면에서 넷플릭스의 콘텐츠 확보 전략을 살펴볼 필요가 있다. 넷플릭스는 2011년부터 가입자 모집의 실패와 순손실을 보면서 어려움을 겪었으나 2013년부터 가입자가 증가하고 순이익을 창출하면서 현재까지 미국에서 가장 성공적인 OTT 서비스 제공사업자로 꼽히고 있다. 그렇다면 넷플릭스는 어떻게 위기를 극복했나?

97 요금제 변경 전 이용자가 DVD 1편을 대여하고, OTT 서비스를 이용하려면 월 $9.99를 지불하였으나, 요금제 변경 이후 동일한 서비스를 이용하기 위해 월 $15.98를 지불하게 되었다.

콘텐츠 수급에 어려움을 겪게 되자 넷플릭스는 자체적으로 콘텐츠를 제작하여 넷플릭스 플랫폼을 통해 독점적으로 콘텐츠를 제공하는 전략을 취하고 있다. 2012년 '릴리해머(Lilyhammer)'라는 자체 TV 드라마를 처음 선보인 이후, 넷플릭스는 '하우스 오브 카드(House of Cards)'나 '마르코 폴로(Marco Polo)'등의 드라마를 직접 제작해서 독점적으로 방송하는 등 독점적 콘텐츠를 스스로 제작해서 방영하고 있다. 2015년 4월 9일에는 넷플릭스가 제작한 17번째 TV드라마인 '데어데블(Daredevil)'을 전 세계 50여개 국가들에 동시 제공하기에 이르렀다(Steel, 2015, 4, 19). 넷플릭스는 '하우스 오브 카드'에 1억 불이라는 제작비용을 투자했는데, 이 드라마가 엄청난 인기를 끌면서 2013년 1분기 흑자 전환의 기회를 가져다 준 것으로 평가받고 있다. 드라마 1편에 1억 불이라는 엄청난 금액을 투자했다는 것에 대해 너무 무모하지 않은가 하는 비판적 시각이 많았으나 넷플릭스는 이 드라마로 인해 콘텐츠를 전송하는 단순한 플랫폼 사업자가 아니라 콘텐츠 경쟁력을 보유한 플랫폼 사업자로서의 입지를 공고히 다져놓았다는 평가를 받았다.

'하우스 오브 카드'의 성공으로 인한 넷플릭스 가입자 수의 급격한 증가는 타 플랫폼과 차별화된 독점적 콘텐츠를 제작하는 것이 비싼 콘텐츠를 수급하느라 엄청난 비용을 치르는 것보다 플랫폼 경쟁력을 높이는데 도움이 될 수 있음을 보여주는 좋은 사례이다. 넷플릭스의 비즈니스 모델은 가입자를 늘려 수익을 확보해 콘텐츠에 지출하고, 이를 통해 다시 가입자를 확보해 나아가는 것이다. 넷플릭스는 2015년 초만 하더라도 당해 320시간 분량의 독점적 콘텐츠 제공을 계획했으나(Steel, 2015, 4, 19), 2015년 7월 현재 475시간 분량의 독점적 콘텐츠 제공계획이 마무리된 것으로 알려졌을 만큼 자체 콘텐츠 제작에 큰 투자를 하고 있다(Umstead, 2015, 7, 28). 넷플릭스는 경쟁 사업자들인 HBO, 훌루(Hulu), 스타즈(Starz) 등에 비해 콘텐츠 수급에 훨씬 많은 비용을 투자한 것으로 알려졌고, 2016년 까지 콘텐츠 수급 및 제작에 50억 불을 투자

하겠다고 밝혔을 만큼, 향후 콘텐츠 제작을 통한 플랫폼 경쟁력 확장 전략을 지속할 것으로 보인다(안희정, 2015, 2, 17).

더구나 넷플릭스는 스트리밍 서비스를 이용하는 고객 데이터 분석을 통해 시청자들이 가장 보고 싶어 하는 콘텐츠를 제작하는 데에도 활용하고, 특정 콘텐츠를 시청한 사용자가 추가로 시청할 가능성이 높은 다른 콘텐츠를 추천해 주는 시스템을 개발하는 데에도 이용하는 등 넷플릭스 특유의 콘텐츠 경쟁력을 키워 나아가고 있다. 스트리밍 서비스를 제공하게 되면 누가 어느 에피소드를 가장 많이 봤는지, 누가 출연할 때 시청률이 높았는지, 어느 지점에서 가입자가 가장 많이 시청을 중단했는지 등과 같은 정보를 알 수 있게 된다. 이 같은 데이터의 축적은 소비자들이 시청하기를 원하는 콘텐츠 제작에 활용된다. 넷플릭스에서 제작되어 공전의 히트를 기록한 '하우스 오브 카드'가 이런 방식으로 제작되었다는 것은 이미 널리 알려진 사실이다. 일반적으로 헐리우드 스튜디오나 텔레비전 제작자들이 영화나 TV드라마를 제작할 때에는 해당 영화나 TV프로그램 제작에 관련된 제한된 숫자의 실무진들에 의해 제작여부가 결정된다. 그들의 결정방식은 기존에 어떤 영화들이 성공했는지, 어떤 드라마들이 높은 시청률을 기록했는지와 같은 어찌 보면 단순한 데이터에 의존해 왔던 것이다. 영화흥행에 영향을 주는 요인들을 분석해 왔던 많은 연구들은 제작비, 스타파워, 감독파워, 장르, 개봉시기, 개봉당시 경쟁작의 수 등과 같은 요인들이 영화흥행에 영향을 준다는 결과를 도출해 내었으나 그것도 연구들마다 조금씩 흥행에 영향을 미치는 독립변수들이 다르다. 그만큼 영화나 드라마의 성공요인을 예측하기는 어렵다는 것이다. 그러나 넷플릭스가 제작한 '하우스 오브 카드'는 철저히 넷플릭스가 구축한 데이터에 의해 제작된 것이다. 넷플릭스는 빅데이터 분석을 통해 많은 데이터를 수집, 분석해 가입자의 인적 상황, 시청 패턴, 각각의 인구집단이 어떤 콘텐츠를 소비하는지 알아냈다. 보다 구체적으로 하루 평균 3천만 건의 동영상 재생기록, 400만 건의 이용자 평가, 300만

건의 검색정보, 위치정보, 단말정보, 주중 및 주말의 시청행태, 일시정지·되감기 등이 어떻게 이루어졌는지 등의 상세한 정보들까지 모두 데이터 분석 자료로 사용되었던 것이다. 여기에 시청률 조사업체인 닐슨(Nielsen), 기타 시장조사업체들이 제공하는 메타데이터, SNS인 페이스북(Facebook), 트위터(Twitter)로부터 수집한 소셜 데이터에 이르기까지 모두 수집·분석해 시청자 성향 파악에 활용됐다. 마침내 데이비드 핀처(David Fincher)의 영화들, 케빈 스페이시(Kevin Spacey) 출연작, 영국에서 방영된 '하우스 오브 카드'의 원작 등을 시청자들이 어떻게 반응했는지를 분석했고, 성공을 예감하며 '하우스 오브 카드'의 제작에 베팅을 한 것이다. 물론 빅데이터 분석만으로 '하우스 오브 카드'가 제작된 것은 아니지만 빅데이터 분석을 통한 결과와 넷플릭스 실무자들의 판단이 중요한 역할을 했음은 널리 알려진 사실이다[98].

넷플릭스가 보유하고 있는 고객데이터는 특정 영화를 본 가입자가 좋아할 만한 또 다른 영화를 추천해 줄 때에도 활용된다. 넷플릭스가 실제 보유하고 있는 영화의 수보다 영화장르의 수가 더 많다는 사실 역시 넷플릭스가 시청자들에게 얼마나 다양한 조합의 콘텐츠를 구성하여 마케팅을 하고 있는지를 보여준다. 한 보고서에 따르면 넷플릭스가 보유하고 있는 콘텐츠는 10만여 편에 불과하지만 이 콘텐츠들이 넷플릭스의 모든 가입자들에게 매우 효율적으로 이용되고 있다고 밝히고 있다. 이는 넷플릭스가 보유하고 있는 콘텐츠들이 그 수는 많지 않지만 많은 사람들이 원하는 콘텐츠들을 효율적으로 찾아서 제공하고 있음을 의미한다. 그리고 이러한 콘텐츠들은 각 소비자들의 취향에 맞게 구성되어 소비자들에게 추천됨으로써 소비자들이 편리하게 시청할 수 있도록 제공되고 있다.

98 넷플릭스에서 콘텐츠 제작을 담당하는 테드 사란도스(Ted Sarandos)는 콘텐츠 제작결정을 하는데 있어서 70%는 데이터이고 30%는 콘텐츠 성공에 대한 직관과 판단임을 강조한 바 있다(Wu, 2015, 1, 27).

3) 콘텐츠 사업자들의 OTT 시장 진출

애플TV는 2013년에 HBO Go 앱(app)을 애플TV에 설치하여 케이블이나 위성을 통해 HBO에 가입한 기존 가입자들이 애플TV를 통해서도 HBO채널을 즐길 수 있는 방안을 마련했다(Lee & Satariano, 2013, 2, 2). 즉 HBO에 가입한 케이블, 위성 가입자들은 애플TV를 통해서 1,700개의 영화와 TV 쇼를 시청할 수 있게 되는 것이다. 더욱 흥미로운 것은 HBO채널이 기존의 케이블TV와 위성을 통해 가입자에게 전송되는 방식에서 벗어나 시청자들에게 직접 판매되는 방식인 HBO NOW를 도입했다는 것이다(Rogowsky, 2014, 9, 11).

기본적으로 HBO와 같은 채널사업자들의 주 수익원은 광고와 유료TV와 같은 플랫폼 사업자들로부터 받는 채널사용료 수입이다. 미국 채널사업자들의 경우, 광고수익과 채널사용료 수익의 비율은 각각 40%와 60% 정도에 달한다. 그런데 광고수익은 시청률과 경기 민감도에 의존하기 때문에 다소 불안정한 측면이 있다. 더욱이 미디어 시장에 경쟁이 치열해지면서 채널사업자들의 시청률은 하락해 왔고, 광고수익 역시 줄어들 수밖에 없었다. 이를 극복하기 위해 채널사업자들은 지속적으로 플랫폼 사업자들에게 채널사용료 인상을 요구해 왔고, 플랫폼 사업자들은 채널사용료를 인상해주는 대신 가입자들로부터 받는 수신료를 인상해 왔다. 미국의 유료TV 수신료가 100불이 넘는다는 사실은 채널사업자와 플랫폼 사업자의 이해가 맞아떨어진 결과로 볼 수 있다.

HBO가 케이블TV와 같은 플랫폼을 통하지 않고 직접 시청자들에게 스트리밍 방식으로 판매될 경우, 시청자들로부터 받은 요금을 플랫폼 사업자들과 배분하지 않아도 되기 때문에 HBO의 수익은 지금보다 크게 증가할 수 있다. 그러나 HBO는 이전에 경험해보지 않았던 가입자 모집 및 관리, 마케팅, 요금 징수 등의 문제를 직접 다루어야 할 것이다. 그럼에도 불구하고 HBO Now의 도입은 전통 유료TV 시장에 큰 파장을 몰고 올 것으로 예측되고 있다. 한 연구에 의하면, HBO Now에 관심이 있는 시청자들 중 절반은 HBO Now에 가입할 경우 기존의 케이블이나 위성방송을 중단하겠다는 입장을 밝힌 것으로 나타났다(Vasquez, 2015, 4, 30). 더욱이 HBO Now의 잠재가입자들 중 넷플릭스의 가입자들이었던 사람들의 40%는 넷플릭스를 중단하겠다는 의사를 밝혔다. 또한 이 연구에서는 OTT 가입이 35세에서 65세 연령대에서 가장 높은 성장률을 보인 것으로 나타났다. 18세에서 24세 연령대가 OTT 서비스를 가장 많이 이용하는 연령대로 알려져 있지만, 35세에서 65세 연령대에서 OTT 가입률이 가장 높은 이유는 이 연령대의 대부분은 작은 스크린보다는 TV를 통해서 콘텐츠를 시청하는 것을 선호하기 때문이다. 미국에서는 OTT 서비스의 대부분이 TV를 통해서 제공되므로 OTT 서비스의 인기가 높아진다는 것은 TV를 통한 OTT 서비스 이용이 증가함을 의미한다.

장기적으로 채널사업자들은 과거부터 종속되어 온 전통적 플랫폼(케이블TV나 위성방송 등)에서 벗어나 스스로 자신의 콘텐츠를 배급할 수 있는 플랫폼을 갖기를 원할 것이다. 채널사업자들이 아이패드에 자신이 소유한 프로그램들에 대해 무료로 시청할 수 있는 앱(app)을 도입하는 방식이 이러한 예가 될 것이다. 물론 콘텐츠 사업자의 입장에서 전통적 플랫폼 사업자들의 존재를 무시하고 독자적으로 콘텐츠 배급을 통한 수익창출은 어려울 것이기 때문에, 새로운 플랫폼에 대한 콘텐츠 배급이 가능하기 위해서는 전통적 플랫폼 사업자들과 프로그램 배급과 관련한 협상이 우선되어야 할 것이다. 그러나 콘텐츠 사업자들이 느끼기에 독자적 콘텐츠 배급을 통한 가입자 확보, 그리고 이를 통한 수익창출이 전통적 플랫폼 사업자들을 통한 콘텐츠 배급수익보다 높다고 판단되는 시기가 온다면 콘텐츠 사업자들은 독자적인 콘텐츠 배급망을 확보하고 이를 통한 가입자 확보에 초점을 맞출 것이다. CBS, HBO, 스타즈(Starz) 등 기존 채널 사업자들의 OTT 시장 진출의 성공여부는 미국 유료TV 시장에 상당한 영향을 미칠 것으로 보인다.

4) 다양한 단말기

넷플릭스(Netflix) 서비스는 총 450종이 넘는 다양한 단말에서 이용 가능하다는 점에서 강점을 가지고 있다. 즉 소비자들은 로쿠(Roku)나 박시(Boxee) 등의 OTT 전용 셋톱박스(set-top box)(이기훈, 2011)뿐만 아니라, 마이크로소프트 엑스박스 360(Microsoft Xbox 360), 소니 플레이스테이션 3(Sony PlayStation 3)과 같은 게임 콘솔, 블루레이 플레이어(Blu-ray player), 스마트폰, 태블릿 PC, 스마트TV 등을 통해서 넷플릭스의 스트리밍 서비스를 이용할 수 있다. 훌루 플러스(Hulu Plus), 부두(Vudu), 아마존(Amazon) 등 대부분의 OTT 서비스 사업자들도 다양한 단말로 서비스를 제공함으로써 이용자들에게 언제 어디서나 자사의 서비스를 이용할 수 있도록 하고 있다. 미국의 경우, OTT 서비스를 다양한 단말에 탑재하는 것과 관련해서 사업자들 간에 갈등이 적어 보인다. OTT 사업자들에게는 자신들의 서비스를 다양한 기기에 탑재할 경우 이용자들과의 콘텐츠 판매 접점을 늘리고 이용자들의 콘텐츠 이용에 편리성을 높임으로써 콘텐츠 소비를 촉진하는 이점이 있다. 또한 기기 제조사들도 자사의 단말을 통해 이용할 수 있는 동영상 콘텐츠 서비스가 많아질수록 자사 단말의 매력도를 높일 수 있기 때문에 이를 마다할 이유가 없다.

2. 국내 OTT 시장의 문제점

지금까지 미국에서 OTT 서비스 시장이 성장할 수 있었던 이유들을 살펴보았다. 훌루(Hulu), 아마존(Amazon) 등의 사업자들의 존재도 무시할 수 없지만, 넷플릭스(Neflix)의 등장은 미국의 OTT 서비스 시장을 성장시킨 가장 큰 주체임을 부정하는 사람은 없을 것이다. 넷플릭스의 폭발적 가입자 수의 증가로 아무도 동영상 콘텐츠 전송시장에서 넷플릭스의 존재를 무시할 수 없게 되었고, 이로 인해 기존 콘텐츠 사업자들도 넷플릭스에게 콘텐츠 제공을 주저하기가 어려워졌다. 전 세계적으로 5천만 명 이상의 가입자 수를 보유하고 있는 넷플릭스의 가입자 수 기반은 콘텐츠 제작자들이 무시하기에는 너무나 큰 시장인 것이다.

가입자 수가 핵심경쟁력의 원천인 플랫폼 시장에서 넷플릭스라는 신규 플랫폼 사업자가 이미 많은 수의 가입자들을 확보하고 있는 기존 플랫폼 사업자와 견줄 만큼 성장하기란 쉽지 않았을 것이다. 기존 플랫폼 사업자들로부터 가입자를 빼앗아 오거나 기존 플랫폼 사업자들이 충족시켜주지 못한 수요를 찾아서 새로운 시장을 창출해내야 하기 때문이다. 특히 오랜 역사를 가지고 있는 미국의 유료방송시장에서 이미 확고한 가입자 기반을 갖추고 있었던 전통적 유료TV 플랫폼 사업자들의 존재를 감안해 본다면 넷플릭스를 포함한 OTT 서비스 사업자들이 보여주고 있는 성과는 실로 대단한 것이다.

20년밖에 되지 않은 국내 유료방송시장의 상황을 고려해 보면 신규 플랫폼 사업자가 유료방송 시장에 진입해서 성공하기란 미국보다 우리나라가 더 유리하다고 볼 수 있다. 그러나 국내 OTT 서비스 시장은 여전히 지지부진한 실정이고 미국은 전통적 유료TV사업자들을 위협할 정도로 OTT 서비스 사업자들의 경쟁력이 높다. 무엇이 이러한 차이를 가져왔는가?

국내에서 OTT 서비스 시장이 발달하지 못한 원인들로는 국내 유료방송시장의 요금이 워낙 저가로 형성되어 있고, 방송영상 콘텐츠에 대한 이용자의 지불의사가 낮으며, 온라인상에서 불법 다운로드 문화가 만연해 있고, OTT 서비스 사업자들이 고품질 콘텐츠 확보에 어려움을 겪고 있는 등 다양한 이유들이 있겠다. 그밖에 OTT 서비스를 이용하기 위한 통신요금의 부담도 크고, 집에서 TV를 통해 OTT 서비스를 즐길 수 있는 환경이 제대로 마련되어 있지 않다는 점도 국내 OTT 서비스 시장이 성장하고 있지 못한 이유들로 볼 수 있다. 이에 대해 좀 더 자세히 살펴보도록 하자.

1) 낮은 유료방송 요금과 불법 다운로드 시장의 존재

국내 유료방송시장의 요금구조를 살펴보도록 하자. 미국의 OTT 시장이 활성화될 수 있었던 가장 큰 이유들 중의 하나가 OTT 서비스의 저렴한 가격인데, 한국에서는 케이블TV나 IPTV같은 기존 유료방송 서비스를 월 1만원 이하의 저렴한 가격에 이용할 수 있다. 전통 유료방송의 평균 이용 요금이 대략 10만원 이상이고, OTT 서비스의 가격은 이보다 훨씬 저렴한 만원 이하로 형성되어 있는 미국과 큰 차이가 난다.

또한 우리나라에서는 불법 다운로드를 통해 동영상서비스를 시청하는 비율이 미국을 비롯한 선진국들에 비해 여전히 높다. 2013년 한 해 동안 불법복제 영화물을 온라인상에서 이용한 경험이 있는 사람들의 비율은 남성이 22.3%, 여성이 16.4%였으며, 불법복제 방송물을 온라인상에서 이용한 경험이 있는 사람들의 비율은 남성이 21.7%, 여성이 16.1%인 것으로 나타났다(한국저작권단체연합회 저작권보호센터, 2014). 20대의 경우 불법복제로 영화를 시청한 경험이 36.7%, 불법복제 방송물을 이용한 경험은 29.3%로 이보다 훨씬 높았다. 또한 2013년 한 해 동안 우리나라 국민 1인당 평균 5.9편의 불법복제 영화물을 이용하였으며 8.6편의 불법복제 방송물을 이용한 것으로 나타났다. <표 7-2>는 온라인상의 불법 다운로드로 인한 합법저작물 시장 침해 현황을 나타낸 것이다.

〈표 7-2〉 불법 다운로드로 인한 합법저작물 시장 침해 현황

(단위 : 백만 원)

구분	합법저작물 시장 침해규모					
	2008년	2009년	2010년	2011년	2012년	2013년
음악	589,322	556,408	545,275	590,982	583,979	609,784
영화	710,707	663,065	693,310	794,145	657,532	772,985
방송	262,230	220,339	282,964	196,475	159,363	176,044

출판	447,144	423,719	358,937	379,965	297,755	321,247
게임	414,062	386,209	236,765	537,093	519,920	518,598
총계	2,423,465	2,249,740	2,117,251	2,498,661	2,218,550	2,606,247

자료 : 한국저작권단체연합회 저작권보호센터 (2014)

OTT 서비스의 제공가격은 기존의 유료TV 서비스 가격보다 낮아야 매력이 있는데, 국내의 유료TV 서비스 가격은 전 세계에서 가장 낮은 편이고, 불법다운로드를 통한 동영상 콘텐츠 이용이 여전히 일어나고 있다는 점은 국내 OTT 서비스의 성장을 가로막는 중요한 원인들이라고 하겠다. OTT 서비스 사업자가 제공할 수 있는 서비스 가격이 기존 유료TV에 비해 충분히 낮아야 소비자들의 관심을 끌 수 있는데, 저가에 얼마든지 유료방송서비스를 이용할 수 있는 시장 구조 하에서 OTT 서비스의 매력은 떨어질 수밖에 없을 것이다.

2) 고품질 콘텐츠의 부족

국내 콘텐츠 시장의 전문가들은 미디어 시장의 발전을 위해서는 고품질 콘텐츠 제작이 필요하다는 점을 수없이 강조하여 왔지만, 여전히 국내 미디어 시장에서는 고품질 콘텐츠가 크게 부족한 것이 현실이다. 자체제작을 통해 고품질 콘텐츠를 제작하는 위험을 감수하기 보다는 이미 입증된 지상파 콘텐츠에 비싼 돈을 지불하는 것이 안전하다고 생각했기 때문에 과거 유료채널들은 지상파콘텐츠의 수급에 초점을 맞추어 왔었다. 그렇다고 콘텐츠 시장의 발전이 전혀 없었던 것은 아니다. 지상파 콘텐츠 이외에는 볼거리가 없었던 유료방송 채널에 지금은 지상파 콘텐츠의 인기를 뛰어넘는 콘텐츠들이 등장하고 있는 것이다. 어느 순간부터 새로운 형태의 프로그램들이 유료채널들에서 방영되었고, 사람들의 반응은 기대 이상이었다. 일반 공중을 대상으로 제작되는 지상파 콘텐츠에 질린 대중들은 점차 신선하고 전문화된 유료채널들이 만들어낸 프로그램들에 박수를 보내기 시작한 것이다. 여기에는 유료채널들의 과감한 투자와 고급인력의 확보가 한 몫을 했다. 넷플릭스(Netflix)의 성공요인들 중에는 타 채널과 차별화할 수 있는 독자적 콘텐츠를 만들어냈다는 점이 늘 거론된다. 1억 달러라는 천문학적 돈을 '하우스 오브 카드(House of Cards)'라는 드라마 한 편 제작에 투자했던 넷플릭스의 모험은 넷플릭스를 플랫폼 기업에서 콘텐츠 기업으로 한 단계 성장시키는 계기를 만들어 주었다. 이미 알려져 있는 기존 콘텐츠를 구매하기 보다는 차라리 독자적인 콘텐츠를 제작하는 편이 낫다는 판단이 맞아 떨어진 것이다. 고품질로 제작된 콘텐츠는 자신의 플랫폼에서 독점적으로 제공됨으로써 플랫폼의 경쟁력을 높이는데도 기여하지만, 빠른 속도로 증가하고 있는 다양한 플랫폼 사업자들로부터 콘텐츠 판매 수익까지 챙길 수 있기에 일석이조인 것이다. 국내에서도 tvN, JTBC, OCN 등은 독자적 콘텐츠 제작에 상당한 투자를 해 왔고, 이제 그 결실을 보고 있다. 이들 채널을 통해 제공되었던 '응답하라, 1988, 1994, 1997', '미생', '나쁜 녀석들', '시그널', '히든싱어', '꽃할배 시리즈', '삼시세끼' 등은 지상파 콘텐츠의 인기를 훌쩍 뛰어넘으면서 큰 화제를 불러왔다.

콘텐츠의 힘은 결국 투자와 제작능력(또는 인력)에서 비롯된다. 유료채널들이 아직까지 지상파콘텐츠에만 목을 매고 있었다면 지금과 같은 괄목할 만한 발전은 없었을 것이다. 지속적인 투자와 고급인력들의 아이디어가 만들어낸 힘이다. 그러나 아직까지 소비자들의 수요가 낮은 OTT 사업자들이 콘텐츠에 과감한 투자를 하기는 쉽지 않다. 또한 저가 유료방송서비스 시장구조 하에서 이보다 낮은 요금을 부과해야 하는 OTT 사업자로서는 콘텐츠에 대한 과감한 투자는 상당한 위험을 감수해야 한다. 미국에 비해 시장규모가 훨씬 작은 상황에서 OTT 사업자들이 콘텐츠에 대한 과감한 투자를 결정하기는 쉽지 않을 것이다. 이러한 상황에서 지금까지는 OTT 사업자들만이 제공해 주는 독점적 콘텐츠가 거의 전무했고, 이로 인해 OTT에 대한 소비자들의 관심을 끄는 데에도 실패할 수밖에 없었다.

3) 콘텐츠 접근

OTT 시장의 활성화를 위해서는 다양한 기술과 아이디어를 가지고 있는 사업자들이 OTT 플랫폼 시장으로 진입할 수 있는 유인을 높여주어야 한다. 이를 위해 필요한 조건들 중의 하나가 신규 진입한 OTT 사업자들이 기존 유료TV사업자들과 동등한 조건에서 콘텐츠를 제공받을 수 있는 환경을 마련해 주는 것이다. 막상 시장에 들어왔는데, 지상파콘텐츠에 대한 접근이 어렵거나 인기 유료채널의 콘텐츠를 터무니없이 고가의 가격에 구매해야 한다면 누가 OTT 시장에 선불리 들어올 수 있겠는가? 2014년 10월 미국 FCC 위원장이 자신의 블로그를 통해 다채널 유료방송(MVPD)시장에 대한 정의를 확대해야 한다는 주장도 OTT 시장을 활성화하기 위한 방안들 중의 하나로 이해할 수 있다(Wheeler, 2014, 10, 18). FCC 위원장의 생각은 소비자들이 선택할 수 있는 플랫폼 사업자의 수를 가급적 늘려 주자는 것이다. 그래야 유료TV 플랫폼 시장에 혁신이 일어나고 가격이 낮아지고, 서비스가 개선된다는 것이다. 미국 유료TV 시장의 오랜 역사는 신규 진입 사업자들에 대한 진입유인을 높여주고 경쟁을 활성화시키는 데 초점이 맞추어져 왔다. 케이블TV의 독점적 시대에 소비자들이 선택할 수 있는 플랫폼은 1개였지만, 위성, IPTV, 그리고 최근 OTT까지 들어오면서 소비자들은 다양한 플랫폼들 중 자신의 기호에 맞는 플랫폼을 선택할 수 있게 된 것이다.

현재 미국의 법은 지상파채널과 일반 PP 채널과 같은 실시간 방송채널을 제공하는 사업자를 다채널유료방송사업자(MVPD)로 분류해 놓고, 이 분류에 속한 사업자들에게 지상파와 유료채널을 전송하는 것에 대한 일종의 특권을 부여해 놓은 것이다. 다채널유료방송사업자의 지위를 가지고 있지 않은 플랫폼 사업자들에 대해서 지상파사업자들은 채널제공에 대한 대가를 엄청나게 요구할 수 있다는 것이다.[99] 만일 OTT 사업자들이 기존 유료TV사업자들과 동일한 지위를 갖게 되면 지상파채널을 공급할 때에도 기존 유료TV사업자들과 동일한 조건으로 지상파채널을 제공받게 되므로 기존 유료TV사업자들로서는 경쟁자 하나가 더 생기는 셈이다. 그러나 소비자들에게는 좋다. 선택의 폭이 넓어졌기 때문이다.

우리나라의 경우에는 미국상황과 규제의 측면에서 다소 차이가 있지만 상황은 비슷하다. 지상파콘텐츠를 제외하면 인기 콘텐츠가 부족한 국내의 현실에서 지상파 방송사들은 OTT 사업자들에게 비싼 콘텐츠 전송 대가를 요구하고 있고, 이를 수용할 수 없는 사업자들의 콘텐츠 경쟁력은 자연스럽게 떨어질 수밖에 없다. 더욱이 지상파 방송사들이 연합한 푹(pooq)이 유료 모델로 전환되고, 푹을 통해 실시간 방송과 VOD가 모두 제공되면서, 푹은 직접적인 경쟁 경쟁관계에 있는 티빙(tving)이나 모바일 IPTV 등의 OTT 서비스를 견제할 가능성이 생기게 되었다[100]. 인기 콘텐츠의 확보가 OTT 사업자들의 경쟁력 확보에 가장 중요하다는 점을 되새겨 보면, 지상파콘텐츠에 대한 독점권은 푹에게는 유리할 수 있으나 국내 온라인비디오서비스 전반의 시장 확대에는 부정적일 수 있다.

사실 신규 플랫폼 사업자들이 늘어나게 되면 콘텐츠 사업자들에게도 긍정적인 측면이 있다. 케이블TV, IPTV, 위성방송 등의 전통적 플랫폼 사업자들이 유통창구를 장악하던 과거와는 달리 다양한 콘텐츠 유통창구들에 의한 콘텐츠 유통이 활발해지게 되면 콘텐츠 사업자와 플랫폼 사업자들 간 거래의 주

---

99 물론 현재도 지상파방송사업자들과 다채널유료방송사업자 간 채널 전송에 대한 가격협상이 제대로 이루어지지 않으면 거래가 중단될 수 있으나, 다채널유료방송사업자들은 저작권법 111 C항의 '전송조항(Transmission Clause)'의 적용을 받게 되어 법에서 정한 로열티만 지급하게 되면 재전송 권리를 부여받게 되는 것이다. 그러나 이 조항의 적용을 받지 않는 사업자들은 지상파 방송사와 별도로 콘텐츠 계약을 체결해야 하기 때문에 협상력이 떨어질 수밖에 없다(오은지, 2014. 10. 14).

100 2012년 1월 푹을 출시한 SBS와 MBC는 CJ헬로비전의 티빙(tving)이 푹과 직접적인 경쟁 관계를 형성한다는 이유로 티빙에 콘텐츠 공급을 중단한 바 있다.

도권은 콘텐츠 사업자들이 쥐게 될 것이다. 다양한 창구로부터 거두어들이는 콘텐츠 이용료 수입도 급증할 것이다. 이는 자연스럽게 국내 콘텐츠 사업자들의 수익증대와 이로 인한 고품질 콘텐츠 제작으로 이어질 수 있을 것이다.

4) OTT 이용기기의 부족

미국에 비해 국내 OTT 시장이 활성화되고 있지 못한 또 다른 이유로는 가정에서 OTT 서비스를 이용할 수 있는 기기가 부족하다는 것이다. 미국의 경우, OTT 서비스 이용자들은 PC나 스마트 폰/태블릿 외에도 다양한 기기(엑스박스(Xbox), 애플 기기(Apple devices), 로쿠 박스(Roku box), 게임콘솔(game console), 블루레이 플레이어(Blu-ray player) 등)를 TV에 연결해서 OTT 서비스를 즐길 수 있다. 2015년 현재 미국 전체 가구의 약 56% 정도가 인터넷에 연결되어 있는 TV를 최소한 1대 이상 보유하고 있는 것으로 나타났다(Baumgartner, 2015, 5, 27). 인터넷에 연결된 TV를 보유한 가구수는 2010년 현재 24%, 2013년 현재 44% 정도를 차지할 만큼 미국에서는 일찍부터 OTT 서비스를 즐길 수 있는 환경이 마련되어 있었다고 할 수 있다.

반면, 우리나라의 경우는 어떠한가? 우리나라에서는 게임 콘솔이나 스트리밍 디바이스에 대한 소비자들의 수요가 별로 없다. 2013년 5월 크롬캐스트(Chromecast)가 우리나라에 출시되면서 잠깐 동안 관심을 끌었으나 판매량은 신통치 않다. 티빙은 크롬캐스트 외에도 티빙스틱(tvingstick)이라는 TV 스트리밍 기기까지 만들어 보급하고 있으나 시장의 반응은 냉담하다. 여기서 우리가 생각해봐야 할 것이 있다. 사람들은 일반적으로 동영상 콘텐츠를 TV로 시청하길 원한다는 것이다. 미국이나 우리나라나 이 점에서는 비슷할 것이다. 몇 분 정도의 짧은 동영상이라면 몰라도 1시간 이상의 동영상 콘텐츠를 모바일 기기를 통해 시청하기에는 부담스럽다. 결국 OTT를 통한 TV프로그램이나 영화 등의 동영상 콘텐츠 시청이 활성화되기 위해서는 TV로 OTT 서비스를 시청할 수 있는 환경이 마련되어야 할 것이다.

3. 국내 OTT 시장의 성공 가능성

최근 나타나고 있는 몇 가지 사례들은 국내 OTT 서비스 시장의 성장가능성에 무게를 더해준다. 2015년 1월 3일 MBC 예능프로그램 '무한도전 : 토요일 토요일은 가수다'(1월 3일 방영분)의 지상파 실시간 시청률은 최고 22.2%였지만, CJ헬로비전의 OTT 서비스 '티빙'에서의 시청률은 75.7%에 달했다(권건호, 2015, 1, 26). 또한 지난해 방송된 케이블 채널 tvN 드라마 '미생'은 실시간 최고 시청률이 10%를 겨우 넘는 데 그쳤으나 VOD 시청률은 훨씬 높은 것으로 나타났다. 이러한 사례들은 프리미엄 콘텐츠는 보유하고 있으나 망을 보유하지 못한 사업자들도 OTT 서비스를 통해 쉽게 방송 시장에 뛰어들 수 있음을 의미한다. 그만큼 누구에게나 OTT 서비스에 대한 매력은 높아지고 있다는 것이다(서기만, 2010). 또한 실시간 방송에 대한 선호가 줄어들고 대신 VOD 서비스의 이용이 높아지고 있는 국내 현실에 비추어 볼 때, 시청자들의 미디어 이용 행태 변화가 OTT 시장의 성장에 긍정적 영향을 미칠 수 있음을 의미한다. 시청자들의 TV 시청습관이 변화하면서 볼만한 콘텐츠에 대해 기꺼이 돈을 지불하고 시청하려는 시청자들이 증가하고 있는 것이다.

온라인을 통한 콘텐츠 시청수요의 증가와 함께 온라인 콘텐츠를 이용할 수 있는 인프라도 시간이 갈수록 성장을 거듭하고 있다. OTT 서비스를 이용할 수 있는 주요 기기들 중의 하나인 스마트폰 보급 대수는 2014년에 이미 4,000만 대를 넘어섰다. LTE(Long Term Evolution) 네트워크도 진화하면서 OTT 서비스 품질과 안정성이 지속적으로 향상되고 있다.

여기에 누구나 손쉽게 접근이 가능한 포털사이트에서도 최근 들어 동영상서비스 제공을 강화하고 있다. 그간 국내 OTT 서비스 시장에서 독보적인 존재였던 구글(Google)의 유튜브(Youtube)가 국내 방송사들과 결별하였고, 네이버 TV캐스트가 2014년 12월부터 국내 방송사들의 콘텐츠 제공을 시작하였다. 시청률 조사기관 닐슨코리아에 따르면 국내 인터넷 사용자가 네이버 TV캐스트를 이용한 시간은 2014년 11월 마지막 주 기준으로 총 1,150만 3,000분에서 방송 콘텐츠 제공을 시작한 12월 첫 주 1,384만 6,000분으로 크게 늘었고, 12월 둘째 주에는 1,450만 5,000분으로 이용시간이 더 늘었다는 결과가 나왔다(권건호, 2015, 1, 26). 국내 OTT 서비스에 대한 소비자들의 수요 증가가 조심스럽게 점쳐지는 자료이다. 더욱이 2015년 출시한 다음카카오의 '카카오TV'가 가세하고, 2016년 미국 넷플릭스(Netflix)까지 국내에 진출하면서, 국내 OTT 시장의 미래가 어떻게 전개될지는 아무도 모른다. '카카오TV'의 경우, 네이버(Naver)와 마찬가지로 동영상과 방송 콘텐츠 등을 제공할 것으로 보인다. 여기에 카카오톡(Kakaotalk)이란 강력한 메신저 플랫폼과 연동하여 소셜TV 기능이 강화된다면 시장에서의 반응은 높아질 수 있다. 또한 2016년 국내 시장에 진출한 넷플릭스가 아직은 국내 유료TV 시장을 위협할 만한 수준은 아니지만, 앞으로 어떻게 변화할지 모른다. 전 세계에서 가장 발달된 인터넷 인프라가 구축되었고, 몰아보기(Binge-viewing) 비중이 증가하고 있는 국내 시청자들의 시청행태를 고려해 본다면, 국내 시장에서 넷플릭스의 연착륙을 조심스럽게 점쳐볼 수 있다.

넷플릭스의 국내시장 진출로 인한 국내 유료TV 시장의 변화과정을 지켜보는 것은 매우 흥미로운 일이 될 것이다.

제3절. 전통 유료방송서비스와 OTT 서비스의 경쟁에 대한 학술적 논의

지금까지 미국과 한국에서 OTT 시장의 현황을 살펴보았고, 양 국가에서 OTT 서비스 시장의 성공과 실패 원인들을 비교 분석해 보았다. 또한 미국 사례를 통해 한국에서 OTT 서비스 시장의 성공 가능성을 예측해 보았다. 학술적 측면에서도 신규 미디어가 등장했을 때, 기존 미디어와 어떤 관계를 형성할 것인지에 대해서 수많은 연구들이 진행되어 왔다. 특히, 신규 미디어와 구 미디어 간의 대체/보완 관계를 분석하기 위한 연구들은 커뮤니케이션 분야에서는 상당히 익숙한 주제이다.

예를 들어, 미디어 이용에 대한 시간적 대체 가설은 하루가 24시간으로 한정되어 있고, 이용자들이 미디어를 이용하는 시간도 한정되어 있다고 가정한다(Mutz et al., 1993; Kayany & Yelsma, 2000; Dutta-Bergman, 2004). 사람이 하루에 미디어를 이용할 수 있는 시간은 한정되어 있기 때문에 어떤 미디어의 이용시간이 증가하게 되면 이전에 이용하던 다른 미디어의 이용시간이 감소하게 된다는 것이다. 그러나 사람들이 미디어를 이용하는 시간이 점차 증가하고 있다는 연구도 있는데(Neuman et al., 2012), 이는 새로운 미디어의 등장으로 인해 사람들이 기존 미디어를 이용하는 시간을 감소시키지 않았을 뿐만 아니라(혹은 약간 감소시켰으나 그 정도가 미약하거나), 미디어를 이용하지 않던 시간을 신규 미디어 이용시간으로 활용했기 때문일 수 있다.

스마트폰, 태블릿PC, 스마트TV의 보급으로 OTT 서비스가 확산되고 있는 시점에서, OTT 서비스의 이용이 기존 미디어 이용에 어떠한 영향을 미치고 있는지를 분석하는 것은 의미 있는 작업이 될 것이다. 이것은 미디어 대체현상 연구와 관련하여 학술적 시사점을 제공해 줄 뿐만 아니라, 미디어 간의 경쟁관계를 설명함으로써 미디어 업계에 산업적 시사점을 제공할 수 있다.

1. 미디어 대체/보완 관련 기존 연구들

그 동안 많은 연구들은 새로운 미디어가 등장함에 따라 기존 미디어의 이용시간이 줄어드는 시간적 대체(time displacement)현상을 입증하였다. 코핀(Coffin, 1955)은 텔레비전 이용으로 라디오 청취, 독서 등 다른 미디어의 이용시간이 감소하였음을 보였고, 로빈슨(Robinson, 1981)은 텔레비전 시청에 많은 시간을 할애하는 사람들이 그렇지 않은 사람들에 비해 라디오청취와 쇼핑, 파티, 여행 등의 활동을 하는데 상대적으로 적은 시간을 할애한다고 주장하였다. 전자게시판(bulletin board) 이용시간의 증가가 텔레비전 시청, 독서, 전화통화 등의 시간을 감소시켰고(James et al., 1995) 온라인 미디어 이용시간의 증가가 텔레비전 시청시간, 전화통화 시간, 신문읽기 시간을 감소시켰다는 연구도 있었다(Kayany & Yelsma, 2000).

그러나 이와 반대로, 새로운 미디어의 이용시간 증가가 기존 미디어의 이용시간에 아무런 영향을 미치지 못하거나 오히려 기존 미디어의 이용시간을 증가시켰다는 연구도 있었다. 로빈슨(Robinson, 1981)은 텔레비전 이용시간이 증가하면 일, 파티, 여행 등 야외 활동 시간은 감소하지만 수면, 라디오청취, 신문읽기 등 집안 활동 시간은 오히려 증가하고 있음을 보였다. 또한 인터넷을 많이 이용하는 사람이 그렇지 않은 사람에 비해 예술 참여(arts attendance)나 독서, 영화관람, 운동 등의 활동을 더 많이 한다는 연구도 있었다(Robinson & Kenstnbaum, 1999).

신규 미디어의 등장으로 기존 미디어의 이용시간에 아무런 변화가 없거나 오히려 기존 미디어의 이용시간이 증가하는 결과가 나오게 된 원인은 다양한 측면에서 설명될 수 있다. 첫째, 새로운 미디어가 기존 미디어를 기능적으로 대체하지 않을 경우에 새로운 미디어의 이용시간 증가가 기존 미디어의 이용시간에 아무런 영향을 미치지 않을 수 있다(Kayany & Yelsma, 2000; Kaye & Johnson, 2003). 둘째, 두 미디어가 동시에 이용될 수 있을 정도로 각각의 미디어가 그다지 몰입을 필요로 하지 않는 경우, 신규미디어의 이용시간이 증가하더라도 구 미디어의 이용시간이 줄어들지 않을 수 있다(Mutz et al., 1993). 셋째, 특정한 분야 또는 주제에 대한 관심(interest)이나 관여(involvement)의 수준이 높은 이용자는 새로운 미디어로 이 분야 또는 주제에 대한 콘텐츠를 이용하더라도 기존 미디어의 이용을 줄이지 않을 수 있다(Dutta-Bergman, 2004). 예를 들어 야구라는 스포츠 분야에 관심이 많은 이용자는 인터넷으로도 야구 관련 뉴스나 야구 관련 동영상을 많이 이용하지만, 텔레비전이나 신문을 통해서도 야구 관련 콘텐츠를 많이 이용하게 될 것이다. 따라서 새로운 미디어(인터넷)의 이용이 기존 미디어(텔레비전, 신문)의 이용시간에 영향을 주지 않거나 경우에 따라서는 새로운 미디어의 이용으로 인해 기존 미디어의 이용시간이 늘어날 수도 있다(Dutta-Bergman, 2004). 넷째, 신규 미디어의 도입으로 미디어를 이용하지 않던 시간이 줄어들 경우에도 새로운 미디어의 이용시간이 기존 미디어의 이용시간에 영향을 미치지 않을 것이다(Mutz et al., 1993; Neuman, 1991). 예를 들어, 텔레비전 이용으로 인해 감소한 다른 미디어들의 이용시간을 모두 합해도 텔레비전 이용시간이 증가한 시간보다 적은 경우에는 미디어 이외의 다른 활동의 시간이 줄어들었거나 텔레비전과 다른 미디어가 동시에 이용되었기 때문일 것이다. 사람들의 미디어 이용시간은 시간이 지남에 따라 점차 증가한다는 연구도 있었는데, 하루 24시간 중에 비미디어 활동(non-media activities) 시간이 꾸준히 감소하였다는 점도 하나의 이유가 될 수 있다(Neuman et al., 2012). 이는 사람들이 새로운 미디어의 등장으로 인해 이전에는 미디어를 이용하지 않던 시간을 신규 미디어를 이용하기 위해 할애하기 때문일 수 있다.

OTT의 확산이 본격화되고 있는 시점에, OTT 이용 시간의 증가가 기존 미디어의 이용에 어떠한 영향을 미칠 것인지를 살펴보는 것은 의미 있는 연구가 될 것이다.

2. 전통적 유료서비스와 OTT 간의 대체/보완 관계 실증 분석

국내에서 전통적 유료TV 서비스와 OTT 간의 대체/보완 관계를 실증적으로 분석한 연구는 이승엽·이상우의 연구가 대표적이다(Lee, Lee, & Kim, 2016). 이들의 연구는 정보통신정책연구원에서 매년 발간하는 한국미디어패널조사 자료를 사용해서 실증적 계량분석을 수행하였다[101]. 연구결과, OTT 이용 시간의 증가는 기존 미디어(지상파방송, 케이블TV, IPTV, 위성방송, DMB)의 이용 시간에 통계적으로 유의한 수준에서 부(-)적인 영향을 미쳤다. 이는 OTT 서비스가 기존 미디어 이용을 시간적으로 대체한다는 것을 의미한다. 보다 구체적으로 OTT 서비스의 이용시간이 1분 증가하면 기존 미디어 이용시간을 0.2분 감소시키는 것으로 나타났다. 물론 국내에서 아직까지 OTT 이용시간이 그리 많지 않기 때문에 OTT 이용시간의 증가가 기존 미디어의 이용시간 감소에 미치는 영향은 제한적이지만, 향후 OTT 이용시간이 증가할 경우 기존 미디어의 이용시간을 어느 정도 줄일 가능성을 확인할 수 있다. 실제로 국내에서는 아직 OTT 서비스가 기존 유료방송 가입자를 줄어들게 하는 현상이 거의 나타나고 있지는 않으나, 젊은 층을 중심으로 어느 정도 경쟁관계를 형성하기 시작하였고, 향후 대체할 가능성도 있음을 말해준다. 특히 OTT를 통해 영화를

101 이 연구에서 사용한 데이터와 실증분석 관련된 자세한 내용은 Lee, Lee, & Kim (2016)을 참고하기 바란다.

시청하는 시간이 증가하면 기존 미디어 이용시간을 감소시키는 것으로 나타났다는 점은 흥미롭다. 반면에 OTT로 TV 방송프로그램을 보거나, UGC(User Generated Content)를 보는 것은 기존 미디어 이용시간에 영향을 미치지 못하였다. 이는 신규 미디어와 기존의 미디어 간의 대체 및 보완관계는, 새로운 미디어를 통해 이용하는 콘텐츠의 종류에 따라 달라질 수 있다는 것을 보여준다.

한편 OTT 이용시간의 증가는 비미디어 활동(non-media activities) 시간을 감소시키는 것으로 나타났다는 점도 흥미롭다. 이러한 결과는 OTT 서비스 이용시간을 확보하기 위해, 이용자들이 기존 미디어의 이용시간을 줄이기도 하지만, 미디어를 이용하지 않았던 다른 시간을 줄이기도 한다는 것을 의미한다. 이들의 연구에서는 OTT 이용시간의 증가가 구 미디어 이용시간을 줄이는 효과보다는 비미디어 활동시간을 줄이는 효과가 더 큰 것으로 나타났다[102]. 즉, 사람들은 OTT 서비스를 이용하기 위해 기존 동영상 미디어 이용시간을 줄이기도 하지만, 비미디어 활동 시간을 보다 많이 활용하였다는 것을 의미한다. 이는 OTT 서비스 이용시간의 증가로 인해 전체 미디어 이용시간이 증가했음을 의미한다.

그러나 미디어를 이용할 수 있는 시간적 제약과 미디어에 집중할 수 있는 주목도(attention)에도 한계가 있기 때문에, 신규미디어가 아무리 매력적이더라도 사람들의 전체 미디어 소비시간은 어느 정도 증가하다가 일정한 지점을 지나면서부터는 정체될 것이다. 미디어 소비량은 선형적이고 안정적으로 증가하는데 비해 미디어 공급량(1일당 분, minutes per day)은 기하급수적으로 증가하기 때문에 해가 갈수록 미디어의 공급량과 소비량의 차이가 점차 증가한다는 사실을 밝혀낸 연구는 이를 뒷받침한다(Neuman et al., 2012). 즉 새로운

102 OTT 이용시간이 1분 증가하면 기존 미디어 이용시간은 0.2분 감소하나 비미디어 이용시간은 0.9분 감소하는 것으로 나타났다.

미디어가 도입되더라도, 이용자들이 새로운 미디어를 소비하기 위해 하루 24 시간 중 비미디어 활동 시간을 일부 활용하는 것은 가능하지만, 무한정 새로운 미디어를 이용하는데 시간을 할애하기는 어렵다는 것이다. 앞으로 국내 OTT 서비스 이용량이 증가하면서 OTT 서비스와 구미디어, OTT 서비스와 비미디어 활동 시간과의 관계를 지속적으로 관찰하는 것은 흥미로운 작업이 될 것이다.

제4절. 스마트미디어 환경에서 규제패러다임의 변화[103]

국내 유료방송시장에 "경쟁"이라는 용어는 불과 10여 년 전만 해도 생소한 단어였다. 우리나라의 유료방송서비스 시장과 그 시장을 관할하는 정책당국에게 "경쟁"이라는 용어는 선(善)이 아닌 악(惡)으로 간주되었던 탓에 미디어 시장은 경쟁 논리보다는 "공익성" 논리에 의해 지배되어 왔다.

"공익성"을 근간으로 하는 미디어 정책이 국내 방송시장 역사에 뿌리깊이 스며들어온 데에는 그만한 이유가 있다. 오랜 세월 군사정권의 지배하에 놓이면서 우리나라의 방송은 정권의 나팔수 역할을 담당해 왔고, 그로 인해 방송은 정부의 통제로부터 벗어나 공공의 이익을 위해 존재해야 한다는 논리가 정당화되었고, 다양한 목소리를 낼 수 있는 다양한 주체에 의해 방송시장이 균형 있게 발전되어야 한다는 논리가 받아들여지게 된 것이다. 그러나 공익성이라는 추상적 정책논리는 오랜 세월동안 국내 방송산업의 성장을 지체시켰고, 정

103 본 절은 이상우 · 김창완(2008) 논문의 내용을 바탕으로 수정/보완한 것임을 밝힌다.

책의 수준이 기술의 진보를 따라가지 못하면서 신규미디어의 진입과 성장을 방해하는 결과로 이어졌다.

우리나라는 서비스 제공을 위한 기술은 준비가 되었으나 정책당국의 허가를 기다리느라 여러 해 동안 신규 미디어 사업자들이 서비스 제공을 못하고 정책당국의 입만 바라보면서 시간을 보내야 했다. 다양한 플랫폼사업자들의 진입이 빨리 이루어졌다면 플랫폼 경쟁이 치열해졌을 것이고 이는 국내 콘텐츠 사업자들의 유통경로 다양화로 이어졌을 것이다. 유통경로가 다양하다는 것은 콘텐츠 사업자들이 돈을 벌 수 있는 창구가 다양하다는 것을 의미하고, 다양한 유통경로를 통한 콘텐츠 수익의 증가는 콘텐츠 시장의 성장으로 이어졌을 가능성이 높다.

3분할 체계, 대기업 및 외국인 지분참여에 대한 금지, MSO의 금지, 정부주도 하의 케이블 TV 장르 설정 등 오늘날에는 거의 상상하기 어려운 정도의 강력한 규제환경 하에서 출발한 우리나라의 종합유선방송서비스 시장은 시장 및 기술환경의 변화에 따라 지속적으로 시장 중심적 규제체제로 변화해 오고 있다.

그렇다면, 우리나라 유료TV 시장의 정책 변화 과정의 중요한 원인은 무엇인가? 공익성과 매체 간 균형발전이라는 변치 않을 것 같았던 정부정책이 조금씩 변화하고 있는 이유를 어떻게 설명할 수 있을까? 다양한 이유로 설명될 수 있으나, 저자는 이를 유료방송에 대한 정책당국의 인식변화로 설명하고자 한다. 유료방송서비스 제공자는 비영리기관이 아닌 민간 기업에 의해서 이루어지기 때문에 유료방송사업자의 사업을 규정짓는 여러 가지 제도의 변화는 공익성이라는 개념뿐 아니라 경제적인 측면에서의 변화로 인식되어야 하기 때문이다. 예를 들어, 우리나라의 유선방송시장은 지상파방송의 난시청 해소를 위한 중계유선방송으로 시작하였는데, 비교적 단순하고 비공식적이었던 유선방송시장이 성장함에 따라 보다 명확한 사업권(재산권)의 설정이 필요하게 되었으며, 중계유선방송사업법은 유선방송산업에 관련된 SO, PP, NO 등에 대한 지위설정을 하게 된다. 이러한 사업권의 설정과정은 공익성의 논리가 많이 작용하여 경제적 효율성에 대한 고려가 상대적으로 적었고 유선방송사업자들에 대한 강력한 규제로 이어졌다. 그러나 종합유선방송 초기의 엄격한 규제는 시간이 흐름에 따라 산업의 경제적 특성을 반영하면서 변화를 요구받게 되었고, 점차 시장적인 요소가 가미되는 재산권 설정방식으로 변화하게 되었다.

산업의 제도적 변화를 재산권적 관점으로 해석하려는 시도는 미국의 주파수 이용권의 변천과정, 석유채취권을 둘러싼 다양한 계약 형태, 주주와 경영진 간의 갈등 해소를 위한 기업법의 변천과정 등 여러 분야에서 이루어져 왔다. 정부정책의 변화를 재산권 측면에서 분석한 연구들은 기존의 재산권 체제로는 변화하는 환경을 수용하기가 어려운 상황이 도래할 경우 새로운 재산권을 규정시켜나가는 과정에 초점을 맞추고 있다.

이상우 · 김창완(2008)도 국내 유료방송서비스 시장의 방송정책 변화과정을 재산권적인 측면에서 분석하고 이에 기반해서 국내 방송정책을 평가한 바 있다. 이들은 새로운 매체들의 경쟁이 본격화되고 있는 현실에서 유료TV 시장의 바람직한 재산권 설정방향을 제안하였다. 이하에서는 이상우 · 김창완(2008)이 국내 유료TV 산업 관련법의 변천과정을 재산권적 측면에서 논의한 내용을 간략히 정리하였다.

1. 방송법의 변화과정

우리나라의 유료TV 서비스 시장은 1990년 후반부터 새로운 변화를 보이기 시작하였다. 고품질 영상서비스에 대한 수요증대는 케이블TV에 대한 디지털 전환 요구로 이어졌고, 통신부문에서 시작된 초고속인터넷서비스는 곧 케이블TV에도 도입되었다. 케이블TV 사업자들은 새로운 사업영역을 발견하였으며, 이 변화에 대처하기 위해서는 대형화 및 투자를 위한 추가적인 자본유치가 필요하게 되었다. 또한 획일적인 프로그램의 전송의무는 소비자의 수요를 맞추기에는 무리가 따랐다. 사업의 대형화는 SO 간의 합병을 통한 MSO 형성을 통하여 가능하며, 신규 투자자본의 유입은 대기업과 외국인 투자자의 투자를 통하여 가능할 수 있으나, 이 모든 사항은 법적으로 금지되어 있었다. 이와 같은 변화를 수용하기가 힘든 체제였던 초기의 종합유선방송법은 이후 수차례의 개정을 통하여 변화하게 되었다. 그 변화의 방향은 사업권의 범위를 확대하는 동시에 사업권의 거래를 허용하는 시장 중심적 체제의 도입이었다.

우선, 3분할 구조는 1999년 종합유선방송법의 개정으로 폐지되었다. 개정된 종합유선방송법은 SO, PP, NO 간 상호 겸영 허용, 복수 SO 및 복수 PP의 허용을 주된 내용으로 담고 있다. 이에 따라 SO는 PP 지분의 20%, PP는 SO 지분의 10%까지 소유할 수 있게 되었고, NO는 SO 지분의 10%를 소유할 수 있게 되었다. 또한 기존 법에서는 대기업과 외국인, 언론사 등이 SO를 소유할 수 없었으나, 개정된 종합유선방송법에서는 33%까지 소유할 수 있도록 허용되었으며, 이후에 49%로 확대되었다. 또한 그동안 엄격히 금지되어 있었던 MSO 형성이 허용되었다. MSO 허용은 전체 케이블산업 매출액의 33% 이내 혹은 전체 방송권역의 1/5 이내로 완화되었다가 2014년에는 매출액 규제와 권역규제가 모두 사라지고 전체 유료방송가입자 수의 1/3까지 가능하게 되었다. 한편, 외국인의 PP(보도 채널 제외)에 대한 소유지분은 기존 15%에서 33%, 49%까지로 점차 확대되었고, FTA로 인한 방송시장 개방이 이루어지게 되면 외국인에 의한 PP 소유지분은 사실상 100%까지 가능하게 된다. 이와 같은 법률개정은 2000년대 초반부터 유선방송산업 내의 많은 합병을 가능케 하여 대형 MSO의 출현으로 이어졌다. 또한 대기업 자본을 바탕으로 하는 기업도 MSO로 진입하게 되었으며, 외국자본의 유치도 활발하게 이루어졌다.

한편, 2001년 3월 방송법 시행령과 함께 본격적인 PP 등록제가 실시되었고, 기존의 종합유선방송법에서는 문화관광부 장관이 방송 프로그램의 공급분야를 지정할 수 있도록 규정하고 있었으나[104], 개정된 법은 정부의 공급분야 지정 조항이 폐지되었다. 또한 PP가 공정하고 합리적인 시장 가격으로 양질의 프로그램을 SO에 공급하도록 규정했던 조항도 폐지되어, PP들의 타 매체 전송과 채널 티어링의 도입이 가능해졌다. PP들이 대통령령이 정하는 범위에서 일정 비율(10%)의 방송 프로그램을 제작하고 외국 프로그램 작업자와 공동으로 방송 프로그램을 제작할 때는 문화관광부 장관의 승인을 얻도록 한 조항도 폐지되었다. 한편, PP들이 광고방송을 제외한 방송용 극영화와 만화영화, 외국 방송 프로그램을 종합유선방송위원회의 사전 심의 없이 방송할 수 있도록 사전 심의 관련 조항을 모두 삭제하였다. 또한 PP와 SO 간의 단체 계약 형태는 2000년까지 유지되었지만 2001년 일부 개별계약 형태로 변환되었고 2002년부터는 완전 개별 계약의 형태로 바뀌게 되었다.

2. 유선방송정책의 변화와 재산권

유선방송시장에서의 사업권은 여러 단계의 변화를 겪어 왔다. 1960년대부터 시작된 중계유선방송은 읍면단위에서 라디오와 지상파방송의 단순 재전송으로 시작되었으나, 지상파방송 콘텐츠 이외에도 비디오영상물의 등장으로 새로운 사업기회가 생기면서 적법하지 않은 프로그램의 전송이 시작되었다. 이러한 상황에서 정부는 공익성 확보라는 정책목표 달성을 명목으로 전국을 77

104 기존의 종합유선방송법에서는 문화부 장관이 방송 프로그램 공급이 특정 분야에 편중되지 아니하고 그 전문성과 다양성이 실현될 수 있도록 하기 위하여 방송 프로그램의 공급분야를 지정할 수 있음을 명시하고 있다.

개 권역으로 구분하여 개별 권역에서 독점적 종합유선방송사업권을 부여하였고, 소유겸영규제 등을 통한 재산권 행사의 자율권을 제한하였다.

케이블TV 시장에서의 재산권 부여 방식은 기존 중계유선사업자에게 여러 종류의 프로그램 전송을 허용하고 경쟁을 유도하여 가장 효율적인 사업자가 생존하는 방법을 고려할 수도 있었고, 혹은 인근 유선사업자간의 합병과 이를 통한 규모의 경제 실현으로 해결할 수도 있었다. 또한 새로운 사업자의 선정이 불가피한 경우라도 선정과정에서 시장적 요소를 도입할 수도 있었으나, 종합유선방송사업자의 선정기준은 이러한 시장적 요소를 찾아보기는 어려웠다. 오히려 종합유선방송법에 의해 도입된 케이블사업권은 비교적 단순한 중계유선사업권에 비해서 많은 제약이 있었다. SO-NO-PP 삼자 간 분리 개념이 도입되었고 MSO 형성에 관한 소유제한도 엄격하였으며, 특히 대기업 및 외국자본에 대한 지분제한이 적용되었다. PP의 선택권도 제약되어 소비자는 프로그램 선택권이 없었다. 이러한 정책들은 모두 공익성 확보라는 정책목표에 의해 사업자의 재산권과 거래방식을 상당히 제한했던 것이다.

이와 같은 유선방송 초기의 규제체제는 사업이 비교적 단순한 시기에는 큰 무리가 없었다. 그러나 1990년대 중반 이후 프로그램의 다양성을 추구하는 소비자의 수요 변화와 이에 대처하기 위한 디지털화의 필요, 그리고 초고속인터넷서비스라는 새로운 시장의 발전은 대규모 투자를 위한 자본 조달, 규모의 경제 실현을 위한 사업권역의 광역화 등에 대한 요구로 이어졌고, 이러한 변화에 대한 요구는 과거의 제한된 사업권체제로는 수용하기가 어려웠다.

결국, 유선방송관리법과 종합유선방송법을 통합한 방송법은 여러 차례의 개정을 거쳐서 다양한 변화에 대한 요구를 수용하기 시작하였으며, 동시에 시장 친화적 규제방식으로 변모하게 되었다. 즉, 겸영금지와 소유제한이 완화되어 사업자들 간의 합병이 이루어졌는데, 이는 케이블 산업을 둘러싼 여러 이해당사자간의 거래를 허용하는 시장적인 요소들이 도입되기 시작한 것으로 볼 수 있다. 또한 케이블 산업 부문의 자본조달을 위하여 대기업 및 외국인 투자가 허용되면서 사업권의 거래가 어느 정도 자유로워졌다. <표 7-3>은 국내 케이블TV서비스 시장에서의 재산권 변화과정을 보여주고 있다.

〈표 7-3〉 케이블TV서비스 시장에서의 재산권 변화과정

기존 체제	변화동인	기존체제의 한계	완화
겸업금지	방송시장 발전에 따른 SO의 대형화 및 자본 유치 필요	3자 분리에 따른 투자 유인 저하	일정 범위내의 겸업 허용
소유제한		대기업 및 외국인 투자 불가	대기업 투자 자유화 외국인 소유규제 완화
PP 전송의무		프로그램 질적 저하	PP와의 개별 계약

요약해 보면, 유료방송서비스 시장에서 사업권 부여 방식은 공익성이라는 정책목표와는 큰 관련이 없었음에도 불구하고 정책당국은 공익성 확보와 사업권 부여방식을 동일시하는 문제를 발생시켰다. 공익성 확보라는 정책목표를 달성하면서 사업권 부여방식에 있어서는 시장친화적인 방법을 사용하는 것은 충분히 가능할 수 있었다. 그러나 독점적 사업권의 부여, 삼분할 체계, 대기업이나 외국인 지분의 참여제한 등의 규제는 유선방송서비스를 제공하는 사업권의 설정을 제한할 뿐, 공익성 확보와는 애초부터 관련이 적을 수밖에 없었다. 공익성을 사회적으로 바람직한 프로그램의 제공, 다양한 프로그램의 제공, 정치적으로 중립적인 프로그램의 제공 등으로 규정한다면, 이러한 프로그램의 제공은 사업권 부여방식과는 관련이 적을 수밖에 없다. 공익성 확보의 문제는 사후적으로 정책당국이 판단하여 목표하는 공익성 기준에 도달하지 못했을 경우 다양한 방법을 통해 제재를 가할 수 있다. 그럼에도 불구하고 공익성과 사업권 부여방식을 동일시했었던 정책당국의 규제체계는 우리나라 유료TV 산업의 성장을 위축시키는 결과를 가져올 수밖에 없었다.

3. 스마트미디어 환경에서 미디어 정책의 방향

우리나라의 유료TV 시장은 방송사업자의 권리와 의무를 규정하는 많은 규제조항을 담고 출발하였다. 케이블TV 출범과 함께 제정된 종합유선방송사업은 매체 간 균형발전 및 다양성, 공익성에 입각하여 설정된 규제조항들로 인하여 사업자들 간의 재산권(방송 사업권) 거래를 근본적으로 차단하여, 경제적 효율성을 저해하는 부작용을 낳았다. 그러나 이후 종합유선방송서비스의 법 개정 과정은 방송시장의 변화과정에서 발생하는 여러 가지 문제점들을 해결하기 위해 초기의 엄격한 재산권 부여 정책이 완화된 것으로 이해할 수 있다. SO, PP, NO의 3분할 정책은 시너지 효과 창출을 위한 부문 간 결합과정에, MSO 금지조항은 규모의 경제를 실현하기 위한 기업결합 활동에 각각 부정적 거래비용(prohibitive transaction cost)으로 작용하였으며, 산업 내 부문 간 획일적인 수익금 배분규정은 삼자 간 무임승차라는 외부성을 가져왔다. 방송법 개정 과정은 삼자 간 겸업 및 MSO의 허용 등 여러 측면에서 경제적 효율성을 제고하는 방향으로 전개되어 왔으며, 이는 결국 사업권 내용을 재설정하여 온 과정이라 할 수 있다. 즉, 유료TV 시장에서의 정부규제는 사업권을 보다 폭넓게 정의하면서 동시에 각종 금지 조항을 완화하여 이해당사자 간의 거래를 허용하는 방향으로 전개되어 왔다고 하겠다.

국내 유료TV 시장에서 정책당국의 최초 사업권 체제가 유료TV 시장의 성장을 지체시켰다는 사실은 스마트미디어 환경에서 사업권 부여정책이 어떻게 변화되어야 하는지에 대한 몇 가지 시사점을 제공해 줄 수 있다. 우선, 스마트 미디어 환경에서는 방송시장의 진입제한과 사업자의 생존권 보호에 초점을 맞추는 정책 보다는 시장철학에 맞는 재산권 부여방식을 고민해야 할 것이다. 국내 유료방송시장의 정책은 환경변화에 대한 인식을 반영하여 지속적으로 변화되어 왔다는 긍정적 측면이 있으나, 유료TV 시장에 대한 이해 부족과 공익성이라는 절대적인 정책목표로 인해 불필요한 시간과 비용을 낭비해 왔다는 비판에서 자유로울 수 없다. 방송 산업에서 공익성 확보의 중요성은 기본적으로 방송 플랫폼의 희소성과 소수의 플랫폼 사업자에 의해 좌지우지될 수 있는 사회적 영향력에 근거한다. 그러나 이제는 디지털 기술의 발달과 융합환경의 진전으로 인해 플랫폼의 희소성을 논하는 것이 더 이상 의미가 없어지고 있다. 유료방송의 유일한 매체로 인식되었던 케이블 TV도 이미 위성방송과 IPTV의 활성화로 인해 독점력이 상실되어 가고 있다. 또한 무선전송기술의 발전은 기존의 고정형 방송시장에 이동성이라는 새로운 차원을 열어 주었다. 더구나 인터넷을 기반으로 하는 스마트미디어서비스의 출현은 더 이상 전통적 방송플랫폼 사업자만이 방송서비스를 제공하는 시대가 끝나고 있음을 보여준다. 결국, 과거와 같은 서비스별 영역구분은 더 이상 불가능해지고 있고, 다양한 미디어 플랫폼 사업자들 간의 경쟁이 본격화되고 있음을 의미한다.

재산권체제의 사회적 선택이라는 관점에서 본다면, 두 가지의 상충되는 논리-1) 정부가 사업자의 수를 지정 및 유지하여 사업자들의 자유로운 진입을 저해하는 규제는 개별 사업자들이 보다 노력하여 타인보다 우월한 지위를 갖고자하는 기업가 정신을 저해할 수 있음, 2) 자유 경쟁을 통해 소수의 사업자에게 시장이 집중되는 것은 투자유인의 효과는 있으나 독점의 우려가 있음-들을 고려하여 각각의 시장철학에 맞도록 재산권 설정의 방법을 선택하는 것이 중요하다. 이러한 관점에서 향후 국내 유료TV 시장의 정책 방향을 제안해 볼 수 있다.

1) 공익성과 사업권의 구분

과거와 같이 독점적인 사업권의 부여를 통하여 사업자의 수를 제한하는 진입금지적인 사업권의 설정이나 부여받은 사업권을 자유롭게 행사하려는 사업행위를 제한하는 정책은 지양되어야 한다. 현재 케이블TV 사업권에 부여되고 있는 독점적 지역프랜차이즈 제도는 그 목적하는 바를 이루고 있지도 못하고 케이블TV 산업의 성장을 저해하고 있는 것이 사실이다. 지역성이나 공익성은 지역 프랜차이즈를 통해서만 가능한 것이 아니다. 실증적 연구가 뒷받침되어야 하겠지만, 케이블 TV의 도입 이후, 현재까지 독점적 프랜차이즈를 부여받은 사업자들이 지역성과 공익성 기여에 어떠한 역할을 해 왔는가에 대해서는 의문의 여지가 많다. 적어도 현재의 케이블TV 사업자들이 기여하고 있는 공익성이나 지역성은 지역 독점적 프랜차이즈 규제를 통해서만 달성될 수 있는 것은 아니다. 자유로운 경쟁적 진입이 가능해진다면 오히려 수준 높은 프로그램 간의 경쟁이 가능해 질 수 있고, 산업적 측면에서의 경쟁력 향상이라는 추가적 이익도 가능하다. 공익성의 문제는 사업권 부여방식과는 직접적 관련이 없다는 것을 인정하고, 더 이상 공익성과 사업권을 동일시하는 실수를 반복하지 말아야 한다.

2) 시장기구에 의한 방송사업권 설정

신규 기술의 발달로 인한 치열한 방송시장 환경에서는 시장 기구에 의한 방송 사업권이 설정될 수 있어야 한다. 지금까지 국내의 방송시장은 비교적 외국과의 경쟁에서 보호되어 왔다고 볼 수 있으나, 이제는 개방이 불가피하게 되었다. 당장 FTA로 인해 유료방송시장은 과거와는 차원이 다른 개방압력에 직면하게 될 것이다. 방송 분야의 해외개방이라는 새로운 사업 환경에 직면한 유료방송산업은 규제를 최소화하고 경쟁적인 체제로 갈 수밖에 없을 것이다. 급격한 기술의 발달로 인한 신규서비스의 진입은 유료TV 시장을 치열한 경쟁 환경으로 이끌 것이고, 이 과정에서 필요한 것은 시장 기구에 의해서 최적의 사업자가 소비자에 의해 선택될 수 있도록 방송 사업권을 설정하는 것이다. 또한 시장기구가 작동하는데 지장을 초래하는 요소들을 제거하는 것이다. 이를 위해서는 장기적인 측면에서 케이블TV, 위성방송, IPTV 등에 대한 차별화된 진입규제 방식을 없애고, 누구나 자유롭게 유료TV 서비스를 제공할 수 있는 환경이 마련되어야 할 것이다. 진입을 자유롭게 하고, 다양한 매체들이 자유로운 환경에서 공정한 경쟁을 펼칠 수 있는 환경을 마련하는 것이 스마트미디어 시대의 정부정책의 패러다임이 될 수 있어야 한다.

3) 소유/겸영 규제의 완화

현재 방송법에서 제한하고 있는 소유/겸영 규제와 점유율 규제(또는 매출액 규제)는 유료방송시장에서의 집중을 억제한다는 측면에서 도입되었으나, 재산권적 측면에서 바라보면 규제의 의미와 효과는 분명 다름을 이해해야 할 것이다. 소유/겸영 규제는 특정 사업자가 특정 미디어 기업의 주식을 일정 부분 이상 가질 수 없게 하거나(SO와 위성의 겸염 금지 등), 특정 매체를 운영하는 사업자가 상이한 매체 군의 사업자 주식을 일정 부분 소유하지 못하게 하는 것이다(위성방송이 SO 주식의 33%를 초과하여 소유하는 것을 금지한다거나 PP가 SO 방송구역의 1/3을 초과하여 경영하는 것을 금지하는 규제 등). 반면, 시장점유율 규제나 매출액 규제는 특정 사업자가 일정 수 이상의 가입자를 소유하거나 일정 매출액 이상의 매출을 올리지 못하도록 강제하는 규제이다(케이블TV 사업자가 전체 유료방송가구 수의 1/3을 초과하여 소유하는 것을 금지하거나 IPTV사업자가 방송구역별 유료방송 가입가구수의 1/3을 초과하여 소유하는 것을 금지). 결국, 소유/겸영 규제는 특정 사업자가 여러 매체를 소유하는 것을 금지함으로써 방송시장에 다양한 매체가 공존할 수 있는 환경을 만들어 주자는 차원에서 도입되었다고 볼 수 있는 반면, 시장점유율규제나 매출액제한규제는 특정 사업자가 유료방송시장에서 독점화되는 것을 방지해야 한다는 목적이 강하다. 일견 비슷해 보일 수도 있으나 분명 그 추구하는 목적이 다른 것이다. 그러나 현재의 스마트미디어 환경에서 매체의 구분은 그 의미가 퇴색되고 있기 때문에 소유/겸영 규제를 지속하기가 점점 어려워지고 있다. 케이블TV와 위성방송, IPTV는 서비스를 제공하는 기술적 특성만 다를 뿐, 소비자의 입장에서는 동일한 업무를 수행하는 유료방송사업자이다. 이들 간의 겸업을 제한하는 것은 각 서비스가 다르다는 것을 소비자들에게 강요하는 것이다. 지상파방송은 예외로 둔다고 하더라도 유료방송사업자들 간의 겸업규제는 업무가 동일한 서비스들 간의 재산권 행사를 의도적으로 방해하는 것이다. 케이블TV와 위성방송에 적용되고 있는 전체 방송매출액의 33% 초과 금지규제나 케이블TV와 IPTV 간에 별도로 구분되어 있는 시장점유율 규제 역시 매체를 인위적으로 구분하여 그 다름을 강요하는 규제로 볼 수 있다. 유료방송시장에서 특정사업자가 독점화되는 것이 나쁘다는 것을 명확하게 입증할 수 있다면 매체별로 구분한 규제보다 케이블TV, 위성방송, IPTV를 모두 하나의 유료방송시장으로 간주하고 이들에 대해 단일한 시장점유율 규제를 적용하는 것이 적절할 것이다[105]. 그러나 국내 유료방송시장에서 점유율 규제의 완화과정은 앞서 살펴보았듯이 규모의 경제를 충분히 누리지 못하던 것을 완화시켜줌으로써 사업자의 효율성을 높여주려는 목적이 강했다. 효율적인 사업자가 열심히 사업을 해서 많은 가입자를 모집했는데, 더 이상의 모집은 금지한다는 규정은 비효율적인 사업자가 유료방송시장에 필요함을 인정해 주는 것이다. 그러나 왜 비효율적인 사업자가 시장에서 필요한지가 설득력 있게 설명되어야 한다. 시장점유율 규제를 지속하려면 방송의 공익성이나 다양성이 시장점유율 규제와 무슨 상관이 있는지를 명확히 설명할 수 있어야 할 것이다. 합병을 통한 사업지역의 확장이나 추가적 가입자를 모집하기 위한 마케팅 자체는 사업자 자신이 결정할 사안이고, 정책당국의 역할은 사업 확장의 정책적 거래비용을 줄

105 다양한 기술을 이용한 콘텐츠 제공이 가시화되면서 규제자가 직면한 가장 중요한 문제는 기술 중립성 또는 플랫폼 중립성의 확보이다. 기술 중립성이란 서비스를 제공하는 기술적 차이(케이블, 위성, IPTV, 인터넷 등의 기술적 차이에 상관없이)에 상관없이 유사한 서비스에 대해 유사한 방식으로 규제를 적용하자는 것이다. 마찬가지로 플랫폼 중립성이란 동일한 콘텐츠나 서비스는 해당 콘텐츠나 서비스가 소비되는 플랫폼이나 디바이스에 상관없이 동일한 규제의 적용을 받아야 한다는 것이다.

여주는 것이어야 한다. 예를 들어, 현재 케이블사업자 합병 시 필요한 허가절차의 간소화가 이루어져야 할 것이고, 현재로서는 통신사업자와 방송사업자 지위에 대해 별도의 허가심사절차가 있으나, 이를 하나의 절차로 통합하여 간소화하는 것이 거래비용을 줄여 궁극적으로 자원배분의 효율성으로 이어지게 하는 방법이 될 것이다.

4) 스마트미디어서비스의 활성화

다양한 OTT 사업자들의 미디어 시장 진입에 대한 전통적 플랫폼 사업자들의 반대가 예상되는 것은 어쩌면 당연한 일이다. 전통적 미디어 사업자들이나 신규기술을 바탕으로 서비스를 제공하는 스마트미디어 사업자나 모두 콘텐츠를 전송하는 사업자들인데 누구는 강력한 방송법이나 IPTV법에 의한 규제를 받고 누구는 부가통신사업자의 지위를 부여받아 서비스 제공의 자율성이 높다는 것은 형평성에 어긋나 보일 수도 있다. 따라서 전통적 미디어 사업자들은 OTT와 같은 신규 스마트미디어 사업자들을 방송법의 틀 속에 포함시켜 동일한 규제체계 하에 공정한 경쟁이 이루어질 수 있는 환경을 마련해야 한다고 주장할 수 있다. 그러나 스마트미디어서비스 사업자들의 입장에서는 서비스 이용자들의 규모가 아직까지 현저히 작고 전통적 유료방송사업자들에게 경쟁압력을 행사할 정도로 위협적인 존재가 아니기 때문에 스마트미디어서비스에 대한 규제를 논하는 것은 시기상조라고 주장할 수 있다. 오히려 스마트미디어서비스 시장을 어떻게 활성화시키고 스마트 미디어 서비스 사업자들을 포함한 전체 유료방송서비스 시장의 생태계를 어떻게 키울 것인가를 고민하는 것이 필요하다.

스마트미디어서비스가 시장에서 자리 잡고 많은 사람들에 의해 이용될 수 있도록 하기 위해서는 여러 가지 문제들이 해결되어야 할 것이다. 스마트미디어서비스의 사회문화적 영향력이 얼마나 큰지, 스마트미디어에 대한 법적정의 및 시장획정을 어떻게 해야 하는지, 전통 미디어에 적용되고 있는 미디어 규제의 논거를 스마트미디어에도 적용할 수 있는지, 스마트미디어에 대한 콘텐츠 및 네트워크 접근 이슈를 어떻게 해결해야 하는지 등 다양한 문제들에 대한 논의가 있어야 할 것이다.

우선 스마트미디어의 영향력에 대해서 살펴보자. 국내에서 스마트미디어서비스를 이용하는 사람들은 미미하다. 미디어를 규제하는 논거들 중의 하나는 해당 미디어를 얼마나 많은 사람들이 이용하고 있는가이다. 많은 사람들이 이용하는 미디어는 그만큼 정치, 사회, 문화적으로 영향력이 높음을 의미하고, 그러기에 미디어가 제공하는 콘텐츠의 공익성, 다양성, 편향성 등에 대한 규제 논거가 정당화될 수 있는 것이다. 그러나 이러한 것을 논하기에 국내 스마트미디어서비스의 이용자수는 너무도 미미한 수준이다. 더욱이 스마트미디어서비스는 TV를 켜면 자동으로 나오는 서비스도 아니고, 사람들이 스스로 선택해서 이용하는 넌리니어서비스이다. 그만큼 시청자들이 통제할 수 있는 미디어라는 것이다.

다음으로 스마트미디어서비스는 법적 정의가 미비할 뿐만 아니라, 스마트 미디어 서비스를 어떤 시장에 포함시켜야 할 것인가와 관련된 시장획정이슈를 살펴보자. OTT와 같은 스마트미디어서비스는 현재 부가통신서비스로 간주되어 방송법이나 IPTV법의 규제를 받고 있지 않으나, OTT를 통해 실시간으로 동영상콘텐츠가 제공되는 경우 기존 유료방송사업자와 유사한 성격으로 볼 수 있다는 문제가 제기된다. 따라서 현재는 부가통신서비스로 분류되고 있으나 언제 법적 지위가 변경되어 방송사업자로 분류될지 모른다는 불안감 때문에 스마트미디어서비스 시장으로의 진입이 활발하게 이루어지 못할 수 있다는 문제가 제기될 수 있다. 그렇기 때문에 스마트미디어서비스 사업자의 법적 지위를 명확히 해주는 것이 규제의 예측가능성을 높여 스마트미디어서비스 시장으로의 진입 활성화에 기여할 수 있다는 주장이 제기된다. 또한 스마트미디어서비스가 기존 미디어와 치열한 경쟁관계를 구축할 수 있게 되는 경우에 대비해서 스마트미디어서비스와 기존 미디어와의 경쟁상황 평가를 시작해야 하는게 아니냐는 주장도 제기될 수 있다. 그러나 앞서 살펴보았듯이 스마트미디어서비스의 보급이나 이용률은 현저히 낮은 수준이고 스마트미디어서비스를 어디까지 포함시켜야 할 것인가에 대한 고민도 제대로 이루어지지 않은 상황이다. 국내 정책당국이 온라인비디오서비스 시장의 80% 이상을 차지하고 있는 유튜브(YouTube)시장을 과연 스마트미디어서비스로 간주할 수 있을까? 만일 유튜브를 제외한 나머지 서비스만을 스마트미디어서비스로 분류할 때 문제점은 없는가? 시장획정을 시도한다고 하더라도 스마트미디어서비스 사업자들에 대한 신뢰성 있는 자료 확보가 쉽지 않다. 현재로서는 스마트 미디어 서비스 사업자들이 콘텐츠 수급이나 요금구조, 가입자 기반 등의 구조적 측면에서 기존 방송사업자들과 경쟁이 되지 않는 상황임을 인정하고 지금과 같이 부가통신서비스 사업자로 지켜봐 주는 자세가 필요해 보인다.

이와 관련하여 스마트미디어와 기존 미디어 간의 규제형평성 이슈는 앞서 언급한 스마트미디어서비스의 사회적 영향력 이슈와 스마트미디어서비스와 기존미디어의 동일시장획정 이슈와 연관되어 있는 문제라고 할 수 있다. 동일한 콘텐츠가 케이블TV나 위성방송, IPTV와 같은 전통적 유료TV를 통해 제공되는 경우와 스마트미디어서비스를 통해 제공되는 경우 전송방식의 차이가 다르다는 이유로 차별적 규제가 적용될 수 있는가에 대한 문제가 발생할 수 있다. 소위 "수평적 규제체계"논란이다. 수평규제의 원칙은 동일한 서비스는 해당서비스가 어떤 망을 통해 제공되는지에 상관없이 동일한 규제의 적용을 받아야 한다는 것이다. 현재 스마트미디어서비스는 전기통신사업법의 부가통신사업자로 간주되어 전통적 유료TV에 비해 낮은 수준의 규제를 적용받고 있다. 예를 들어, 전통 유료TV사업자들에게 적용되고 있는 소유/겸영 규제, 진입규제(허가/재허가 규제), 방송의 공정성, 공공성 심의, 방송광고 심의, 방송광고금지

품목제한 규제, 방송프로그램의 편성규제, 시청점유율 제한 규제, 채널의 구성과 운용에 관한 규제, 재송신규제, 외국채널 재송신 규제 등이 스마트미디어서비스 사업자들에게 적용되지 않는다는 것이다. 그러나 국내 유료방송시장은 저자가 보건데 전 세계에서 가장 많은 규제를 적용받고 있다고 해도 무리가 아니다. 스마트미디어서비스의 등장으로 인해 규제형평성 이슈를 논하기 위해서는 스마트미디어 사업자에게 기존 유료TV사업자들에게 적용되고 있는 규제를 확대하자는 논의보다는 오히려 기존 유료TV사업자들에게 적용되고 있는 불필요한 규제를 완화하자는 논의가 필요해 보인다. 기존 유료TV사업자들에게 거의 경쟁압력을 행사하고 있지 않은 스마트미디어서비스 사업자들에게 위에서 열거한 규제들을 적용한다는 것은 사업을 하지 말라는 얘기와 같다.

마지막으로 스마트미디어서비스 사업자들의 콘텐츠 접근 이슈 및 네트워크 접근 이슈를 점검해 보자. 스마트미디어서비스 사업자가 시장에서 제대로 경쟁력을 발휘하기 위해서는 소비자들이 선호하는 고품질의 콘텐츠를 제공할 수 있어야 함은 물론 안정적인 네트워크 환경에서 소비자들에게 합리적인 가격으로 제공할 수 있어야 한다. 문제는 스마트미디어서비스 사업자가 고품질의 콘텐츠를 확보하거나 안정적인 네트워크 환경을 유지하기 위해서는 상당한 자본력이 필요하다는 것이다. 이제 시장에 막 진입한 스마트미디어서비스 사업자가 시청자들이 선호하는 고품질의 독창적 콘텐츠를 제작하기란 결코 쉽지 않다. 위성방송이나 IPTV사업자가 유료방송시장에 진입했을 때, 가입자 유치에 어려움을 겪었던 가장 큰 이유들 중의 하나는 지상파콘텐츠나 기타 인기 있는 PP 채널에 대한 접근이 어렵거나 접근이 가능하다 하더라도 이를 전송하기 위해서는 상당한 비용을 지불해야 했기 때문이다. 설령 인기 있는 채널을 확보했다고 하더라도 소비자들이 이를 이용할 때 자주 끊김이 발생하거나 많은 비용을 지불해야 한다면 스마트미디어는 시장에서 외면받을 것이다.

현재 모바일IPTV, N스크린 서비스 사업자 등과 같은 OTT 사업자들은 전기통신사업법 상 부가통신사업자로 분류되어 있기 때문에 KBS1과 EBS등의 채널들이 모바일 IPTV 사업자나 N스크린 서비스인 '티빙(tving)' 등에 의무적으로 제공되고 있지 않다. 전통적 유료방송사업자들은 아무런 대가없이 제공하고 있는 KBS1과 EBS와 같은 인기 채널들을 제공하기 위해서 스마트미디어 사업자들은 이들 채널사업자들과 거래를 해야 한다는 것을 의미한다. 또한 지상파방송사업자들은 자신들과 수직 계열화된 스마트미디어 사업자(예, pooq)와 그렇지 않은 스마트미디어 사업자(예, 티빙)에게 콘텐츠 공급을 차별화할 우려가 존재한다. 인기 콘텐츠가 크게 부족한 국내 현실에서 일부 인기 콘텐츠에 대한 접근이 거부된 스마트미디어 사업자들이 시장에서 성공하기는 쉽지 않다. 따라서 만일 콘텐츠 공급에 있어서의 차별행위가 발생한다면, 차별행위의 부당성을 판단하는 것이 중요하다. 이를 위해서는 해당 콘텐츠 공급자가 지배력을 보유하고 있는지, 차별행위가 스마트미디어 시장의 경쟁을 저해하는지를 파악해야 할 것이다.

한편, 스마트미디어 사업자는 범용 인터넷망을 이용하여 동영상 콘텐츠를 소비자들에게 제공하기 때문에 엄청난 트래픽을 유발시킬 수밖에 없다. 네트워크 사업자의 용량이 충분하다면 별 문제가 없겠지만, 스마트미디어가 활성화되어 많은 시청자들이 이를 이용하게 될 경우에는 스마트미디어 사업자들과 네트워크 사업자들 간의 마찰로 이어질 수밖에 없다. 최근에는 넷플릭스(Netflix)를 필두로 하는 온라인비디오서비스 사업자들에 의해 유발되는 동영상 트래픽이 급증하면서 망중립성 이슈가 다시 한 번 불거진 바 있다. 2014년 2월 미국 최대의 온라인비디오서비스 사업자인 넷플릭스는 미국 최대 케이블TV 사업자인 컴캐스트(Comcast)와 빠른인터넷회선협약(paid peering arrangements)을 체결하였고, 4월에는 버라이즌(Verizon)과도 동일한 협약을 체결하였다. 대량 트래픽을 유발하는 콘텐츠 사업자가 네트워크 사업자에게 네트워크 부하대가를 지급한다는 협약을 체결한 것이다. 이를 통해 컴캐스트와 버라이즌은 자사 망을 통해 넷플릭스를 이용하는 가입자들에게 더욱 빠른 콘텐츠 접속을 보장해주기로 합의한 것이다. 실제로 넷플릭스(Netflix)가 컴캐스트(Comcast)와 계약한 이후 한 달 만에 넷플릭스(Netflix)의 동영상 스트리밍 속도는 66%가 향상된 것으로 나타났다(유효정, 2014, 4, 30). 넷플릭스와 두 네트워크 사업자들 간의 협약은 콘텐츠 사업자 스스로 망중립성 원칙을 포기하고 네트워크 사업자에게 굴복한 사례로 많은 망중립성 옹호론자들의 비판을 받기도 했지만[106], 서비스 속도가 떨어진다는 가입자들의 불만을 잠재우고 더욱 빠른 서비스를 제공하게 된 넷플릭스의 입장에서는 어쩔 수 없는 선택이었을 것이다. 넷플릭스 사례는 돈을 지불하고 더욱 빠른 서비스를 제공할 수 있는 기업과 그렇지 못한 기업 사이에 인터넷 회선속도가 점차 벌어지게 되는 시대가 다가올 수 있음을 의미한다. 특히 동영상서비스는 QoS가 대단히 중요한 서비스이기 때문에 기존 공중인터넷망에서 지지되었던 망중립성 원칙이 동일하게 적용되기 어려운 측면이 있다. 결국, 국내에서 망중립성 이슈가 어떻게 전개되는가가 OTT 서비스 시장의 활성화에 큰 영향을 미칠 것이다. 기본적으로 공중인터넷망을 이용하고 있는 대부분의 OTT 서비스 사업자들로서는 공중인터넷망을 통해 발생시키는 동영상 트래픽에 대해 추가적인 요금을 지불하는데 상당한 부담감을 느끼고 있다. 반면, 망을 소유하고 있는 사업자들의 입장에서 OTT 사업자들이 창출해 내는 엄청난 트래픽을 아무런 대가 없이 그대로 수용하고 있기란 결코 쉽지 않다.

스마트미디어 사업자가 상당한 가입자규모를 확보하여 기존 미디어 사업자와 어느 정도 대등한 위치를 점한 경우에는 배타적 콘텐츠 거래나 이용트래픽에 대한 대가 지불이 당연하다고 볼 수 있으나, 시장 진입 초기에는 스마트미

106 망중립성 옹호론자들은 넷플릭스와 컴캐스트 간의 협약을 인터넷 상에서 콘텐츠 제공사업자가 연결속도를 개선하기 위해 네트워크사업자에게 추가 비용을 지불한 최초의 사례라고 비판하고 있다.

디어 사업자가 콘텐츠와 네트워크 비용을 감당할만한 충분한 자본력이 부족할 것이다. 스마트미디어 사업자를 시장에서 퇴출시키려는 목적으로 부당한 콘텐츠 거래 요구를 한다거나 네트워크에 대한 트래픽 유발 정도를 과다하게 책정하여 부당한 비용을 요구하는 행위에 대해서는 정책당국의 감시와 규제가 필요할 것이다.

제5절. TV서비스에 대한 미래의 규제

스마트미디어 환경 하에서 다양한 미디어 사업자들에게 적용되는 규제의 강도에는 일정부분 변화가 불가피할 것이다. 스마트미디어 환경 하에서 미디어 사업자들에게 적용되는 규제의 정도를 결정할 때 고려되어야 할 사항들을 제시한 한 연구는 스마트미디어 환경에서의 콘텐츠 규제방향에 대한 시사점을 제공해 준다(Arion, 2007). 이 연구에서 고려하고 있는 첫 번째 사항은 미디어 사업자가 제공하는 서비스가 매스미디어의 성격을 지니고 있는지의 여부이다. 전통적으로 특정 미디어별로 규제가 차별적으로 적용되어온 가장 중요한 논거는 매스미디어의 침투성과 이에 따라 발생하는 사회문화적 영향력이다. 지상파방송의 경우, 일반 공중을 대상으로 무차별적으로 뿌려지는 무료 서비스라는 특징 때문에 침투성이 높고 이에 따르는 사회문화적 영향력도 막강한 것으로 인식되었다. 따라서 모든 미디어들 중에서 콘텐츠에 대한 가장 강력한 규제를 받아왔던 것이다. 케이블이나 위성 등과 같은 유료TV 역시 일반 공중을 대상으로 뿌려지는 서비스라는 점에서는 지상파방송과 유사하나 이를 이용하기 위해서는 이용자가 유료TV에 직접 가입하여 비용을 지불해야 한다는 점에서 지상파에 비해 침투성이나 사회문화적 영향력이 떨어지는 것으로 간주되었다. 결국, 미디어 사업자가 제공하는 서비스가 어느 정도의 침투성을 가지고 있는가에 따라 규제강도가 결정될 수 있다는 것이다. 두 번째로 고려되어야 할 사항은 제공되는 서비스가 TV와 유사한 형태의 서비스인지의 여부이다. 즉, 서비스의 콘텐츠나 서비스 특성이 전통적 TV에서 제공되는 서비스와 유사한지의 여부이다. 세 번째 고려사항은 서비스의 제공방식이 개방형인가 폐쇄형인가의 여부이다. 폐쇄된 방식(closed business models or walled garden models)의 경우, 서비스 제공자는 콘텐츠와 콘텐츠 제공방식에 대한 통제권한을 가지고 있음을 의미하고, 이는 전통적 지상파방송서비스와 크게 다르지 않다. 이러한 서비스 모델을 추구하는 사업자의 경우, 제공하는 콘텐츠에 대해 규제 기관의 통제를 받는 것이 일반적이다. 반면, 개방형 방식(open Internet models)의 경우에는 서비스 제공자와 실제 콘텐츠를 서비스 제공자에게 공급해 주는 콘텐츠 공급자가 다르다. 따라서 만일 시청자가 보게 되는 콘텐츠가 해롭고 유해한 콘텐츠일 경우 서비스 제공자가 해당 콘텐츠의 제공에 있어서 제대로 감시나 통제를 수행했느냐의 여부가 중요해진다. 수많은 콘텐츠가 제공되는 개방형 환경에서 서비스 제공자가 모든 콘텐츠에 대해 통제하고 감시하는 것은 사실상 불가능하기 때문에 유해콘텐츠의 제공에 있어서 서비스 제공자의 책임을 묻는 것은 불합리할 것이다.

전통적으로 방송과 신문(또는 프린트미디어)에 대한 규제가 왜 달랐는가에 대한 논거를 살펴보는 것도 스마트미디어 환경 하에서 규제의 방향을 논할 때 도움이 될 것이다. 과거부터 방송에는 엄격한 규제가 적용되어온 반면, 신문에는 별다른 규제가 적용되지 않았는데 이는 두 가지 논거에 근거한다. 첫째, 기술적 특성이다. 지상파방송을 제공하기 위해서는 주파수가 필요한데, 주파수는 희소한 공공자원이므로 이를 가장 효율적으로 사용할 소수의 사업자에게 분배하는 것이 합리적이라 판단했다. 소수의 사업자에게 주파수의 사용권을 부여하는 대신, 주파수의 혼란이나 기타 발생 가능한 기술적 문제를 해결하기 위해 규제기관이 필요했던 것이다. 반면 신문을 제공하기 위해서는 윤전기 이외에는 어떠한 희소자원이나 특별한 기술이 필요하지 않으므로 규제기관이 간섭할 이유가 없었다. 둘째, 방송의 즉시성과 침투성에 기반한 공공의 이익(public interest) 원칙이다. TV는 방송 즉시 전국으로 퍼져가는 즉시성의 특성이 있고, 안방에서 TV를 켜기만 하면 쉽게 접근이 가능한 침투성의 특성을 가지고 있다. 과거에는 지상파 방송 이외에 별다른 미디어가 없었기 때문에 지상파방송의 즉시성과 침투성은 지상파방송의 사회적 영향력을 막강하게 만들었다. 예를 들어, 지상파방송을 통한 정치적 메시지의 전달은 일반대중의 민주적 사고 형성에 커다란 영향을 미칠 수 있다. 또한 지상파방송이 제공하는 불공정하고 균형 잡히지 않은 보도나, 폭력적이고 성적 욕구를 자극하는 콘텐츠는 건전한 사회를 형성하는데 해를 끼칠 수 있다. 따라서 지상파방송사들이 제공하는 콘텐츠는 규제기관에 의해 엄격히 통제되는 것이 적절하다고 간주되었다. 반면, 신문의 경우에는 상당수의 신문사들이 존재해 왔고, 서로 상이한 관점을 가지고 정치, 사회적 이슈들을 논의해 왔기 때문에, 많은 사람들은 신문시장에 사상의 자유시장(marketplace of ideas)이 확보될 수 있다고 믿었다.

이러한 차이점들 때문에 과거부터 TV와 신문에 적용되는 규제는 달랐고, 이러한 차이가 존재하는 것에 대해 대부분 이의를 제기하지 않았던 것이다. 그렇다면 이러한 논거를 스마트 미디어 환경에 적용해 보자.

우선 주파수의 희소성 논거는 이미 사라진지 오래다. 케이블TV, 위성방송, IPTV, 인터넷 방송 등 다양한 형태의 방송이 가능해지면서 과거 소수미디어에 의한 독점적 콘텐츠 제공은 불가능해지고 있다. 더욱이 지상파방송사의 시장 점유율은 지속적으로 하락하면서 다양한 미디어가 서로 경쟁하는 구조로 변모하고 있다. 지상파 방송의 침투성과 즉시성에 기인한 규제논거도 점차 그 정당성이 약해지고 있다. 신문이나 프린트 미디어는 해당 신문이나 프린트 미디어의 정치적 편향성을 미리 알고 있는 독자들에 의해 자발적으로 선택되는 특성이 있는 반면, 지상파방송은 소수의 지상파방송사업자들이 무차별적으로 일반 대중을 상대로 메시지를 뿌렸기 때문에 즉시성과 침투성 측면에서 신문에 비해 높았다고 할 수 있다. 그러나 최근 등장하고 있는 인터넷 기술을 이용한 TV서비스들은 그 양이나 사업자의 수가 엄청나고 일방적으로 안방으로 뿌려지는 것이 아니라 시청자들에 의해 자발적으로 선택되어진다는 점에서 신문이나 프린트 미디어와 유사하다. 또한 무수한 채널이 존재하는 상황에서 시청자들은 TV를 통해서 제공되는 콘텐츠에 의해 심한 충격을 받지도 않는다. 이는 스마트미디어 환경에서의 시청자들이 미디어를 선택할 때에는 마치 신문이나 프린트 미디어를 선택할 때와 마찬가지로 자신의 정치적, 사회적 기호에 맞는 채널을 골라서 시청할 수 있기 때문이다. 더구나 다양한 관점을 가지고 있는 채널들이 충분히 많기 때문에 특정 채널이 사회에 미치는 영향력은 과거에 비해 지극히 작아질 수밖에 없다. 결국, 스마트미디어 환경에서의 방송은 마치 신문이나 프린트시장과 유사하게 변화되고 있다고 볼 수 있다. 더구나 스마트미디어 환경에서의 미디어 제공은 자국시장에만 한정되는 것이 아니라 글로벌 시장을 대상으로 한다. 인터넷을 통해 전 세계의 콘텐츠가 제공되고 있고, 시청자들은 각자의 취향에 맞게 원하는 콘텐츠를 골라서 시청할 수 있게 되었다. 이는 과거 방송환경에서 규제적용의 논거가 되었던 주파수의 희소성이나 방송의 침투성/사회적 영향력 논거가 스마트미디어 환경에서는 더 이상 설득력을 가질 수 없게 되었음을 의미한다.

지금까지 살펴보았듯이, 스마트미디어 시대가 도래하고 있는 시점에서, 규제자들은 지상파, 케이블, 위성, IPTV, 인터넷 미디어 등 다양한 미디어에 대한 규제원칙에 대해서 새롭게 고민해야 할 것이다. 특히 인터넷을 통해 제공되는 서비스에 어떤 규제를 적용해야 할지에 대해서는 규제자들의 고민이 더욱 깊어질 것이다. 이러한 서비스는 자국 내에서뿐만 아니라 해외에 거점을 둔 사업자들로부터 제공될 수 있기 때문에 규제적용이 현실적으로 쉽지 않은 상황임을 고려해야 할 것이다. 국내 사업자들에 대한 규제는 자칫 해외 사업자들에 비해 국내 사업자들을 과도하게 규제한다는 역차별 문제를 발생시킬 수 있다. 인터넷의 개방성은 서비스사업자들도 자신이 제공하는 콘텐츠에 대한 통제가 불가능하게 만들기 때문에 서비스 제공자에 대한 규제적용은 쉽지 않을 것이다.

TV의 역사는 80년이 넘는다. 그동안 시청자들은 방송사들이 뿌려주는 서비스를 일방적으로 받아들이는 TV 시청방식에 익숙해 왔다. 그러나 앞으로의 TV는 인터넷을 통한 TV 시청이 대세로 자리잡을 전망이다. 넷플릭스(Netflix)의 사장인 리드 해스팅스(Reed Hastings)는 미국의 향후 20년은 전통적 TV 시청방식이 인터넷을 통한 OTT 시청방식으로 변화될 것이라고 주장한다(Steel, 2015, 4, 19). 이는 인터넷이 TV를 대체하고, 앱(app)이 채널을 대체하는 시대가 올 것임을 의미한다. 정책당국은 시대의 흐름을 받아들이고 스마트미디어 시장을 어떻게 활성화시킬 것인가를 고민해야 한다. 다양하고 창의적인 아이디어를 가지고 있는 미디어 사업자들이 자유롭게 시장에 진입하게 하고, 이들이 다양하고 창의적인 콘텐츠들의 새로운 유통창구로 자리잡을 수 있도록 장려해주어야 한다. 기술의 흐름은 막을 수 없다. 그것이 보다 나은 기술이고, 보다 효율적인 경우엔 더욱 그렇다. 새로운 기술은 도입되고 기존 서비스와 경쟁하게 된다. 두 서비스는 경쟁과정에서 진화하게 되고 공정한 경쟁을 통해서 소비자에게 선택 받게 된다. 이제 정책당국은 기술혁신을 장려하고, 시장참여자들이 공정하게 경쟁하게 하고, 소비자가 합리적인 판단을 할 수 있는 여건을 마련하는 데에 온 힘을 쏟아야 할 것이다.

참고문헌

1장.

FCC (2013). Annual assessment of the status of competition in the market for the delivery of video programming, 15th Annual Report

GAO (2002). Issues in providing cable and satellite television services, GAO-03-130.

GAO (2004). Subscriber rates and competition in the cable television industry. Online available from http://www.gao.gov/new.items/d04262t.pdf

방송통신위원회. 『방송산업실태조사보고서』, 각 연도. 과천: 방송통신위원회

방송통신위원회. 『방송시장 경쟁상황 평가보고서』, 각 연도. 서울: 방송통신위원회

서기만 (2011). OTT 서비스의 이해와 전망. 『방송공학회지』, 16권 1호, 91-101.

이상식 (2003). 중계유선방송의 종합유선방송 전환 승인정책의 시장 효과에 대한 연구. 『방송연구』,여름호, 245-272.

이상우 · 이인찬 (2005). 『다채널 유료방송시장의 경쟁에 관한 연구』(연구보고 05-10) 과천: 정보통신정책연구원.

이인찬 · 김도연 · 고동희 (1999). 『케이블TV 산업연구』(연구보고 99-04) 과천: 정보통신정책연구원.

이인찬 · 윤충한 (2000). 케이블TV 산업의 이원적 시장구조와 시장성과, 『경제학연구』, 48권 1호, 175-194

조영신 (2011). 스마트 TV를 둘러싼 경쟁 지형과 정책 방안: 미국과 한국의 OTT 사업자들을 중심으로. 『한국방송학보』, 25권 5호, 233-266.

한국케이블TV방송협회 (2015). 『케이블TV방송 가입자 현황』. 서울: 한국케이블TV방송협회

2장.

Baker, C. E. (2007). *Media concentration and democracy: Why ownership matters?* Cambridge University Press.

Eggerton J. (2014, 9, 29). FCC proposes defining 'Linear' OVDs as MVPDs. Multichannel. Online available from http://www.multichannel.com/news/content/fcc-proposing-defininglinear-ovds-mvpds/384279

Emmons III., W., & Prager, R. (1997). The effects of market structure and ownership on prices and service offerings in the U. S. cable television industry. *Rand Journal of Economics, 28(4)*, 732-750.

FCC (1999). Implementation of Section 11(c) of the Cable television consumer protection and Competition Act of 1992, MM Docket No. 92-264, Third Report and Order, FCC 99-289(1999 Cable Ownership Order)

FCC (2000~2014). Annual assessment of the status of competition in the market for the delivery of video programming(6th~16th Annual Report). Online available from www.fcc.gov

FCC (2016). In the matter of application of Charter Communications, Inc., Time Warner Cable Inc., and Advance/Newhouse partnership. Memorandum Opinion and Order (MB Docket No. 15-149).

GAO (2000). The effect of competition from satellite providers on cable rates, GAO/RCED-00-164.

GAO (2002). Issues in providing cable and satellite television services, GAO-03-130.

Goolsbee, A., & Petrin, A. (2004). The consumer gains from direct broadcast satellite and the competition with cable TV, *Econometrica, 72(2)*, 351-381.

Hagey K., & Ramachandran, S. (2014, 10, 8). Pay TV's new worry: 'Shaving' the cord. Wall Street Journal. Online available from http://www.wsj.com/articles/pay-tvs-new-worry-shaving-the-cord-1412899121

Hill, B. C. (2006). Measuring media market diversity: Concentration, importance, and pluralism. *Federal Communications Law Journal, 58*, 169-194.

Joskow, P., & McLaughlin, L. (2002). An economic analysis of subscriber limits. mimeo.

Kafka P. (2011, 1, 3). Are one in four of you really going to cut cable and switch to web video? All things digital. Online available from http://allthingsd.com/20110103/27544/

Lawler, R. (2012, 7, 4). Deloitte: 9% have cut cable, another 11% are considering it. GigaOm. Online available from https://gigaom.com/2012/01/04/deloitte-cord-cutters/

Multimedia Research Group (MRG, 2013). IPTV Global Market Leader Report.

Noam, E. M. (2009). *Media ownership and concentration in America*. Oxford Univeristy Press.

Parks Associates (2011, 8, 23). Less cable, more broadband. Parks associates. Online available from http://www.parksassociates.com/blog/article/less-cable-more-broadband

SNL Kagan (2011, 7, 20). Over-the-top substitution forecast to erode multichannel penetrations. SNL. Online available from http://www.snl.com/interactivex/article.aspx?id=13029656&KPLT=6

공정거래위원회 (2004. 7. 21). (주)한국케이블TV 천안방송 등, (주)씨제이케이블넷양천방송 등의 기업결합에 대해 시정조치. 보도자료.

공정거래위원회 (2005. 12. 7), 현대홈쇼핑 등의 관악유선방송국 인수에 대해 시정조치. 보도자료.

방송위원회 (2004).『2004년 6월 채널상품운영현황』. 서울: 방송위원회.

방송통신위원회.『방송산업실태조사보고서』, 각 연도.

방송통신위원회.『방송시장 경쟁상황 평가보고서』, 각 연도.

성욱제 (2010).『국내 시사정보미디어의 이용점유율을 통한 미디어 이용 다양성 측정 연구』. 과천: 정보통신정책연구원.

유선실 (2011). 스마트TV 등장에 따른 유료방송 사업자의 대응,『방송통신정책』, 23권 1호, 23-42.

윤충한 · 이인찬 · 이동헌 (2006). 케이블TV와 위성방송의 경쟁에 관한 실증연구,『정보통신정책연구』, 13권 4호, 159-182

이경남 (2009). 인터넷 동영상(OTT) 시청 행태 조사.『방송통신정책』, 21권 6호, 55-59.

이경남 (2011). 동영상서비스 환경 변화에 따른 케이블방송 사업자 대응 전략.『방송통신정책』, 23권 8호, 1-23.

이기훈 (2011). OTT 서비스를 위한 전용 셋톱박스 제공 사업자 동향.『방송통신정책』. 23권 7호, 38-49.

이상우 (2007). 케이블TV 산업의 구조가 가격 및 서비스 제공에 미치는 영향에 대한 실증적 분석.『한국방송학보』, 21권 2호, 475-505.

이인찬 · 윤충한 (2000). 케이블TV 산업의 이원적 시장구조와 시장성과.『경제학연구』. 48권 1호, 175-194

이재영 (2011).『방송시장 경쟁상황평가의 결과 및 정책적 시사점』. KISDI Premium Report (11-4). 과천: 정보통신정책연구원.

임정수 (2004). 세 가지 미디어 집중현상의 개념화와 미디어 산업규제정책에서의 함의.『한국언론학보』, 48권 5호, 138-163.

조영신 (2009). 미국의 미디어 다양성 정책. 한국언론재단(편),『세계의 언론법제: 미디어 집중도 조사』, 서울: 한국언론재단, 18-59

조영신 (2011). 스마트 TV를 둘러싼 경쟁 지형과 정책 방안: 미국과 한국의 OTT 사업자들을 중심으로. 『한국방송학보』, 25권 5호, 233-266.

한국언론진흥재단 (2010). 미디어 시장집중 및 규제정책 연구: 미국을 중심으로. 『여론집중도조사위원회』

3장.

Beil, R. O., Dazzio, P.T., Ekelund, R. B., & Jackson, J. D. (1993). Competition and the price of municipal cable television services: an empirical studies. *Journal of Regulatory Economics, 5*, 401-415.

Brito, J., & Ellig, J. (2006). Video killed the franchise star: The consumer cost of cable franchising and proposed policy alternatives. *Journal on Telecom & High Tech Law. 5*, 199-252.

Chan-Olmstead, S. M. (1996). Market competition for cable television: Reexamining its horizontal mergers and industry concentration. *Journal of Media Economics, 9(2)*, 25-41.

Chipty, T. (1995). Horizontal integration for bargaining power: evidence from the cable television industry. *Journal of Economics and Management Strategy, 4(2)*, 375-397.

Doyle, G. (2002). *Media Ownership*. London: SAGE Publications.

Eggerton, J. (2014, 9, 29). FCC proposes defining 'Linear' OVDs as MVPDs. Multichannel. Online available from http://www.multichannel.com/news/content/fcc-proposing-defininglinear-ovds-mvpds/384279

Emmons III., W., & Prager, R. (1997). The effects of market structure and ownership on prices and service offerings in the U. S. cable television industry. *Rand Journal of Economics, 28(4)*, 732-750.

FCC (1993). Implementation of Section 11(c) of the Cable television consumer protection and Competition act of 1992, Second Report and Order, FCC Rcd 8565 (1993 Second Report and Order).

FCC (2005). Second Further Notice and Proposed Rulemaking, FCC 05-96, (2005 Second Further Notice).

FCC (2009, 2011, 2012, 2013, 2014). Annual assessment of the status of competition in the market for the delivery of video programming(12th~16th Annual Report). Online available from www.fcc.gov

Ford, G, S., & Jackson, J. D. (1997). Horizontal concentration and vertical integration in the cable television industry. *Review of Industrial Organization, 12(4)*, 501-518.

Goolsbee, A., & Petrin, A.(2004). The consumer gains from direct broadcast satellite and the competition with cable TV. *Econometrica, 72(2)*, 351-381.

House Report (1992). Report on House Committee on Energy and Commerce, H.R. Rep. No. 102-628, 102d Cong., 2nd Sess. 43.

Levin, S. L., & Meisel, J. B. (1991). Cable television and competition: theory, evidence, and policy. *Telecommunications Policy, 15*, 519-28.

Noam, E. M. (1985). Economics of scale in cable television: a multiproduct analysis, in E. M. Noam (Eds.), *Video Media Competition: Regulation, Economics and Technology* (pp. 93-120). New York: Columbia University Press.

Pelofsky, J., & Poirier, J. (2009, 8, 28). Court rejects FCC cable ownership limit. Reuters. Online available from http://www.reuters.com/article/2009/08/28/us-cable-fcc-ownership-idUSTRE57R34X20090828

Rubinovitz, N. R. (1993). Market power and price increases for basic cable since deregulation, *Rand Journal of Economics, 24(1)*, 1-18.

Senate report (1991). Report of Senate Committee on Commerce, Science and Transportation, S. Rep. No. 92, 102d Cong., 1st Sess. 34

Waterman D. (1995). Vertical integration and program access in cable television industry. *Federal Communication Law Journal, 47(3)*, 511-534.

Waterman, D., & Weiss, A. (1997). *Vertical integration in cable television*. The MIT Press.

공정거래위원회 (2006, 4, 19). 『경쟁지역보다 독점지역에서 수신료는 비싸고 채널수는 적어. 케이블 TV시장에 대한 경제분석 결과』. 공정거래위원회 보도자료.

권호영 · 김도연 (2004). 케이블TV 시장에서의 독점과 경쟁: 동일지역 복수 SO 정책의 효과분석. 『한국언론학보』. 48권 5호, 5-29.

방송통신위원회. 『방송산업실태조사보고서』, 각 연도.

방송통신위원회. 『방송시장 경쟁상황 평가보고서』, 각 연도.

이상우 · 김창완 (2006). 공익과 경쟁: 융합환경에서 공익성에 대한 경제학적 분석, 『사이버커뮤니케이션학보』, 17호, 77-113.

이상우 (2007). 케이블TV 산업의 구조가 가격 및 서비스 제공에 미치는 영향에 대한 실증분석. 『한국방송학보』, 21권 2호, 475-505.

한국케이블TV방송협회 (2015). 『2015 6월 케이블TV방송 가입자 현황』 서울: 한국케이블TV방송협회

4장.

방송통신위원회. 『방송산업실태조사보고서』, 각 연도.

방송통신위원회. 『방송시장 경쟁상황 평가보고서』, 각 연도.

손창용 · 여현철 (2003). 『한국케이블TV 산업론』, 커뮤니케이션 북스.

이상우 · 이인찬(2005). 『다채널 유료방송시장의 경쟁에 관한 연구』(연구보고 05-10) 과천: 정보통신정책연구원.

한국방송진흥원 (1996). 『방송영상산업통계백서』 서울: 한국방송진흥원

5장.

Adgate, B. (2013, 8, 30). The next big ad war: Netflix vs. Hulu vs. Amazon. Advertising age. Online available from http://adage.com/article/viewpoint-editorial/big-ad-war-netflix-hulu-amazon/243927

Ahn, H., & Litman, B. (1997). Vertical integration and consumer welfare in the cable industry. *Journal of Broadcasting and Electronic Media, 41(4),* 453-477.

Chang, M. (1992). Exclusive dealing contracts in a successive duopoly with side payments. *Southern Economic Journal, 59(2),* 180-193.

Clancy, M. (2014, 9, 14). ITV urges UK to implement US-style retransmission scheme. Rapid TV News. Online available from http://www.rapidtvnews.com/2014091435269/itv-urges-uk-to-implement-us-style-retransmission-scheme.html#axzz3Gw3PGqcy

Eggerton J. (2013, 8, 8). New York hears from both sides in TWC/CBS dispute. Broadcasting & cable. Online available from http://www.broadcastingcable.com/news/washington/new-york-hears-both-sides-twccbs-dispute/61728

Eggerton, J. (2014, 8, 9). Sources: Sen. Commerce floats retrans remake. Broadcasting & Cable. Online available from http://www.broadcastingcable.com/news/washington/sources-sen-commerce-floats-retrans-remake/133059

Farrell, M. (2013, 8, 2). Cablevision stock up despite mixed Q2. Broadcasting & cable. Online available from http://www.broadcastingcable.com/news/news-articles/cablevision-stock-despite-mixed-q2/114690

Farrell, M. (2013, 5, 15). DirecTV looks to test off-air antenna in set-top. Broadcasting & Cable. Online available from http://www.multichannel.com/news/content/directvlooks-test-air-antenna-set-top/358582

Farrel, M. (2015, 9, 9). Burke: NBC should reap $500M in 2015 retrans. Multi-channels News. Online available from http://www.multichannel.com/news/content/burke-nbc-should-reap-500m-2015-retrans/393607

FCC (2001). In the matter of carriage of digital television broadcast signals. First Report and Order and Further Notice of Proposed Rulemaking, FCC 01-22. Online available from http://www.fcc.gov/Bureaus/Cable/Orders/2001/fcc01022.txt

Frankel, D. (2015, 8, 25). Updated: FCC calls emergency meeting to deal with record-sized Dish-Sinclair blackout. FierceCable. Online available from http://www.fiercecable.com/story/dish-loses-153-sinclair-tv-stations-after-retrans-negotiations-fail-produce/2015-08-25

Frankel, D. (2016, 1, 14). Retrans-related blackouts more than doubled to record 193 in 2015, report says. FierceCable. Online available from http://www.fiercecable.com/story/retrans-related-blackouts-more-doubled-record-193-2015-report-says/2016-01-14

Fung, B. (2014, 8, 11). What if you could pick and choose which broadcast TV channels you get? The Washing Post. Online available from http://www. washingtonpost.com/blogs/the-switch/wp/2014/08/11/what-if-you-could-pick-and-choose-which-broadcast-tv-channels-you-get/

Gustin, S. (2013, 8, 6). CBS calls Time Warner cable proposal a 'Shan'-and blackout continues. Business & Money. Online available from http://business.time.com/2013/08/06/cbs-calls-time-warner-cable-proposal-a-sham-and-blackout-continues/

Hart, O., & Tirole, J. (1990). Vertical integration and market foreclosure. *Brookings Papers on Economic Activity; Microeconomics, 1990,* 205-276.

Klein, B. (1989). The competitive consequences of vertical integration in the cable industry. Paper for the National Cable Television Association. Washington, D.C.

Lee, S., & Kim, C. (2011). Vertical Integration and Market Foreclosure in the Korean Cable Television Industry: An Empirical Study. *Journal of Broadcasting and Electronic Media, 55(1)*, 54-71.

Myerson R., & Satterthwaite, M. (1983). Efficient mechanisms for bilateral trading. *Journal of Economic Theory, 29*, 265-281.

National Telecommunications and Information Administration (1988). Video program distribution and cable television: Current policy issues and recommendations. NTIA Report 88-233.

OECD (2007). OECD Communication Outlook. OECD.

Ordover, J. A., Saloner, G., & Salop, S. C. (1990). Equilibrium vertical foreclosure.

American Economic Review, 80(1), 127-142.
Richmond, W. (2013, 4, 2). Aereo's court victory puts retransmission consent fees into spotlight. Video Nuze. Online available from http://www.videonuze.com/article/aereo-s-court-victory-puts-retransmission-consent-fees-into-spotlight
Salinger, M. A. (1988). Vertical mergers and market foreclosure. *Quarterly Journal of Economics, 103(2),* 345-356.
Sibley, D. S., & Weisman, D. L. (1998). Raising rivals' cost: The entry of an upstream monopolist into downstream markets. *Information Economics and Policy, 10,* 451-470.
Singer, H. J., & Sidak, J. G. (2007). Vertical foreclosure in video programming markets: Implications for cable operators. *Review of Network Economics, 6(3),* 348-371.
SNL Kagan (2012, 10, 5). 'SNL Kagan updates re-transmission fee projections to $6B by 2018'. prweb. Online available from http://www.prweb.com/releases/2012/11/prweb10088524.htm
Tirole, J. (1988). *The Theory of Industrial Organization.* MIT Press.
Waterman, D. (1993). A model of vertical integration and economies of scale in information product distribution. *Journal of Media Economics, 6,* 23-35.
Waterman, D. (1995). Vertical integration and program access in the cable television industry. *Federal Communication Law Journal, 47,* 511-534.
Waterman, D., & Weiss, A. (1996). The effects of vertical integration between cable television systems and pay cable networks. *Journal of Econometrics, 72,* 357-395.
Winslow, G. (2013, 04, 11). How Aereo would(n't) work in an alliance with MVPDs. Broadcasting & Cable. Online available from http://www.broadcastingcable.com/article/492843-How_Aereo_Would_n_t_Work_in_an_Alliance_With_MVPDs.php
김은령 (2013, 2, 19). 케이블 지상파TV 재송신 중단 판결, SBS 호재. 머니투데이. Online available from http://news.mt.co.kr/mtview.php?no=2013021908271062531
나성현 · 이상우 (2007). 다채널 방송시장에서의 배타적 프로그램 거래행위에 관한 연구: 게임이론을 사용한 분석.『Telecommunications Review』, 17권 6호. 1105-1119.
노기영 (2004). 방송통신 융합에 따른 공정경쟁 규제틀의 이론적 모색. 방송협회 세미나.
박동욱 · 남윤미 · 유진아 (2011).『지상파 재송신 대가 산정 모델 연구』(정책연구 11-11). 과천: 정보통신정책연구원.
변상규 (2009). 유료방송매체를 통한 지상파채널 재전송의 후생효과 연구.『한국언론정보학보』. 48호, 63-89.
안종철 · 이기태 · 최성진 (2011). 지상파방송 재송신을 감안한 지상파방송사와 케이블방송사의 수익 전망 예측.『방송통신연구』. 여름호, 89-115.
염수현 · 박민성 (2010).『방송채널의 거래와 가격에 관한 연구』(기본연구 10-11). 과천: 정보통신정책연구원.
이기태 (2011). 『지상파방송 콘텐츠의 케이블방송 재송신에 따른 상호 수익구조 분석』. 서울과학기술대학교 대학원 박사학위 논문.
이상규 (2008). 지상파채널 재전송의 적정가격 산정방안. 『사이버커뮤니케이션학보』 25권 4호, 199-222.
이상우 (2006). 다채널 방송 시장에서 배타적 프로그램 거래 행위에 관한 연구: 미국과 한국 사례의 비교 분석. 『한국방송학보』. 20권 1호, 322-359.
이상우 (2009). 융합환경에서 콘텐츠에 대한 접근과 합리적 거래체계: 지상파채널을 중심으로. 『정보통신정책연구』. 16권 2호, 47-82.
이상우 · 김창완(2008). 방송드라마 저작권 배분에 대한 경제학적 분석: 저작권 소유의 인센티브 시스템을 중심으로. 『방송문화연구』. 20권 2호, 59-82.
이상우 · 박민수 (2007). 다채널 유료방송시장에서 배타적 프로그램 거래행위에 대한 실증적 분석. 『한국언론학보』, 51권 5호, 243-266.
이수일 (2009). 방송산업의 시장획정과 제도 분석. 『KDI 정책연구시리즈』(2009-06). 서울: 한국개발연구원
정연준 (2002). 국내 무선인터넷망 개방에 따른 시사점. 『정보통신정책』, 14권 12호, 19-36.
조은기 (2004). 방송통신 융합과 공정경쟁: 융합시장의 특성과 기업결합을 중심으로. 『한국뉴미디어방송협회 방송통신포럼』. 2004. 3. 31. 한국뉴미디어방송협회.
채수웅 (2013, 4, 4). 끝없는 재송신 분쟁...“지상파, 난시청 해소 노력부터”. 디지털 데일리. Online available from http://www.ddaily.co.kr/news/article.html?no=103098
홍종윤 · 정영주 (2012). 지상파방송 재송신 대가 산정을 위한 손익 요인 도출 및 이익형량에 관한 연구. 『언론정보연구』. 49권 1호, 259-294.
KCA (2013). 미국 MVPD vs. 콘텐츠 사업자간 대가 인상 이슈와 함의. 『동향과 전망』. 62권, 33-45.

6장.

Adams, W. J., & Yellen, J. L. (1976). Commodity bundling and the burden of monopoly. *Quarterly Journal of Economics, 90,* 475-498.
Baar, A. (2015, 4, 6). Pay TV providers need to embrace technology. Marketing daily. Online available from http://www.mediapost.com/publications/article/247171/pay-tv-providers-need-to-embrace--technology.html
Baumgartner, J. (2013, 8, 29). Linear TV viewing still matters as cord-cutting trend

expands: study. Multichannel News. Online available from http://www.multichannel.com/distribution/linear-tv-viewing-still-matters-cord-cutting-trend-expands-study/145187

Baumgartner, J. (2014, 5, 28). 80% of consumers are into binge-viewing: survey. Multichannel News. Online available from http://www.multichannel.com/news/video/80-consumers-are-binge-viewing-survey/374777

Baumgartner, J. (2014, 10, 3). Showtime syncs up with 'Homeland' Multi-channel News. Online available from http://www.multichannel.com/news/tv-apps/showtime-syncs-homeland/384375

Baumgartner, J. (2014, 10, 14). TV still the king of the screens: comScore. Multichannel News. Online available from http://www.multichannel.com/news/technology/tv-still-king-screens-comscore/384719

Baumgartner, J. (2015, 8, 17). Comcast nearing launch of TV- mix. Multichannel News. Online available from http://www.multichannel.com/news/next-tv/comcast-nearing-launch-tv--mix/393018

Bond, P. (2014, 11, 20). What if cable networks sold digital bundles? Hollywood Reporter. Online available from http://www.hollywoodreporter.com/news/what-cable-networks-sold-digital-749979

Crawford, G. S. (2008). The discriminatory incentives to bundle in the cable television industry. *Quantitative Marketing and Economics, 6,* 41-78.

Crawford, G. S. & Yurukoglu, A. (2012). The welfare effects of bundling in multi-channel television markets. *American Economic Review, 102(2),* 643-85.

Crouch, I. (2013, 12, 18). Come binge with me. The New Yorker. Online available from http://www.newyorker.com/culture/culture-desk/come-binge-with-me

Dickey, M. (2013, 1, 30). Netflix plans to kill the cable industry by destroying the concept of 'waiting'. Business Insider. Online available from http://www.businessinsider.com/netflixs-plan-to-kill-cable-industry-2013-1

Digital TV net (2015, 4, 14). Decline of TV viewing 'accelerating,' says Accenture. Digital TV net. Online available from http://www.digitaltveurope.net/352122/decline-of-tv-viewing-accelerating-says-accenture/

Director, A., & Levi, E. H. (1956). Law and the future: Trade regulation. *Northwestern University Law Review, 51,* 281-296.

Emarketer (2014, 10, 6). Second screening during TV time-It's not what you think : It's not what you think. eMarketer. Online available from http://www.emarketer.com/Article/Second-Screening-During-TV-TimeIts-Not-What-You-Think/1011256

Ericsson (2015). TV and Media 2015. Ericsson Consumer Lap.

Farrell, M. (2014, 5, 22). On demand: TV 'not quite' everywhere. Multichannel News. Online available from http://www.multichannel.com/news/news-articles/demand-tv-not-quite-everywhere/374715

Frankel, D. (2014, 8, 21). Traditional TV viewing stable despite surging mobile, online video usage, study says. FierceCable. Online available from http://www.fiercecable.com/story/traditional-tv-viewing-stable-despite-surging-mobile-online-video-usage-stu/2014-08-21

Frankel, D. (2014, 10, 10). WSJ: Consumers not cutting the cord, they're shaving it. Fierce Cable. Online available from http://www.fiercecable.com/story/wsj-consumers-not-cutting-cord-theyre-shaving-it/2014-10-10

Frankel, D. (2015, 3, 19). Pay-TV's revolutionary services are coming up short on revolution. Fiercecable. Onlnine available from http://www.fiercecable.com/story/pay-tvs-revolutionary--services-are-coming-short-revolution/2015-03-19

Frankel, D. (2015, 3, 20). Canadian regulators mandate a la carte distribution for pay-TV. Fiercecable. Online availale from http://www.fiercecable.com/story/canadian-regulators-manadate-la-carte-distribution-pay-tv/2015-03-20

Hagey, K., & Ramachandran, S. (2014, 10, 9). Pay TV's new worry: Shaving the cord: A growing share of subscribers are choosing skinnier bundles of channels. Wall Street Journal. Online available from http://online.wsj.com/articles/pay-tvs-new-worry-shaving-the-cord-1412899121

IBISWorld (2012). Number of cable TV subscriptions. Business Environment Report. Online available from http://www.ibisworld.com.au/about/products.aspx

Klemperer, P. (1987). The competitiveness of markets with switching costs. *Rand Journal of Economics, 18,* 138-150.

Klemperer, P. (1995). Competition when consumers have switching costs: An overview with applications to industrial organization, macroeconomics, and international trade. *Review of Economics Studies, 62,* 515-539.

Kovach, S. (2014, 12, 4). Barry Diller: TV is going to be completely different in 5 to 10 years. Business Insider. Online available from http://www.businessinsider.com/barry-diller-tv-2014-12#xzz3LFrvHwzJ

Lafayette, J. (2013, 7, 29). TiVo research shows Netflix not eating into linear TV. Broadcasting & Cable. Online available from http://www.broadcastingcable.com/news/news-articles/tivo-research-shows-netflix-not-eating-linear-tv/114665

Lafayette, J. (2013, 9, 18). Nielsen: Most video streamers are binge viewers. Broadcasting & Cable. Online available from http://www.broadcastingcable.com/news/

technology/nielsen-most-video-streamers-are-binge-viewers/123863

Lafayette, J. (2014, 1, 30). NBCU, Comcast offer targeted advertising. Multichannel News. Online available from http://multichannel.com/news/content/nbcu-comcast-offer-targeted-advertising/356339

Lewbel, A. (1985). Bundling of substitutes or complements. *International Journal of Industrial Organization, 3(1),* 101-107.

Marek, S. (2013, 8, 28). Ericsson study: Mobile TV viewing on the rise, cord-cutting farily stable. FierceCable. Online available from http://www.fiercecable.com/story/ericsson-study-mobile-tv-viewing-rise-cord-cutting-fairly-stable/2013-08-28

Marek, S. (2015, 9, 17). Verizon's McAdam: We will support linear TV but the market is moving to . FierceCable. Online available from http://www.fiercecable.com/story/verizons-mcadam-we-will-support-linear-tv-market-moving-/2015-09-17

Marvin, G. (2014, 2, 26). Facebook, Google get American Idol partnerships, take aim at Twitter's second screen dominance. Marketing Land. Online available from http://marketingland.com/facebook-google-get-american-idol-partnerships-take-aim-twitters-second-screen-dominance-75352

McAfee, R. P., McMillan, J. & Whinston, M. D. (1989). Multiproduct monopoly, commodity bundling, and correlation of values, *Quarterly Journal of Economics, 104,* 371-383.

Nielsen (2013). Free to move between screens. The cross platform report. Online available from http://www.tvb.org/media/file/Nielsen_Platform_Report_Q4-2012.pdf

Ofcom (2010). Consumer switching and bundling. Ofcom. Online available from http://stakeholders.ofcom.org.uk/binaries/consultations/consumer-switching/annexes/switching-bundling.pdf

O'Halloran, J. (2013, 9, 19). Cord-cutting fails to make breakthrough. Rapid TV news. Online available from http://www.rapidtvnews.com/index.php/2013091929834/cord-cutting-fails-to-make-breakthrough.html

O'Halloran, J. (2015, 2, 6). Demand for , SVOD an opportunity not threat for pay-TV. Rapid TV News. Online available from http://www.rapidtvnews.com/2015020637099/demand-for--svod-an-opportunity-not-threat-for-pay-tv.html#axzz3R1YXaSwM

Palmeri, C., & Moritz, S. (2014. 1. 31). Disney said to be close to settling dish ad-skipping suit. Bloomberg. Online available from http://www.bloomberg.com/news/2014-01-31/disney-said-close-to-deal-settling-dish-ad-skipping-suit.html

Seitz, P. (2015, 4, 17). Verizon offers skinny TV bundles for thrifty consumers. Investor's Business Daily. Online available from http://license.icopyright.net/user/

viewFreeUse.act?fuid=MTkzMjI3Mjg=
Snider, M. (2014, 10, 14). Cutting the cord: Fissures in the pay TV "logjam'. USA Today. Online available from http://www.usatoday.com/story/tech/personal/2014/10/18/cutting-the-cord-hbo-cbs/17496239/
Spangler, T. (2013, 2, 20). Cord-cutting will be minimal over five-plus years: PWC. Multi-channel News. Online available from http://www.multichannel.com/distribution/cord-cutting-will-be-minimal-over-five-plus-years-pwc/141823
Spangler, T. (2015, 5, 5). Hulu pacts with 5 more cable operators to resell subscription-video service. Variety. Online available from http://variety.com/2015/digital/news/hulu-plus-cable-operators-svod-1201487593/
Winslow, G. (2013, 1, 3). CBSSyncs up new second screen app. Broadcasting & Cable, Online available from http://www.broadcastingcable.com/article/491097-CBS_Syncs_Up_New_Second_Screen_App.php
Winslow, G. (2013, 1, 8). CBSto offer sccond screen features for Super Bowl xlvii stream. Broadcasting & Cable, Online available from http://www.broadcastingcable.com/article/491221-CBS_to_Offer_Second_Screen_Features_for_Super_Bowl_XLVII_Stream.php
Yu, R. (2014, 8, 13). Comcast experiments with mini-bingeing TV shows. USA Today. Online available from http://www.usatoday.com/story/money/business/2014/08/13/comcast-vod-next-week-episode/14009257/
김윤화 (2010). N 스크린 전략 및 추진 동향 분석. 『방송통신정책』, 22권 20호 1-23.
김정훈 · 김승윤 (2013). 『영상콘텐츠 2.0: 스마트미디어 시대의 도래』. 서울: KT 경제경영연구소.
김창완 · 정부연 · 박민수 (2010). 『멀티플 플레이 서비스(MPS) 선택의 결정요인 연구』. 과천: 정보통신정책연구원
김창완 · 정진한 · 김대건 · 김성환 (2013). 『방송통신결합서비스 소비행태 분석 및 이용자편익 제고방안 연구』. 과천: 정보통신정책연구원
방송통신위원회 (2014). 『방송산업실태조사보고서』. 과천: 방송통신위원회
유선실 (2011). 스마트TV 등장에 따른 유료방송 사업자의 대응. 『방송통신정책』, 23권 1호 23-42.
이경남 (2011). 동영상서비스 환경 변화에 따른 케이블방송 사업자 대응 전략. 『방송통신정책』, 23권 8호, 1-23.
이기준 (2014). 스마트 광고의 현재와 미래. 『한국광고주협회 저널』, 12-14.
정용찬(2016). 세대별 스마트폰 이용 특성과 영향력 변화. KISDI STAT Report. Online available from file:///C:/Users/%EC%9D%B4%EC%83%81%EC%9A%B0/Downloads/a1320160601.pdf

조은기 (1997). 케이블 TV의 경제적 특성과 규제에 관한 연구. 『한국방송학보』, 통권 8호, 35-88.

조은기 (1998). 『케이블TV 산업구조 개선방안에 관한 연구』. 서울: 한국방송개발원.

최세정 (2014). 『스마트미디어 시대의 스마트 광고 (pp. 147-170). 스마트 생태계와 미디어 경영 2.0』. 서울: 커뮤니케이션북스.

최정석 (2011). 스마트TV 시대의 온라인 동영상서비스 발전방향. 『방송공학회지』, 16권 1호, 76-81.

황준호 (2010). 『스마트 TV가 방송시장에 미치는 영향』. 과천: 정보통신정책연구원.

7장.

Accenture (2012). Accenture Video-Over-Internet Consumer Survey.

Arion, M. (2007). Content regulation and new media: A case study of online video portals. *Communications & Strategies, 66,* 115-135

Baumgartner, J. (2015, 5, 27). U. S. connected-TV penetration passes 50%. Multichannel News. Onnline available from http://www.multichannel.com/news/next-tv/56-us-homes-have-tv-connected-internet/390895#sthash.vOxYUobY.dpuf

Baumgartner, J. (2015, 8, 18). Pay TV: The only constant is change. Multi-channel News. Online available from http://www.multichannel.com/news/technology/pay-tv-only-constant-change/393068#sthash.nQuVE1G5.dpuf

Coffin, T. (1955). Television's impact on society. *American Psychologist, 10(10)*, 630-641.

Dixon, C. (2014. 7. 21). Netflix Q2 2014 results show international markets in the driver's seat. nscreenmedia. Online available from http://www.nscreenmedia.com/ netflix-q2-2014-results-show-international-markets-in-the-drivers-seat/

Dixon, C. (2015, 7, 19). FCC Commissioner says no to OTT MVPD regulation change. Nscreen Media. Online available from http://www.nscreenmedia.com/fcc-commissioner-says-no-to-ott-mvpd-regulation-change/

Dutta-Bergman, M. J. (2004). Complementarity in Consumption of News Types Across Traditional and New Media, *Journal of Broadcasting & Electronic Media, 48(1)*, 41-60.

Eggerton, J. (2014, 12, 19). FCC officially launches OVD definition NPRM. Broadcasting & Cable. Online available from http://www.broadcastingcable.com/news/

washington/fcc-officially-launches-ovd-definition-nprm/136544
Eggerton, J. (2015, 6, 26). FCC's Wheeler: OTT report and order by fall. Broadcasting & Cable. Online available from http://www.broadcastingcable.com/news/washington/fccs-wheeler-ott-report-and-order-fall/142159
FCC (2012). Annual assessment of the status of competition in the market for the delivery of video programming. MB Docket No. 07-269, FCC 12-81.
FCC (2013). Annual assessment of the status of competition in the market for the delivery of video programming. MB Docket No. 12-203, FCC 13-99.
FCC (2015). Annual assessment of the status of competition in the market for the delivery of video programming. MB Docket No. 14-16, FCC 15-41.
Frankel, D. (2015, 2, 5). Cablevision kicks off Freewheel sales, says it's a 'data usage' service. FierceCable. Online available from http://www.fiercecable.com/story/cablevision-kicsks-freewheel-sales-says-its-data-usage-service/2015-02-05
James, M. L., Wotring, C. E., & Forrest, E. J. (1995). An exploratory study of the perceived benefits of electronic bulletin board use and their impact on other communication activities. *Journal of Broadcasting & Electronic Media, 39, 30-50.*
Kayany, J. M., & Yelsma, P. (2000). Displacement effects of online media in the socio-technical contexts of households. *Journal of Broadcasting & Electronic Media, 44(2)*, 215-229.
Kaye, B. K., & Johnson, T. J. (2003). From here to obscurity?: Media substitution theory and traditional media in an on-line world. *Journal of the American Society for Information Science and Technology, 54(3)*, 260-273.
Lee, E., & Satariano, A. (2013, 2, 2). Apple TV said to start carrying HBO app later this year. Bloomberg Business. Online available from http://www.bloomberg.com/news/articles/2013-01-31/apple-tv-said-to-start-carrying-hbo-shows-later-this-year
Lee, S., Lee, S., & Kim, C. (2016). Time displacement effect of online video services on other media in South Korea. *Telematics and Informatics, 33(2)*, 247-255.
Mutz, D. C., Roberts, D. F., & Vuuren D. P. (1993). Reconsidering the displacement hypothesis: Television's influence on children's time use. *Communication Research, 20(1)*, 51-75.
Neuman, S. (1991). *Literacy in the television age.* Norwood: Ablex Publishing.
Neuman, W. R., Park, Y. J., & Panek, E. (2012). Tracking the flow of information into the home: An empirical assessment of the digital revolution in the United States. *International Journal of Communication, 6*, 1022-1041.
Robinson, J. P. (1981). Television and leisure time: A new scenario. *Journal of Communication, 31(1)*, 120-130.

Robinson, J. P., & Kestnbaum, M. (1999). The personal computer, culture and other uses of free time. *Social Science Computer Review, 17(2)*, 209-216.

Rogowsky, M. (2014, 9, 11). Cut the cord? HBO considers selling direct to better combat Netflix. Forbes. Online available from http://www.forbes.com/sites/markrogowsky/2014/09/11/capocalypse-now-hbo-edges-closer-to-blowing-up-the-cable-industry-as-we-know-it/

Ruiz, R., & Lohr, S. (2015, 2, 26). In net neutrality victory, F.C.C. classifies broadband internet service as a public utility. The New York Times. Online available from http://www.nytimes.com/2015/02/27/technology/net-neutrality-fcc-vote-internet-utility.html?_r=0

Shaw, L. (2015, 7, 16). Netflix soars to 65.6 millions subscribers as new shows shine. Bloomberg Business. Online available from http://www.bloomberg.com/news/articles/2015-07-15/netflix-global-audience-soars-as-new-markets-shows-draw-viewers

Snider, M. (2014, 10, 28). FCC chairman looks to spur online video future. USA Today. Online available from https://www.usatoday.com/story/tech/personal/2014/10/28/fcc-tom-wheeler-online-video/18081215/

Steel, E. (2015, 4, 19). Netflix is betting its future on exclusive programming. The New York Times. Online available from http://www.mytimes.com/2015/04/20/business/media/netflix-is-betting-its-future-on-exclusive-programming.html?_r=0

Umstead, T. (2015, 7, 28). TCA: Netflix sets 475 original series hours in 2015. Multichannel New. Online available from http://www.multichannel.com/news/next-tv/tca-netflix-sets-475-original-series-hours-2015/392550#sthash.fmj1x8L8.dpuf

Vasquez, D. (2015, 4, 30). How OTT services will impact pay TV. Medialife. Online available from http://www.medialifemagazine.com/how-ott-services-are-impacting-pay-tv/

Wheeler, T. (2014, 10, 18). Tech transitions, video, and the future. Official FCC Blog. Online available from http://www.fcc.gov/blog/tech-transitions-video-and-future

Wu, T. (2015, 1, 27). Netflix's secret special algorithm is a human. The New Yorker. Online available from www.newyorker.com/business/currency/hollywoods-big-data-big-deal

권건호 (2015, 1, 26). 안방극장 왕좌 노리는 OTT. 주간동아. Online available from http://weekly.donga.com/docs/magazine/weekly/2015/01/26/201501260500019/201501260500019_1.html

명승은 (2015, 1, 30). 넷플릭스의 상륙, 한국은 준비됐는가? 시사인. Online available from

www.sisainlive.com/news/articlePrint.html?idxno=22390
박상진 · 신재권 (2014). 스마트미디어서비스 이용자의 이용행태 분석을 통한 서비스 활성화 방안 연구. 제3회 스마트미디어 논문대회 발표.
박성우 (2014, 6, 23). OTT 공세에 맞설 유료방송사의 반전카드는?. 디지에코. Online available from http://www.digieco.co.kr/KTFront/report/report_issue_trend_ view.action?board_seq=9209&board_id=issue_trend
서기만 (2010). OTT의 이해와 지상파 방송의 과제. 방송기술저널. Online available from http://www.kobeta.com/news/articleView.html?idxno=1303
안희정 (2015, 2, 17). 넷플릭스 2016년까지 콘텐츠에 5조 투자. ZDNet Korea. Online available from http://www.zdnet.co.kr/news/news_view.asp?artice_id= 20150217091905&type=xml
오은지 (2014, 10, 14). 불법판정 에어리오, 이번엔 FCC에 `MVPD`로 분류해달라 요청. 전자신문. Online available from http://www.etnews.com/20141014000515
유효정 (2014, 4, 30). 넷플릭스, 결국 버라이즌에도 돈 낸다...'확인사살된 망 중립성'. 전자신문. Online available from http://www.etnews.com/20140430000158
윤희석 (2015, 9, 13). OTT in TV: 유료방송 시장 대격변 예고. 전자신문. Online available from http://www.etnews.com/20150911000289
이기훈 (2011). OTT 서비스를 위한 전용 셋톱박스 제공 사업자 동향.『방송통신정책』. 23권 7호 38-49.
이상우 · 김창완 (2008). 케이블TV 산업정책의 패러다임 변화방향: 재산권적 측면에서의 분석.『방송연구』, 67호, 202-228.
이승엽 (2014). 스마트미디어 규제체계 관련 주요 논의 동향 및 시사점.『동향과 전망: 방송·통신·전파』, 통권 제71호, 5-35.
최동현 (2015, 2, 6). 유료방송산업 세대교체 시작됐다. 'N스크린, OTT 대세'. 아시아 경제. Online available from http://view.asiae.co.kr/news/view.htm?idxno= 2015020610583192449
한국저작권단체연합회 저작권보호센터 (2014). 저작권 보호 연차보고서. Online available from http://www.cleancopyright.or.kr/information/report.php
황태호 (2015, 1, 20). 동영상서비스 '무서운 놈'이 온다. 동아일보. Online available from http://news.donga.com/3/08/20150119/69172129/1

유료방송 산업의 경제학

지은이 이상우
펴낸곳 연세대학교 대학출판문화원

주 소 서울시 서대문구 연세로 50
전 화 02) 2123-3380~2
팩 스 02) 2123-8673
ysup@yonsei.ac.kr
http://press.yonsei.ac.kr
등 록 1955년 10월 13일 제9-60호
인 쇄 네오프린텍(주)

2016년 7월 20일 1판 1쇄

ISBN 978-89-6850-160-9 (93320)

값 20,000원